Preuss. S
en
hmen
Prag
H M E N
checho - Slowakische Republik
Sudeten-land
SCHLESIEN
MÄHREN
Olmütz
Brünn
Land
NIEDER-
Wien
ERREICH
ik
Comitat Pressburg
Pressburg
Comitat
Comitat Ödenburg
Comitat Eisenburg
ST
erreich
Graz
Land
MARK
Republik Ungarn
dslawisches Reich
AIN
KROATIEN
Agram
SLAVONIEN
Nach dem Staatsrat-Beschluss
Entworfen u. gez.:
H. Auner

Wilhelm Brauneder

Deutschösterreich 1918

Wilhelm Brauneder

Deutsch-Österreich 1918

Die Republik entsteht

Mit 30 Abbildungen

Amalthea

Bildnachweis

Das Interessante Blatt: 13, Vorsatz, Nachsatz.
Dr. Andreas Cornaro, Wien: 14.
Flugblätter für Deutschösterreichs Recht: S. 69, S. 103, S. 196, S. 199.
Heeresgeschichtliches Museum, Wien: 1.
Historisches Museum der Stadt Wien: 12.
Institut für österreichische und europäische Rechtsgeschichte, Universität Wien: S. 81
Illustrierte Kronen-Zeitung 1918: S. 33, S. 46, S. 49, S. 59, S. 171.
Österreichische Nationalbibliothek, Bildarchiv: 2–11, 15.
Parlamentsdirektion / Archiv: 16.
StGBl. 1919: S. 80.
Verein für Geschichte der Arbeiterbewegung, Wien: 17.

Vorsatz

Das Staatsgebiet Deutschösterreichs 1918/19 mit den Ländern Vorarlberg, Tirol, Salzburg, Kärnten, Steiermark, Oberösterreich samt dem Böhmerwaldgau, Niederösterreich samt Deutsch-Südmähren, Deutschböhmen und Sudetenland, den Einschlußgebieten Brünn, Iglau, Olmütz sowie dem beanspruchten Deutsch-Westungarn

Nachsatz

Das Staatsgebiet Deutschösterreichs nach dem Vertrag von St. Germain 1919 und daher ohne insbesondere Deutsch-Südtirol, Marburg samt Umgebung, Böhmerwaldgau und Deutsch-Südmähren, hingegen mit Deutsch-Westungarn noch unter Einschluß von Ödenburg samt Umgebung

Umschlaggestaltung: Atelier Bachmann & Seidel, Reischach
Umschlagmotiv: »Die Ausrufung der 1. Republik am 30. Oktober 1918 vom Balkon des Landhauses in Wien«: ein Ölbild von Max Frey auf Initiative von Bundespräsident Dr. Karl Renner 1948
Herstellung und Satz: VerlagsService Dr. Helmut Neuberger & Karl Schaumann GmbH, Heimstetten
Gesetzt aus der 10,5/13 Punkt New Caledonia
Druck und Binden: Wiener Verlag, Himberg bei Wien
Printed in Austria
ISBN 3-85002-433-4

In dankbarer Erinnerung jenen gewidmet,
die im Wiener Parlament von 1994 bis 1999
mit mir zusammengearbeitet haben.

Inhalt

Zweiter Teil
Die Staatsgründung und ihre Umdeutungen

Anhang A

Anhang B

Vorwort

Wann ist der heutige österreichische Staat, die Republik Österreich, die ein knappes Jahr lang Deutschösterreich hieß, gegründet worden? Am 12. November 1918, wie dies Sonderbriefmarken und Parlamentsfeiern in Erinnerung rufen? Am 30. Oktober 1918, wie auf einem vom Bundespräsidenten Karl Renner, dem Staatskanzler von 1918/1919, in Auftrag gegebenen Bild zu lesen ist? Oder am 21. Oktober 1918, weil zeitgenössische Zeitungen zu diesem Datum von »Gründung« sprachen? In einem weiteren Rahmen besehen: Wie kann überhaupt 1918 als Gründungsjahr richtig sein, wo es doch 1998 eine offizielle Milleniumsfeier gab, aber auch 1976 »1000 Jahre Österreich« gefeiert wurde wie zuvor schon 1955! Dreimal derselbe Geburtstag in verschiedenen Jahren und dann noch einige weitere aus dem Jahre 1918? Aber der Fragen sind noch mehr: Wie ist 1918 die Republik entstanden? Als zentralistischer Einheitsstaat, wie dies der Staatsrechtslehrer Hans Kelsen sogleich behauptete, als dezentralisierter Einheitsstaat, wie er 1930 feststellte, durch einen Bund der Länder, durch ein Diktat der Staatsregierung in Wien? War der Staat sogleich von seiner Gründung an als Republik konzipiert oder bestand noch die Möglichkeit monarchischer Gestaltung?

Die Darstellung betrifft im wesentlichen den Staatsgründungsvorgang im Herbst 1918 sowie den weiteren Staatsaufbau bis hin in das Jahr 1919 und endet damit, daß das im Herbst 1918 grundgelegte Konzept des Staates Deutschösterreich letztlich zusammenbricht. Bekanntes verbindet sich mit Neuem, etwa die Ausrufung der Republik am 12. November 1918 mit der Staatsgründung schon am 30. Oktober 1918, die Begründung neuer Landesgewalten mit einem bislang vernachlässigten »Ausschußlandtag« gleich nach der Staatsgründung, die Schweizer Anschlußbewegung Vorarlbergs mit der Idee eines Kirchenstaates

Tirol vermutlich nach dem Vorbild eines ähnlichen Planes für Liechtenstein. Es wird gezeigt, wie sehr sich das staatsrechtliche Denken der Schöpfer Deutschösterreichs abhebt von dem so ganz anders motivierten Handeln Kaiser Karls, wie sehr sich die bewußte Staatsgründung Deutschösterreichs unterscheidet vom Zick-Zack-Kurs des Wechsels der Regierungsformen in Ungarn von der Monarchie über die Republik zur Räterepublik und wieder zurück zur Monarchie. Als Ausklang ist das Entstehen der Bundesverfassung 1920 nur angedeutet und soll mit jenen Problemen, welche die Jahre 1920/1921 prägten, wie etwa die buchstäblichen Kämpfe um das Staatsgebiet, oder hier ihren Anfang nahmen, einer eigenen Darstellung vorbehalten bleiben.

Die Rekonstruktion der Geschehnisse führt in die Sitzungssäle wie auf die Rampe des Parlamentsgebäudes an Wiens Ringstraße, vor allem in den Landtagssitzungssaal in der Herrengasse, in die letzte Residenz des Kaisers nach Schloß Schönbrunn und vor das Hotel Astoria in Budapest. Das Material hiefür geben die entsprechenden Protokolle ab, die Stimmung persönliche Aufzeichnungen, die Atmosphäre auch das Nachempfinden durch Alexander Lernet-Holenia, Joseph Roth oder Franz Theodor Csokor. Daß die Staatsgründung Deutschösterreich keinen »Sonderfall« darstellt, belegen die kurzen Skizzen zu ähnlichen Vorgängen von Finnland bis in die Türkei.

Das Buch geht auf eine langjährige Beschäftigung mit dem Thema zurück, das in mehreren Abhandlungen unter verschiedenen Aspekten beleuchtet wurde, die alle dieser Arbeit zugrunde liegen und in ihr aufgingen; sie sind im Literaturverzeichnis erwähnt. Zahlreiche neue Einsichten haben allerdings die damaligen Ausführungen mittlerweile ergänzt. Sie beruhen teils auf weiteren Quellen, teils auf einer Zusammenschau der unterschiedlichen Zeitzeugnisse. Dazu gehört auch, daß meine Zugehörigkeit zum österreichischen Parlament, dem Nationalrat, seit 1994 als einer von dessen Abgeordneten und seit 1996 als dessen Dritter Präsident den Einblick in parlamentarische Abläufe, wie sie gerade in den Jahren 1918/1919 eine entscheidende Rolle spielten, mitbestimmt hat.

Wesentlich erleichtert haben das Enstehen des Buches meine Mitarbeiter, an der Universität Wien vor allem Univ.-Ass. Dr. Gerald Kohl, dann Univ.-Ass. Mag. Josef Pauser und Univ.-Ass. Mag. Elisabeth Berger sowie im Parlament Mag. Manfred Andexinger, wo auch dem Parlamentsarchivar Dr. Günther Schefbeck Dank gebührt. Gedankt sei ferner meiner Sekretärin, Frau Claudia Selle, für die Erstellung des Textes besonders wegen der zahlreichen Einschübe und Umstellungen und Neuformulierungen. Schließlich sei noch jenes Kollegen gedacht, der mir zu einer der diesem Buch zugrunde liegenden Abhandlungen schrieb, ich solle doch daraus ein Buch machen: Universitätsarchivar Univ.-Prof. Dr. Gerhard Oberkofler in Innsbruck.

Wien, im April 2000 *Wilhelm Brauneder*

Erster Teil
Die Staatsgründung und ihr Umfeld

I. Der 30. Oktober 1918

A. Die Schauplätze

1. Wien

Das Schicksalsschwer-Ernste des Nachmittags unterstreicht die Jahreszeit – alles ist herbstlich düster: grau der Himmel, schmutziggrau die Häuserfassaden, dunkelgrau die regennassen Buckeln des Granitpflasters auf Straßen und Plätzen, schwarz die laublosen Allee- und Parkbäume. Zu Ende des fünften Kriegs-Kalenderjahres und am Anfang des wahrscheinlich ersten Nachkriegswinters, der sich von den vier vorausgegangenen Kriegswintern nicht wesentlich unterscheiden wird, wirken auch die Menschen, überwiegend ärmlich gekleidet, düster: die Soldaten in ihren Mänteln oder Röcken und Kappen ohnedies, aber auch die Zivilisten, oft eingehüllt in Mäntel und Jacken aus schlecht umgefärbtem Uniformstoff. Die meisten haben die Krägen hochgeklappt, Schirme wehren den Regen ab, die Hüte der Zivilisten und die Kappen der Militärs sind ins Gesicht gezogen.

Die Stimmung in Wien ist an diesen letzten Oktobertagen von dumpfer Unrast, von bedrohlichem Stillehalten wie von abwartender Ruhe gekennzeichnet[1]. Seit dem Spätabend des 29. Oktober war die »ganze Mariahilfer Straße … voll von aufgeregten Menschen«, durch die Straßen der Stadt ziehen große Massen, lärmend und singend; die Herrengasse, wo sich die Regierungsgebäude befinden, ist schwarz von Menschen; die Marseillaise ertönt, einige Gruppen singen die »Wacht am Rhein«; vor dem Ministerium des Äußeren am Ballhausplatz »sammeln sich Massen und stoßen Pfuirufe aus«, insbesondere »finden Demonstrationen gegen den Sonderfrieden«, wie von Österreich-Ungarn den Alliierten angeboten, statt, »Redner fordern den Anschluß an Deutschland«. Nun, am 30. Oktober, stehen »tausende von Menschen« vor dem Parlamentsgebäude; daß hier die schwarzgelben

Fahnen verbrannt worden seien, ist ein falsches, aber bemerkenswertes Gerücht; »Studenten holten die schwarzgelbe Fahne vom Parlament herab«, lautete ein anderes; jedenfalls war im Laufe des Tages »zum Teil sehr arg in der Inneren Stadt gehaust worden«.

Drei Stätten spielen an diesem 30. Oktober in Wien eine besondere Rolle. Da ist einmal an der äußeren Seite des Franzens-Ringes, benannt – noch – nach dem letzten römisch-deutschen wie ersten österreichischen Kaiser Franz, das einer griechischen Tempelanlage nachempfundene Parlament. »Das Parlament«: Der Ausdruck steht in Wien, so wie in Berlin »der Reichstag«, für ein Gebäude, und zwar, anders als in Berlin, sogar ausschließlich. Während »der Reichstag« am Spreeufer tatsächlich die Institution Reichstag beherbergt, so beherbergt an Wiens Ringstraße das Parlament die offiziell Reichsrat genannte Institution mit Abgeordnetenhaus und Herrenhaus. Von der Rampe des Parlaments geht der Blick durch und über das schwarze Gewirr von Ästen und Zweigen erst der Alleebäume der Ringstraße und dann der Parkbäume des Volksgartens zum Ballhausplatz. Hier hat im ehemaligen Palais des Fürsten Kaunitz das Außenamt Österreich-Ungarns seinen Sitz, genauer das »k. u. k. Ministerium des kaiserlichen und königlichen Hauses und des Äußern«: Die topographische Bezeichnung »Ballhausplatz«, zum Teil auch »Ballplatz«, steht dafür als Synonym. Zur Dächerreihe gleich hinter jener des Kaunitzschen Palais und seiner links angrenzenden Gebäude gehört auch das Dach des niederösterreichischen Landhauses, welches den Landtag des Kronlandes Österreich unter der Enns, inoffiziell Niederösterreich genannt, beherbergt. Vom Außenamt trennt es nur der Minoritenplatz, seine Fassade aber hat es auf seiner anderen Seite, in der Herrengasse. Kaum fünf Gehminuten sind es vom Parlament durch den Volksgarten zum Ballhausplatz, kaum drei Minuten weiter in die Herrengasse – hier finden die entscheidenden Szenen dieses Tages statt: Parlament, Ballhausplatz, Herrengasse.

Ein wenig an Staffage bietet die Universität, vom Parlament gleichfalls nur fünf Minuten entfernt die Ringstraße entlang, praktisch das Nachbargebäude zur Linken, allerdings getrennt durch den Rathauspark und durch das engmaschige, schwarze Gezack der Äste der Parkbäume mehr zu erahnen, als zu sehen.

Stumm bleibt an diesem Tage der jenseits des Volksgartens dem Parlament gegenüberliegende dunkle Koloß der Hofburg, die sich vom Ballhausplatz weg ähnlich einer Arena im Halbkreis bis zur Ringstraße beim Äußeren Burgtor hinzieht. Sie gibt an diesem Tag wie auch an all den folgenden keinen Schauplatz ab: Zwar war der Kaiser[2] mit seiner Familie am 27. Oktober aus Budapest zurückgekehrt, hatte aber in der Hofburg im Stadtzentrum sich nur vormittags mit Außenminister Andrassy besprochen und sodann das Schloß Schönbrunn bezogen, rund fünf Kilometer von der Hofburg entfernt, nach dem Ende der von ihr wegführenden Mariahilfer Straße am Beginn des Villenvorortes Hietzing gelegen. Die Innenstadt sah der Kaiser kaum mehr: Nur am 28. Oktober hatte er noch die Vereidigung des Kabinetts unter Ministerpräsident Lammasch in den Alexander-Appartements der Hofburg vorgenommen[3], sie liegen übrigens im sogenannten Amalien-Trakt und mit diesem am Ballhausplatz. Ansonsten aber gab die Hofburg keinen Schauplatz mehr ab. »Die riesigen Gitter der Hofburg waren geschlossen, ein paar Offiziere, Gewehr im Arm, standen davor. Hinter den Gittern standen noch mehrere, in den Höfen sehr viele, Hunderte lagen überall in den Gängen und Sälen. In der Tat mochten es im ganzen ein paar tausend sein«, läßt Lernet-Holenia den sehr autobiographischen Fähnrich Menis sagen[4] und weiters zu den Soldaten in der Hofburg: »Sie versammelten sich in den Höfen, berieten sich in den Gängen, besprachen sich im Saal der Garden, im Jagdsaal, im Zeremoniesaal, im Spanischen Reitstall, im Saal der Kaiserin. Die ganze Nacht berieten sie sich, und noch bis weit in den nächsten Tag. Ich hatte ein paar Freunde vom Regiment Beide Sizilien getroffen, wir gingen von Saal zu Saal und hörten den Generalen zu, die uns ansprachen. Ein fortwährender Strom von Offizieren ergoß sich durch die hohen Türen, die alle offenstanden, der Rauch der Zigaretten durchwölkte die Räume, die Seidentapeten und Goldrahmen der Schlachtenbilder schimmerten wie durch einen Nebel, die riesigen Glaslüster klirrten leise, und vom

Durcheinanderreden war ein fortwährendes gedämpftes Brausen, wie von einer Brandung, überallher zu vernehmen.« Baron Werkmann, der Sekretär des Kaisers, ergänzt dies nahezu, und zwar konkret zum 30. Oktober[5]: Er stand »im Arbeitszimmer des Kaisers in der Hofburg ... Die schweren Gittertore der Hofburg waren geschlossen«, aber: »Hinter den Gittern und in den Fenstern waren Maschinengewehre placiert. Die Wache – Deutschböhmen – stand unter dem Gewehr. Draußen wurden Fäuste drohend geschwungen, feindselige Rufe wurden laut – merkwürdig, keines der Antlitze wandte sich gegen die Burg, alles gegen das Außenamt ... Und wäre es auch an jenem Tage zum Sturme auf die Burg gekommen, der Sturm wäre abgeschlagen worden. Das wußten wohl auch die Veranstalter.«

Was übrigens das Schloß Schönbrunn anlangt, so machten sich am Abend des 29. Oktober Sektionschef Ludwig Windischgraetz und an dem des 30. Oktober Viktor Adler Sorge um die Sicherheit des Monarchen, der diese aber nicht teilte[6]: Schönbrunn war Peripherie, hier blieb alles ruhig.

Vor dem Parlament sind am 30. Oktober ab etwa 11 Uhr an den beiden Flaggenmasten die kaiserlichen Farben Schwarz-Gold aufgezogen: zum Zeichen, daß eines der beiden Häuser des Reichsrats tagt. Um 11 Uhr 05 eröffnet Präsident Groß im großen Sitzungssaal die 94. Sitzung der XXII. Session des Abgeordnetenhauses[7]. Das einem römischen Theater nachempfundene Halbrund belebt sich nicht: Von den rund 520 Abgeordneten-Sitzplätzen ist weit über die Hälfte leer – leer auch die erhöht dahinter angeordneten Logen, leer die darüber befindliche Galerie. Den Abgeordneten sitzen auf der Regierungsbank keine Regierungsvertreter gegenüber. Von der Bühnenwand des pseudorömischen Theaterraumes heben sich lediglich dreizehn Gestalten ab, zehn davon stumm, weil aus Laaser Marmor, darunter Cato, Cicero, Augustus und Seneca, sowie drei in Schwarz auf dem Präsidium, neben dem Präsidenten Groß aus dem deutschböhmischen Reichenberg die beiden Vizepräsidenten Jukel und Simionovici, der erste aus Schönau südlich Wiens, dieser aus Czernowitz. Die Tagesordnung umfaßt zwar fünf Punkte, doch das Desinteresse der Abgeordneten ist zu groß. Nach nur zwei

Minuten Dauer wird die Sitzung mit »Rücksicht auf die obwaltenden Verhältnisse« auf den 12. November verschoben, Finanzminister Redlich, der sich im Parlament aufhält, gewinnt den Eindruck, sie sei überhaupt abgesagt.[8]

Das vorzeitige Sitzungsende gab Abgeordneten die Möglichkeit, auf der Parlamentsrampe zu einer Abordnung der Universität Wien zu sprechen[9]. Dort hatte um 11 Uhr vormittags im kleinen Festsaale eine Versammlung von Studenten stattgefunden, an welcher der Rektor, die Dekane der drei weltlichen Fakultäten, also der Philosophischen, der Juridischen und der Medizinischen Fakultät, sowie einige Professoren teilnahmen. Mit dem Rektor an der Spitze zog diese Versammlung hierauf vor die Parlamentsrampe. Zuerst sprach hier der Abgeordnete Karl Renner, der unter anderem darauf verwies, es werde an diesem Tage »das deutsch-österreichische Volk, das bisher regiert worden sei, nunmehr selbst regieren«, sowie sodann der Abgeordnete Franz Dinghofer, der ähnlich ankündigte, es werde an diesem Tage das Volk »sein Schicksal selbst in die Hand nehmen«, möglicherweise auch der Präsident des Abgeordnetenhauses Gustav Groß. Während Dinghofers Ansprache gingen die schwarz-goldenen Fahnen an den Parlamentsmasten nieder, sie wurden vom Parlamentsdiener wie beim Ende einer Abgeordnetenhaussitzung üblich eingeholt – allerdings wirkte dies angesichts der Reden der Abgeordneten nahezu symbolhaft, ein Eindruck, den jedenfalls ein Augenzeuge, der spätere Polizeipräsident von Wien Franz Brandl, hatte.

Gegen 17 Uhr stiegen aber dieselben schwarz-goldenen Fahnen vor dem Parlament abermals auf, nunmehr zum Zeichen, daß die zweite Reichsratskammer tagte, das Herrenhaus. Auch dieses versammelte sich nur kurz. Die Sitzung[10] begann um 17 Uhr 05 und endete ebenfalls nach nur fünf Minuten. Nach Sitzungseröffnung stellte Präsident Fürst Windischgraetz fest: »Der einzige Gegenstand der heutigen Tagesordnung ist ›Vorstellung des neuen Ministeriums‹. Nachdem seine Exzellenz der Herr Ministerpräsident nicht in der Lage ist, seine Erklärung heute abzugeben, erlaube ich mir vorzuschlagen, daß die heutige Sitzung geschlossen werde.« Da es zu diesem Geschäftsordnungsvorschlag keinen Einwand gab, erklärte er weiters: »Die nächste Sitzung wird im schriftlichen Wege bekanntgegeben werden« und schloß die Sitzung. Zu der angekündigten Einladung kam es nicht mehr. Die Sitzung des Herrenhauses am 30. Oktober war damit seine letzte gewesen. Wahrscheinlich ahnte man dies schon: In den vorausgegangenen Sitzungen hatte es jeweils für die künftige Sitzung eine Zeitangabe oder eine Tagesordnung oder, wie zuletzt am 24. Oktober, wenigstens den Hinweis auf eine Einberufung »in nicht allzuferner Zeit«[11] gegeben – doch jetzt erfolgte nicht einmal dies!

Im Parlament kreuzten sich an diesem 30. Oktober offenkundig zwei einander widersprechende Stimmungen: Nach den Worten der Abgeordneten Dinghofer und Renner erwartete die deutsche Mehrheit der versammelten Abgeordneten, das Volk, welches bisher durch den vom Kaiser eingesetzten Ministerrat regiert worden sei, werde noch am selben Tag sein Schicksal in die Hand nehmen und nunmehr selbst regieren, selbst eine Regierung einsetzen. Die Herrenhausmitglieder hingegen blickten resignierend in die Zukunft. Sie waren schon am 23. Oktober, bei ihrer vorvorletzten Sitzung, »unter dem Eindrucke der Erklärung der deutschen Volksabgeordneten« gestanden[12], die mit den Hoffnungen, wie sie Dinghofer und Renner ausgesprochen hatten, übereinstimmte. Daran aber sollte der Großteil der an diesem 30. Oktober im Parlament zusammengetretenen Abgeordneten ihren ganz entscheidenden Anteil haben, die Mitglieder des Herrenhauses jedoch nicht.

Das Parlament ist schließlich Schauplatz einer weiteren Versammlung: Von 17 Uhr bis nach 21 Uhr berät hier im »Ministerratszimmer« der österreichisch-cisleithanische Ministerrat.[13] Seine Fenster gehen auf die Ringstraße, und so hört und sieht man, wie »johlende Massen von Demonstranten« vorbeiziehen. Bedrohlicher sind aber die Nachrichten von weit entfernteren Ereignissen. Es haben sich in Böhmen und Mähren Bezirkshauptmänner und Militär dem Tschechischen Nationalrat in Prag unterstellt, Kroatien sagt sich vom Hause Habsburg los, die slowenischen Gebiete beschließen, sich Kroatien anzuschließen, der Kaiser übergibt diesem entstehenden südslawischen Staat die

Flotte, Triest werde vor einer angeblich herannahenden amerikanischen Flotte evakuiert und – im niederösterreichischen Landhaus die Verfassung Deutschösterreichs erlassen. Dies verweist auf den letzten Schauplatz am Ende dieses Tages: die Herrengasse.

Zuvor aber gilt unser Augenmerk noch einem anderen Geschehen – dem zwischen Parlament und Herrengasse am Ballhausplatz. Am Spätnachmittag versammelte sich hier ein Gremium Altösterreichs, und zwar, wie knapp zuvor im Parlament das Herrenhaus wohl unwissend, aber ahnend, zum letzten Mal: der sogenannte Gemeinsame Ministerrat Österreich-Ungarns[14]. Anwesend waren der k. u. k. Außenminister Andrassy als Vorsitzender sowie die beiden anderen k. u. k. Minister, Finanzminister Spitzmüller und Kriegsminister Stöger-Steiner, sodann dessen Sektionschef Bardolff, weiters als Vertreter des Generalstabschefs der Major Glaise-Horstenau und schließlich vom österreichisch-cisleithanischen Ministerrat der k. k. Ministerpräsident Lammasch mit dem Leiter des k. k. Landesverteidigungsministeriums Lehne. Vertreter des ungarischen Ministerrats fehlten, auch gab es zeitweise keine Verbindung zwischen Wien und Budapest: Die »ungarische Regierung hatte den Verkehr mit uns abgebrochen« – wir werden noch hören warum. So handelte es sich eigentlich bei der Versammlung am Ballhausplatz um einen Rumpf-Ministerrat. Die spätherbstliche Abenddämmerung brach früh herein, man entzündete die großen Kronleuchter, zog aber sogleich die Vorhänge zu. Denn in zunehmendem Maße strömten demonstrierende Gruppen über den Ballhausplatz, manche hielten an und schmähten Außenminister Andrassy wegen seines Angebots eines Sonderfriedens, ihre Rufe steigerten sich zu einem bedrohlichen Gebrüll. Als Glaise-Horstenau die Vorhänge später wieder auseinanderziehen wollte, hielt ihn Sektionschef Ludwig Windischgraetz, der sich in einem Vorraum aufhielt, davon ab. Er fürchtete, bei Lichtschein aus den Fenstern würde man diese mit Steinen bewerfen. Derart abgeschirmt von einer Sicht nach draußen, nicht aber vom beängstigenden Lärm, geriet die Versammlung immer mehr in den Bann der Ereignisse in der nahen Herrengasse. Schon Glaise-Horstenau hatte von dort Nachrichten mitgebracht, Ministerpräsident Lammasch stand mit dem Landhaus im telefonischen Kontakt.

Der Hauptschauplatz dieses 30. Oktober 1918 war in Wien eben die Herrengasse, konkret das Straßenstück vor dem niederösterreichischen Landhaus: Die ohnedies nicht breite Gasse, die sich hier zum Platz der Freyung hin verengt, die noch engeren einmündenden Gassen wie die Strauchgasse neben dem berühmten Café Central direkt gegenüber dem Landhaus, die Bankgasse neben dem Landhaus und dem Café Central gegenüber – in ihnen standen die Menschen dichtgedrängt. Laut den Erinnerungen Glaise-Horstenaus, gestützt auch durch andere wie die des deutschen Generals von Cramon, ruhte seit Mittag in den Betrieben die Arbeit, die »Arbeiterschaft« zog dem Stadtzentrum zu, sogar »in starken Gruppen«, dazu kamen »Soldaten und Offiziere, Bürger und Studenten«, auch sie »in großer Zahl«[15]. »Gewaltige Massen folgten am 30. Oktober unserem Ruf«, schrieb Otto Bauer, tatsächlich stand auch die sozialdemokratische Organisation dahinter, denn die »Partei« war aufgefordert worden, sie »solle unverzüglich eine Massendemonstration für die Republik organisieren«[16]. »Die Herrengasse und die umliegenden Gassen sind von Tausenden erfüllt; der Parteirichtung nach sind es zumeist Sozialdemokraten und Deutschnationale, die Christlichsozialen blieben zu Hause ... Schwarz-rot-goldene Fahnen tauchen auf, rote. Erinnerungen an 1848 werden heraufbeschworen ... Es ist ein stetes Gehen und Kommen. Tausende ziehen ab, andere Tausende kommen«.[17] Sie waren nicht von ungefähr oder zufällig erschienen. Nach dem Schluß der Abgeordnetenhaussitzung im Parlamentsgebäude an der Ringstraße war der Großteil der Abgeordneten, jene aus den deutschen Wahlkreisen Österreich/Cisleithaniens, hierher in die Herrengasse gekommen, um nun in anderer Funktion tätig zu werden: als Mitglieder der Provisorischen Nationalversammlung Deutschösterreichs. Seit gut einer Woche wußte man, was geschehen sollte – nichts weniger als die Gründung eines neuen Staates.

2. Budapest

In der Hauptstadt Ungarns, und damit der zweiten der österreichisch-ungarischen Realunion, gerät der 30. Oktober gleichfalls zu einem Schicksalstag: nicht nur für Ungarn, sondern aufgrund der Realunion mit Österreich/Cisleithanien auch für diesen Staat.[18] Wie so oft unterscheidet sich das Wetter von dem in Wien nur unwesentlich, trübe Herbstlichkeit mit unablässig niederrieselndem Regen liegt über der Stadt. Auch hier bestimmen Grautöne das Bild: regenglitzernd das Kopfsteinpflaster der Straßen, oft rußverschmutzt die Häuserfassaden, die grauen Felsen des Gellertberges zum Teil unterbrochen von Flecken gelblichen Laubes an den Büschen, graugekräuselt durch einen gegen die Strömung wehenden Wind das breite Band der die Stadt teilenden Donau, braungrau die am Burgberg lang hingestreckte Burg mit ihrer hervorragenden Kuppel, blaßgrau dahinter die Ofener Berge. Wie in Wien drängen sich in den engen Gassen der Pester Innenstadt die Menschen, ziehen Gruppen am Nationalmuseum vorbei über den Inneren Ring, stehen am Donauufer gegenüber der Burg und vor den hohen Eisenstäben des Gitters, welches das neugotische und daher für viele so gar nicht magyarische Parlamentsgebäude abschirmt. Zum besonderen Anziehungspunkt wird nicht unweit des Nationalmuseums an der Kreuzung des Inneren Ringes mit der breiten Kossuth-Straße, der Hauptverkehrsader von der Elisabethbrücke an der Donau zum Ostbahnhof, das Hotel Astoria: Hier tagt der vom revolutionären Nationalrat eingesetzte Vollzugsausschuß, die neue »Nationalregierung«. Das allgemeine Grau unterbrechen zahlreiche weiße Flecken: Kübel voll mit weißen Asternblumen vor den Blumenläden und auf Straßenständen, die für den bevorstehenden Allerheiligen- und Allerseelentag angeboten werden. Lähmung, Unrast und aufkeimender Aufruhr lagern über der Stadt: Lähmung vor allem wegen der vor Tagen im Parlament offen ausgesprochenen Tatsache »Wir haben den Krieg verloren«, Unrast wegen der Ungewißheit angesichts des nach Wien abgereisten König-Kaisers und einer nur mehr geschäftsführenden Regierung, aufkeimender Aufruhr zufolge des am 25. Oktober gebildeten ungarischen Nationalrates und seines seit dem Vortage, dem 29. Oktober, existierenden Vollzugsausschusses, der, »Nationalregierung« genannt, praktisch eine Gegenregierung darstellt. Nun, am 30. Oktober, beherrschen die Straßen die Parolen »Los von Österreich«, »Los von Habsburg«. In den Kasernen entfernen die Soldaten den Doppeladler und damit das Symbol der Realunion von ihren Kappen, als Zeichen des Aufbruchs in ein neues, völlig selbständiges Ungarn schmückt sich die Menge mit dem gerade Greifbaren – es sind dies die weißen Astern, bereitgestellt für Gräber, nun symbolisieren sie den Tod Österreich-Ungarns: Die »Asternrevolution« ist an diesem 30. Oktober in vollem Gange.

B. Zur Vorgeschichte

Gegen Ende Oktober 1918 war es zur Gewißheit geworden, daß Österreich-Ungarn nicht mehr in der Lage sein werde, den Krieg zu gewinnen. Dazu kam, daß sich die Tendenzen zur Bildung eigener Staaten oder zum Anschluß an auswärtige Staaten zunehmend verstärkten. Allen voran handelten die slawischen Völker, immer mehr hatten Polen und Tschechen schon während des Krieges zur Bildung eigener Staaten gedrängt, jene in Verbindung mit den polnischen Teilen Preußens und Rußlands, diese gemeinsam mit den Slowaken in Ungarn. Gleichfalls über die Grenze zu Ungarn hinweg verbanden sich mit den dortigen Kroaten, Bosniern, Herzegowinern und Serben die Slowenen, sie alle peilten eine Verbindung mit den Staaten Serbien und Montenegro zu einem geeinigten Süd-(Yugo-)slawien an. Die österreichischen Italiener sahen sich mit ihren bislang »unerlösten Gebieten« der Irredenta vor der Heimholung ins Regno d'Italia. Diese inneren Faktoren wie die äußeren des drohenden militärischen wie politischen Zusammenbruchs drängten in Österreich-Ungarn zum entscheidenden Handeln, und zwar vorerst zu Schritten, um die Verfassungsstrukturen zu ändern.

Österreich-Ungarn[19] war seit dem Ausgleich von 1867 eine Realunion zweier Staaten, nämlich die von Ungarn und einem

Staat, der kurioserweise vorerst keinen Staatsnamen besaß. Inoffiziell sprach man von Cisleithanien, abgeleitet von der Leitha, dem kleinen Nebenflüßchen der Donau, das südlich Wiens auf wenige Kilometer die Grenze zu Ungarn bildete. Eine Verlegenheitsbezeichnung und geographische Verwirrung, denn es lag u. a. das große Kronland Galizien nicht »cis«, sondern »trans« der Leitha. Das Fehlen eines echten Staatsnamens verstand sich daraus, daß man in Wien unter Österreich weiterhin die Gesamtmonarchie verstanden wissen wollte, somit also für Cisleithanien den Ausdruck Österreich vermied. Daher wurde dieser Staat nicht mit einem Staatsnamen benannt, sondern durch den Geltungsbereich seiner Gesetze als »die im Reichsrat vertretenen Königreiche und Länder« umschrieben. Inoffiziell reduzierte sich das Wort Österreich freilich doch allmählich auf Cisleithanien, aber erst spät, 1915, erhielt es offiziell die Bezeichnung »Österreich«[20].

Die Regierungsform war sowohl in Österreich/Cisleithanien, aufgrund der Verfassung 1867, wie auch in Ungarn, zufolge der 1867 wiederhergestellten Verfassung 1848, dieselbe: eine konstitutionelle Monarchie mit der zentralen Grundlage der Innehabung und Ausübung der Staatsgewalt durch Monarchen und Parlament. In der Staatsform jedoch unterschieden sich die beiden Staaten, und zwar hauptsächlich in zweierlei Hinsicht: Österreich/Cisleithanien war als dezentralisierter Einheitsstaat mit eigenen Landesgewalten und daher auch Landesparlamenten sowie überdies als Nationalitätenstaat mit mehreren gleichgestellten Nationalitäten organisiert. Ungarn hingegen besaß die Struktur eines zentralistischen Einheitsstaates ohne autonome Landesgewalten, es war magyarischer Nationalstaat mit nur bescheidenem Schutz sowie einer nur geringfügigen Vertretung seiner beträchtlichen Minderheiten – lediglich Kroatien-Slawonien kam eine Sonderstellung mit eigenem Landtag zu, nicht aber dem ehedem selbständigen Siebenbürgen und schon gar nicht der nie selbständig gewesenen Slowakei, die deshalb bezeichnenderweise Ober-Ungarn benannt wurde.

Die Realunion der beiden Staaten bestand darin, daß nach der sich schließlich um 1900 durchgesetzten ungarischen Auffassung einige Institutionen zwingend gemeinsame, d. h. sowohl österreichisch/cisleithanische wie gleichzeitig ungarische Organe waren. Dies betraf vor allem den Monarchen, der in seiner Person die Funktionen eines Kaisers von Österreich mit denen eines Königs von Ungarn verband. Weiters unterstanden drei Regierungsressorts jeder der beiden Staaten je einem gemeinsamen Minister, der demnach sowohl »kaiserlicher« (österreichisch/cisleithanischer) »und« ebenso »königlicher« (ungarischer), kurz »k. u. k.« Minister war. Es waren dies die k. u. k. Minister des Äußeren, des Kriegswesens sowie der gemeinsamen Finanzen. Daneben besaß jeder Staat für seine weiteren Angelegenheiten einen eigenen Ministerrat mit eigenen Ministern, darunter jeweils auch einen Finanzminister wie auch einen Landesverteidigungsminister. Anders besehen: Jeder Staat verfügte über ein eigenes Parlament sowie mit einem eigenen Ministerrat über eine eigene Regierung, zu der allerdings die drei den beiden Staaten gemeinsamen Minister hinzukamen und vor allem der gemeinsame Monarch.[21] Die k. u. k. Minister bildeten übrigens mit dem österreichisch/cisleithanischen und dem ungarischen Ministerpräsidenten sowie eventuell auch mit den beiden Verteidigungsministern und anderen Personen den schon erwähnten sogenannten Gemeinsamen Ministerrat, der bei Vorsitzführung durch den Monarchen Kronrat genannt wurde.

Seit ihrer Begründung im Ausgleich von 1867 war diese Realunion nicht etwa enger zusammengewachsen. Im Gegenteil: Ungarn stellte seine Eigenstaatlichkeit zunehmend in den Vordergrund, sodaß sich das Nebeneinander zweier Staaten in der Realunion immer stärker zu Lasten der Gemeinsamkeiten profilierte. Unter dem äußeren wie inneren Druck gingen daher auch beide Staaten Ende Oktober 1918 unterschiedliche und alsbald getrennte Wege.

Österreich/Cisleithanien ermöglichte als institutionalisierter Nationalitätenstaat organisierte Artikulationen einzelner Nationalitäten. So waren im Abgeordnetenhaus des Reichsrats durch das Mehrheitswahlrecht in national einheitlichen Wahlkreisen die einzelnen Nationalitäten insoferne repräsentiert, als es eine klare Scheidung in deutsche, italienische, polnische, ruthenische, rumänische, slowenische oder tschechische Wahlkreise und damit ebensolche Abgeordnete gab. Dies ermöglichte bzw. führte nahezu zwangsläufig zu ihrer jeweils nationalen Zusammenfassung für den parlamentarischen Betrieb etwa im »Polen-Klub«[22], im »Tschechen-Klub«, im »Slowenen-Klub« und auch in klubübergreifenden nationalen Zusammenschlüssen wie der »Slavischen Union« (»Slovanska Jednota«)[23] oder im »Nationalverband der deutschfreiheitlichen Abgeordneten«[24]. Nationale Kriterien bestimmten schließlich auch das ursprünglich übernationale sozialdemokratische Lager.[25] Nach der Wahl von 1907 konstituierte sich zwar der »Verband der sozialdemokratischen Abgeordneten« als einheitlicher Parlamentsklub, gliederte sich aber in die fünf nationalen Gruppen der deutschen, der tschechischen, der italienischen, der polnischen und der ruthenischen Sozialdemokraten. Nach der Wahl von 1911 gab es keine Fortsetzung dieser Gemeinsamkeit, sondern nunmehr drei national bestimmte sozialdemokratische Parlamentsklubs, den der deutschen Sozialdemokraten, dem auch drei italienische und ein ruthenischer Abgeordneter beigetreten waren, den Klub der »tschechoslawischen« sowie den der polnischen sozialdemokratischen Abgeordneten. Ursächlich dafür zeichnete die Spaltung der österreichisch/cisleithanischen Sozialdemokratie durch die Gründung einer eigenen »Tschechischen sozialdemokratischen Arbeiterpartei in Österreich« vor der Wahl von 1911. Hinfort gab es ausdrücklich eine »deutsche Sozialdemokratie in Österreich«, eine »tschechische Sozialdemokratie« und eine »polnische Sozialdemokratie«.

Angesichts dieser Gegebenheiten wandelte sich das Abgeordnetenhaus immer mehr von einer Volksvertretung, die es verfassungstheoretisch sein sollte, bzw. von einem Parteienkonglomerat weltanschaulich-ideologischer Gruppen und Grüppchen zu einer Plattform der Nationalitäten, »zu formlos gegebenen Nationalversammlungen« in den Worten Redlichs[26]. Als eben dieser im Oktober 1918 als designierter k. k. Finanzminister den designierten österreichisch/cisleithanischen Ministerpräsidenten Lammasch im Parlament vorstellte, führte er ihn auch »zu den Polen und den Ruthenen«[27].

Grundgelegt durch die national ausgerichteten und parlamentarisch organisierten Abgeordnetengruppen, verbanden sich im Ersten Weltkrieg die slawischen Abgeordneten Österreich/Cisleithaniens immer stärker mit den erwähnten Bestrebungen zur Bildung von eigenen Nationalstaaten[28]. So schlossen sich am 19. November 1916 tschechische Abgeordnete über Parteigrenzen hinweg zum »Tschechischen Verband« (svaz) zusammen und forderten am 30. Mai 1917 in einer gegen den Dualismus gerichteten Erklärung die Umwandlung der Gesamtmonarchie in einen Nationalitätenbundesstaat und in diesem die Herstellung eines tschechischen Staates, gebildet aus Böhmen, Mähren und Schlesien. Nachdem sich die Mitglieder des Tschechischen Verbandes beim »Drei-Königs-Treffen« am 6. Jänner 1918 mit den tschechischen Mitgliedern der Landtage Böhmens, Mährens und Schlesiens zu einer Art Generallandtag dieser Länder vereinigt hatten, setzte sich bald die Ansicht durch, es sollte unter Einbeziehung der Slowaken Ungarns ein unabhängiger tschechoslowakischer Staat begründet werden. In ähnlicher Weise handelten auch südslawische Abgeordnete des österreichisch/cisleithanischen Reichsrats, des ungarischen Reichstags sowie der Landtage von insbesondere Krain und Kroatien-Slawonien, die sich in Agram/Zagreb in den ersten Oktobertagen 1918 zum »Nationalrat der Slowenen, Kroaten und Serben« zusammenschlossen.

Als im Herbst 1918 diese Tendenzen zur Bildung eigener Staatlichkeiten gerade durch Abgeordnete der nichtdeutschen Nationalitäten in Österreich/Cisleithanien anwuchsen, ergriffen Organisationen der deutschen Reichsratsabgeordneten mehrere Initiativen[29]. So entstand am 2. Oktober 1918 im Verbandsausschuß der deutschfreiheitlichen Parteien der Plan, alle deutschen Abgeordneten des Abgeordnetenhauses zu einer deutschösterreichischen Nationalversammlung einzuberufen. Tags darauf setzte auch der Klub der deutschen sozialdemokratischen Abgeordneten eine Initiative, und zwar mit einem Beschluß, in dem es u. a. hieß: »Wir verlangen, daß alle deutschen Gebiete Österreichs zu einem deutschösterreichischen Staat vereinigt werden.« Unter Deutschösterreich verstand man, was noch näher auszuführen sein wird[30], den von Deutschen bewohnten Teil Österreich/Cisleithaniens, konkret die Summe jener Wahlkreise, aus welchen deutsche Abgeordnete kamen. Die Initiativen der deutschfreiheitlichen wie der sozialdemokratischen Abgeordneten führten allerdings nicht direkt zum Zusammentritt einer Nationalversammlung, aber doch zu einer Einigung aller deutschen Parteien auf der Grundlage der sozialdemokratischen Resolution vom 3. Oktober. Bei einem gewissen Zurückhalten der Christlichsozialen kamen diese Parteien überein, »mit den Vertretern des tschechischen und des südslawischen Volkes« auf der Grundlage des Selbstbestimmungsrechtes aller Völker »über die Umwandlung Österreichs in eine Föderation freier nationaler Gemeinwesen zu verhandeln«. Damit verblieb man – noch – auf dem Gleise der bisherigen Verfassung und im Rahmen des bisherigen Staates.

Eine weitere Initiative, der erste Schritt hin zur tiefgehenden Verfassungsänderung Österreich/Cisleithaniens, setzte der Sprecher der deutschfreiheitlichen Parteien, der Abgeordnete Oskar Teufel.[31] Mit einigen Vertrauten hatte er einen Entwurf zur föderalistischen Umgestaltung Österreichs erarbeitet und dem Kaiser durch den Landwirtschaftsminister Graf Silva-Tarouca vorlegen lassen, als dessen Idee er später ausgegeben wurde, um die Herkunft des Projekts zu verschleiern. Teufels Initiative führte schließlich zum kaiserlichen Manifest vom 16. Oktober 1918: Es kündigte eine Verfassungsänderung Österreich/Cisleithaniens an: »Österreich soll … zu einem Bundesstaat werden, in dem jeder Volksstamm auf seinem Siedlungsgebiete sein eigenes staatliches Gemeinwesen bildet«, ein Bundesstaat, der »jedem nationalen Einzelstaate seine Selbständigkeit gewährleisten« solle. Mit den Vorarbeiten dazu werde der Kaiser seine Regierung beauftragen, an denen »die Völker« durch »Nationalräte, … gebildet aus den Reichsratsabgeordneten jeder Nation«, mitwirken sollten. »Bis diese Umgestaltung auf gesetzlichem Wege vollendet ist«, hatten freilich »die bestehenden Einrichtungen« ausdrücklich »unverändert aufrecht« zu bleiben. Diese Verfassungsänderung hatte nur »Österreich« zu betreffen, also nur einen Staat der österreichisch-ungarischen Realunion, nicht auch Ungarn als den »anderen Staate der Monarchie«[32]. Knapp formuliert: Österreich/Cisleithanien war aus einem dezentralisierten Einheitsstaat in einen aus »nationalen Einzelstaaten« zusammengesetzten Bundesstaat umzuwandeln. Diese Verfassungsänderung sollte in besonderer Weise zustandekommen. Der übliche Weg der Gesetzgebung über Ausschußarbeiten und Plenardebatten im Abgeordnetenhaus sowie im Herrenhaus mit übereinstimmenden Beschlüssen dieser beiden Kammern des Reichsrats bis zur Sanktion des Monarchen garantierte zufolge der jeweils vorhandenen Mehrheitsverhältnisse offenbar nicht das Wirksamwerden der politischen Hauptgewichte zu Kriegsende, das der einzelnen Nationen. Sie sollten daher ihre – neue – Rolle spielen, nicht aber auf verfassungsrevolutionäre Art, sondern aufgrund der bestehenden Verfassung und ihrer Institutionen. An der Vorbereitung der Verfassungsänderung hätten daher, als Neuerung im parlamentarischen Betrieb, nun auch »Nationalräte« mitzuwirken, und zwar »gebildet aus den Reichsratsabgeordneten jeder Nation«. Damit setzte man nicht nur fort, was sich, wie beschrieben, bereits angebahnt hatte, die Entwicklung des Abgeordnetenhauses zu einer Nationalitätenvertretung, sondern trug auch der bereits stattgehabten Bildung von Nationalräten wie etwa durch die tschechischen oder die südslawischen Abgeordneten Rechnung. Aufgrund des Manifestes erwartete man sich eine »Neugestaltung Oesterreichs«[33] in »vier neuen Staaten: Deutschösterreich, Tschechien, Illyrien und Ruthenien«, konkret die Bildung eines »deutschösterreichischen, eines tschechoslowakischen, eines illyrischen (südslawischen) und eines ruthenischen (Staates)« freilich im Verbande der k. u. k. Monarchie.

Angesichts der Entwicklung überhaupt und nun auch ermuntert durch das kaiserliche Manifest beschlossen sogleich an dessen Erscheinungstag, am 17. Oktober 1918, die Vertreter der deutschen Parteien im Abgeordnetenhaus eine »Vollversammlung aller deutschen Abgeordneten im niederösterreichischen Landtagssitzungssaale, Herrengasse 13«, zum 21. Oktober einzuberufen, und zwar »5 Uhr nachmittags«.

II. Die Staatsgründung

A. Die Provisorische Nationalversammlung – das Gründungsorgan

Am 21. Oktober 1918[34] versammelten sich um 17 Uhr, wie schon zuvor am 17. Oktober beschlossen, die Reichsratsabgeordneten der deutschen Wahlkreise im Landtagssitzungssaal in der Wiener Herrengasse.[35] Hier benutzten sie historischen Boden: Vom Innenhof des Landhauses hatte anläßlich der Tagung des niederösterreichischen Landtages am 13. März 1848 die Revolution in Wien ihren Ausgang genommen, und so schrieb etwa die Neue Freie Presse von einer »Begebenheit, die wie in einem merkwürdigen Kreislaufe wieder an dem Orte stattfindet, wo der einst im März der Völkerfrühling begann«, eine Euphorie, die das Blatt danach aber nicht so ganz bestätigt fand: »Nichts gemahnte an die großen Tage des Jahres 1848, deren Schauplatz gewählt worden war«.[36] Des historischen Ortes war man sich jedenfalls auch in der Nationalversammlung bewußt, hier hielt Präsident Seitz[37] fest, es sei »eine historische denkwürdige Stätte, an der die erste Nationalversammlung der Deutschen Österreichs tagt. Vom Landhause in Niederösterreich ging vor mehr denn 70 Jahren jene große Volksbewegung aus, deren Ziel das Selbstbestimmungsrecht der Völker war«.

Eine derart große Volksbewegung gab es nun zwar nicht, aber die Zeitungen hatten, vielleicht sogar ein wenig übertrieben, Großes, zumindest Wichtiges angekündigt. Schon einige Zeit vor Sitzungsbeginn hatte sich daher[38] »in der Herrengasse eine Menschenmenge angesammelt. Darunter sehr viele Offiziere und auch Frauen. Ein Polizeiaufgebot hielt den Weg zum Landhaus frei. Die ankommenden Abgeordneten wurden von der Menge mit Heilrufen begrüßt. Auch die Abgeordneten selbst hatten sich schon sehr zeitlich im Sitzungssaale eingefunden. Der Sitzungssaal des Landhauses reichte knapp aus, um die Abgeordneten

»Die Grundsteinlegung des deutsch-österreichischen Staates: Die Redner in der ersten Sitzung der Provisorischen Nationalversammlung« am 21. Oktober 1918

aufzunehmen. Auf jedem Sitz war eine Karte angebracht mit dem Namen des betreffenden Abgeordneten, auf der linken Estrade eine Tafel mit der Inschrift ›Schriftführer‹, auf der rechten Estrade eine Tafel mit der Inschrift ›Präsidium‹«. Die Veranstaltung war also wohl vorbereitet worden.

Den Charakter der Versammlung umriß der Vorsitzende Waldner in seinen Begrüßungsworten dahingehend, daß »alle deutschen Reichsratsabgeordneten« zu einer »Vollversammlung« zusammentreten, nach Schriftführer Hummer handelte es sich präziser um die »Vollversammlung der Abgeordneten der deutschen Wahlbezirke«. Das Ziel der Versammelten erklärte Waldner damit, daß »sie auch für das deutsche Volk in Österreich als seine gewählte Gesamtvertretung das Recht auf Selbstbestimmung und eigene unabhängige Staatlichkeit feierlich erklären und für den Staat Deutschösterreich in einer zu konstituierenden Nationalversammlung die grundlegenden Beschlüsse fassen« werden, was »Beifall« belohnte. Als Schritte, »welche der Konstituierung der Nationalversammlung vorauszugehen haben«, bestimmte man ein dreiköpfiges Präsidium, wählte zu diesen drei Präsidenten Franz Dinghofer, Jodok Fink und Karl Seitz, somit einen Großdeutschen, einen Christlichsozialen und einen Sozialdemokraten, sodann bereits unter dem Vorsitz von Präsident Seitz fünf Schriftführer sowie fünf Ordner. Allen diesen Beschlüssen lag stets nur ein Wahlvorschlag vor, der stets einstimmig angenommen wurde – eine entsprechende Vorbereitung ist unverkennbar und tritt expressis verbis in der Feststellung von Präsident Seitz zutage, falls »kein Widerspruch erfolgt, so werden den Vereinbarungen gemäß« (!) die eben gewählten Funktionäre ihr Amt bis zum Zusammentritt der Konstituierenden Nationalversammlung ausüben.

Zuvor allerdings hatte Schriftführer Hummer den wichtigsten Antrag dieses Tages verlesen: Es solle die Abgeordnetenversammlung beschließen, sich »als provisorische Nationalversammlung für Deutschösterreich zu konstituieren«, einen Vollzugsausschuß, einen Verfassungsausschuß, einen Verwaltungsausschuß, einen Ernährungsausschuß, einen volkswirtschaftlichen Ausschuß und einen kriegswirtschaftlichen Ausschuß zu wählen sowie sich als »Reichsratsabgeordnete des deutschen Volkes« zu verpflichten, »auf der noch bestehenden Verfassungsgrundlage an dem Zustandekommen aller jener Maßnahmen mitzuwirken, die notwendig sind, um das Rechts- und Wirtschaftsleben bis zur Übernahme aller staatlichen Verpflichtungen durch die Völker zu sichern«. Damit war zweierlei beantragt: einerseits die Konstituierung der Provisorischen Nationalversammlung sowie die Bildung von Ausschüssen als neue Organe, andererseits die Verpflichtung zu einem bestimmten Verhalten in ihrer bisherigen und weiter noch andauernden Funktion als Abgeordnete des Reichsrats. Vor allem mit diesem Antragspunkt sollte offenkundig gewährleistet sein, daß die nun gegebene Personalunion von Reichsratsabgeordnetem und Nationalversammlungsmitglied zu koordinierten Maßnahmen führen möge. Sämtliche Beschlußpunkte wurden ohne Diskussion angenommen: »Lebhafter anhaltender Beifall und Händeklatschen, Heil!-Rufe« waren die Folge wie gleichfalls »Lebhafter Beifall auf der Galerie«, Kundgebungen, die sich nach der Feststellung des Präsidenten Seitz, nunmehr sei »die provisorische Nationalversammlung für Deutschösterreich gebildet«, wiederholten.

Die Aufgaben der Provisorischen Nationalversammlung umriß eine dem Antrag vorausgehende Erklärung, in knapperen Worten bereits die Einleitung des Vorsitzenden Waldner. Nach ihnen war ein »Staat Deutschösterreich« zu errichten und dafür die »eigene unabhängige Staatlichkeit feierlich (zu) erklären«, wobei diesen »selbständigen deutschösterreichischen Staat« das »ganze deutsche Siedlungsgebiet, insbesondere auch in den Sudetenländern«, zu bilden hatte, überdies wäre der Zugang »zum adriatischen Meere … durch Vereinbarungen mit den anderen Nationen sicherzustellen«.

Am 21. Oktober war es aber nicht nur die Staats- und Verfassungsfrage, welche die Nationalversammlung bewegte, sondern auch die Not vor allem in der Ernährungslage. Selbst der Beschlußantrag zur Konstituierung nannte als Ziel, es gelte »die Gefahren zu bekämpfen, die in Folge der Stockung der Lebensmittelzufuhr drohen«, und es ist auffallend, daß neben dem Vollzugsausschuß allein der Ernährungsausschuß auch zu selbständigem Handeln ermächtigt wurde. Viktor Adler sprach das Problem konkreter an, etwa damit, die Tschechen »sperren der österreichischen Regierung die Lebensmittelzufuhr, um die Einsetzung ihrer nationalen Regierung und die Übergabe der Verwaltung des tschechischen Gebietes an sie durchzusetzen«, und verwies darauf, man müsse mit dem Deutschen Reich »über die gegenseitige Hilfe im Verpflegungsdienst« verhandeln. Auch für Pantz waren entsprechende Verhandlungen ein dringendes Anliegen, damit nicht »bei dem friedlichen Verlassen der bisherigen Gemeinschaft ... für die Zukunft neuer Haß entfacht werde, in dem sich die freigewordenen Völker die gegenseitige wirtschaftliche Unterstützung versagen«.

Eine Analyse der Vorgänge am späten Nachmittag des 21. Oktober im Landtagssitzungssaal ergibt Folgendes: Es hatte hier vorerst einmal eine Versammlung stattgefunden, in den Worten des Vorsitzenden Waldner eine »Vollversammlung«, zu der er »alle deutschen Reichsratsabgeordneten« einberufen hatte, und zwar im »Auftrage aller deutschen Parteien«. Für diese »Nationalversammlung der deutschen Abgeordneten«, so das Stenographische Protokoll, diese »deutsche Nationalversammlung« (Urban) wurden Präsidenten, Schriftführer und Ordner gewählt. Nach diesen »Schritten, welche der Konstituierung der Nationalversammlung vorauszugehen haben« (Waldner), konstituierte sich durch Annahme eines entsprechenden »Beschlußantrags« diese »Vollversammlung der Abgeordneten der deutschen Wahlbezirke« (Hummer) als »Provisorische Nationalversammlung für Deutschösterreich«: Aus einer Versammlung war ein Organ geworden. Gleichzeitig beschloß die »Vollversammlung« auch die Einsetzung der erwähnten sechs Ausschüsse, die alle der Provisorischen Nationalversammlung Materien »vorzubereiten« bzw. »auszuarbeiten« oder ihr Arbeiten »vorzulegen« bzw. »vorzuschlagen« hatten, der Vollzugsausschuß sowie der Ernährungsausschuß waren überdies »ermächtigt« auch selbständig zu handeln. Es waren freilich nur diese beiden Ausschüsse, die auch tatsächlich konstituiert wurden, und zwar sogleich am 21. Oktober. Hiebei[39] setzte der Vollzugsausschuß »aus seiner Mitte drei Gruppen«, später auch Abteilungen genannt, je unter einem der drei Nationalversammlungspräsidenten »für die wichtigsten Arbeitsgebiete« ein, unter Seitz für »Krieg und Äußeres«, unter Dinghofer für »innere Verwaltung und Verfassung« sowie unter Fink für »Volkswirtschaft und Ernährung«.

Mit der Schaffung dieser neuen Organe war in den Worten des neugewählten Präsidenten Seitz der »Grundstein für ein neues Deutschösterreich« gelegt. Dieses verstanden die Redner durchgehend als einen »neuen Staat« (Waldner), als einen »eigenen demokratischen Staat« (Adler), über dessen »eigenstaatlichen Aufbau« das Volk »allein zu entscheiden« habe, das so »Deutschösterreich unabhängig und selbständig schafft« (Pantz). Die Staatsgründung allerdings war damit noch nicht vollzogen, denn die Provisorische Nationalversammlung sollte die »eigene unabhängige Staatlichkeit feierlich erklären« (Waldner), was so noch nicht geschah, auch »eine Gesetzgebungs- und Vollzugsgewalt einzurichten« war im erwähnten Beschlußantrag erst angekündigt. Das erst künftige Geschehen betonte Präsident Seitz wörtlich: »Dieses neue Deutschösterreich wird errichtet werden nach dem Willen des deutschen Volkes ... Wir werden ein neues Deutschösterreich aufbauen.« Dieser Gebrauch des Futurs sowie das zitierte Bild des Grundsteins machen deutlich: Errichtung und Aufbau standen noch bevor. Ebenso klar sprach Viktor Adler von der Organisation des »künftigen Staates«.

Der erst zu gründende Staat war am 21. Oktober in seinen Konturen zum Teil klar, zum Teil weniger klar erkennbar. Klar war, daß der künftige Staat Deutschösterreich, dieser Bezeichnung entsprechend, der Staat für »Österreichs Deutsche«, der des oft beschworenen »deutschen Volkes in Österreich« nach den Worten des Präsidenten Seitz und (immer wiederkehrend) des Beschlußantrages und etwa der Parteienvertreter Adler, Pantz, Ofner, Steinwender sein sollte, und zwar »auf seinem Siedlungsgebiete« (Waldner). Der Beschlußantrag betraf daher »die Gebietsgewalt über das ganze deutsche Siedlungsgebiet, insbesondere auch in den Alpenländern«: »Lebhafter Beifall und Händeklatschen«. Pantz reklamierte auch die »jenseits der Leitha lebenden Deutschen«: »Zustimmung«. Daß man sich besonders gegen Ansprüche der Tschechen werde zu wehren haben, war allerdings bewußt. Insgesamt sollten, was in Abgrenzung zum »alten Österreich« betont wurde, »im neuen Staat Staatsgeist und Volksgeist, Staatszweck und Volkszweck, Staatswohl und Volkswohl« identisch sein (Waldner).

Weniger klar war allerdings die Regierungsform des künftigen Staates. Hier gab es unterschiedliche Auffassungen der Sprecher der Parteien. Für die Sozialdemokratie stellte Viktor Adler eindeutig die Forderung nach einer »demokratischen Republik« auf und forderte diese auch mit anderen Worten: Deutschösterreich müsse »ein demokratischer Staat, ein Volksstaat« werden. Für die »deutsch-freiheitliche Vereinigung Wiener Abgeordneter« verlangte Ofner zwar ausdrücklich nur die »Grundlage der Demokratie«, die von ihm postulierte »Abkehr von der unheilvollen absolutistischen, feudalen, frömmelnden und bureaukratischen Herrschaft« macht ihn aber nicht monarchieverdächtig. Anders die übrigen Redner: Für die »christlichsoziale Vereinigung deutscher Abgeordneter« sprach Schraffl von der »monarchischen Regierungsform«, ähnlich namens der »deutschösterreichischen Unabhängigkeitspartei« Pantz von einer »demokratisch-konstitutionellen Monarchie« und Steinwender für den »Verband der deutschnationalen Parteien« von der »konstitutionellen monarchischen Staatsform«. Das Eintreten für eine monarchische Regierungsform bedeutete aber nicht unbedingt ein Eintreten für die Habsburger-Dynastie. Der Hinweis von Pantz, es müsse der Monarch »Gewähr dafür bieten, sich nicht von Hausmachtinteressen, sondern einzig und allein von der Bedachtnahme auf die Erfordernisse unseres Nationalstaates leiten zu lassen«, klingt antihabsburgisch. Über die Regierungsform des künftigen Staates gab es jedenfalls keine Parteieneinigung.

Ähnlich bestellt war es auch mit der Unabhängigkeit des werdenden Staates. Die Bandbreite der Meinungen reichte vom Bundesstaat mit den anderen »Nationalstaaten« Österreich-Ungarns über die Alternative eines Staatenbundes mit diesen oder einer Angliederung als »Sonderbundesstaat« an das Deutsche Reich bis hin zur ganz vereinzelten Forderung einer Eingliederung in den »deutschen Einheitsstaat«.

Hinsichtlich Österreich/Cisleithanien war sozusagen spiegelgleich zum »neuen Staat« Deutschösterreich stets, etwa bei allen Parteienvertretern, die Rede vom »alten Staat«, vom »alten Österreich«. Das Ende dieses oft zitierten »alten Staates« war allerdings noch nicht eingetreten, man sah sich vielmehr in einem Prozeß: Der »Zwang der Ereignisse macht dem alten Staate ein Ende«, meinte Steinwender, man befand sich nach Waldner mitten in der »Auflösung Österreichs und der Monarchie«, der diese für Deutschösterreich gleich eingangs der Sitzung mit einer Wertung umrissen hatte: »Ohne Dank scheiden wir nun aus diesem Staate ...«. So stand man auch auf dem Standpunkt, »Regierung und Parlament« der bisherigen Staatlichkeit müßten, »bis sie von neuen Gestaltungen abgelöst werden«, jedenfalls »die laufenden Geschäfte fortführen« (Steinwender), so daß sich Viktor Adler für die Sozialdemokratie verpflichtete, »im österreichischen Reichsrate« an allen Maßnahmen mitzuwirken, »welche bis zur Übergabe der gesamten Regierungsgewalt in die Hände der deutschen Nationalregierung« notwendig seien. Einhellig hatten sich ja tatsächlich alle Abgeordneten nicht nur als Provisorische Nationalversammlung konstituiert, sondern sich auch in ihrer Eigenschaft ausdrücklich als »Reichsratsabgeordnete« verpflichtet, »auf der noch bestehenden Verfassungsgrundlage« den Übergang zur neuen Staatlichkeit zu betreiben. Man hatte also an diesem 21. Oktober nicht beschlossen, die alte Staatlichkeit sofort oder aufschiebend bedingt mit der künftigen Gründung des neuen Staates zu beenden, sondern an ihrer Abwicklung teilzunehmen.

Mit ihrer Vorgangsweise hatten die Reichsratsabgeordneten den Boden des kaiserlichen Manifests vom 16. Oktober verlassen. Die Nationalversammlung setzte sich zwar, wie für die Nationalräte vorgesehen, aus ihnen zusammen, begnügte sich allerdings keineswegs, wie diese Nationalräte es sollten, damit, an künftigen kaiserlichen Regierungsvorlagen ähnlich den Parlamentsausschüssen mitzuwirken, sondern ergriff vielmehr selbst die Initiative, und zwar besonders mit den Vorbereitungen zur eigenen Verfassungsgestaltung sowie zur Wahl einer im Manifest gar nicht vorgesehenen konstituierenden Nationalversammlung, außerdem verfügte sie selbst über Ausschüsse. Damit kündigte sich die autonome Gründung eines eigenen Staatswesens an, nicht die Teilhabe an der Umwandlung der bestehenden Staatlichkeit. So erklärte einerseits Waldner ausdrücklich[40], man wolle eine »eigene unabhängige Staatlichkeit« und sprach andererseits von der »Auflösung Österreichs und der Monarchie«: Eine »unabhängige Staatlichkeit« wurde für Deutschösterreich ins Auge gefaßt, nicht die im Manifest vom 16. Oktober vorgesehene Bundesländer-Staatlichkeit innerhalb eines Bundesstaates. Dies unterstreichen die Feststellungen weiterer Redner zum schon vorgeführten Thema des Zusammenschlusses mit anderen Staaten: Eine allfällige »Vereinigung mit den Nachbarvölkern« könne erfolgen, »wenn die Völker dies wollen«, also »aus freiem Entschluß« der »neuen Nationalstaaten«, und nicht, wie vom Oktober-Manifest gedacht, durch den Beschluß des Reichsrats, des Parlaments des gemeinsamen Staates, wobei Viktor Adler an einen »freien Völkerbund«, also nicht an den Bundesstaat des Manifests, sondern an einen Staatenbund dachte. Wie sehr die Provisorische Nationalversammlung sich vom Oktober-Manifest entfernt hatte, zeigt gerade auch ihre Haltung in dieser Frage: Daß die schon zitierte Regelung der »Beziehungen zu den anderen Nationen durch freie Vereinbarungen« erfolgen sollte, war eben ein ganz anderer Weg, als vom Manifest vorgezeichnet, eben der eines vollsouveränen Staates.

In seinem wohl zwischen dem 21. bis einige Tage vor dem 30. Oktober 1918 entstandenen Verfassungsentwurf[41] ging Renner genau von dieser Situation der souveränen Begründung eines souveränen Staates aus. Allerdings sah er noch eine sozusagen zweite Provisorische Nationalversammlung vor, da seinem Entwurf zufolge die Konstituierende Nationalversammlung erst nach einem Friedensvertrag zusammenzutreten hatte – Renner dachte also an ein länger andauerndes Provisorium. Deshalb sollte diese (zweite provisorische) »Nationalversammlung« praktisch in Ergänzung der (ersten) Provisorischen Nationalversammlung, nunmehr »Volkshaus« genannt, auch noch aus einem »Senat« bestehen, gebildet aus nichtgewählten Mitgliedern, d. h. hohen Beamten, berufsständischen Vertretern sowie Experten. Es war dieser Senat freilich nur beratend-gutachtend gedacht. Doch kam es nicht zur Realisierung von Renners Verfassungsentwurf. Anders als es mit diesem geschehen wäre, schuf man nicht eine komplette – provisorische – Verfassung, sondern baute diese schrittweise mit Einzelgesetzen auf und ging dabei von einem möglichst kurz zu haltenden Provisorium aus. So blieb es beim ursprünglichen Konzept der Ablöse der Provisorischen unmittelbar durch die Konstituierende Nationalversammlung in möglichst kurzer Frist.

Dieses zweistufige Vorgehen hatte offenkundig zwei Hauptgründe: Grundsätzlich sollte die Konstituierende Nationalversammlung die unzweifelhafte demokratische Legitimation durch Neuwahlen besitzen, andererseits aber konnte bis dahin mit Staatsgründung und erster Verfassungsgebung nicht zugewartet werden, zumal es beispielsweise auch festzulegen galt, in welchen Gebieten diese Wahlen stattzufinden hatten. Kurzum: Erst galt es, den Staat zu schaffen, für den sodann eine definitive Verfassung auszuarbeiten war – jenes kam als Hauptaufgabe der Provisorischen, dieses der Konstituierenden Nationalversammlung zu.

Die Provisorische Nationalversammlung[42] bestand aus 208 Mitgliedern. Es waren dies die Reichsratsabgeordneten aller Wahlkreise in Vorarlberg, Salzburg, Österreich ob der Enns und Österreich unter der Enns sowie nur der deutschen Wahlkreise von Tirol, Kärnten, Steiermark, Böhmen, Mähren und Schlesien. Die Mandate der Reichsratsabgeordneten gingen auf die Wahl von 1911 zurück, wonach sie sich politisch folgendermaßen verteilten: Deutscher Nationalverband 104, Christlichsoziale 65, Sozialdemokraten 38 sowie ein Freisozialist. Im Deutschen Nationalverband waren die deutschen nationalliberalen Parteien organisiert. Da sie die relativ stärkste Abgeordnetengruppe stellten, führte vor der Konstituierung der Provisorischen Nationalversammlung der Präsident des Verbandsausschusses dieser Parteien, Viktor Waldner, den Vorsitz. Ihn lösten nach der Konstituierung entsprechend den drei großen Parteigruppierungen drei völlig gleichgestellte Präsidenten ab, wie erwähnt aus dem Deutschen Nationalverband Franz Dinghofer, aus den Christlichsozialen Prälat Johann Nepomuk Hauser und aus den Sozialdemokraten Karl Seitz. In gewisser Weise war allerdings Dinghofer erster Präsident, und zwar aus zwei Gründen: dem chronologischen, daß er als erster das Präsidium übernahm, damit zusammenhängend aus dem sachlichen, daß er dieses bis einschließlich zur vierten Sitzung, bei fallweiser Vertretung durch einen anderen Präsidenten, führte, sich diese also nicht von einer Sitzung zur anderen ablösten[43].

In ihrer Bezeichnung betonte die Nationalversammlung das Provisorische, das Präsident Seitz auch erklärte: »Wir wollen nicht so unbescheiden sein zu sagen, daß wir den Willen des deutschen Volkes in Österreich rein zum Ausdruck bringen können, denn wir sind im Jahre 1911, lange vor dem Kriege und unter ganz anderen Bedingungen gewählt worden. Aber wir sind doch die einzigen in Deutschösterreich, die aufgrund des allgemeinen Stimmrechtes Mandate übernommen haben. So haben wir auch das Recht – und vor allem die Pflicht – übernommen, in dieser schicksalschweren Zeit den Willen des deutschen Volkes nach bestem Wissen zum Ausdruck zu bringen«; daher sollten auch, so Seitz, »zu dem großen Werke des Aufbaues der Verfassung und der Verwaltungsorganisation« erst »andere berufen sein, vor allem eine Konstituante«. Als »provisorisch« verstand sich die Nationalversammlung also aus mehreren Gründen: Erstens gab es die grundsätzliche Überlegung, daß die Abgeordneten nicht als solche des neuen Staates gewählt worden waren und daher für diesen keine Legitimation besaßen. Zweitens kam ihnen aber auch als Abgeordnete des cisleithanischen Staates nicht die Kompetenz zu, einen neuen Staat zu gründen. Drittens hielt man im Zusammenhang damit ihre Legitimation ganz grundsätzlich für brüchig, da ihr Mandat, das aus der Reichsratswahl von 1911 hervorging, 1917 abgelaufen war und sie es sich selbst durch Gesetz verlängert hatten. So faßte denn auch die Provisorische Nationalversammlung manche Beschlüsse ausdrücklich oder stillschweigend »vorläufig«, »vorbehaltlich« solcher der Konstituierenden Nationalversammlung, was noch zu erläutern sein wird[44].

Die Reaktionen auf den 21. Oktober waren zum Teil erstaunlich. Noch an diesem Tag notierte der künftige und dann letzte österreichisch/cisleithanische Finanzminister Redlich in sein Tagebuch, es sei »im Landhause der deutschösterreichische Staat konstituiert« worden, und blieb bei dieser Ansicht, denn am 8. November lesen wir hier abermals von der »Gründung des deutsch-österreichischen Staates vom 21. Oktober«[45]. Auch die Reichspost titelte sogleich am 22. Oktober auf ihrer ersten Seite: »Gründung des Staates Deutschösterreich«, der ältere dieser Artikel beschreibt allerdings die Vorgänge vom 21. Oktober, sodaß der Inhalt die Überschrift als künftige Gründung verstehen lassen mußte, auch relativierte ein weiterer Titel: »Die Konstituierung der provisorischen Nationalversammlung Deutschösterreichs«, womit die Sache ins rechte Licht gerückt war – doch nur kurz, denn die Reichspost fuhr mit weiteren »Gründungs«-Überschriften fort. Unter einer solchen berichtete sie am 27. Oktober ähnlich wie schon am 22. Oktober davon, es habe der Akademische Senat der Universität Wien am 26. Oktober eine »Kundgebung beschlossen, in der er sich feierlichst zu dem neugegründeten Staate Deutschösterreich bekennt«. Neugegründet: Da war für die Leser wohl kein Raum mehr für die Annahme eines erst bevorstehenden Ereignisses, zumal dem Akademischen Senat ja auch der Juristendekan angehörte. Allerdings: Dieser, Carl Grünberg, war Wirtschaftshistoriker, Rektor Friedrich Johann Becke ein Mineraloge[46]! Aber die Universität Wien korrigierte sozusagen ihren vorschnellen Fehler, denn am 30. Oktober versammelten sich um 11 Uhr vormittags im Kleinen Festsaal der Rektor, die Dekane der weltlichen Fakultäten, Universitätsprofessoren und Studenten, um »die Gründung Deutsch-Oesterreichs« zu begrüßen, und zwar nun die erst bevorstehende, denn Anlaß dazu war die nachmittägige Sitzung der Provisorischen Nationalversammlung[47]. Mit ihren »Gründungs«-Überschriften war aber die Reichspost wohl am 27. Oktober ohnedies schon unglaubwürdig geworden. Denn am 23. Oktober wie am 26. Oktober hatte sie unter »Gründung« bzw. »Bildung Deutschösterreichs« von einem ganz anderen Vorgang berichtet, nämlich von einer Absprache der Länder untereinander und mit dem Vollzugsausschuß, dem hier noch abzuhandelnden »Ausschußlandtag« vom 22. Oktober 1918![48] Für die Interpretationsverwirrung gibt auch das Neue Wiener Tagblatt ein gutes Beispiel ab. Am 22. Oktober 1918 titelt es zwar »Die Gründung Deutschösterreichs«, doch sei dies nur eine »Grundlegung«, der noch Maßnahmen folgen müßten, und der bescheidene Titel »Deutsch-Oesterreich« in der zweiten Spalte wertet die Vorgänge vom Vortag gleichfalls als ein Herstellen von »Grundlagen«, welche aber die geschaffene Nationalversammlung erst »geben soll«! Auch hier relativiert drei Seiten weiter die »Gründungs«-Überschrift eine andere: »Die Konstituierung der deutschen Nationalversammlung«, wo aber von keiner Staatsgründung die Rede ist. Am 31. Oktober ist dann auf der Titelseite vermerkt: »Deutschösterreich ist gestern ein Staat geworden«, also erst am 30. Oktober, was jedoch die Überschrift »Deutschösterreichische Volksregierung« nicht vermuten läßt. An diesem Tag gibt es erstmal einen mit »Die Schaffung Deutschösterreichs«, überschriebenen Bericht, ein Titel, der späterhin mehrmals, beispielsweise zweimal am 1. November 1918 begegnet, womit der nicht unrichtige Eindruck erweckt wird, diese »Schaffung« beruhe auf einem sukzessiven Vorgange – die »Gründung« zum 21. Oktober wurde somit im selben Blatt gründlichst revidiert. Auch die Neue Freie Presse hatte schon am 20. Oktober für den nachfolgenden Tag am Titelblatt die »Feierliche Gründung des deutschen Volksstaates im Landhause« angekündigt, im Inhalt aber auf ein »Ausheben der Erde für den Unterbau« zurückgesteckt. Dennoch gab es tags darauf, am 22. Oktober, abermals eine Überschrift »Die Konstituierung eines deutschösterreichischen Staates«, doch war auch hier wieder bescheidener die Rede vom »Grundstein einer neuen Entwicklung« und auch hier konnte man sogleich in der Parallelspalte unter der einfachen Überschrift »Der deutsch-österreichische Staat« vom »Grundstein des zukünftigen deutschösterreichischen Staates« lesen. Und auch hier war es dann laut Überschrift auf der Titelseite vom 31. Oktober doch so, daß die »Gründung des neuen Staates unter großer Teilnahme des Volkes« am Vortag stattgefunden hatte, der im Text mehrfach genannte »neue Staat« eben erst jetzt entstanden war. Die Arbeiter-Zeitung hingegen meldete am 22. Oktober keine Gründung, sie teilt vielmehr mit, es habe der Abgeordnete Ofner am Vortag »die Entstehung des deutschösterreichischen Staates (begrüßt)«. Auch die Illustrierte Kronen-Zeitung vom 22. Oktober berichtete nicht von einer

Gründung, sondern von der »Grundsteinlegung des deutsch-österreichischen Staates« und brachte die »erste Proklamation der provisorischen deutschen Nationalversammlung«. Vieles relativiert also die somit vorschnellen »Gründungs«-Erläuterungen, sie aber erklären, daß, was wir noch sehen werden, selbst am Staatsgründungstag, am 30. Oktober, einige Reden so klingen, als wäre der Staat bereits zuvor begründet worden.

Dennoch: Am 21. Oktober hatte noch keine Staatsgründung stattgefunden. Sämtliche Reden kündigten eine solche erst an, mit dem Einsetzen von Ausschüssen wurden dafür erst Vorbereitungshandlungen gesetzt. Folgerichtig gibt es auch keinen Niederschlag im Staatsgesetzblatt – diesen fand mit »Nummer 1« erst der 30. Oktober, auf den sich die eben aus der Taufe gehobene Nationalversammlung vertagte.

B. Der Beschluß vom 30. Oktober 1918 – der Gründungsakt

Am 30. Oktober 1918 begannen sich die Mitglieder der Provisorischen Nationalversammlung gegen 15 Uhr zu ihrer zweiten bzw. der ersten Sitzung nach ihrer Konstituierung am 21. Oktober zu versammeln[49]. Da das Parlamentsgebäude an der Ringstraße an diesem Tag von den beiden Häusern des Reichsrats benutzt wurde, und zwar wie eingangs gezeigt, um die Mittagszeit vom Abgeordnetenhaus und später am Nachmittag vom Herrenhaus, versammelte sich die Provisorische Nationalversammlung, wie schon am 21. Oktober beschlossen, im Gebäude des niederösterreichischen Landtages in der Herrengasse, im Landhaus.

Fünf Minuten nach drei Uhr nachmittags eröffnet Präsident Seitz die Sitzung, späterhin wird ihn Präsident Dinghofer ablösen, der dritte Präsident, Fink, so teilt Seitz sogleich nach der Eröffnung mit, hatte telegraphisch seine Funktion niedergelegt; an seiner Stelle wird im weiteren Sitzungsverlauf Johann Nepomuk Hauser zum Präsidenten gewählt werden. Anschließend, noch vor Eingang in die Tagesordnung, verlesen die Schriftführer den Einlauf. Das erste Schriftstück stimmt auf das Kommende ein: »Lebhafter Beifall«, »Heilrufe«, auch simples »Hände-

»Die Präsidenten des deutschösterreichischen Staatsrates«, gleichzeitig Präsidenten der Provisorischen Nationalversammlung ab 30. Oktober 1918

klatschen« ruft die Bekanntmachung hervor, es habe sich am Vortag die »Provinz Deutschböhmen« als »eigenberechtigte Provinz des Staates Deutschösterreich« konstituiert. Gleichen Beifall finden auch Bekenntnisse der Universität sowie der Technischen

Hochschule Graz zum neuen Staat, ebenso die schon erwähnte »Kundgebung« der Universität Wien vom 26. Oktober, ferner die Mitteilung, die Stadt Znaim spende der Nationalversammlung 30 000 Kronen. Dann kehrt Routine ein. Offenbar nicht unerwartet kommt nach Eingang in die Tagesordnung ein Antrag auf deren Erweiterung, er wird nebst Redezeitbeschränkungen angenommen. Die Tagesordnung umfaßt nunmehr fünf Punkte: Sie beginnt mit einer Note der Nationalversammlung an Präsident Wilson, dann folgt »Beschlußfassung über die grundlegenden Einrichtungen der Staatsgewalt«, anschließend geht es um Arbeitsvermittlung und Arbeiterschutz bei der Demobilisierung, ferner gibt es einen Bericht über die Ernährungsfragen, schließlich einen Antrag betreffend das Preß-, Vereins- und Versammlungsrecht. Der späterhin sogenannte Staatsgründungsbeschluß steht also nicht als einziger Beschlußpunkt auf der Tagesordnung, auch nicht an exponierter erster oder letzter Stelle – vor allem nicht an erster, sie nimmt die Note an den US-Präsidenten ein. Vom Standpunkt einer Staatsgründung entbehrt dies allerdings nicht einer gewissen Logik: Wird der Tagesordnungspunkt 2 die »grundlegenden Einrichtungen der Staatsgewalt« zum Gegenstand haben, so mit der Präsidenten-Note der Tagesordnungspunkt 1 das Staatsgebiet. Im Kern geht es bei der Note an den US-Präsidenten fast nur um dieses, und zwar in der Form eines Appells aufgrund des von ihm verkündeten Selbstbestimmungsrechts der Völker. Nach einer Mitteilung über die Vorgänge am 21. Oktober wird grundsätzlich festgestellt, der »neue Staat« beanspruche »die Gebietshoheit über alle jene Gebiete des bisherigen Österreich, in denen die Deutschen die Mehrheit der Bevölkerung bilden«. Durch diese Erklärung sieht man sich in Einklang mit den Grundsätzen des US-Präsidenten, welche dieser mehrmals, was konkret angeführt wird, festgesetzt habe. Mit statistischen Zahlen werden vor allem die Gebietsansprüche Deutschösterreichs in Böhmen, in Österreichisch-Schlesien und in Mähren untermauert sowie Verhandlungen mit der »Vertretung der tschechischen Nation« und allenfalls Volksabstimmungen vorgeschlagen. Überdies wären, so die nun eher pauschale Feststellung, »diese Grundsätze auch auf die deutschen Siedlungsgebiete im Süden und auf die Regelung der staatlichen Grenzen gegenüber Italien und dem südslawischen Staat anzuwenden«, wofür man insgesamt den Beistand des US-Präsidenten erbitte. Die anschließende Diskussion beherrscht, dem Inhalt der Note entsprechend, die Frage des Staatsgebietes, das, ebenso wie schon am 21. Oktober, der Abgeordnete Pantz »auch auf das Gebiet der Gebietshoheit der ungarischen Krone ausgedehnt« haben will. Insgesamt aber sieht man das Grundpostulat der Vereinigung aller Deutschen Österreich/Cisleithaniens besonders von den Tschechen für bedroht an, jedenfalls sollte »ehestens das Hoheitsgebiet des deutschösterreichischen Staates territorial in einem Gesetze festgelegt« werden. Aber auch die Regierungsform kommt bereits jetzt zur Sprache. Der sozialdemokratische Abgeordnete Ellenbogen fordert »die Konstituierung des deutschen Staates als deutscher Republik«: »Stürmischer, anhaltender Beifall und Händeklatschen« folgen, auch »Rufe: Hoch die Republik!«, allerdings auch »Zwischenrufe seitens eines Galeriebesuchers«. Weiters nimmt sich der deutschradikale Abgeordnete Wolf der Regierungsform an und vermeint, Außenminister Andrassy und Ministerpräsident Lammasch hätten sich als »schlechte Agitatoren für die monarchische Staatsform« erwiesen, vielmehr »jeden Agitator für die republikanische Staatsform« überboten – gemeint ist hier insbesondere das Sonderfriedensangebot von Minister Andrassy, das die Note an den US-Präsidenten sehr wesentlich mitinitiierte.

Mit diesen Bemerkungen warf schon der nächste Tagesordnungspunkt seine Schatten voraus: Jetzt ging es um den Staatsgründungsbeschluß. Als Berichterstatter fungiert Renner. Sein Ausgangspunkt ist nahezu rein juristischer Natur: »... inmitten der größten Not des Volkes sind wir gezwungen, Verfassungsgesetze auszuarbeiten und vorzulegen und der Einwand liegt nahe«, daß man sich damit nicht mit etwas befasse, »was für das Volk zur Stunde das Wichtigste ist«. Renner hat aber eine plausible Erklärung zur Hand: Man mußte jetzt im Kriege verspüren, wie wichtig Verfassungseinrichtungen sogar »für das tägliche Leben des Bürgers« seien, denn man habe »erfahren, daß man hungern kann vermöge einer Verfassung – ich weise nur hin auf das Ver-

»Aus der zweiten Sitzung der deutschen Nationalversammlung. Der sozialdemokratische Abgeordnete Dr. Ellenbogen als Redner« am 30. Oktober 1918; im Vordergrund Stenographen des Protokolls

hältnis Österreichs zu Ungarn«, womit die Realunion gemeint ist, die es Ungarn erlaubte, Lebensmittel nicht nach Österreich/Cisleithanien zu liefern. Nach diesem sozusagen aus dem Leben gegriffenen Beispiel nachteiliger Verfassungsgestaltung war Renner wieder ganz Verfassungsjurist. Es läge nun »ein Verfassungsentwurf« vor: »Allerdings bringt er nur ein Stück einer Verfassung. Es ist keine Verfassungsurkunde, welche im einzelnen alle Elemente der staatlichen Ordnung aufzeigt, … die Abgrenzung des Gebietes, die Staatsbürgerschaft, die staatsbürgerlichen Rechte, den Aufbau der gesetzgebenden, vollziehenden und richterlichen Gewalt«. Nahezu nach einem Lehrbuch des Staatsrechts hakt Renner hiermit jene Staatselemente an, welche noch nicht geregelt sind: Staatsgebiet, Staatsvolk und die Gesamtheit der Staatsfunktionen im Sinne der Gewaltentrennungslehre. »All das mußten wir zurückstellen, … um eine öffentliche Gewalt in unserem Lande einzurichten«, die Vorlage sei daher »gleichsam ein Notdach, die erste Aufrichtung einer öffentlichen Gewalt« also – allein um diese ging es. Und sofort kommt die nächste Einschränkung: »Über die Staatsform« – Renner meint die Regierungsform – »ist kaum ein Wort ausdrücklich gesprochen. Das Wesen dieses Staates ist mit keiner charakteristischen Bezeichnung belegt. Wir sprechen darin nicht von Monarchie und nicht von Demokratie und nicht von Republik«. Sodann verliest Renner den zu beschließenden Gesetzestext und kommentiert jede der vorgeschlagenen Bestimmungen – das Protokoll stellt praktisch einen offiziellen Kommentar zum Staatsgründungsbeschluß dar. Renner nennt schließlich auch jene Elemente, die es demnächst zu regeln gilt: die »richterliche Gewalt«, die »Organisierung der bewaffneten Macht« – deren fehlende Regelungen Zenker lebhaft bemängelt –, »die Gebietsfragen«, auch ein Verfassungsgerichtshof neuer Art wird angekündigt, der gleichzeitig »anstelle eines Staatsgerichtshofes« fungieren solle. Und überhaupt: »Es ist dieses ganze Verfassungsgesetz provisorisch gedacht, es ist ein erster Versuch.« Am Ende seines Referates erwartete sich Renner von der Annahme der Vorlage, daß sie »in die Lage versetzt, die Verwaltung unmittelbar in (die) Hand zu nehmen«.

Dies will Renner auch sogleich in die Tat umgesetzt haben, und so beantragt er eine Ergänzung der Tagesordnung dahingehend, »daß nach Annahme dieses Entwurfes der Staatsrat sofort gewählt werde«, um auf diese Weise »zu dokumentieren, daß es uns mit unserer Verfassung und mit dem Volkswillen ernst ist«. Auch der Abgeordnete Hummer sprach sich, und zwar beeindruckt vom »Weg in dieses Haus über den Ring und die Herrengasse«, wo »zehntausende von Menschen draußen stehen«, für »die sofortige Übernahme der Regierungsgewalt« aus.

Bevor nun in die Debatte über Renners Hauptantrag, den Staatsgründungsbeschluß, eingegangen wurde, überraschte der Abgeordnete Freissler mit einer Wortmeldung zu einem ganz anderen, aber doch auch zur Staatsgründung gehörenden Thema: Wie eingangs der Sitzung die schriftliche Mitteilung über die Gründung des Landes Deutschböhmen verlesen wurde, so berichtete er nun davon, daß sich unmittelbar vor Sitzungsbeginn ein weiteres Land konstituiert habe, nämlich »Sudetenland«: »Lebhafter Beifall und Händeklatschen, Heil!-Rufe« sind die Folge.

Nun erst kam es zur Debatte über Renners Referat. Für die Christlichsozialen sprach Abgeordneter Stöckler, sodann Waber für die Deutschnationalen, Hummer für die Deutschradikalen und Zenker für die Deutschfortschrittlichen – da nach seiner Rede der Antrag auf Schluß der Debatte angenommen wurde, kamen zwölf weitere Redner nicht mehr zu Wort. Renner als Berichterstatter hatte das Schlußwort, es fiel halb so lang aus wie sein Bericht.

Einen zentralen Punkt der Debatte bildete jene Frage, über die sich nach Renners Worten die Vorlage »kaum … ausdrücklich« ausgesprochen hatte, die Regierungsform. Für Waber stand fest, daß der Entwurf »sogar über die in den republikanischen Staaten bestehenden Verfassungen hinaus(geht)«, schon das kaiserliche Manifest vom 16. Oktober wertete er – unkorrekt – »als eine praktische Verwirklichung der Republik«, und die Macht der Nationalversammlung übertreffe schon heute »die Macht der gesetzlichen Körper in allen Republiken«; da man aber nur ein »Provisorium« geschaffen habe, was Waber allerdings bedauerte, werde es »wohl der Volksabstimmung überlassen bleiben« zu zeigen, ob das Volk »für die Monarchie oder für die Republik ist«. Mittlerweile hatte der Abgeordnete der Deutschen Volkspartei Malik einen Abänderungsantrag eingebracht, wonach in § 1 statt »Staat« das Wort »Freistaat« – als deutscher Ausdruck für das Lehnwort »Republik« – zu setzen wäre, den allerdings Präsident

Seitz mangels genügender Unterstützung nicht zur Abstimmung bringen konnte. Das bedauerte der nachfolgende Redner Hummer, denn, man solle »sich keinen Täuschungen« hingeben, »das Grundgesetz, wie es uns vom Vollzugsausschuße vorgelegt wurde, ist ein rein republikanisches«, und zwar deshalb, »da vom Träger der Krone, seinen Rechten und auch seinen Pflichten keine Rede mehr ist«. Hummer hatte, wie er selbst einbekannte, sich noch am 21. Oktober einer monarchischen Regierungsform nicht verschlossen, trat aber nun gegen diese auf und meinte auch, ihre Festlegung würde zugunsten der Republik »eine zweite Revolution« auslösen. Seine Haltungsänderung erklärte Hummer damit, es sei der »Träger der Gewalt, dem wir vertrauen könnten«, einfach »nicht mehr da«, an eine andere »Dynastie anhängen« sei unmöglich, man sei »derzeit nicht in der Lage, sozusagen aus dem Ärmel eine Dynastie herauszubeuteln«, man könne keinen »Prinzen von Wied« – Wilhelm von Wied war 1914 Fürst von Albanien geworden – »oder einen anderen Duodezfürsten herbringen und ihn freundlich bitten, die Krone des deutschen Österreichs zu übernehmen«: Deutlich tritt hier zu Tage, daß die um sich greifende Ablehnung der Habsburger auch zur Ablehnung der monarchischen Regierungsform führte, was zu diesen Äußerungen der Abgeordnete Malik mit einem Zwischenruf bekräftigte: »Aber selbst die Bauern in den Alpenländern wollen von einer Monarchie nichts mehr wissen«, was Hummer unterstreichend wiederholte, vielleicht sogar genüßlich, als »deutlichen Beweis, wie tief die Ansicht in die Bevölkerung eingedrungen ist«. Zenker sprach zwar von einer »Lücke, daß über die Regierungsform selbst nichts ausgemacht ist«, meinte aber, es sei das Gesetz »ein durch und durch republikanisches, und der Staat, welcher hier aus diesem Entwurfe geboren werde, könne nichts anderes als eine Republik sein«, denn »es kommt nicht darauf an, ob es darin steht oder nicht«. Das war auch Renners Meinung, denn er billigte, daß über das Wort »Freistaat« nicht abgestimmt werden konnte, wodurch zum Ausdruck gebracht worden sei, daß es offenbar für die Nationalversammlung »gar nicht notwendig und absolut erforderlich ist, den Charakter des Staates in ausdrücklichen Worten kundzumachen« – da er eben inhaltlich ohnedies, wie von den Vorrednern mehrfach betont, in der Sache als Republik festlag. Renner teilte nun auch mit, es sei »die Auffassung des Vollzugsausschusses« gewesen, »daß jede Deklaration, alle deklarative Politik in dem gegebenen Falle vielleicht gefährlich wäre«, und begründete diese tagespolitische Überlegung als Verfassungsjurist: »Ich halte überhaupt in Gesetzen von deklarativen Erklärungen nicht viel«. Auf die Sache kam es ihm eben an. Und diese als republikanische Regierungsform bestätigte Renner auf einen Zwischenruf hin dem Abgeordneten Heilinger, dem er erklärte, es sei »im Rahmen unseres Gesetzes« für eine »kaiserliche Verordnung gar kein Raum«.

Damit betonte Renner allerdings noch einen zweiten, in der Debatte klar zutage getretenen Standpunkt, den der Diskontinuität: »Man soll doch nicht diese unsere Verfassung etwa hineindenken in die alte Gesetzgebung«, so Renner konkret, denn: »Wir sollen uns angewöhnen, unsere Gesetze doch in einer absoluten Trennung, in einer absoluten moralischen Trennung von den bisherigen Staatsgesetzen zu betrachten!« Übrigens war auch jetzt, wie schon am 21. Oktober, durchgehend die Rede vom »neuen Staat«. Demnach vertrat der Vollzugsausschuß auch die Auffassung, »daß die Dynastie, der Hofstaat und alles das, was staatsrechtlich dazugehört … (mit der neuen Verfassung) gar nichts zu tun (hat)« – was auch ein weiteres Indiz für die republikanische Regierungsform abgibt. Und schließlich kam noch ein Element, wenngleich am Rande, zur Erwähnung, daß der »neue Staat« kein Nationalitätenstaat mehr sei: »Die Verschiedenheiten der Nationen entfallen: In unseren Reihen gibt es heute keinen nationalen Streit«, sodaß der »Nationalitätenstreit … von uns gewichen ist« (Waber). Gerade zufolge der Begründung eines alle Deutschen Österreich/Cisleithaniens umfassenden Nationalstaates kommt immer wieder die Sorge zum Durchbruch, man müsse vor allem gegen tschechische Übergriffe das in Anspruch genommene Staatsgebiet, die »deutschen Minoritäten in Böhmen« (Zenker) schützen, denn die Tschechen vereidigten bereits die deutschen Beamten (Waber), planten, nach Lundenburg auch Znaim und Iglau zu besetzen (Hummer).

Schließlich konnte Präsident Seitz zur Abstimmung schreiten

und ersuchte, jene »Herren, welche diesem Beschlußantrage zustimmen, wollen sich von den Sitzen erheben«, worauf er ausdrücklich noch »um die Gegenprobe« bat, um nach einer Pause zu verkünden: »Der Antrag ist einstimmig angenommen«.

Weiter ging es mit noch zwei Abstimmungen und anschließend mit Wahlen, und zwar erfolgte »zuerst die Wahl der Präsidenten, dann des Staatsrates und endlich des Staatsgerichtshofes«: Nun wurden Urnen herumgereicht und angekündigt, die Stimmauszählung werde »im Laufe der Sitzung vorgenommen werden«, worauf es in der Tagesordnung weiterging. Die nun wieder ganz routinemäßige Behandlung unterbrach die Bekanntgabe des Wahlergebnisses: Bei allen Wahlen waren 163 Stimmzettel abgegeben worden, auf sämtliche Wahlvorschläge entfiel genau diese Stimmenanzahl mit Ausnahme von Präsident Dinghofer, der mit 157 Stimmen wiedergewählt wurde. Das Ergebnis macht deutlich: Auch hier Routine, man hatte sich offenkundig vorher abgesprochen. Nach der Ankündigung, die erste konstituierende Sitzung des Staatsrates werde unmittelbar nach Schluß der Plenarsitzung stattfinden – die Bürger-, Bauern- und Arbeitervertreter hatten sich just im Prälatensaal zu versammeln! – ging es abermals mit der Tagesordnung weiter, und zwar mit dem »Bericht über Ernährungsfragen«, der alle – oft spürbar – betraf wie auch betroffen machte. Für den Berichterstatter war es »zweifellos, daß die Funktion unserer Volksernährung, vornehmlich was das deutschösterreichische Gebiet anlangt, gestört ist«, und zwar aus folgenden Gründen: »Wir konstatieren Absperrungsmaßnahmen gegen Deutschösterreich in Böhmen und Mähren, weiters Absperrungsmaßnahmen in Galizien, beziehungsweise im Königreich Polen, und wir konstatieren auch eine große Zurückhaltung in der Auslieferung von Lebensmitteln aus dem Königreich Ungarn« – mit den nachfolgenden Details nahm das Bild an Düsternis zu. Immer wieder zur Sprache kamen die Absperrungsmaßnahmen aus den tschechischen Gebieten, »eigentlich nicht über Weisung des tschechischen Nationalrates ..., sondern ... von lokalen Organen, von lokalen Interessenten«. Die Gemüseversorgung beispielsweise, »namentlich mit dem Sauerkraut«, betrug für Deutschösterreich »eigentlich nur 105 Waggons ...

während im tschechischen Gebiete über 1000 Waggons lagern«. Angesichts etwa auch der Getreide- und Fettversorgung war es daher ein Lichtblick, »daß die Aktion bei der deutschen Regierung das Ergebnis gehabt hat, daß uns sofort und unmittelbar 1000 Waggons zugestanden wurden« – freilich hatte ursprünglich »die Zusage der deutschen Regierung auf 10 000 Waggons gelautet«, aber Deutschland hungerte ebenso. Doch konnte berichtet werden, daß Deutschösterreich »auch weiterhin bei seinen Ernährungsschwierigkeiten auf die Hilfe Deutschlands rechnen könne«.

Am Abend, fünf Minuten nach acht Uhr, schloß Präsident Seitz die Sitzung: Sie hatte auf die Minute genau fünf Stunden gedauert. Nur knapp über die Hälfte davon nahm der Staatsgründungsbeschluß in Anspruch, während fast 30% der Zeit befaßte sich die Sitzung mit der Note an Präsident Wilson, knapp 15% standen mit der Staatsgründung im Zusammenhang. Diese allerdings, also der Tagesordnungspunkt 2, fand keine andere Behandlung als die übrigen Tagesordnungspunkte auch – sehr routinemäßig, sehr geschäftsordnungsmäßig. Renners Bericht war kaum und schon gar nicht enthusiastisch unterbrochen worden, es gab, von einer Ausnahme abgesehen, bloß »Beifall«, und diesen nur einmal. Nicht viel anders ging es den Debattenrednern, »lebhafter Beifall und Händeklatschen« war hier die Ausnahme. Die Mitteilungen über die Gründungen der Länder Deutschböhmen und Sudetenland waren wesentlich heftiger und auch öfter akklamiert worden. Als Präsident Seitz die einhellige Annahme des Staatsgründungsbeschlusses verkündete, folgte zwar »lebhafter Beifall und Händeklatschen« – aber schon ging es mit Zusatzanträgen weiter. In gleicher Weise reagierte das Plenum auf die Wahl der drei Nationalversammlungspräsidenten, keinerlei (!) Reaktion vermerkt das Protokoll auf die der Staatsrats- sowie der Staatsgerichtshofsmitglieder. Nun hatte man zwar mit der Wahl des Staatsrats das heiß ersehnte Regierungs- und Vollzugsorgan eingesetzt, so nachdrücklich wie man dies auch verlangt hatte, so selbstverständlich und sensationslos nahm man es nun hin. Kein Wunder: Der Staatsrat entsprach in seiner personellen Zusammensetzung dem bisherigen Vollzugsausschuß, nur zwei der zwanzig Mitglieder

waren neu, sie traten anstelle von Renner und Hauser ein. Und nüchtern ging die Sitzung auch zu Ende.
So lag der zentrale Staatsgründungsakt nicht nur eingebettet inmitten einer Tagesordnung, er hob sich auch beifalls- oder gar gemütsbewegt von den übrigen Tagesordnungspunkten nicht ab – verglichen mit den beiden Gründungserklärungen bezüglich Deutschböhmens und des Sudetenlands gab es offenkundig sogar weniger Euphorie. Und von einer »Staatsgründung« war ausdrücklich schon gar keine Rede. Einige Wendungen erwecken sogar den Eindruck, als sei dieser Staat bereits vor dem 30. Oktober begründet worden. Die beiden neuen Länder Deutschböhmen und Sudetenland bezeichneten sich schon knapp vor dem Staatsgründungsbeschluß jeweils als »Provinz des Staates Deutschösterreich« – und zwar durch Mitglieder der Nationalversammlung, die erst danach die Staatsgründung vornahm –, »zu dem neugegründeten Staate Deutschösterreich« hatte sich die eingangs verlesene Kundgebung der Universität Wien vom 26. Oktober bekannt, noch vor dem Staatsgründungsbeschluß war in den Worten von Pantz die »Note des deutschösterreichischen Staates an den Herrn Präsidenten Wilson« beschlossen worden, habe diese, nach Mataja, der »neugeschaffene« (!) »deutschösterreichische Staat« verabschiedet. Durchgehend sprach man vom »neuen Staat«, was aber am 21. Oktober auch schon ein nahezu geflügeltes Wort gewesen war und somit kein Indiz für eine Meinung über den Zeitpunkt der Staatsgründung abgibt. Für Renner allerdings existierte zum Zeitpunkt seines Berichtes noch kein Staat: »Wir sind über Nacht auf einmal ein Volk ohne Staat geworden« – dessen Gründung stand also noch bevor! In der anschließenden Debatte kam daher auch klar zum Ausdruck, daß es nun um die »Ergreifung der Gewalt« gehe (Waber), darum, es würden neue Organe »die Regierungsgewalt übernehmen«, sodaß es dann einen »konstituierten deutschen Staat« neben »den übrigen Nationalstaaten« auf dem Boden Österreich/Cisleithaniens gäbe (Zenker), und so war es eben ein »Staat, welcher aus diesem Entwurfe geboren werde« (Hummer).

Deshalb wohl war ab und an doch ein bißchen Feierlichkeit zu verspüren. Renner, der als Berichterstatter mehrfach das Provisorische des Staatsgründungsbeschlusses hervorgehoben hatte, ließ sich am Ende seines Berichts über das Nüchtern-Juristische hinaus doch zu ein bißchen Pathos hinreißen – und damit zu einem grassen Widerspruch zum zuvor postulierten »Provisorium«: Werde der Gesetzesbeschluß gefaßt und vom Staatsrat »beurkundet und kundgemacht«, dann sei er »für das deutsche Volk und für das deutsche Gebiet in Österreich unwiderrufliches und unverbrüchliches Gesetz« – worauf erstmals, aber auch einmalig, zu diesem Thema »lebhafter Beifall und Händeklatschen« erfolgte! Renner fuhr mit rechtshistorischer Genugtuung fort: Denn sein »Provisorium« doch als »unwiderrufliches und unverbrüchliches Gesetz« bezeichnet zu haben, wurzelte offenkundig darin, daß er vermeinte, das Volk werde »dieses Verfassungsgesetz nicht im Stiche lassen«, wie es »so oft in unserer Geschichte geschehen ist, ich erinnere nur an den Kremsierer Verfassungsentwurf«. Und der erste Debattenredner, Stöckler, hob die Bedeutung der Stunde durch eine Parallele zum 21. Oktober hervor: »Bedeutungsvoll war der Tag der Gründung der Nationalversammlung«, eben der 21. Oktober: »Aber erhöht wird diese Bedeutung noch am heutigen Tage, in dem dieses Kind, das wir geboren, eigentlich erst heute einen Namen bekommt« – womit gesagt ist, daß die Geburt am 21. Oktober keinen Staat, sondern die Provisorische Nationalversammlung hervorbrachte, die am 30. Oktober »eigentlich erst einen Namen bekommt«, durch den jetzt gegründeten Staat Deutschösterreich; daher: Der 30. Oktober gilt ihm mehr als der 21. Oktober, und seine Rede schloß er theatralisch mit einem Hinweis auf »das Heil und Glück Deutschösterreichs«, was, wie bei Renners Pathos, »lebhafter Beifall und Händeklatschen« belohnte, aber doch als Ausnahme in dieser sonst nüchternen Debatte.

Aber so überwiegend normal-routinemäßig lief die Sitzung im Landtagsgebäude denn doch nicht ab. Im Sitzungssaal selbst gab es offenkundig überdurchschnittlich Erregung und Diskussionsstoff, sodaß Präsident Seitz die Rede Stöcklers unterbrechen mußte und bat, »das Parkett zu räumen, weil die dahintersitzenden Abgeordneten ja den Redner nicht sehen und daher auch oft nicht gut hören können«, und mit Einsicht in die Notwendigkeit auch anderer Tätigkeiten als die des Redens und vor allem des Zuhörens bat er, »alle Privatgespräche in den speziell dazu eingerichteten Nebensälen zu führen«. Auch ließ die Anwesenheit streckenweise arg zu wünschen übrig. Vor der Abstimmung über den Staatsgründungsbeschluß bat der Abgeordnete Malik, seinen Antrag auf Einfügung des Wortes »Freistaat« zu wiederholen, und zwar mit der Begründung, bei »der Stellung meines Antrages und bei dessen Abstimmung war eigentlich diese Nationalversammlung gar nicht anwesend und konnte sich daher über meinen Antrag weder ein Urteil bilden noch konnte sie mitstimmen, weil ja alles draußen war«! Während Renners Bericht war also »alles draußen«! Aber, wie wir wissen, nicht nur um die von Präsident Seitz gerügten Privatgespräche zu führen, sondern, um »draußen«, vom Balkon des Landhauses, zu den Bevölkerungsmassen in der Herrengasse zu sprechen.

»In der Herrengasse standen wir gepreßt Kopf an Kopf und lauschten den ersten Versuchen beherzter Österreicher, in dem Chaos festen Boden zu gewinnen«, so erinnerte sich die 1918 27jährige Luise Kohl noch knapp 60 Jahre später. Denn was im Landtagsgebäude geschäftsordnungsgemäß-nüchtern ablief, fand »draußen« ein ganz anderes Echo. Aufregung und Enthusiasmus, zündende Reden und Zwischenrufe – die Straße entlastete damit offenkundig den Sitzungssaal! Hier drängten sich die Menschenmassen. Zu diesen schon erwähnten »Tausenden« an Menschen in den Straßen rund um das Landhaus schrieb die Neue Freie Presse: In dieser »Volksversammlung unter freiem Himmel, ... die von den ersten Nachmittagsstunden bis spät in den sinkenden Abend hinein andauerte«, waren »alle politischen Parteien vertreten ...: Deutschbürgerliche, Deutschnationale und Sozialdemokraten«. Diese Parteizusammensetzung ließ bestimmte Erwartungen artikulieren: »Im Saale Debatten, heraußen wird die Menge unruhig. Man will die Republik und fürchtet die Sabotage der Christlichsozialen. Zur Beruhigung der Angesammelten tritt bald ein Sozialdemokrat, bald ein Deutschnationaler auf den Balkon und hält eine Ansprache ... Viel Beifall auf die Reden, aber auch erregte Rufe von den Sozialdemokraten zu den Deutschnationalen und von diesen auf jene. ›Hohenzol-

»Der erste Tag von Deutsch-Oesterreich. Ansprachen an die Volksmenge vom Balkon des Landhauses«; möglicherweise die Vorlage für das Ölbild von Max Frey (vgl. Abb. 1)

lernknechte!‹ – ›Internationales Gesindel!‹ sind die gegenseitigen Schmeichelworte. Für den Kaiser erhebt sich keine Stimme ... Vom Balkon des Landhauses wird weiter gesprochen. Als letzter will Bürgermeister Weiskirchner das Wort ergreifen. Aber ein tausendstimmiges ›Pfui!‹ schallt ihm entgegen, vor dem er zurückweicht. Ja gibt es denn wirklich keine Christlichsozialen mehr in Wien?!« Auf den Straßen offenbar nicht, denn Glaise-Horstenau meinte sogar[50], es hätten »nicht die Sozialdemokraten, sondern Bürger und Studenten den Ton angegeben«, präziser nach dem deutschen Militärattaché General von Cramon »von ihren Führern zusammengetrommelte deutschnationale Bürger und Studenten«[51], und zwar unter dem Eindruck des antideutsch verstandenen Sonderfriedensangebotes des Außenministers Andrassy, eben eines Ungarn. Auch waren es »sozialistische und deutschnationale Redner«, die »immer wieder« auf den Landhaus-Balkon hinaustraten, um mit Reden »die Menge zu beschwichtigen«[52]. Die Redner am Balkon, so berichten die Zeitungen weiters, »stimmten darin überein, daß nunmehr das alte Österreich zu Grabe getragen und heute der Geburtstag eines neuen Deutsch-Österreich gefeiert werde«, es sind für das Interessante Blatt, das ein entsprechendes Foto bringt, jedenfalls »Ansprachen, die die Bedeutung dieser historischen Stunde würdigen und brausenden Jubel erwecken«.

Mit der Beschlußfassung über »die grundlegenden Einrichtungen der Staatsgewalt« war – so der Staatsrechtslehrer Hans Kelsen[53] – »die Konstituierung des Staates Deutsch-Österreich vollendet«, somit, wie schon zwei Tage zuvor mit der Tschechoslowakei, abermals ein neuer Staat auf dem Boden Österreich-Ungarns entstanden. Als legislatorischer Akt einer Neugründung wurde dieser Staatsgründungsbeschluß mit »Nummer 1« in das neue Staatsgesetzblatt gesetzt. Dieser Umstand gewinnt besondere Bedeutung übrigens dadurch, daß dieses Staatsgesetzblatt aufgrund des entsprechenden Gesetzes vom 12. November (StGBl. 7) erst am 15. November 1918 ausgegeben wurde. Man hätte es also durchaus in der Hand gehabt, entweder die Beschlüsse der Provisorischen Nationalversammlung vom 21. Oktober 1918 in das Staatsgesetzblatt aufzunehmen – zumal die Sitzungsprotokolle des Staatsrates (damals Vollzugsausschuß) von diesem Tag an numeriert wurden[54] – oder den Beschluß vom 30. Oktober 1918 ebenso wie diese fortzulassen. Man hätte aber auch einen Weg finden können, den Beschluß vom 12. November

1918 nicht erst als Nummer 5, sondern bereits als Nummer 1 in das Staatsgesetzblatt zu stellen und die Nummern 2 bis 4 des Staatsgesetzblattes durch eine Wiederholung oder ähnliches daran anzureihen. Wie auch immer: Ganz bewußt wurde der Beschluß vom 30. Oktober 1918 als erster Rechtsakt gezählt – eben als Beginn!

Ausdrücklich von einer Staatsgründung sprach der Staatsgründungsbeschluß allerdings nicht, aber doch von den »grundlegenden Einrichtungen der Staatsgewalt«, wobei diese über jene »Einrichtungen«, d. h. die entsprechenden Organe samt ihren Aufgaben, definiert wurde. »Einrichtungen« und auch »Staatsgewalt« waren demnach Neuschöpfungen. Und dies sprach die Provisorische Nationalversammlung doch sogleich am 30. Oktober auch ausdrücklich aus, und zwar in ihrer Note an US-Präsident Wilson: Sie habe beschlossen, »einen selbständigen deutschösterreichischen Staat zu bilden«, es habe sich »auch die deutsche Nation in Österreich als ein selbständiger Nationalstaat (konstituiert)« – und in der Debatte darüber wurde wie selbstverständlich »der neugeschaffene deutschösterreichische Staat« angesprochen[55]. Für das Inland hielten gleichsam in authentischer Interpretation des Staatsgründungsbeschlusses in einem Aufruf vom 31. Oktober 1918 im »Namen des deutschösterreichischen Staatsrates« die drei Nationalversammlungspräsidenten Dinghofer, Hauser und Seitz fest[56], es habe die Nationalversammlung »gestern« – also am 30. Oktober 1918 – »das provisorische Grundgesetz des neuen deutsch-österreichischen Staates beschlossen«, ferner: »Auf der Grundlage dieses Gesetzes« sei der Staatsrat gewählt worden, »der nunmehr die Regierungs- und Vollzugsgewalt« übernimmt und »unverzüglich die erste deutsch-österreichische Regierung ernennen (wird)«, schließlich: »Damit ist … der deutsch-österreichische Staat zu lebendiger Wirklichkeit geworden«. Kürzer formuliert: Damit wurde dieser Staat begründet.

So sahen es auch die am 30. Oktober 1918 erschienenen Zeitungen: Der Tag gilt als ein, so die Wiener Allgemeine Zeitung, »Datum von historischer Tragweite«, da es »zur Beschlußfassung über die beantragte Verfassung des neuen Staates« kommen werde. Die Reichspost sieht an diesem Tag »alle Nationen mit der Konstituierung ihrer Staaten vollständig beschäftigt«, also auch in Wien. Und das Interessante Blatt[57] schreibt, daß die »deutschösterreichische Nationalversammlung am 30. Oktober nach mittags das provisorische Grundgesetz des neuen Staates beschließt«.

Auch Künstler fühlten sich inspiriert. Auf Moritz Ledelis Aquarell (Abb. 2) sehen wir die Herrengasse entlang, zur Linken das Landhaus, etwa in der Mitte das Café Central und rechts davon das Gebäude einer tschechischen Bank, davor eine Bauhütte. Über die Köpfe ragen schwarze Regenschirme und rote Fahnen. Am Balkon des Landhauses stehen zwei Männer, einer spricht mit erhobener linker Hand zur Menschenmenge in die Straße hinunter.[58] Mit einer weiteren Darstellung (Abb. 1), Max Freys Ölbild[59], sehen wir gleichfalls in die Schlucht der Herrengasse, aber in die Gegenrichtung mit der neugotischen Fassade des Café Central links vom Betrachter, gegenüber das Landhaus, auf dessen Balkon sich eine Gruppe von Personen aufhält, in der Herrengasse selbst drängt sich eine Menschenmenge, über welcher weiße Transparente sichtbar sind, aus der rote und schwarzrotgoldene Fahnen herausragen. Nur die weißen Transparente und diese bunten Fahnen haben Hoffnungsfrohes an sich, das übrige Bild ist von grauen Schattierungen und Tönen bestimmt.

Das bildlich festgehaltene Geschehen beurteilte das Interessante Blatt als »Grundsteinlegung von Deutsch-Österreich«, Ledeli als »Gründung von Deutsch-Österreich« und auf Freys Bild lesen wir »Die Ausrufung der 1. Republik am 30. Oktober 1918 vom Balkon des Landhauses in Wien« – dieser Überschrift kommt besondere Bedeutung zu, denn Freys Bild entstand 1948 auf Initiative von Bundespräsident Renner, des Staatskanzlers von 1918, und besitzt deshalb sowohl offiziellen Wert wie den der Aussage eines prominenten Zeitzeugen.

Zeitlich parallel zu den Ereignissen in Wien lief am 30. Oktober in St. Pölten eine Versammlung ab – sie stand ganz im Zeichen der »Gründung des deutschösterreichischen Staates«[60]. Unmittelbar nach dem 30. Oktober, am 1. November, fand der sozialdemokratische Parteitag statt[61]. Ein Beschluß begrüßte »die

Bildung freier Volksstaaten auf den Trümmern des österreichischen Zwangsstaates«, mehrfach war hier von den »neuen Volksstaaten« fast als Terminus technicus die Rede, damit war auch die »Bildung des deutschösterreichischen Staates« gemeint, der Beschluß stand unter der Überschrift »Neugründung in Oesterreich«. Dem Parteitag galt also Deutschösterreich als bereits begründet – wie konnte es schließlich auch anders sein, wenn beispielsweise Julius Deutsch ausführte, der »Wille der Partei führt mich zum Eintritt in das Staatsamt für Heerwesen« und Max Adler ganz allgemein erklärte, daß »sich unsere Genossen sowohl im Präsidium des Staatsrates wie im Ministerium lediglich als Vertreter der Klasseninteressen des Proletariats fühlen werden«, worauf »stürmischer Beifall« folgte. Aber auch der ungarische Sektionschef im k. u. k. Außenministerium Ludwig Windischgraetz[62] meinte zum 30. Oktober: »Der deutschösterreichische Staat wird proklamiert«.

Die Wissenschaft schließlich hielt zum 30. Oktober fest: »Damit war«, so Hans Kelsen sogleich 1918, »die Konstituierung des Staates Deutsch-Österreich vollendet«, es hatte sich dieses »als ein Staat konstituiert«, es war »als souverän erklärter Staat entstanden«[63]. Letzteres betonte Kelsen auch in einem vor dem Gesetz vom 12. November verfertigten Gutachten, an das er einen sich auf dieses beziehenden »Nachtrag« anschloß, ohne darin aber seine Ansicht von der Staatsgründung am 30. Oktober zu modifizieren[64]. Die ganz grundlegende Bedeutung des Beschlusses vom 30. Oktober zeigt sich etwa auch darin, daß die erste sogenannte »Verfassungsnovelle«[65] vom 19. Dezember 1918 (StGBl. 139) allein diesen Beschluß betraf. 1922 sprach Renner von »den entscheidenden Oktobertagen 1918«, die späteren Ereignisse im November hielt er zur Staatsgründung nicht für erwähnenswert[66]!

Und dieser neue Staat begann auch umgehend seine Aufgaben wahrzunehmen. In der erwähnten Note an Präsident Wilson vom 30. Oktober beanspruchte die Provisorische Nationalversammlung bereits das außenpolitische Vertretungsmonopol durch die Erklärung, »daß einzig und alleine sie und ihre Organe befugt sind, das deutschösterreichische Volk in allen Angelegenheiten der äußeren Politik ... zu vertreten«[67], wofür tags darauf neben anderen Staatsämtern das »für Äußeres«, und zwar für Deutschösterreich ausdrücklich anstelle des »k. u. k. Ministeriums für Äußeres«, errichtet wurde[68]. Auf »den neuentstandenen Staat Deutsch-Österreich« vereidigte eine Woche darauf am 8. November 1918 der Rektor der Universität Innsbruck die Professoren.[69]

So läßt sich klar erkennen: Nicht bloß juristisch-theoretisch war an diesem 30. Oktober 1918 Deutschösterreich als neuer Staat entstanden – es empfand dies vielschichtigst auch die Öffentlichkeit so.

C. Die neuen Landesgewalten

Schon einen Tag nach der Konstituierung der Provisorischen Nationalversammlung, also am 22. Oktober 1918, war das Landhaus in Wiens Herrengasse abermals Schauplatz einer Versammlung. Nun tagten, wie es in einer in der Provisorischen Nationalversammlung am 30. Oktober verlesenen Mitteilung hieß[70], die »deutschen Vertreter der Länder Niederösterreich, Oberösterreich, Steiermark, Tirol, Kärnten, Salzburg und Vorarlberg«[71], und zwar konkret »Vertreter der autonomen Landesverwaltungen«, gemäß Reichspost die »Landeshauptleute und Landesausschüsse«. Sie wiesen insbesondere »darauf hin, daß die Sicherung des Bestandes der autonomen Landesverwaltungen als eingelebte, in der Bevölkerung der Länder wurzelnde Institutionen« unabdingbar sei. Allerdings war man sich der Notwendigkeit »eines demokratischen Ausbaues dieser Institutionen« voll bewußt, und so wollten die Landesausschüsse möglichst »raschest beschließen, sich in der Weise zu ergänzen, daß die Arbeiterschaft ihre Vertretung in den Landesausschüssen erhält«, und zwar »aus dem Kreise der bisherigen Landtagsabgeordneten«. Diese demnächst neugestaltete Landesvertretung bot sich nun an, »beim Neuaufbau des neuen Staatswesens mitzuwirken«, stellte sich diesem als Verwaltungsapparat »im Zusammenwirken mit dem Nationalrate«, gemeint war die Provisorische Nationalversammlung, »beziehungsweise dessen Ausschüsse«, zur Verfügung.

Mit dieser Versammlung bewiesen die Länder wieder einmal in erstaunlicher Weise ihre Lebenskraft wie allerdings schon des öfteren in der Geschichte. Kaiser Joseph II. hatte sie praktisch abgeschafft[72], traditionelle Namen wie Steiermark oder Tirol waren nahe daran, zu geographischen Bezeichnungen herabzusinken, wie dies in Frankreich etwa mit Burgund oder der Champagne nach der Großen Revolution der Fall gewesen war. Dennoch: Die Namen österreichischer Länder reduzierten sich nicht auf Wein- oder Schaumweinbezeichnungen, denn sie überlebten den Absolutismus. Just mit dem Zusammentritt des niederösterreichischen Landtags brach am 13. März 1848 die Revolution in Wien aus. In der Ära des sogenannten Neoabsolutismus bald nach 1848 gab es daher zwar überwiegend die traditionellen Länder, aber ohne Landtag und ohne eigene Regierung. Auch das ging vorbei: Ab 1861 besaßen sie doch wieder ihren Landtag und mit dem aus seiner Mitte gebildeten Landesausschuß ein eigenes Verwaltungsorgan. Die dominierende politische Kraft im Lande bildete jedoch der Stellvertreter von Kaiser und Regierung, der Statthalter, in kleineren Ländern trug er den Titel Landespräsident. Er war der Chef der staatlichen Verwaltung im Land, ihm unterstanden die Bezirkshauptmänner – der Landeshauptmann hingegen war lediglich Vorsitzender des Landtags sowie des Landesausschusses und spielte damit keine gewichtige Rolle. Als beispielsweise 1913 am oberösterreichischen Attersee zwei hochmoderne Elektromotorboote den See zu befahren begannen[73], hieß eines »Baron Handel« nach dem kaiserlich-königlichen Statthalter, Landeshauptmann Ebenhoch aber erhielt kein Schiff zugeeignet. Zufolge der autonomen Landesverwaltung durch den Landesausschuß einerseits sowie der staatlichen Verwaltung durch den Statthalter andererseits sprach man von der »Doppelgleisigkeit der Verwaltung«. Verwaltungsreformpläne schlugen sozusagen eine Eingleisigkeit vor, blieben allerdings unrealisiert, da man sich nicht darauf verständigen konnte, welches Gleis abzubauen wäre. Die zentralisiert-planende Kriegswirtschaft des Ersten Weltkriegs verstärkte die bürokratische Position des Statthalters, seit Kriegsbeginn wurden die Landtage nicht mehr einberufen, die autonome Landesgewalt schwand dahin. Und dennoch: Auch diesmal – 1918 – erlebten die Länder wieder eine Auferstehung.

Die Versammlung von Landesausschußvertretern am 22. Oktober im Landhaus[74] stellte, da sie ja gleichzeitig Landtagsmitglieder waren, eigentlich einen Ausschußlandtag dar! Ihr Angebot, »beim Neuaufbau des neuen Staatswesens mitzuwirken«, ging über den bisherigen Umfang der – von ihnen wahrgenommenen – autonomen Landesverwaltung hinaus, da »vor allem die Ernährungsfrage, dann aber auch die finanziellen und wirtschaftlichen Fragen einer sachgemäßen Lösung« zugeführt werden sollten. Somit war der Abbau sozusagen des »Statthalter-Gleises« im Sinne der zuvor skizzierten Doppelgleisigkeit der Verwaltung angedacht, wie sich zeigen wird, sogar vorprogrammiert. Der österreichisch/cisleithanische Finanzminister Redlich[75] sprach dies auch offen aus: Die Versammelten, »die in den autonomen Landesverwaltungen ohnedies eine feste amtliche Organisation in Händen hatten, strebten offensichtlich danach, den ganzen bestehenden Mechanismus der inneren staatlichen Verwaltung einfach mit jener zusammenzulegen und so dem Minister des Innern jede Amtsgewalt zu entziehen«. Das hieß nichts anderes als Übernahme der staatlichen Verwaltung in den Ländern durch die autonome Landesverwaltung, den Landesausschuß, konkret: Übernahme der Kompetenzen des Statthalters. Dies war nur konsequent: Wie sich auf gesamtstaatlicher Ebene die Reichsratsabgeordneten anschickten, die politische Macht zu übernehmen, und zwar von der kaiserlichen Regierung, so auf Landesebene eben die Landtagsabgeordneten die des kaiserlichen Statthalters. Auf diesem »Ausschußlandtag« vom 22. Oktober, und damit auf einem »von den Ländern beschlossenen Vorgehen«[76] beruht die weitere Entwicklung: Die Reichspost sprach tags darauf von einer »Einigung der deutschen Kronländer« und würdigte diesen Vorgang sogar als »Gründung Deutschösterreichs«! Aber es geschah noch mehr: Der Vollzugsausschuß[77] erhob am 25. Oktober in seiner Nachmittagssitzung die Ländervereinbarung zu seinem eigenen Beschluß, der wieder die

Grundlage eines entsprechenden Beschlusses der Provisorischen Nationalversammlung sein sollte[78]. Das Vorgehen in den Ländern war damit nicht nur unter diesen, sondern auch mit der Zentralgewalt akkordiert. Als »eine Anerkennung der inneren Kraft der Kronlandsvertretungen« wertete die Reichspost diesen Vorgang und subsumierte auch ihn unter »Bildung Deutschösterreichs«!

Dazu kam nun weiters, daß dieses akkordierte Vorgehen von der Zentralgewalt zur Durchführung gebracht wurde. Denn am 29. Oktober wies der Vollzugsausschuß die Länder gemäß seines Beschlusses vom 25. Oktober an: Es sollten sich – analog zur Provisorischen Nationalversammlung – provisorische Landesversammlungen bilden sowie provisorische Landesausschüsse, und zwar verstärkt im Sinne der Erklärung des »Ausschußlandtags« vom 22. Oktober, weiters hatten sodann diese neuen Landesorgane eine provisorische Landesverfassung sowie eine ausdrückliche Erklärung hinsichtlich der Zugehörigkeit ihres Landes zu Deutschösterreich abzugeben. Die neuen Landesorgane sollten, so wie zuvor die Provisorische Nationalversammlung, in Absprache der politischen Parteien jedes Landes geschaffen und in deren Stärkeverhältnis nach der Reichsratswahl von 1911 zusammengesetzt werden – dies deshalb, da die Landtage nicht in allgemeiner und gleicher Wahl gewählt worden waren, sondern aufgrund eines Wahlrechts nach Kurien, das einige davon bevorzugte und andere benachteiligte.

Die neue Verwaltungssituation in den Ländern sollte im Sinne des Beschlusses vom 25. Oktober eine gesetzliche Regelung erfahren, und zwar gemeinsam mit der Staatsgründung. Sie erfolgte allerdings erst spät, mit Gesetz vom 14. November 1918 »betreffend die Übernahme der Staatsgewalt in den Ländern« (StGBl. 24). Mit »Übernahme der Staatsgewalt« war gemeint, daß diese von den bisherigen auf die neuen Organe überzugehen hatte: von den Landtagen auf die provisorische Landesversammlung (§ 1), vom bisherigen auf den neuen Landesausschuß, nun »Landesrat« genannt, wie, wenig sinnvoll, übrigens auch dessen Mitglieder (§ 2). Neu gebildet wurde das Organ Landesregierung aus dem Landeshauptmann und zwei bis vier Stellvertretern, auf welches die Befugnisse des Statthalters bzw. Landespräsidenten übertragen wurden (§ 4). Da die Landesregierungsmitglieder auch dem Landesrat angehörten (§ 3), konnte die Doppelgleisigkeit der Verwaltung ausdrücklich für »aufgehoben« erklärt werden (§ 9). In Wahrheit aber war sie bei einer gewissen bürokratischen Fortdauer nur durch die Personalunion der Mitglieder der Landesregierung gleichzeitig als Teil des Landesausschusses überbrückt – was die Verwaltungssituation nicht sogleich vereinfachte[79].

Dies alles geschah auch so. Sogleich am 29. Oktober fand eine Sitzung von niederösterreichischen Landtagsabgeordneten statt[80]: Ganz im Sinne der Demokratisierungstendenz der Beschlüsse des »Ausschußlandtages« vom 22. Oktober und des Vollzugsausschusses vom 25. Oktober nahmen an dieser Sitzung nur mehr die am ehesten noch demokratisch legitimierten Landtagsabgeordneten der Stadtgemeinden sowie der Landgemeinden teil, nicht mehr die des Großgrundbesitzes, der Handels- und Gewerbekammer sowie die Mitglieder kraft Amtes wie insbesondere der Rektor der Universität und der Erzbischof von Wien, es fehlten gerade nach den zeitgenössischen Anschauungen sozusagen die Privilegierten. Eine Entschließung verband insbesondere die beiden Vorgänge im niederösterreichischen Landhaus vom 21. Oktober, nämlich die Bildung der Provisorischen Nationalversammlung, sowie vom 22. Oktober, also die Beschlüsse des »Ausschußlandtages«, durch ungeteilte Zustimmung zu beiden Ereignissen gemeinsam, und sie verlangte, dies nun auch in Hinblick auf den Beschluß des Vollzugsausschusses vom 25. Oktober, »daß für das Kronland Niederösterreich der im Jahre 1909 zusammengetretene Landtag als Grundstock für die provisorische Landesversammlung zu gelten habe«, wie weiters, daß diese »nach gepflogenem Einvernehmen mit der Gemeinde Wien und den in dem Landtage vertretenen politischen Parteien unverzüglich einberufen werde«. Klar zum Ausdruck kommt die Befolgung der Beschlüsse des Vollzugsausschusses auch in den Konstituierungen der provisorischen Landesversammlungen für die Steiermark am 6. November, für Salzburg am 7. November und für Kärnten am 11. November[81], denn sie erfolgten mit nahezu identischen Formulierungen ausdrücklich, so der Salzburger Text, aufgrund »des Beschlusses der konstituierten Nationalversammlung von Deutschösterreich vom 21. Oktober 1918 und im Auftrage des von ihr eingesetzten Vollzugsausschusses vom 29. Oktober 1918 ... nach dem Stimmenergebnis der letzten, auf dem allgemeinen gleichen Stimmrechte vorgenommenen Reichsratswahl 1911«. Ähnlich berief sich auch die »vorläufige Landesversammlung« für Sudetenland auf »Beschlüsse der deutschösterreichischen Nationalversammlung«[82]. Nach demselben Schema – weil eben am 22. Oktober von den Ländern festgelegt, am 25. Oktober vom Vollzugsausschuß beschlossen und am 29. Oktober den Ländern aufgetragen – entstanden auch, ohne ausdrückliche Bezugnahme auf diese Beschlüsse, in den übrigen Ländern die neuen Organe, und zwar ohne das entsprechende Gesetz abzuwarten so gut wie ausschließlich sogleich nach dem Vollzugsausschußbeschluß vom 25. Oktober. Damit ergibt sich für die Vorgänge in den Ländern insgesamt eine Chronologie mit zwei Zäsuren, einmal zufolge des

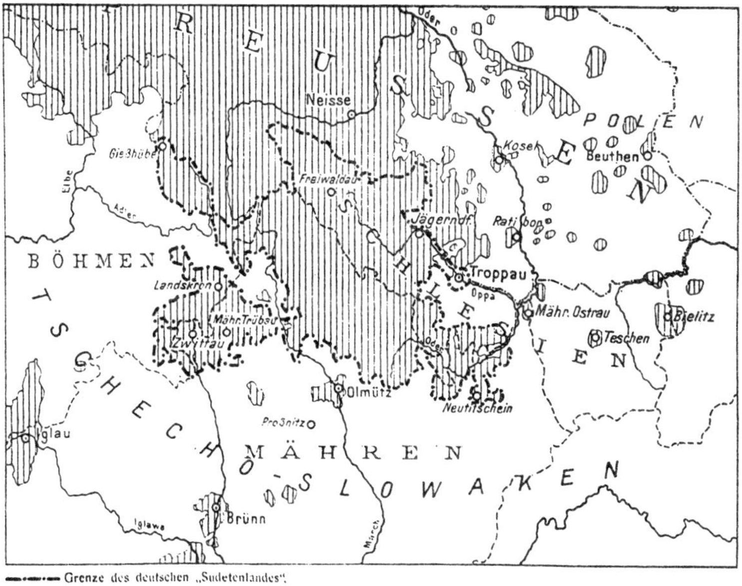

Grenze des deutschen „Sudetenlandes“.

»Sudetenland«: eine neue Bezeichnung für eine Neuschöpfung bestehend aus Teilen der ehemaligen Kronländer Böhmen, Mähren und Schlesien

Staatsgründungsbeschlusses am 30. Oktober sowie des eben erwähnten Gesetzes vom 14. November[83]: Noch vor der Staatsgründung konstituierten sich am 26. Oktober die deutschtiroler Reichsrats- und Landtagsabgeordneten als provisorische Landesversammlung mit der Bezeichnung »Tiroler Nationalversammlung«, die sogleich einen »Vollzugsausschuß« mit Namen »Tiroler Nationalrat« wählte, der hinfort handelnd auftrat. Am 29. Oktober traten die deutschböhmischen Reichsratsabgeordneten zum »vorläufigen Landtag der Provinz Deutschböhmen« zusammen, einen Ausschuß gab es offenkundig schon seit dem 24. Oktober. Knapp vor der Staatsgründung am 30. Oktober bildeten die deutschen Reichsrats- und auch Landtagsabgeordneten Schlesiens und Nordmährens die »vorläufige Landesversammlung« für das neue Land Sudetenland und wählten zur »Führung der Geschäfte« einen »Vorstand«. Abweichend von diesem Schema – provisorische Landesversammlung und provisorischer Landesausschuß – hatte sich in einigen Ländern praktisch nur der letztere gebildet, nämlich schon am 21. Oktober in der Steiermark als »Wohlfahrtsausschuß«, zusammengesetzt aus allen Landtagsparteien, an dessen Präsidenten am 26. Oktober der Statthalter noch vor seinem Rücktritt und mit Zustimmung der österreichisch/cisleithanischen Regierung seine Befugnisse übertrug. An diesem 26. Oktober erweiterte sich in Kärnten der bisherige Landesausschuß um Vertreter aller deutschen Parteien, konstituierte sich als »provisorische Landesvertretung (auch: Landesversammlung)« und setzte einen »vorläufigen Vollzugsausschuß« ein, der, obwohl auch hier der Landespräsident erst später, am 14. November, zurücktrat, die Verwaltung übernehmen konnte und sogleich auf eine rasche Gründung des Staates Deutschösterreich drängte. Auch in Salzburg bildete sich, und zwar am 28. Oktober, ein »provisorischer Vollzugs-(Exekutiv-)ausschuß« ebenfalls durch die politischen Parteien.

Schon nach der Staatsgründung, aber noch vor dem Gesetz vom 14. November, konstituierte sich in Vorarlberg am 3. November die provisorische Landesversammlung und wählte die Landesregierung, welche sowohl die autonome wie die staatliche Verwaltung übernahm: Hier gab es tatsächlich keine organisatorisch noch fortdauernde Doppelgleisigkeit mehr, Vorarlberg hatte gemeinsam mit Tirol einen staatlichen Verwaltungssprengel unter dem Statthalter in Innsbruck gebildet, besaß also keine eigene Statthalterei, mit deren bürokratischem Apparat man belastet gewesen wäre. Die übrigen Länder befolgten weiterhin das vorgegebene Schema, nach dem sich zuerst eine provisorische Landesversammlung konstituierte und diese mit Landeshauptmann und entsprechenden Stellvertretern die Landesregierung sowie auch einen Landesausschuß wählte. Dies geschah so in Niederösterreich am 5. November, in der Steiermark am 6. November und in Kärnten am 11. November. Übrigens konstituierte sich am 3. November nach dem vorgegebenen Muster eine provisorische Kreisversammlung für Deutschsüdmähren in Znaim, die bis zur Übernahme der Verwaltung durch Niederösterreich einen Kreisausschuß einsetzte. In Oberösterreich lief die Entwicklung etwas anders ab: In ihr fand am 2. November eine außerordentliche um einen Sozialdemokraten erweiterte Landesausschußsitzung statt. In ihr übte der Landeshauptmann den Vorsitz bereits »im Namen und Auftrag des Staatsrates von Deutschösterreich« aus, ihm übertrug der Statthalter Baron Handel seine Geschäfte, die der Landeshauptmann gemeinsam mit drei Stellvertretern als Landesregierung übernahm. Damit handelte man vollauf im Sinne des »Ausschußlandtags« vom 22. Oktober, und dies auch mit dem nächsten Schritt: Tags darauf einigten sich die politischen Parteien, eine provisorische Landesversammlung in einer Zusammensetzung nach der Reichsratswahl von 1911 einzuberufen – was allerdings erst nach dem 14. November geschah. Ähnlich unorthodox verlief auch in Salzburg die weitere Entwicklung, wo am 3. November die politischen Parteien als provisorische Landesregierung den Landesrat bildeten und sich erst danach am 7. November die provisorische Landesversammlung konstituierte.

Nach dem einschlägigen Gesetz vom 14. November fand nur mehr ein einziger der eben beschriebenen Vorgänge statt, und er betraf gar kein Land, ein anderer, allerdings schon zuvor initiiert, kam nun zum Abschluß: Am 17. November hatte sich im böhmischen Krumau ein »deutscher Nationalausschuß für den Gau

Böhmerwald«[84] konstituiert und einen »Vollzugsausschuß« gewählt, in Oberösterreich konstituierte sich am 18. November 1918 die provisorische Landesversammlung und wählte einen neuen Landesausschuß sowie eine neue Landesregierung. Weiters gab es noch eine späte Wirkung dieses Gesetzes: Als am 21. Dezember die »Tiroler Nationalversammlung« abermals zusammentrat, nannte sie sich nun »provisorische Tiroler Landesversammlung«.

Paradoxerweise haben sich somit in allen neun Ländern Deutschösterreichs die neuen Landesgewalten vor dem Gesetz vom 14. November konstituiert, davon acht Länder vollkommen oder nahezu jene Organe eingesetzt, welche erst dieses Gesetz vorsah, im neunten Lande, in Oberösterreich, hatte man mit dieser Einrichtung jedenfalls begonnen. Die Rechtsgrundlage für die Entwicklung in den Ländern, so scheint es also, wurde praktisch erst nachgeliefert. Diese Sicht führte beispielsweise bei Kelsen auch dazu, die Vorgänge in den Ländern vor dem 14. November als rechtlich irrelevant anzusehen, es wären hier bloß Tatsachen geschaffen worden ohne jede verfassungsrechtliche Legitimation: Das Geschehen in den Ländern vor dem 30. Oktober, der Staatsgründung, wäre »vom Standpunkt der Staatsverfassung vom 30. Oktober rechtlich überhaupt nicht zu erfassen«, und so sei durch den Staatsgründungsbeschluß, da das Gesetz vom 14. November ja noch nicht existierte, Deutschösterreich als »ein zentralistischer Einheitsstaat« eingerichtet worden[85]. So aber hatten dies alle Beteiligten am Staatsgründungsprozeß, nicht nur die Länder, sondern auch die Zentralgewalt, nicht verstanden. Zwar fehlte es vor dem 14. November an einer gesetzesförmigen Regelung, aber dennoch nicht an einer rechtlichen Grundlage sowie an einer konsensualen politischen Fundierung: Diese bildete der »Ausschußlandtag« vom 22. Oktober, jene der Beschluß des Vollzugsausschusses vom 25. Oktober. Und dazu kam sogar mit dem Staatsgründungsbeschluß auch insoferne eine gesetzesförmige Grundlage, als dieser vor allem durch seine Rezeptionsklausel die Staatsform des dezentralisierten Einheitsstaates schuf, wovon noch im Detail zu reden sein wird[86]. Diesen harmonischen Einklang verdeutlicht in besonderer Weise die schon erwähnte Entschließung der niederösterreichischen Landtagsabgeordneten vom 29. Oktober[87] insoferne, als sie sowohl die Konstituierung der Provisorischen Nationalversammlung vom 21. Oktober, die neuen Landesgewalten gemäß der Beschlüsse vom 22., 25. und 29. Oktober sowie den bevorstehenden Beschluß vom 30. Oktober 1918 offenkundig als insgesamt zusammengehörig betrachteten[88].

So erfolgten denn auch die Maßnahmen in den Ländern nicht nur – oft ausdrücklich – aufgrund des zwischen ihnen und der Zentralgewalt abgesprochenen und sodann von dieser angeordneten Vorgehens, sondern zum Teil sogar in Anwesenheit, ja sogar unter Mithilfe von Mitgliedern des Staatsrates. Dieser ermächtigte schon am 31. Oktober Staatskanzler Renner, »Staatsratsmitgliedern, welche zur Übernahme von Landesregierungen in die Provinz reisen, zur Übernahme aller Behörden offene Anweisungen auszustellen«. Ganz in diesem Sinne agierte ein Staatsratsmitglied, Staatsnotar Sylvester, in Salzburg: Am 2. November sorgte er für die Übernahme der Geschäfte des Landespräsidenten an die drei Präsidenten des »provisorischen Vollzugsausschusses«, tags darauf leitete er eine Versammlung von Parteienvertretern zwecks Bildung der provisorischen Landesversammlung. Identisches spielte sich an denselben Tagen in Oberösterreich ab: Nationalversammlungs- und damit auch Staatsratspräsident Hauser, überdies Landeshauptmann, ließ sich vom Statthalter am 2. November dessen Geschäfte übertragen und leitete tags darauf die Parteienversammlung zur Vorbereitung der provisorischen Landesversammlung. In beiden Ländern geschah dies unter Hinweisen auf einen entsprechenden »Auftrag des Staatsrates«, auf dessen Beschluß wie auch auf einen der Nationalversammlung. In allen Ländern beriefen sich die neuen Organe zumindest auf die Vorgaben des Staatsrates bzw. der Provisorischen Nationalversammlung und sahen sich als diesen Gesamtstaatsorganen unterstellt an. Der Tiroler Nationalrat beschloß beispielsweise am 1. November, »die gesamte Zivilgewalt Deutschtirols als Vollzugsorgan des deutschösterreichischen Staatsrates zu übernehmen«.

Die neuen Landesorgane setzten praktisch die bisherige autonome Landesverwaltung einfach fort, man fuhr sozusagen mit neuer Lokomotive am selben Gleis weiter. So fand in Kärnten die letzte Sitzung des Landtages wie des Landesausschusses am 11. November statt, aber im Anschluß daran sogleich die erste der provisorischen Landesversammlung. Dazu kam aber noch die »Übernahme« der – gewichtigeren – staatlichen Verwaltung. Deren Gleis hatte den Prellbock erreicht, die staatliche Lokomotive blieb stehen, es mußte auf den Landeszug umgeladen werden: Landespräsidenten und Statthalter übergaben, wie gezeigt, ihre Geschäfte.

Einen ganz entscheidenden Anteil an der koordinierten Gesamtstaats-Länder-Einrichtung hatte eben, von der Forschung kaum beachtet[89], der »Ausschußlandtag« vom 22. Oktober 1918 – mit ihm war die weitere Entwicklung in den Ländern unter diesen und sodann mit der Zentralgewalt abgesprochen. So überrascht es denn eigentlich auch nicht, daß noch vor der Staatsgründung am 30. Oktober neue Landesgewalten entstanden, weitere sodann zwar danach, aber noch vor dem einschlägigen Gesetz vom 14. November, sodaß bei dessen Inkrafttreten das hier Normierte, wenigstens in groben Zügen, bereits realisiert war – der Plan lag eben schon seit dem 22. Oktober, die entsprechende Anweisung seit dem 29. Oktober vor.

Ganz so reibungslos, wie dies klingen mag, ging die Entwicklung in den Ländern freilich nicht stets vonstatten. Nahezu überall überschlug sich die lokale Entwicklung wie etwa in Salzburg am 3. November 1918, als sich die neue Landesgewalt etablierte[90]: »Die Stadt ist in fieberhafter Aufregung. Nun liegen die ersten amtlichen Nachrichten von dem Waffenstillstand vor. Gegen halb 9 Uhr vormittags ertönten von der Festung vier Kanonenschüsse: Alarmierung der Garnisonen; Revolte im Garnisonsarrest, bei der zwei Sträflinge erschossen worden sind, wilde Gerüchte über den Ausbruch der Internierten aus dem Gefangenenlager in Braunau, Flucht von hundert serbischen Offizieren aus dem Lager in Grödig, wilde Schießereien auf dem Bahnhof und in Gnigl, verursacht durch durchziehendes Militär«. Aber es bedarf gar nicht eines derartigen Gedenkens oder dessen[91], daß in Teile Tirols wie auch Salzburgs zeitweise bayerische Truppen einmarschierten; dann die Italiener – wenngleich allmählich – Südtirol besetzten wie vorübergehend auch Innsbruck, daß der südslawische Staat seine Grenze weit nach Kärnten hinein vorzuschieben trachtete und mit Erfolg die Untersteiermark annektierte, tschechisches Militär in die von Deutschösterreich als Staatsgebiet reklamierten Teile eindrang und anderes mehr. Gemeint ist vielmehr dies: Vor und neben den beschriebenen Entwicklungen gab es auch andere Bestrebungen, und zwar unterschiedlichster Art[92], auch andere Ansätze zur Begründung neuer Landesgewalten wie etwa durch die Volksräte-Organisationen oder durch Arbeiter- und Soldatenräte.[93]

D. Die Verklammerung: Politische Parteien und Verwaltungsstruktur

Eine neue Zentralgewalt, neue Landesgewalten in sieben traditionellen Ländern, zwei neue Länder sowie die zwei weiteren neuen Gebilde des Böhmerwaldgaus und des Kreises Deutschsüdmähren: Dennoch handelten sie alle in überraschender Weise nicht nur auffallend konform, ja sogar Uniformität bestimmte das Geschehen!

Ursächlich dafür zeichnen mehrere Gründe, die alle einen gemeinsamen Nenner haben: Die Staatsgründung erfolgte auf Initiative und in Absprache der politischen Parteien, was zu einem Einvernehmen der Länder untereinander und mit der Zentralgewalt führte, da die »in Wien« handelnden politischen Parteien identisch waren mit jenen »in den Ländern«. Später, 1930, gab dies selbst Kelsen zu: Die Begründung der Landesgewalten »erfolgte nicht ohne faktische Einflußnahme seitens jener politischen Führer, die bei der Errichtung der Zentralgewalt maßgebend waren!«[94]

Die politischen Parteien[95]: Das waren die drei großen Gruppierungen der Christlichsozialen sowie der Sozialdemokraten, die tatsächlich jeweils als eine politische Partei organisiert waren, sowie die Deutschnationalen, eine Sammelbezeichnung, die mehrere verwandte Parteien umfaßte, was sich übrigens beispielsweise darin niederschlug, daß für diese Gruppierung in der Provisorischen Nationalversammlung am 21. Oktober wie auch am 30. Oktober mehrere Redner sprachen. Als organisatorische Basis verfügten die politischen Parteien nicht nur über ihre eigenen Strukturen, sondern auch über die parlamentarischen Klubs vor allem erst des Reichsrates und sodann der Provisorischen Nationalversammlung. In den Ländern gab es sogar noch ein Mehr an Organisation: Hier besaßen sie nicht nur ihre Landtagsklubs, sondern sogar ein Landesorgan, den Landesausschuß, da dieser eben ein Ausschuß des von ihnen gebildeten Landtags war. Gerade zum Vorgang in den Ländern, konkret zum »Ausschußlandtag« vom 22. Oktober, hatte dies Redlich ausdrücklich betont: »Die vereinigten politischen Parteien« – ein sehr treffender Ausdruck für das gemeinsame Agieren – hätten mit »den autonomen Landesverwaltungen ohnedies eine feste amtliche Organisation in Händen«[96]. Mit ihr verfügten die politischen Parteien auch über Lokalitäten wie etwa das niederösterreichische Landhaus in Wiens Herrengasse: Die Konstituierung der Provisorischen Nationalversammlung am 21. Oktober, dann sogleich der »Ausschußlandtag« vom 22. Oktober und schließlich die abermalige Sitzung vom 30. Oktober benützten nicht ein »gesamtstaatliches« Gebäude, sondern das der autonomen Landesverwaltung wie hier in Herrengasse 13 – das Nachbargebäude Herrengasse 11 stand eben noch zur Verfügung des gesamtstaatlichen Statthalters.

Die Handschrift der einzelnen wie auch in den Worten Redlichs der »vereinigten politischen Parteien« zeigte sich überdeutlich bei allen wichtigen Schritten sowohl in Wien wie in den Ländern. Es sei nochmals in Erinnerung gerufen, daß Vertreter der deutschen Parteien des Abgeordnetenhauses am 17. Oktober zur Konstituierung der Provisorischen Nationalversammlung zum 21. Oktober einluden, typisch auch, daß zur »Vorberatung der Tagesordnung dieser Versammlung« für den 19. Oktober eine »Zusammenkunft der Parteienvertreter« stattfand, die als »neuerliche Zusammenkunft« auf frühere schließen läßt[97]. Nach Parteienkriterien liefen die Sitzungen am 21. und 30. Oktober insofern ab, als den Vorsitz am 21. Oktober der Präsident des Verbandsausschusses der deutschnationalen Parteien, Waldner, führte, da dieser die stärkste Gruppe darstellte, ferner, daß es sodann drei gleichberechtigte Präsidenten aus jeweils den drei Parteiengruppierungen gab. Auch die erwähnten, offenkundig abgesprochenen Anträge sowohl am 21. wie am 30. Oktober haben Parteiengespräche zu ihrer Grundlage.

Die politischen Parteien treten bei den Ereignissen in den Ländern direkter in Erscheinung als vor und bei der Staatsgründung. Dies deshalb, da bei dieser der Charakter der handelnden Personen als Reichsratsabgeordnete im Vordergrund stand und auch betont wurde. In den Ländern aber waren es nicht bzw. nicht nur die Landtagsabgeordneten, die hier handelten, sondern eben die politischen Parteien direkt, da zufolge des Kurienwahlrechts zu den Landtagen diese in ihrer Zusammensetzung nicht dem Stärkeverhältnis der politischen Parteien im Land entsprachen. Die Bildung der neuen Landesorgane erfolgte daher, wie zuvor beschrieben[98], nicht analog zur Bildung der Provisorischen Nationalversammlung: Zu deren Entstehung aus dem Abgeordnetenhaus gab es kein paralleles Entstehen aus den Landtagen, vielmehr waren überall die politischen Parteien direkt am Werk wie etwa am 21. Oktober beim Wohlfahrtsausschuß in der Steiermark, bei der Erweiterung des bisherigen Landesausschusses am 26. Oktober in Kärnten, beim provisorischen Vollzugsausschuß am 28. Oktober in Salzburg, am 3. November in Oberösterreich bei der Einigung über eine provisorische Landesversammlung. Bei deren Konstituierung am 18. November 1918 hielten einige Redner auch ausdrücklich fest, sie erfolge »aufgrund gemeinsam getroffener Vereinbarungen der einzelnen Parteien dieses Hauses«, die dann auch die Grundlage für die Wahl des Landesausschusses sowie der Landesregierung abgaben[99]. In Kärnten wurde diese Rolle der politischen Parteien sogar offiziell festgehalten: Laut Erklärung zur Konstituierung der Provisorischen Landesversammlung hatten sich zu dieser die »aufgrund der Vereinbarung der deutschen politischen Parteien entsendeten Abgeordneten« zusammengeschlossen[100]. Als Staatsnotar Sylvester im Auftrag des Staatsrates anfangs November in Salzburg die Konstituierung der neuen Landesorgane mit durchführte, leitete er –

wie erwähnt – auch eine diese vorberatende Versammlung von Parteienvertretern.

Die Rolle der politischen Parteien bewirkte weiters, daß Gesamtstaats- wie Länderpositionen oft in einzelnen Personen verbunden waren: durch Reichsratsabgeordnete bzw. durch Nationalversammlungsmitglieder: Sie gehörten zum Teil auch provisorischen Landesversammlungen an und verbanden sie mit der Provisorischen Nationalversammlung in punktuellen Personalunionen. Als prominentes Beispiel sei der eine der drei Präsidenten der Nationalversammlung Hauser genannt, der zugleich Landeshauptmann von Oberösterreich war. Die provisorischen Landesversammlungen der neuen Länder Deutschböhmen und Sudetenland bestanden ausschließlich aus Reichsratsabgeordneten, im letzteren Fall sollten noch drei Landtagsmitglieder hinzutreten[101]. Selbst im südmährischen Vollzugsausschuß saßen die Staatsräte Teufel und Luksch.

Zur Konformität trug noch ein weiterer Umstand ebenso entscheidend wie einfach bei: Die Bildung der neuen Landesgewalten beseitigte, wie beschrieben, im Kern die Doppelgleisigkeit der Verwaltung durch die Übertragung der staatlichen auf die autonome Landesverwaltung. Ihre Struktur aber war vorgegeben und in allen Ländern mit Landtag, Landesausschuß und Landeshauptmann gleich. Dieser wurde jetzt mit Stellvertretern zur Landesregierung erweitert, die an die Stelle des Statthalters trat, jene demokratisch nach der Reichsratswahl von 1911 ergänzt, sodaß in allen diesen Organen die drei großen Parteiengruppen vertreten waren – welche eben hinter dieser Entwicklung standen.

III. Deutschösterreich: »eine Neuerscheinung«

A. Neue Farben, neuer Adler, neue Lieder

»Deutschösterreich ist ... im Kreise der Staaten eine Neuerscheinung« hielt Adolf Merkl 1919 fest[102]. Dieser lapidar-nüchterne Satz eines Staatsrechtslehrers hatte zwar seine Berechtigung, aber natürlich keine Symbolwirkung. Die Neuerscheinung bedurfte dafür sozusagen neuer Erscheinungen in der sinnlichen Welt, kurzum neuer Symbole. Ohne sie kommt auch eine Republik nicht aus, Gebäude wollen beflaggt, Urkunden gesiegelt, Staatsoberhäupter musikalisch empfangen und mit all dem aus gegebenen Anlässen die patriotische Gesinnung des Volkes erhoben sein. Gerüchte wollten bekanntlich wissen, man habe die vor dem Parlamentsgebäude aufgezogenen schwarz-goldenen Fahnen verbrannt, von Amtsgebäuden und vom Hotel Imperial war ebenso wie von Uniformkappen der doppelköpfige Adler entfernt worden, keinem Kaiser sollte man mehr das »Gott erhalte« der Kaiserhymne zusingen dürfen. Lücken waren entstanden, und es war auch in der jungen Republik nicht so, daß man diese als selbstverständlich hinnahm.

Der 30. Oktober sah vielerlei Ersatzsymbole: weiße Rosetten auf den Kappen jener Militärs, die sich nicht mehr zur k. u. k. Armee bekannten, weiße Astern in den Knopflöchern der Zivilisten Budapests als Zeichen antiösterreichischer oder gar schon republikanischer Gesinnung, rote Armbinden als Zeichen international verstandener Revolution, und in Wiens Herrengasse zeigten sich rote und schwarz-rot-goldene Fahnen in der trübgrauen Menge.

Vielleicht war es auch diese rote und schwarz-rot-goldene Farbenvielfalt, die sich übrigens in der Form von Rosetten auf Uniformen und auf Armbinden raschest ausbreitete, die den Staatsrat schon am 31. Oktober veranlaßte, sich mit staatlicher Symbolik zu befassen[103]: Jedenfalls war tags zuvor ein neuer Staat gegründet worden, und so lag es auf der Hand, ihm auch eine neue Symbolik zu geben. Staatskanzler Renner stellte hier folgenden Antrag: »Das Staatswappen hat zu bestehen aus einem Stadtturm aus schwarzen Quadern, gekreuzten Hämmern in rot, umgeben von einem goldenen Kranz von Ähren«, was er so seinem Verfassungsentwurf entnahm[104], und Miklas, der spätere Bundespräsident, beantragte: »Als die deutschösterreichischen Staatsfarben werden die Farben Rot-Weiß-Rot festgelegt«, was alles einstimmig so angenommen wurde. Damit hatte der neue Staat umgehendst sein Staatswappen und seine Staatsfarben erhalten, keine ausdrückliche Festlegung war der Staatsflagge beschieden, was erst späterhin geschah, doch verstand sich diese offenbar aus den Staatsfarben von selbst. Tatsächlich ist es ja auch die Fahne, welche in erster Linie die Staatsfarben demonstriert

Das zweite Staatswappen Deutschösterreichs
vom 8. Mai 1919

bzw. für die man die Farben vor allem braucht. So wurde dies wohl auch am 31. Oktober gesehen, denn Renner sprach im Staatsrat am 11. November in Hinblick auf die Gestaltung der Szene am nächsten Tag davon, man werde »die Nationalfahne, Rot-weiß-rot, hissen«, sozusagen die Farben in Flaggenform[105]. Daher waren zur ersten Sitzung der Provisorischen Nationalversammlung im Parlamentsgebäude für dessen Fahnenstangen rot-weiß-rote Fahnen in der erst am 21. Oktober 1919 (StGBl. 484) festgelegten Form vorgesehen, »aus drei gleich breiten waagrechten Streifen, von denen der mittlere weiß, der obere und der untere rot ist«. Schon am 11. November hatte die Wiener Zeitung die bevorstehende Beflaggung vor dem Parlamentsgebäude als »feierliche Hissung der Nationalfahne« angekündigt, trotz fehlender gesetzlicher Bestimmung sah man also den jungen Staat

Das monarchische Gegenstück:
Preußens Adler im Brustschild des kaiserlichen Wappens (ab 1871)

mit einer solchen ausgestattet. Farben und Fahne blieben dem neuen Staat unverändert erhalten – nicht aber das Staatswappen. Das Beschlossene, das mit Hämmern versehene Stadttor im Roggenkranz Renners, erinnere zu sehr an Firmenzeichen bzw. Marken und Muster des Handelsrechts als an ein staatliches Symbol, so bemängelten dies die dazu berufenen Heraldiker, und schlugen eines der klassischen Staatssymbole, einen Adler, vor. Trotz der Begründung, der Adler sei kein monarchisches Symbol, wie dies die Adler-Wappen etwa der USA und Polens erwiesen, kam exakt der – Adler der preußischen Monarchie in Vorschlag, allerdings republikanisiert dadurch, daß er nicht mit monarchischen Symbolen, sondern solchen der Bevölkerungsklassen, der Stände, geschmückt sein sollte. In Abänderung des Staatsratsbeschlusses vom 31. Oktober 1918 bestimmte sodann die Konstituierende Nationalversammlung mit Gesetz vom 8. Mai 1919 (StGBl. 257) ein neues Staatswappen: Es »besteht aus einem freischwebenden, einköpfigen, schwarzen, golden gewaffneten und rot bezungten Adler, dessen Brust mit einem roten, von einem silbernen Querbalken durchzogenen Schildchen belegt ist«, wobei silber heraldisch für weiß gebraucht wird; und weiters: »Der Adler trägt auf dem Haupte eine goldene Mauerkrone mit drei sichtbaren Zinnen, im rechten Fange eine goldene Sichel mit einwärts gekehrter Schneide, im linken Fange einen goldenen Hammer« – in einem Vorentwurf waren statt der Sichel ein Ährenbündel und statt des einen Hammers zwei gekreuzte Hämmer vorgesehen gewesen, was heraldische Kritik durch die schließlich Gesetz gewordenen Attribute änderte.

Gemessen an seinem norddeutsch-preußischen Zwilling trägt der österreichische Adler mehrfache Symbolik. Der preußische Adler symbolisierte einfach die preußische Monarchie mit den monarchischen Symbolen Szepter und Reichsapfel in seinen Fängen, bekrönt mit Preußens Königskrone und versehen mit den Farben der Hohenzollern im Brustschild. Das Gegenteil sozusagen veranschaulicht Österreichs Adler, nämlich wie der Hauptausschuß der Konstituierenden Nationalversammlung feststellte, »die Demokratie des werktätigen Volkes«, allerdings dieses mit Mauerkrone, Sichel und Hammer symbolhaft gegliedert in »die drei Hauptstände der Gesellschaft, Bürger, Bauer und Arbeiter«. Dazu aber kam noch weiteres: Mit dem Adler in Schwarz, der Zunge in Rot und den ständischen Symbolen in Gold war in bewußter »Wahl der Farben Schwarz-Rot-Gold zugleich die nationale Zusammensetzung der Republik Deutschösterreich versinnbildlicht!« Diese Farben-Symbolik geht auf Renners Stadtturm in Schwarz mit Hämmern in Rot und dem Ährenkranz in Gold zurück, wozu Renner ausdrücklich bemerkt hatte: »Schwarz-Rot-Gold und die Symbole für die Bürger, Arbeiter und Bauern«. Mit dem Brustschild in den Farben Rot-Weiß-Rot sowie mit diesen als Staatsfarben und auch Staatsfahne griff man auf »die Farben der alten Ostmark, auf deren Boden die Republik entstanden ist«, das heißt, die des Landes Österreich sozusagen als namensgebendes Kernland wie auch als Geburtsort im weitesten Sinne des neuen Staates zurück, was übrigens historisch stimmt. Legende hingegen ist der vor Akkon blutbespritzte weiße Waffenrock Herzog Leopolds V., der nach Ablegen des breiten Gürtels rot-weiß-rot dastand. Die – richtige – Begründung will offenkundig keine monarchischen Reminiszenzen an Babenberger-Farben oder gar die k. u. k. Marinefarben aufkommen lassen. Das so oft gezeigte Schwarz-Rot-Gold ward also alsbald durch Rot-Weiß-Rot ersetzt, und dies auch ohne großes Aufsehen. Als es dann 1919 darum ging, für das Deutsche Reich neue Reichsfarben zu bestimmen, setzte sich im Verfassungsausschuß der konstituierenden Deutschen Nationalversammlung zu Weimar der Vertreter Deutschösterreichs, der Gesandte Ludo Moritz Hartmann, vehement für Schwarz-Rot-Gold ein: Sie seien als Farben der Revolution von 1848 die der deutschen Einheit wie die des demokratischen Fortschritts und nur unter diesen, nicht aber dem bisherigen Schwarz-Weiß-Rot des preußischen Kleindeutschland, sei ein Zusammenschluß Deutschösterreichs mit der Deutschen Republik vorstellbar[106] – hatte man sich österreichischerseits Schwarz-Rot-Gold gar dafür aufgehoben? Das jedenfalls symbolträchtige weil so farbenprächtige neue Staatswappen entsprach übrigens auch dem Staatsnamen: Schwarz-Rot-Gold versinnbildlichte davon »Deutsch-«, »-österreich« Rot-Weiß-Rot.

Am 30. Oktober war vor dem Landhaus die »Wacht am Rhein« zu hören gewesen und auch das Deutschland-Lied[107], zu roten Farben ertönte die Internationale. Als Staatshymne eignete sich dies alles nicht: Nur Vorarlberg lag am »deutschen Rhein«, wie es damals übrigens in Liechtensteins Hymne hieß, »von der Etsch bis an den Belt« lag wesentlich mehr als Deutschösterreich, und die Deutschösterreicher waren wesentlich weniger als alle »Verdammten dieser Erde« und auch kein »Heer von Sklaven« laut Text der Internationale. Was also sollte man singen? Diese Frage stellte sich nicht so dringend wie die nach Staatswappen und Staatsfarben, denn diese benötigten Bezirksgerichte und Finanzämter zu ihrer Kennzeichnung, Briefköpfe und Amtssiegel zum Zeichen hoheitlicher Anordnungen, während offizielle Feste der gerade geborene Staat und die mit Hunger und Not gar nicht festlich gestimmte Bevölkerung ohnedies nicht feierten. Auch kamen keine ausländischen Staatsoberhäupter auf Besuch, zumal es nur wenige gab, die man gerne empfangen hätte, ein eigenes Staatsoberhaupt, um derartige Besuche im Ausland zu erwidern, existierte nicht.

Als ersten fiel die Lücke der nichtvorhandenen Staatshymne jenen auf, die beim Ausfüllen davon ideell und auch materiell profitieren konnten, den Dichtern und Tonsetzern[108]. Entsprechende Eingaben erledigte das Staatsamt für Unterricht, das den bekannten Komponisten Franz Schmidt als Begutachter beauftragt hatte, vor dessen Auge aber nichts Gnade fand – sehr zu recht. Einlangende Entwürfe begannen etwa »Bürger zieht den Hut vom Kopfe/Euer Blick schau himmelwärts …« oder verfassungsnaher »Wir sind das Volk, das thront: Frei nun und gleich/Wir sind sind die Majestät Deutschösterreich!«; Carl Michael Ziehrer dichtete gleichfalls: »Ein Freudenschrei hallt durch das Land/Deutschösterreich wird es genannt«. Doch dann drängte tatsächlich so etwas wie staatliche Notwendigkeit: »Die Truppenkommandanten bestürmten das Kanzleramt um eine Hymne« für die Vereidigungsfeiern, erinnerte sich Renner. Renner zeigte sich beeindruckt und – dichtete selbst! Als Komponisten gewann er seinen Freund Wilhelm Kienzl, allseits bekannt durch die Oper »Der Evangelimann«. Renners Text fand selbst

Kienzl nicht gar so optimal, machte aber, auch durch leichte textliche Veränderungen, das beste daraus – freilich nicht sehr viel: »Ich kann das Gedicht von Renner nicht so übel finden, abgesehen davon, daß es im Ausdruck zu wenig volkstümlich ist. Diesem Uebelstande habe ich jedoch mit meiner Vertonung abzuhelfen gesucht. Allerdings schwer zu bewältigen war das langatmige Gedicht für den (Militär-?) Musiker. Ich glaube aber, daß es mir gelungen ist« – die Melodie sollte also wettmachen, was dem Text fehlte. Das aber gelang eben nicht. Renners Hymne »Deutsch-Österreich, Du herrliches Land, wir lieben Dich!« wies auch inhaltliche Mängel auf, gleich in dieser ersten Strophe hatte man praktisch Vorarlberg vergessen, denn die Rede war nur davon, daß »die Wasser zum Donaustrom (stürzen)«, Vorarlbergs Entwässerung zum Rhein blieb ausgeklammert. Und Reime wie »Lämmer/Hämmer«, »reichen/bleichen«, »Reu'/Treu«, »Gunst/Kunst« und am besten und am einprägsamsten wohl »Brot/Not« ließen ebenso wie die Charakteristika »Bergländerbund«, »Ostalpenbund« und »Duldervolk« eher Stirnen runzeln als Herzen höher schlagen. Fertiggestellt war die Hymne Mitte Mai 1920, erstmals erklang sie am 15. Juli 1920 bei einer Vereidigung von Soldaten des neuen Bundesheeres auf dem Heldenplatz zu Wien. Zur offiziellen Staatshymne wurde sie nie erhoben, trotz ihres Gebrauchs auch bei anderen Anlässen, oder vielleicht gerade deshalb? Staatssekretär Loewenfeld-Russ erinnerte sich[109] an »ein Eishockey-Wettspiel zwischen einer reichsdeutschen und einer österreichischen Mannschaft«, wo zuerst die deutsche Hymne gespielt wurde, das Deutschlandlied »mit der bekannten alten österreichischen Melodie« der Haydn-Hymne, dabei »stand das Publikum auf, während die darauf gespielte neue österreichische Renner'sche Hymne als dem Besucher unbekannt ganz unbeachtet blieb!« Deutschösterreich: Ein Staat ohne Hymne, so könnte man sagen, mit freilich einer populären Melodie, die aber auf zwei andere Staaten verwies, einmal jenen, zu dem man gehören wollte: Deutschland, sodann den, zu dem man gerade nicht mehr gehören mochte: Österreich/Cisleithanien.

B. Formelle Diskontinuität bei materieller Kontinuität

»Von Deutschösterreich führt keine unmittelbare rechtliche Brücke nach Österreich; es hat sozusagen alle Brücken, die dort hinüberführen, abgebrochen.«[110] Betonungen des Beginns eines neuen Staates entsprachen der unter Politikern so gut wie allgemein und unter Verfassungsjuristen sogar ausschließlich herrschenden Meinung, die Republik Deutschösterreich sei 1918 als Staat ebenso neu entstanden wie beispielsweise die Tschechoslowakische Republik.

Dieser Neubeginn kam schon im Namen der beiden neuen Staaten bewußt zum Ausdruck: Republik statt Monarchie sowie Herrschaft des tschechoslowakischen wie hier des deutschösterreichen Volkes, also Demokratie. Ebenso wie die Tschechoslowakei verstand sich damit auch Deutschösterreich nicht als fortdauerndes »altes« Österreich in verkleinertem Gebietsumfang mit neuer Staats- und Regierungsform, sondern als neuer Staat[111]. Zwischen Deutschösterreich und dem Staat Österreich/Cisleithanien sowie auch der Realunion Österreich-Ungarn gab es keinerlei staats- und völkerrechtliche Kontinuität, Deutschösterreich betonte vielmehr strikt den Standpunkt der Diskontinuität. Diese Diskontinuität zwischen Österreich/Cisleithanien und damit auch der österreichisch-ungarischen Realunion einerseits sowie Deutschösterreich andererseits führte dazu, daß cisleithanische Einrichtungen rechtlich nicht einfach fortbestanden, sondern ausdrücklich rezipiert werden mußten, was im Staatsgründungsbeschluß durch eine Generalklausel erfolgte: »Insoweit Gesetze und Einrichtungen, die in den im Reichsrate vertretenen Königreichen und Ländern in Kraft stehen, durch diesen Beschluß nicht aufgehoben oder abgeändert sind, bleiben sie bis auf weiteres in vorläufiger Geltung.« (§ 16) Die Gesetzessprache trug dem Umstand der Übernahme von Bestimmungen aus einer in eine andere Rechtsordnung nicht immer Rechnung, da manche Formulierungen den Eindruck der Fortdauer und damit der Kontinuität erweckten. Gerade im eben zitierten § 16 entspricht die Textierung »bleiben sie bis auf weiteres in vorläufiger Geltung« eher der Kontinuität[112] wie etwa auch im noch zu besprechenden Gesetz über die Staats- und Regierungsform, das in Deutschösterreich gar nicht vorhandene Institutionen, sondern solche des – fremden – Staates Österreich/Cisleithanien für »aufgelöst« (Art. 4), »aufgehoben« (Art. 5), »abgeschafft« (Art. 8) erklärt, wobei der Kontinuitätsgedanke besonders darin durchschlägt, daß zwar das Herrenhaus »abgeschafft« wird, nicht aber das Abgeordnetenhaus, für das man offenbar die Provisorische Nationalversammlung hielt! Ein ähnlicher Gedankengang findet sich auch in der Formulierung, das ostmährisch-ostschlesische Wirtschaftsgebiet »behält« seine »bisherige Vertretung in der Provisorischen Nationalversammlung«[113]. Umso mehr aber wurde kommentarhaft der Gedanke der Diskontinuität betont, wie von Hans Kelsen etwa gerade auch zu den eben zitierten Formulierungen, dem es wohl mit aus diesem Grund »zweckmäßig« schien, »neben den Erläuterungen auch kritische Bemerkungen zu den neuen Verfassungsgesetzen zu machen, zumal sie hiezu besonders in gesetzestechnischer Hinsicht reichlich Anlaß geben«[114].

In seinem erwähnten Gutachten vom November 1918 hielt Kelsen besonders eindringlich fest[115], die Ansicht sei falsch, es hätten sich von Österreich/Cisleithanien »lediglich die nichtdeutschen Nationen losgerissen«, und so sei davon »das übrig geblieben, was sich jetzt Deutsch-Österreich« nennt. Einer derartigen »unmittelbaren Kontinuität zwischen alt-Oesterreich und deutsch-Oesterreich« hielt Kelsen die strikte Diskontinuität entgegen, wobei sich theoretische Erwägungen mit praktischen Folgen mischten: Der neue Staat »Deutsch-Oesterreich hat niemandem den Krieg erklärt, ihm wurde von niemandem der Krieg erklärt«, die Note der Nationalversammlung an Präsident Wilson vom 30. Oktober habe, in Einklang damit, nur »um die Beendigung eines Zustandes« gebeten, nicht aber um ein zwischen dem neuen Staat Deutschösterreich und den Alliierten bestehendes Kriegsverhältnis; richtigerweise habe auch der neue Staat »keinen Waffenstillstand abgeschlossen«, es war »durchaus richtig, dies der österr. ung. Monarchie zu überlassen, die allein als kriegführende Partei in Betracht kommen kann«; Deutschösterreich werde daher auch nicht bzw. nicht ausschließlich für »die ganzen

Kriegskosten und eventuelle Kriegsentschädigungen« aufzukommen haben. Man vertrete vielmehr die Auffassung einer »Zerspaltung Oesterreichs« in diverse »Nationalstaaten«, wobei bei einer derartigen »Zerspaltung eines Staates in mehrere neue Staaten ... nach völkerrechtlichen Prinzipien eine allgemeine Rechtsnachfolge der neuen Staaten in die Rechte und Pflichten des alten Staates grundsätzlich nicht statt(findet)«. Denselben Standpunkt vertrat der Staatssekretär für Äußeres Otto Bauer in einer Denkschrift an nahezu alle maßgeblichen Staaten[116]: »Der Kriegszustand, in dem sich die ehemalige österreichisch-ungarische Monarchie befunden hatte, ist ebenso wenig auf Deutschösterreich übergegangen, wie auf den tschecho-slowakischen oder einen anderen Nationalstaat, der aus der Auflösung Österreich-Ungarns entstanden ist.« Daher lehnte es der Staatsrat auch ab, sich am Abschluß des Waffenstillstandes zu beteiligen: »Wir haben keinen Krieg erklärt, wir haben keinen zu beenden. Wir sind nicht die Rechtsnachfolger des alten Staates.«[117] In diesem Punkt war man besonders heikel und penibel: Als die Staatsratsvorlage zum Gesetz über die Staats- und Regierungsform bezüglich der bisherigen Ministerien bloß festhielt, ihre Befugnisse »gehen auf die deutschösterreichischen Staatsämter über« (Art. 4), präzisierte man vor der Beschlußfassung in der Nationalversammlung: »gehen unter ausdrücklicher Ablehnung jeder Rechtsnachfolge ... über!«

Deutschösterreich setzte sich gegenüber den Alliierten mit seinem Standpunkt der Diskontinuität nicht durch. Sie gingen in den Worten des französischen Ministerpräsidenten Clemenceau von einer Fortdauer des Staates Österreich auf verkleinertem Gebiet aus: »L'Autriche c'est ce qui reste.« Dennoch vertrat Deutschösterreich weiterhin den Standpunkt der Diskontinuität und sah daher den Vertrag von St. Germain nicht als »Friedensvertrag« an, sondern als »Staatsvertrag«, mit dem es nur spezielle Verpflichtungen übernehme. Auch die Art, in welcher der bisherige Staatsname Deutschösterreich 1919 in Republik Österreich geändert wurde, entsprach, was noch zu zeigen sein wird[118], dem Diskontinuitätsstandpunkt.

Der Diskontinuität wegen mußten die Rechts- und die Verfassungsordnung Deutschösterreichs, ebenso wie übrigens etwa auch die der Tschechoslowakei, neu aufgebaut werden, wobei man allerdings gerade in der Gründungsstunde, und zwar in beiden Staaten, so verfuhr, bisheriges Recht und bisherige Einrichtungen des Staates Österreich/Cisleithanien zu übernehmen, soweit man nicht sogleich neues Recht setzte und neue Einrichtungen schuf[119].

C. Die Regierungsform: demokratische Republik

Gerade im Verfassungsrecht und damit hinsichtlich der höchsten Staatsorgane kam es zu Neuregelungen bzw. Neuschöpfungen, also zu keiner Rezeption. Mit dem Staatsgründungsbeschluß legte die Provisorische Nationalversammlung für den neuen Staat die Hauptgrundsätze der Verfassung und die entsprechenden Organe fest: Mit der Zuerkennung der »obersten Gewalt« an die, wie betont wurde, »gewählte« Provisorische Nationalversammlung war das demokratische Prinzip festgeschrieben (§ 1) wie weiters auch dadurch, daß die »gesetzgebende Gewalt« von der Nationalversammlung »selbst ausgeübt« werden sollte (§ 2), nicht also – »selbst«! – durch ein anderes Organ oder im Zusammenwirken mit einem weiteren Organ, etwa einer zweiten Kammer bzw. wie in einer konstitutionellen Monarchie mit dem Monarchen. Die »Regierungs- und Vollzugsgewalt« hingegen kam einem eigenen Organ zu, aber in enger Verbindung mit der Nationalversammlung, nämlich einem Ausschuß der Nationalversammlung, dem bereits bestehenden Vollzugsausschuß nun mit der Bezeichnung Staatsrat (§ 3). Während also die Nationalversammlung als Träger der »obersten Gewalt« die Gesetzgebung »selbst« ausübte, betraute sie mit der anderen Staatsgewalt im Sinne der Gewaltentrennung, nämlich mit der Exekutive, ein Suborgan, keinen Monarchen, sondern ein indirekt demokratisch legitimiertes und auf Zeit bestelltes Organ – ganz im Sinne des republikanischen Prinzips! Für die Leitung der einzelnen Verwaltungsressorts, Staatsamt und nicht Ministerium genannt, hatte der Staatsrat (in Vermeidung des Wortes Minister) Staatssekretäre zu ernennen, die gemeinsam die Staatsregierung bildeten (§§ 8, 11). Damit haben nicht nur die §§ 1 und 2 das demokratische, sondern § 3 auch das republikanische und überdies die §§ 1 bis 3 just noch die Verflechtung der beiden Prinzipien klar umschrieben. Das republikanische Prinzip war besonders dadurch verwirklicht[120], als in diesem kompletten System kein Raum für ein weiteres Organ, eventuell einen Monarchen, ausgespart blieb, zumal dessen Position klar der Staatsrat einnahm, vor allem etwa mit der Ernennung der Staatsregierung. Aus der Zuteilung der ausdrücklich als Staatsgewalten angesprochenen Gesetzgebung und Verwaltung auf verschiedene Organe (§§ 2 und 3) ergab sich als weiteres Verfassungsprinzip das der Gewaltentrennung, und zwar mit der Folge, daß die dritte Staatsgewalt, die Gerichtsbarkeit, gleichfalls von den beiden genannten getrennt war.

Als Regierungsform war damit in der Sache die einer demokratischen Republik geschaffen worden. Als Grundlage diente zwar die Gewaltentrennung, allerdings mit Vorrang des demokratischen Prinzips, sodaß es in der Staatsspitze zu einer Gewaltenverbindung dadurch kam, daß die oberste Exekutivgewalt dem Staatsrat als Ausschuß des Parlaments anvertraut war.

Die Worte »Republik« bzw. »republikanisch« sowie »Demokratie« bzw. »demokratisch« hat der Staatsgründungsbeschluß bewußt vermieden, sie wurden am 12. November nachgetragen. Dieses Vermeiden geht auf ein taktisches Zögern der Sozialdemokraten zurück sowie auf ein inhaltliches der Christlichsozialen. Jene fürchteten, Emotionen aufzurühren, diese nahmen zum Teil doch noch nicht Abschied von der Monarchie als einer möglichen künftigen Regierungsform. So sprach Renner am 30. Oktober, wie zitiert, davon, der Vollzugsausschuß habe es nicht für notwendig befunden, den »Charakter des Staates in ausdrücklichen Worten kundzumachen«, und Miklas zeigte sich namens der Christlichsozialen noch am 11. November gegenüber der republikanischen Staatsform zurückhaltend[121]. Eine andere Haltung hingegen nahmen gleich am 30. Oktober die Abgeordneten aus dem nationalliberalen Lager ein[122]: Waber nannte den Beschluß eine »praktische Verwirklichung der Republik«, Hummer sprach von einem »rein republikanischen« Grundgesetz, Zenker nannte den Beschluß »ein durch und durch republikanisches« Statut. Als der Sozialdemokrat Ellenbogen von der Konstituierung »als deutscher Republik« sprach, folgte »Stürmischer, anhaltender Beifall und Händeklatschen. – Rufe: Hoch die Republik!«[123] So stand für Sozialdemokraten und Nationalliberale schon am 30. Oktober 1918 fest: Der Staatsgründungsbeschluß ist im Sinne einer demokratischen Republik zu verstehen, sie sprachen dies offen aus, und zwar auch für die Zukunft. Renner hielt zum 30. Oktober fest: »Auf empirischem Weg war so eine republikanische Ordnung« entstanden[124], nach Kelsen war schlicht die »republikanische Staatsform« geschaffen worden, war »die Verfassung von Anfang an eine republikanische« gewesen[125]. Auch hatte Renner schon vor dem 30. Oktober in seinem Verfassungsentwurf ein republikanisch-demokratisches Staatswesen geplant, ohne dies ausdrücklich zu etikettieren. In eben dieser Weise war nun am 30. Oktober nicht nur der Entscheid über das demokratische, sondern ebenso über das republikanische Prinzip gefallen.

Das ist nicht bloß theoretische Spielerei oder nachträgliche Interpretation. Bereits das Publikum am 30. Oktober vor dem Landhaus sah dies so. Rufe und Reden aus der Menge gelten nicht schlechthin einem neuen Staat, sondern auch einer neuen, republikanischen Staatsordnung: Das Wort »Republik« fällt allenthalben, Transparente tragen die Aufschrift »Hoch die sozialistische Republik«, rote Fahnen unterstreichen dieses Ziel. Beschworen werden auch die Freiheitserinnerungen von 1848, zumal in der Menge schwarzrotgoldene Fahnen mitgeführt, von Offizieren derartige Kokarden getragen werden wie übrigens am nächsten Tag von ihnen auch in den Räumen des Parlaments[126]. Nicht nur Transparente forderten die »Republik«, auch die »Menge verlange sie stürmisch«[127]. Der Journalist Bermann[128] rief gegenüber dem Landhaus vor dem Café Central »Es lebe die Republik« und erinnerte sich: »Der Ruf wurde von den Umstehenden aufgenommen.«

Im k. u. k. Außenministerium am Ballhausplatz war sehr bald bekannt, in der Provisorischen Nationalversammlung würden »bereits republikanische Reden gehalten«, und man vermeinte, es würde dort jeden Augenblick die »Republik ausgerufen«[129]. Im

Kriegsministerium ging in den Nachmittagsstunden des 30. Oktober die Meinung um, es könnte »die Ausrufung der Republik jeden Moment stattfinden«, mit »Heil die Republik« hielt später am Abend, also nach der Proklamation des Staatsgründungsbeschlusses, eine Menschenmenge den Wagen des Kriegsministers an[130]. Übrigens hatte das Armeeoberkommando schon vor dem 30. Oktober mit der Ausrufung von Republiken in den großen Städten gerechnet. Am 29. Oktober hatte es unter dem Motiv »Bestrebungen der Nationalräte gehen dahin, die republikanische Staatsform ... zu propagieren«, sowie mit der Begründung »Hierüber wird aber die Armee im Felde nicht befragt, die die Männer vom 18. bis zum 50. Lebensjahre umfaßt«, die Heeresgruppen- und Armeekommandanten wissen lassen, es seien »telegraphische Kundgebungen von Truppen und Formationen« erwünscht, die sich »für die Dynastie und Monarchie aussprechen«. Speziell Deutschösterreich betraf der Zusatz: »Sehr dringlich sind solche deutscher Nation, da am 30. Mittag entscheidende Sitzung des Nationalrates stattfindet.«[131] Derartige antirepublikanische »Kundgebungen« waren allerdings nicht mehr zu erlangen. Vielmehr luden sogleich am 31. Oktober in Linz die drei großen politischen Gruppierungen für den nächsten Tag zu einer Feier des Beschlusses vom 30. Oktober ein, die aber nicht nur zu einem Fest der Staatsgründung, sondern auch der Republikgründung wurde[132].

Für Otto Bauer war am 30. Oktober »eine tatsächlich republikanische Verfassung« beschlossen worden[133], und am 31. Oktober wertete die Arbeiter-Zeitung unter der bezeichnenden Überschrift »Die deutsche Republik«, womit Deutschösterreich gemeint ist, den Staatsgründungsbeschluß als eben republikanische Verfassung. Aber auch Redlich notierte zum 30. Oktober in sein Tagebuch, die »soeben publizierte Verfassung« sei »rein republikanisch«, und hielt tags darauf jenen Ministerkollegen, die einen Erfolg darin sahen, daß am Vortag »die Republik noch nicht proklamiert worden ist«, den »republikanischen Charakter« des Staatsgründungsbeschlusses entgegen[134]. Glaise-Horstenau meinte, für »eine monarchische Spitze fand sich in der neuen Verfassung nirgendsmehr ein Platz«[135].

Freilich sind Demonstrationen wie am 30. Oktober in Wien oder am 1. November in Linz nicht nur als republikanische Interpretation der Staatsgründung, sondern auch als Aufforderung zu einer ausdrücklichen Proklamation der, wie es später hieß, »demokratischen Republik« zu verstehen. So war es auch manchen Abgeordneten schon am 30. Oktober ein Anliegen, die neue demokratisch-republikanische Ordnung umgehendst durchzusetzen. Es erschien Zenker »unbedingt notwendig«, die »Regierungsgewalt sofort und im vollen Umfange« von Nationalversammlung bzw. Staatsrat übernehmen zu lassen, vor allem, um von Nation zu Nation mit den Tschechen verhandeln zu können. Dazu kam, daß in den Worten Hummers die amtierenden kaiserlichen Minister als überflüssige »Liquidatoren« und Ministerpräsident Lammasch als unnützer »Konkursmasseverwalter« angesehen wurden[136].

Beim Verständnis der Staatsgründung als »Republik« kam es, wie bereits am 30. Oktober offenbar geworden war, nicht unbedingt auf dieses Vokabel an. Am schon erwähnten sozialdemokratischen Parteitag, gleich am zweiten Tage nach der Staatsgründung[137], war des öfteren von den »neuen Volksstaaten« die Rede, zu welchen man auch Deutschösterreich zählte, man habe in jenen »die Demokratie«, konkret in diesem die »politische Demokratie« errichtet, man sei im »Aufbau eines freien demokratischen Staates« begriffen: Die Zusammenhänge machen klar, daß damit ein republikanisches Staatswesen ebenso gemeint war, wie die Frage nach dem demokratischen Prinzip niemand als offen ansah. Zwar erhob der Parteitag die Forderung, »daß Deutschösterreich eine demokratische Republik werde« – »werde«, woraus man erschließen könnte, daß sie es noch nicht sei, doch ist damit die künftige »Verfassung der Republik«, die erst »die konstituierende Nationalversammlung« feststellen werde, gemeint, womit kein Schwebezustand hinsichtlich des republikanischen Prinzips angedeutet ist. Tatsächlich sprach man vom neugegründeten Staatswesen als von der »deutschösterreichischen Republik«, und es ging das »Aktionsprogramm des Verbandes sozialdemokratischer Abgeordneter« auch davon aus, es sei die »erste Aufgabe der verfassungsgebenden Nationalversammlung«, die »endgültige Sicherung der republikanischen Verfassung« herzustellen[138]: nicht Begründung also, sondern Schutz des schon Bestehenden! Und tatsächlich hat gerade Otto Bauer am erwähnten Parteitag davon gesprochen, man habe in einer unblutigen »Revolution« den Staat Deutschösterreich geschaffen und sei nun dabei, »die deutschösterreichische Republik« aufzubauen. Kurzum: Der sozialdemokratische Parteitag ging eindeutig davon aus, mit der Staatsgründung sei ein republikanisch-demokratisches Staatswesen geschaffen worden. Daß man dies nicht so plakativ in den Vordergrund stellte, mag nicht nur an dieser Selbstverständlichkeit gelegen haben, nicht nur daran, daß man ja keine Verfassungstagung abhielt, sondern unter anderem darin begründet sein, daß man nach den Worten der Vorsitzenden Adelheid Popp als das »bedeutsamste Erlebnis auf diesem Parteitag« etwas ganz anderes ansah, »die Nachricht von der Befreiung Friedrich Adlers«, womit seine vorzeitige Haftentlassung aufgrund einer Amnestie gemeint war.

D. Die Staatsform: dezentralisierter Einheitsstaat

Die Staatsform ergab sich nicht wie die Regierungsform aus einer vollkommenen Neuschöpfung, sondern durch – modifizierte – Rezeption. Im Staatsgründungsbeschluß erfolgte weder eine ausdrückliche noch eine inhaltliche Regelung der Staatsform. Er betraf ausdrücklich »Einrichtungen der Staatsgewalt«, damit Einrichtungen des Staates Deutschösterreich, nicht aber auch solche der Länder oder gar Gemeinden. Die Landes- und Gemeindegewalt galt nicht als Staatsgewalt, was einerseits der Tradition der Staatsform Österreich/Cisleithaniens, wie andererseits auch den Vorstellungen gerade der Sozialdemokraten entsprach[139]. Demgemäß bezog sich die Regelung, »die oberste Gewalt des Staates Deutschösterreich« stehe der Provisorischen Nationalversammlung zu, eben allein auf den Staat, sodaß auch die anschließenden Regelungen über die »gesetzgebende Gewalt« sowie die »Regierungs- und Vollzugsgewalt« diesen zum Adressaten hatten, während über die Länder und Gemeinden damit nichts ausgesagt sein sollte. Mit der Gesetzgebung bzw. der Regierungs- und Vollzugsgewalt »des Staates Deutschösterreich« und nicht »im« Staat Deutschösterreich war eben keine Aussage über Legislative und Exekutive in den Ländern getroffen, für diese kam die sogenannte Rezeptionsklausel des Staatsgründungsbeschlusses zur Wirkung, wonach die bisherigen »Gesetze und Einrichtungen«, soweit sie nicht durch den Staatsgründungsbeschluß »aufgehoben oder abgeändert sind, … bis auf weiteres in vorläufiger Geltung bleiben« (§ 16).

Die zwischen dem 22. und dem 29. Oktober erzielte Übereinkunft der Länder untereinander sowie mit der Provisorischen Nationalversammlung bzw. dem Vollzugsausschuß[140] umschließt wie selbstverständlich einmal die Existenz von Ländern im künftigen Staate Deutschösterreich, weiters, daß diese Länder keinen anderen Stellenwert als Gemeinwesen besitzen, als sich dieser aufgrund der neuen Landesgewalt, zusammengesetzt aus der bisher autonomen Landesgewalt sowie der staatlichen Verwaltung im Lande, ergibt. Damit war allseits bestimmt und anerkannt, daß die Länder nicht etwa zu souveränen Staaten geworden seien oder zu teilsouveränen Staaten in einem Bundesstaat. Nach wie vor überließen sie jenem Staat, dem sie zugehörig sein wollten, so viel an Kompetenzen, daß dieser die Staatsform eines dezentralisierten Einheitsstaates nicht viel anders als das bisherige Österreich/Cisleithanien haben mußte. Da diese Grundsatzentscheidung und weitestgehend auch ihre Umsetzung schon vor dem 30. Oktober, der Staatsgründung, stattfand, hatte diese die – neuen – Landesgewalten sozusagen vorgefunden, von einer »Voraussetzung« wird Kelsen später sprechen[141].

Die Rezeptionsklausel des Staatsgründungsbeschlusses (§ 16) erfaßte daher die schon vor dem 30. Oktober geschaffenen und – auch von der Zentralgewalt! – initiierten neuen Landesorgane, die provisorische Landesversammlung, den provisorischen Landesausschuß und die neue Landesregierung. Es wäre ja schließlich absurd anzunehmen, daß nach den diese Organe betreffenden Beschlüssen bzw. Anordnungen des Vollzugsausschusses vom 25. bzw. 29. Oktober die damit etablierten Landesgewalten – neben der neuen Staatsgewalt – im Prozeß der Staatsgründung nicht mitbedacht gewesen wären! Dem war tatsächlich nicht so.

Die Entscheidung über die künftige Staatsform fiel praktisch in den Sitzungen des Vollzugsausschusses am 25. Oktober, besser: Hier wurde artikuliert, was wohl vom 21. Oktober an ohnedies klar gewesen war. In der Vormittagssitzung berichtete die Vollzugsausschußabteilung für innere Angelegenheiten[142] sowohl über »die Gründung einer Deutschböhmischen Landesversammlung und des Landesausschusses« wie auch über den »Entwurf einer Konstitutionsurkunde«, womit der Text des Staatsgründungsbeschlusses gemeint war. Dies bedeutet aber nichts weniger als dies: Staatsgründungsbeschluß und Länderexistenz galten nicht als sich widersprechend, waren vielmehr – für den Vollzugsausschuß selbst – miteinander verbunden. In der Nachmittagssitzung wurde dies noch deutlicher, und zwar dadurch, daß der Vollzugsausschuß ausdrücklich einen Beschluß faßte, der Provisorischen Nationalversammlung einen Beschlußantrag vorzulegen, wonach bis »zur endgültigen Festsetzung der deutschösterreichischen Verwaltungsorganisation … zur Vertretung der Länder provisorische Landesversammlungen und Landesausschüsse« geschaffen werden sollten, wobei deren Zusammensetzung die »deutschen politischen Parteien jedes Landes … zu vereinbaren (haben)«[143]. Daß man dabei dem Vorschlag des »Ausschußlandtages« vom 22. Oktober folgte, erweist ein Kommentar in der Reichspost[144]: »Die Berufung provisorischer Landesversammlungen« wie die »Erweiterung der Landesausschüsse ist bekanntlich von diesen selbst nach ihrer letzten gemeinsamen Beratung in Wien« – eben auf dem »Ausschußlandtag« vom 22. Oktober – »dem Verfassungsausschusse vorgeschlagen worden«! Weiters: »In den heutigen Beschlüssen des Vollzugsausschusses liegt eine Anerkennung der inneren Kraft der Kronlandsvertretungen, die zwar oft geleugnet worden ist, nun aber beim Aufbau Deutschösterreichs ohne Schaden nicht ausgeschaltet werden könnte!« Die somit bewußt im Einvernehmen von Vollzugsausschuß und »Ausschußlandtag« grundgelegten, und zum Teil sogar schon realisierten, Landesgewalten waren also klar erkennbar auch »Gesetze und Einrichtungen«, die kraft der Rezeptionsklausel des Staatsgründungsbeschlusses (§ 16) »bis auf weiteres in vorläufiger Geltung bleiben«, womit der

Staatsgründungsbeschluß eben kraft Rezeption als Staatsform die eines dezentralisierten Einheitsstaates festgelegt hatte[145]. Dies bekräftigten die Länder selbst, und zwar mit ihren Landesverfassungen. Die sieben traditionellen Länder übernahmen die Landesordnungen 1861, die ganz dem Modell eines dezentralisierten Einheitsstaates folgten, modifiziert allerdings im Sinne des Vollzugsausschußbeschlusses vom 25. Oktober bzw. des darauf fußenden Auftrages vom 29. Oktober betreffend die Übernahme der Geschäfte der staatlichen Verwaltung, des Statthalters, durch die autonome Landesverwaltung. Die Länder machten jedenfalls die modifizierten Landesordnungen 1861 zu – erneut – »geltenden Landesordnungen«[146] und beließen es damit bei der Staatskonstruktion des dezentralisierten Einheitsstaates. Aber auch die beiden neuen Länder Deutschböhmen und Sudetenland gaben sich eine »Provisorische Landesordnung« bzw. eine »Vorläufige Verfassung« ganz nach dem Muster der bisherigen Landesordnungen[147]. Den Wirkungskreis der provisorischen Landesversammlung bestimmten sie ausdrücklich nach den Landesordnungen 1861, womit sie ihre Stellung nicht als Gliedstaaten in einem Bundesstaat, sondern als Provinzen in einem dezentralisierten Einheitsstaat bekräftigten. Dies tat auch die Steiermark insofern, als ihre neue Landesordnung vom 6. Dezember 1918[148] sich ganz an das Muster der bisherigen Landesordnung 1861 hielt.

Ab und mit dem Staatsgründungsbeschluß war daher Deutschösterreich entgegen Kelsens ursprünglicher Meinung[149] kein »zentralistischer Einheitsstaat« ohne Länderstruktur. Die Entwicklung ging aber auch nicht so weit, wie dies etwa Otto Bauer[150] interpretierte, wonach, gerade aufgrund der beschriebenen Ereignisse noch vor der Staatsgründung, die Länder »damit tatsächlich zu selbständigen Republiken, der Staat zu einer losen Föderation der Länder« geworden wäre; richtig ist aber die weitere Feststellung: »Der Verfassungskampf zwischen dem Staat und den Ländern, die Entwicklung Deutschösterreichs zum Bundesstaat waren damit bereits vorgezeichnet« – doch ist dies eine Entwicklung, die weder vor noch bei der Staatsgründung, sondern erst späterhin einsetzte. Zur Staatsgründung aber trifft Kelsens spätere[151], sich selbst korrigierende Feststellung zu: Der Staatsgründungsbeschluß, in seiner Diktion die »Verfassung vom 30. Oktober 1918«, gehe »von der in ihr allerdings nicht ausgesprochenen Voraussetzung (!) aus, daß die neue Republik kein zentralistischer Einheitsstaat sein, sondern sich in Länder … gliedern solle«, sodaß es »neben der zentralen Staatsgesetzgebung mehrere lokale Landesgesetzgebungen« gäbe.

Mit der neuen Verwaltungssituation im Land hatte sich Entscheidendes entscheidend verändert. Im Lande gab es nunmehr keine allgemeine staatliche Verwaltung mehr, es waren nicht nur die Befugnisse des kaiserlichen Statthalters auf die – neue – Landesregierung übergegangen, sondern ihr unterstanden nun wie ehedem dem Statthalter die Bezirkshauptmänner, sie waren damit von staatlichen Organen zu Landesorganen geworden. Daher rührt auch die Berechtigung von Otto Bauers zitierter Feststellung von einer »Entwicklung Deutschösterreichs zum Bundesstaat«. Selbst wenn[152], wie erwähnt, der Tiroler Nationalrat sich als »Vollzugsorgan« des Staatsrates ansah, war es aber dennoch so, daß eben er die »gesamte Zivilgewalt Deutschtirols« ausübte. Fast genau vierzehn Tage nach der Staatsgründung, zufolge des Gesetzes vom 14. November, kam es bereits zu den ersten Spannungen zwischen den Landesgewalten und der Gesamtstaatsgewalt. Salzburg beispielsweise war stolz darauf, am 7. November 1918 erstmals seine Landesverfassung ohne Mitwirkung der Wiener Regierung novelliert zu haben, nun schien dies in Widerspruch mit dem Gesetz vom 14. November zu stehen. Allein schon dessen Dichte an gesamtstaatlicher Regelung der Landeseinrichtungen stieß auf Unmut, mehr noch einzelne Bestimmungen wie etwa die, daß die Landesregierung »bei ihrer gesamten Amtsführung an die Dienstesanweisungen der deutschösterreichischen Staatsregierung gebunden und dieser verantwortlich« sein sollte (§ 8). Auch Einmischungen des Staatsrates waren vorgesehen, und zwar hinsichtlich der Amtsführung des Landeshauptmanns. Freilich sind gerade diese Regelungen nicht nur Reminiszenzen an ähnliche in Österreich/Cisleithanien, sondern weitere Indizien für die Staatsform Deutschösterreichs als dezentralisierter Einheitsstaat.

E. Das Staatsgebiet: Repräsentation und Ländererklärungen

Der Staatsgründungsbeschluß vom 30. Oktober hatte mit seiner alleinigen Regelung der Staatsgewalt zwei weitere Staatselemente nicht erfaßt: Staatsgebiet und Staatsvolk. Beide, vor allem aber das erstere dieser traditionellen Staatselemente, stellten neben der Regierungsform ein besonderes Problem des neuen Staates dar, das zu lösen freilich nicht ihm allein aufgegeben sein konnte – hier kam es auch auf die Haltung anderer Nationalitäten bzw. deren neuer Staaten an oder auf jene etablierten Staaten, denen sich die eine oder andere Nationalität nunmehr zugehörig fühlte und entsprechend »heimgeholt« wurde.

Die Frage des Staatsgebietes und damit die des auf ihm siedelnden Staatsvolkes gehörte aber schon am 21. Oktober und dann auch am 30. Oktober zu den vordringlichsten Problemen, da von ihrer Beantwortung das Wesen und in praktischer Hinsicht die Lebensfähigkeit des neuen Staates abhingen. Es möge »ehestens das Hoheitsgebiet des deutschösterreichischen Staates territorial in einem Gesetze festgelegt werden«, war am 30. Oktober in der Provisorischen Nationalversammlung eine der Forderungen, die laut Protokoll ausdrücklich »Zustimmung« fand[153]. Selbst innerhalb des alten Österreich/Cisleithanien waren territoriale Lösungen des Nationalitätenproblems stets gescheitert: Nun ging es sogar um Staatsgrenzen! Mit jenen Erfahrungen belastet, freilich auch mit entsprechendem Wissen ausgerüstet, begann der neue Staat allmählich, weil sehr akribisch, nun sein Staatsgebiet rechtlich zu definieren. Dies auch deshalb, da man in ganz besonderer Weise auf das vom US-Präsidenten Wilson verkündete Selbstbestimmungsrecht der Völker als Programm zur Neugestaltung gerade neuer Staatlichkeiten auf dem Boden Österreich-Ungarns vertraute. Das Gesetz über das Staatsgebiet erging sodann am 22. November.[154]

Im wesentlichen war das Gebiet des künftigen Staates freilich schon vor seiner Gründung erkennbar. Grob umrissen wurde es einmal von jener territorialen Bezeichnung, die dann sein Staatsname werden sollte: Deutschösterreich. Das Wort war keine Neuschöpfung. Eine ähnliche Bezeichnung – »des Deutschen

Österreichischen Erzhauses« Länder – hatte bereits 1684 in dem euphorisch betitelten Werk »Österreich, über alles, wenn es nur will« des Kameralisten Philipp Wilhelm von Hörnigk als Benennung für einen Teil der Habsburgermonarchie Verwendung gefunden, nämlich deren Besitzungen im römisch-deutschen Reich.[155] In Bezug auf Österreich/Cisleithanien steht schließlich »Deutsch-Österreich« neben Tschechisch-Österreich oder Italienisch-Österreich zur Kennzeichnung der deutsch besiedelten Gebiete wie etwa 1848 bei dem tschechischen Historiker Franz Palacky: Er schlug u. a. eine »deutsch-österreichische« Ländergruppe vor, die auch »Deutsch-Böhmen, Deutsch-Mähren und -Schlesien« umfassen sollte.[156] Gegen Ende des 19. Jahrhunderts war »Deutschösterreich« bereits eine »wohl oft gehörte« Bezeichnung, hatte aber freilich »keine amtliche Geltung«[157]. Sie stand für das von Deutschen bewohnte Gebiet Österreich/Cisleithaniens, was diesen wieder die Benennung als Deutschösterreicher eintrug: »Er war aus Graz!« – »Also ein Deutschösterreicher!« läßt der vielgelesene Karl May in Südamerika feststellen und am Missouri fragen und antworten: »Ist sie auch eine Deutsche?« – »Ich glaube eher, daß sie eine Deutschösterreicherin ist.«[158] Von der »Seele des deutschösterreichischen Bürgertums« schrieb Otto Bauer wie weiters davon, daß die »deutschösterreichische Bourgeoisie« zwischen 1750 und 1850 entstanden sei, und dies unter der Überschrift »Deutschösterreich im Kriege« von 1914/18, als es den so benannten Staat noch nicht gab.[159] So sprach denn auch die sozialdemokratische Resolution vom 4. Oktober von einem künftigen »deutschösterreichischen Staate«. Einen solchen interpretierte man in das Manifest vom 16. Oktober hinein und die Provisorische Nationalversammlung konstituierte sich am 21. Oktober »für den Staat Deutschösterreich«[160].

Dieses Deutschösterreich definierte nicht nur der bisherige Sprachgebrauch als das deutsche Siedlungsgebiet in Österreich/Cisleithanien. Im Beschluß der Provisorischen Nationalversammlung schon vom 21. Oktober war sowohl »die Gebietsgewalt über das ganze deutsche Siedlungsgebiet, insbesondere auch in den Sudetenländern«, beansprucht sowie mehrfach das »deutsche Volk in Österreich« angesprochen worden.[161] Renners

Verfassungsentwurf hatte sich daher, zwischen dem 21. und 30. Oktober erstellt, mit der Frage des Staatsgebietes befaßt und hiefür sowohl »das geschlossene Siedlungsgebiet der Deutschen« innerhalb Österreich/Cisleithaniens in Anspruch genommen sowie auch deutsche Sprachinseln[162]. Wesentlich präziser freilich indizierte die Herkunft der Nationalversammlungsmitglieder aus ihren konkreten Reichsratswahlkreisen das künftige Staatsgebiet. Damit war im Prinzip die Aussage getroffen, der künftige Staat solle grundsätzlich aus den vertretenen Wahlkreisen bestehen.

Am 30. Oktober befaßte sich sodann detailliert und nahezu überwiegend die Note an Präsident Wilson mit der Frage des Staatsgebietes, und zwar besonders im Sinne des Selbstbestimmungsrechtes[163]. Hier wie auch in der Debatte darüber wurde die Frage nach der »Gebietshoheit« mehrfach angeschnitten, wobei man angesichts der Sprachinseln in verschiedenen, teils nun neuen Staaten sich der Problematik der Festlegung sehr wohl bewußt war[164]. Die Staatsgründung am 30. Oktober betraf jedenfalls zufolge des Umstandes, daß die Nationalversammlungsmitglieder als Repräsentanten ihrer Wahlkreise auftraten, deren Summe, damit bildete die Summe dieser Wahlkreise prinzipiell das neue Staatsgebiet. Das war der Nationalversammlung so auch selbstverständlich – keines seiner Mitglieder verabschiedete sich oder wurde ausgeschlossen. Im Gegenteil: Wie sehr der Gedanke der Repräsentation gerade auch für das Staatsgebiet eine Rolle spielte, zeigt der Hinweis des Abgeordneten Waber, es seien »etwa 22 Mandate unbesetzt«, was »unbedingt geändert werden muß«, wozu er einen entsprechenden Antrag stellte, »damit die Wünsche und Forderungen jedes Wahlkreises ihre Vertretung finden«[165].

Die gleiche Selbstverständlichkeit beherrschte ebenso offenkundig gleich am zweiten Tage nach der Staatsgründung, am 1. November 1918, den sozialdemokratischen Parteitag, denn hier wurde zu den neugewählten Mitgliedern der »Parteikontrolle« ausdrücklich folgende territoriale Herkunft angegeben: Ebenso wie aus »Niederösterreich« kamen zwei Genossen aus »Böhmen«, ebenso wie aus »Kärnten«, »Oberösterreich«, »Steiermark« und »Salzburg« kam je ein Genosse aus »Mähren« sowie aus »Schlesien« – die Genossen aus Vorarlberg hatten gebeten, die sie betreffenden Wahlen erst am nächsten Parteitag vorzunehmen.[166]

Und das kam nicht von ungefähr. Denn für die Frage des Staatsgebietes kommt auch dem »Ausschußlandtag« vom 22. Oktober große Bedeutung zu: Gleich am Tag nach der Konstituierung der Provisorischen Nationalversammlung hatten mit ihm alle damals schon existierenden Länder des künftigen Staates an dessen nun eintretender Gründung und künftiger Ausgestaltung mitgewirkt! So dokumentiert der »Ausschußlandtag« sämtlicher dieser Länder, daß sie alle dem Staate Deutschösterreich angehören wollten, sich keines davon ausschloß! Wenn man – was sogleich zu erörtern sein wird – Gedanken über einen »Beitritt der Länder« anstellt, so war dieser hier am 22. Oktober manifest gemacht. Denn hier hatten Vertreter der Landesausschüsse von Niederösterreich, Oberösterreich, Salzburg, Steiermark, Kärnten, Tirol und Vorarlberg der deutschösterreichischen Zentralgewalt die Mitarbeit angetragen, was diese akzeptierte, wozu dann noch die neuen Länder Deutschböhmen und Sudetenland traten. Das Staatsgebiet des Staates Deutschösterreich war somit schon vor dessen Gründung auch durch diese Länder vorgegeben – grob, denn ihre Grenzen waren zum Teil noch zu definieren. Allerdings: Die Begründung der neuen Landesgewalten im Zusammenwirken mit der Zentralgewalt ließ das so umrissene Staatsgebiet nicht förmlich in Erscheinung treten: weder intern, noch für die angrenzende oder gar die übrige Staatenwelt. Zur Behebung dieses Mangels boten sich für den aus Ländern bestehenden Staat zwei Wege an: eine Erklärung der ersteren oder eine des letzteren. In der konkreten Situation mit der Wilsonschen Doktrin der Selbstbestimmung und dem Glauben gerade Deutschösterreichs an ihre Gewichtigkeit wählten Nationalversammlung und Ausschußlandtag vorerst nicht den Weg sozusagen des staatlichen Oktrois, sondern den der Ländererklärungen.

Auf Anordnung des Vollzugsausschusses vom 29. Oktober kam es demnach, wie schon kurz erwähnt, dazu, daß den prinzipiellen Umfang des deutschösterreichischen Staatsgebietes mehrere Länder mit ausdrücklichen Erklärungen bekräftigten.[167] Sie stim-

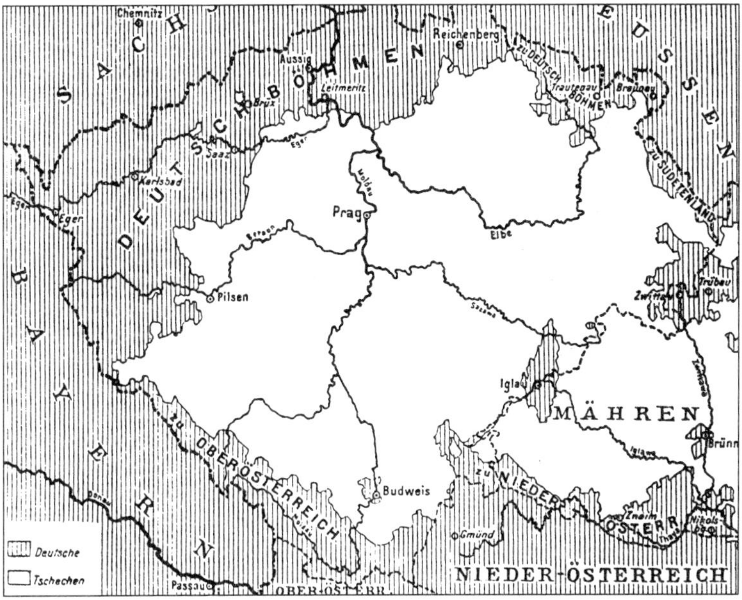

»Deutschböhmen« mit dem Böhmerwaldgau »zu Oberösterreich«, Deutsch-Südmähren »zu Niederösterreich« sowie die Sprachinsel Iglau

men darin überein, daß sich das jeweilige Land als ein solches im Verband des deutschösterreichischen Staates betrachtet, wobei Kärnten, Oberösterreich, Steiermark und Salzburg auch namentlich, Deutschböhmen und Vorarlberg pauschal auf die Gemeinschaft mit den anderen Ländern hinwiesen. Drei dieser Erklärungen, die von Kärnten, Salzburg und der Steiermark, heben sich von den übrigen mehrfach ab, grundsätzlich durch ihre Uniformität, dann auch dadurch, daß sie ausdrücklich angeben, in »Befolgung des Auftrages« zur Abgabe der Erklärung seitens des Vollzugsausschusses der Provisorischen Nationalversammlung vom 29. Oktober 1918 zu ergehen, diese übrigens irrigerweise »konstituierende« statt, so doch richtig für Salzburg, »konstituierte Nationalversammlung« nennen, irrigerweise auch »Tirol und Vorarlberg« offenkundig als ein Land betrachten und ebenso irrigerweise vom »Beitritt« zum Staate Deutschösterreich sprechen, den die Erklärung »vollzieht«. Obwohl in allen übrigen Erklärungen von einem »Beitritt« keine Rede ist, nahm die Provisorische Nationalversammlung durch Beschluß vom 12. November 1918 (StGBl. 23) »die feierlichen Beitrittserklärungen der Länder, Kreise und Gaue des Staatsgebietes zur Kenntnis«: Seitdem haftet ihnen allen der Ausdruck »Beitrittserklärung« an. Sogleich mit Kelsen beginnend wurden daraus alle möglichen Schlüsse gezogen. Was übrigens die »Kreise und Gaue« betrifft, so waren damit nicht Untergliederungen der Länder gemeint, sondern außerhalb solcher stehende Gebiete wie etwa der Kreis Deutschsüdmähren – vom Pinzgau oder Flachgau Salzburgs erwartete man sich keinerlei Erklärungen! Wie noch auszuführen sein wird, hatten diese Erklärungen aber nicht etwa den Sinn, durch einen »Beitritt« im Sinne eines Zusammenschlusses den Staat zu gründen oder diese Gründung anzuerkennen, sondern den, in einer bestimmten Form das Staatsgebiet zu umreißen. Vorerst gab es über dieses keinerlei gesetzliche Bestimmung, bislang konnte das Staatsgebiet nur durch die beschriebenen Ableitungen dem Prinzip nach festgestellt werden. Gerade auch als Demonstration dem Ausland gegenüber empfahl sich eine Umschreibung des Staatsgebietes durch die betroffenen Teile selbst und damit im Sinne des Selbstbestimmungsrechtes der Völker. Daß just dies beabsichtigt war, erweist der Umstand, daß sich alle Erklärungen auch auf dieses beriefen und bei den gemischtsprachigen Kronländern festsetzten, daß sie als nunmehrige Länder Deutschösterreichs nur das deutsche Siedlungsgebiet umfassen. Noch spät zeigt sich dies am 24. September 1919 bei der Entlassung der »sudetendeutschen« Teile aus dem Staatsgebiet, da Nationalversammlungspräsident Seitz hinsichtlich ihrer Zugehörigkeit als »Gebiete des Staates«[168] auf eben diese Erklärungen, verwies. Ein konstitutiver Wert kommt aber weder den Ländererklärungen noch dem darauf bezüglichen Nationalversammlungsbeschluß zu. Dies zeigt sehr präzise schon dessen Wortlaut: Die Ländererklärungen sind ausdrücklich als »feierliche« bezeichnet, was auf Äußerliches und damit eher Deklaratives, also auf eine in der Sache schon existente Situation hinweist – eben auf das von den repräsentierten Wahlkreisen gebildete Staatsgebiet, das aber bislang geographisch – insbesondere durch die Ländernamen – nicht umschrieben war. Auch dies bestätigt schon der Wortlaut, denn zur Kenntnis genommen werden Erklärungen von Teilen »des Staatsgebietes«, nicht also von irgendwelchen Gebietseinheiten, sondern präzise »der Länder, Kreise und Gaue des Staatsgebietes«, zu dem diese also bereits gehören. Diese Einstufung der Ländererklärungen als bloß deklarativ stützt der weitere Wortlaut: Es ist nicht die Rede von einer »Annahme« durch die Provisorische Nationalversammlung, sondern davon, daß sie die Ländererklärungen »zur Kenntnis« nimmt. Man maß, juristisch formuliert, beiderseits den Erklärungen gar nicht den Charakter zu, als Angebote annahmebedürftig zu sein, um Rechtswirkungen zu entfalten. Wie sehr die Erklärungen keinerlei konstitutive Wirkung dahingehend hatten, daß die »beitretenden« Länder erst jetzt zum Staatsgebiet geworden wären, zeigt der Umstand, daß die Länder Tirol und Niederösterreich keine derartigen Erklärungen abgaben. Solche fehlen auch von den noch nicht zu einem Land gehörigen Gebieten wie dem Böhmerwaldgau und dem Kreis Deutschsüdmähren ebenso wie von den Einschlußgebieten Brünn, Iglau und Olmütz. Darauf gab es keinerlei Reaktion der Zentralgewalt oder gar der betreffenden Teile dahingehend, daß diese nicht als solche des Staatsgebietes zu betrachten wären. Mit ihrer entsprechenden Gesetzgebung reklamierte die Provisorische Nationalversammlung sie alle dennoch als Teile des Staatsgebietes, was auch diese, korrespondierend durch mehrfache Handlungen, zu erkennen gaben. Tirol beispielsweise hat sich am 11. November ausdrücklich und nachhaltig »für die republikanische Staatsform in Deutschösterreich« ausgesprochen, was »sofort dem Staatsrate in Wien drahtlich zu übermitteln (war) mit der Aufforderung, gleichfalls raschestens sich offen zu erklären«, was als entsprechende »Beitritts«-Erklärung Tirols verstanden wurde.[169] Daß Niederösterreich nicht abseits stehen wollte, ergab sich unter anderem schlicht aus der Tatsache, daß man in seinem Landtagsgebäude die Provisorische Nationalversammlung konstituiert, den »Ausschußlandtag« vom 22. Oktober abgehalten und schließlich am 30. Oktober den Staatsgründungsbeschluß gefaßt hatte. Mit ihren Separationen von den bisherigen Kronländern Böhmen bzw. Mähren, ihrer Konstituierung als Gebietseinheit unter der Ebene des Landes wie mit der Bekundung ihrer Absicht, sich Oberösterreich bzw. Niederösterreich zu unterstellen, hatten auch der Böhmerwaldgau und der Kreis Deutschsüdmähren ausgedrückt, Teile des Staates Deutschösterreich zu sein. Übrigens zeigt auch die Mitteilung der Gründung der neuen Länder Deutschböhmen und Sudetenland in der Provisorischen Nationalversammlung noch vor der Staatsgründung, daß es nicht auf formelle Beitrittserklärungen ankam. Mit anderen Worten: Das ohnedies in seinen Grundzügen feststehende Staatsgebiet erfuhr mit den Ländererklärungen eine erste ausdrückliche Umschreibung, und zwar seitens der meisten Länder, was die Zentralgewalt bestätigte.[170]

Mit der bloßen Ableitung des Staatsgebietes konnte man sich freilich nicht zufrieden geben, es sollte, wie bereits anläßlich der Staatsgründung gefordert, »ehestens das Hoheitsgebiet des deutschösterreichischen Staates territorial in einem Gesetze festgelegt werden«[171]. Eine erste gesetzliche und auch präzise, wenngleich indirekte Festlegung des Staatsgebietes erfolgte schon mit dem Gesetz über das Staatsgesetzblatt vom 12. November, da dieses jenen Gemeinden unentgeltlich zuzustellen war, die bisher die deutsche Ausgabe des Reichsgesetzblattes erhalten hatten.[172] Damit war nichts weniger als dies ausgesagt: Im Gebiete dieser Gemeinden sollte die neue deutschösterreichische Staatsgewalt wirksam werden. Die geforderte direkte gesetzliche Regelung war dies freilich nicht, sie erfolgte erst am 22. November 1918, im Detail sogar noch später.[173]

F. Das Staatsvolk: auch individuelles Selbstbestimmungsrecht

Das dritte Staatselement nach Staatsgewalt und Staatsgebiet ergibt sich grundsätzlich aus dem letzteren. Freilich nicht so ganz, denn es geht im wesentlichen darum zu bestimmen, wer einer bestimmten Staatsgewalt – umfassend – unterliegt, was auch auf Personen im Ausland – die betreffenden Staatsbürger –, aber nicht auf alle Personen im Inland – die Nicht-Staatsbürger – zutrifft. Essentiell für die Zugehörigkeit zum Staatsvolk ist damit die Staatsbürgerschaft, für die das Staatsgebiet zwar einen wichtigen Anknüpfungspunkt abgibt, zu dem aber beispielsweise, zum Teil ebenso wichtig, die Abstammung tritt. Gerade aber in der Umbruchsituation von 1918/19 steht das Staatsgebiet als besonders bestimmend im Vordergrund: Deutschösterreich wollte, wie das nahezu permanent betont wurde (siehe unten G), der Staat möglichst aller Deutschen des untergehenden Österreich/Cisleithanien sein. Dies stand in Wechselbeziehung zu den deutschen Siedlungsgebieten, also zu dem in Anspruch genommenen Staatsgebiet. Das allerdings war nicht alles: Auch Deutsche Österreich/Cisleithaniens außerhalb dieser Gebiete sollten die Möglichkeit haben, deutschösterreichische Staatsbürger zu werden. Dies bedeutet: Das nationale Selbstbestimmungsrecht wurde nicht nur für ganze Volksgruppen, sondern auch für Einzelpersonen zur Anwendung gebracht. Die etwas komplizierte Situation fand erst am 5. Dezember 1918 (StGBl. 91) ihre gesetzliche Regelung. Ein Motiv dabei war auch die bevorstehende Wahl zur Konstituierenden Nationalversammlung, für die man eine Wahlordnung zu erlassen hatte, die aber wieder voraussetzte, daß der Kreis der Wahlberechtigten, der deutschösterreichischen Staatsbürger, feststand[174]. Grundsätzlich waren deutschösterreichische Staatsbürger kraft Gesetzes alle Personen, die zum Zeitpunkt des Inkrafttretens des Staatsbürgerrechtsgesetzes in einer deutschösterreichischen Gemeinde »heimatberechtigt« waren: Das sogenannte »Heimatrecht« verliehen die Gemeinden unter der Voraussetzung eines ordentlichen Wohnsitzes und einer bestimmten Aufenthaltsdauer. Im wesentlichen waren mit dieser Bestimmung alle österreichisch/cisleithanischen Staatsbürger in den deutschösterreichischen Gemeinden zu Staatsbürgern Deutschösterreichs geworden, und zwar kraft des Staatsbürgerrechtsgesetzes selbst, ohne etwas dazutun zu müssen (§ 1). Bei einem weiteren Kreis an Personen sah man von diesem Heimatrecht ab, sofern sie nur im Gebiete Deutschösterreichs ihren ordentlichen Wohnsitz besaßen (§ 2). Sie allerdings hatten eine eigene Erklärung abzugeben, die, »der Deutschösterreichischen Republik als getreuer Staatsbürger angehören zu wollen«. Hierbei gab es zwei Kategorien, jene, die schon am und vor dem 1. August 1914 im Gebiete Deutschösterreichs ihren ordentlichen Wohnsitz hatten, sowie jene, welche diesen erst danach begründet haben: Für erstere gab es keinerlei Einschränkung, für letztere sehr wohl, denn sie durften nur aus bestimmten Ländern Österreich/Cisleithaniens zugezogen sein, womit Ungarn ausgeschlossen war, ausdrücklich aber auch noch die österreichisch/cisleithanischen Länder Dalmatien, Istrien und Galizien, sodaß sich diese Bestimmung auf die ehemaligen Kronländer Böhmen, Mähren, Schlesien und Krain beschränkte, damit eben auf jene Gebiete, in welchen die neuen Länder Deutschböhmen und Sudetenland entstanden waren, wo die Einschlußgebiete und die sonstigen Sprachinseln lagen bzw. überhaupt Deutsche in Gemeinschaft mit slawischen Völkern siedelten.

G. Nationalstaat statt Nationalitätenstaat

Zur neuen Staatsräson des neuen Staates gehörte es auch, nicht wie Österreich/Cisleithanien Nationalitätenstaat, sondern so wie schon bisher Ungarn und nun auch die neue Tschechoslowakei[175] Nationalstaat zu sein – freilich, von der Bevölkerungsstruktur her besehen, mit wesentlich mehr Berechtigung als diese. Die Bevölkerung des Königreichs Ungarn, noch in seinem ungeschmälerten Bestand, aber ohne Kroatien-Slawonien, bestand nach einer Zählung von 1910 aus etwa 45% Magyaren, 11% Deutschen, 11% Slowaken, 2% Ruthenen, 9% Kroaten, 6% Serben, 15% Rumänen und im Rest aus sonstigen Nationalitäten[176] – die Minderheiten stellten im magyarischen Nationalstaat mehr als die Hälfte der Bevölkerung! Selbst Ungarn in den Grenzen des Friedensvertrages von Trianon wies neben etwa 90 % Magyaren u. a. 7% Deutsche und 1,8% Slowaken auf.[177] Die neue Tschechoslowakei wäre mit rund 64 % Tschechen und Slowaken (etwa 49% Tschechen, 15% Slowaken) sowie mit u. a. 23% Deutschen, 5,5% Ungarn und 3% Ukrainern ein klassischer Nationalitätenstaat gewesen, organisierte sich aber als Nationalstaat der »tschechoslowakischen« Staatsnation mit Minderheiten. Deutschösterreich hingegen war ein klassischer Nationalstaat. In dem von ihm beanspruchten Staatsgebiet lebten neben 93,6% Deutschen 6,4% Nichtdeutsche.[178]

Sogleich die erste Sitzung der Provisorischen Nationalversammlung am 21. Oktober macht Deutschösterreichs Charakter als Nationalstaat[179] überaus deutlich: Da ist einmal die Staatsbezeichnung »Deutsch«-Österreich sowie weiters die durchgängige Berufung auf das »deutsche Volk in Österreich« und sein »Selbstbestimmungsrecht«, auf das »ganze deutsche Siedlungsgebiet«, sodaß ein »nur unserem Volke allein dienendes Gemeinwesen« aufzubauen sei, nämlich der »deutsche Volksstaat« in den Worten des sozialdemokratischen Redners Viktor Adler.[180] Am 30. Oktober war daher gleichfalls vom »deutschen« Staat, von »deutscher Republik« unter Beifall die Rede.[181] Befriedigt[182] zeigten sich nationalliberale Abgeordnete wie Waber davon, daß im neuen Staat die »Verschiedenheiten der Nationen entfallen«, der »Nationalitätenstreit ... von uns gewichen« sein werde. Auch seitens der Christlichsozialen war Erleichterung über das Ende des »Zusammenlebens mit den Völkern im alten Österreich« zu hören, denn es habe, so Stöckler, der »Nationalitätenkampf« die »Volkskraft derart in Anspruch genommen, daß wir daran verbluteten und größtenteils unfähig waren, die wirtschaftlichen Errungenschaften der neuen Zeit entsprechend auszunutzen«. Die Note der Provisorischen Nationalversammlung an Präsident Wilson meldete daher, es habe sich »die deutsche Nation in Österreich« als »selbständiger Nationalstaat« konstituiert, und es wurde dies durch statistisches Material über die deutschen Siedlungsgebiete massiv unterstrichen.[183]

H. Die Selbständigkeit des neuen Staates

Die Begründung Deutschösterreichs erfolgte als souveräner Staat ohne Zugehörigkeit zu einem Staatenbund oder zu einer Realunion wie Österreich-Ungarn oder zu einem Bundesstaat, wie dies das Manifest vom 16. Oktober vorgesehen hatte. Die Einrichtung »mit voller Absichtlichkeit als deutscher Nationalstaat«[184] sagte daher nichts über einen Anschluß an das Deutsche

Reich aus. Ebensowenig läßt sich dieser aus dem Staatsnamen Deutschösterreich folgern, er steht ja nicht sozusagen für Österreich in Deutschland, und so war es weder am 21. Oktober noch am 30. Oktober gemeint.

Freilich – was schon zum 21. und 30. Oktober zu erwähnen war – stand die Idee der Staatsgründung und sodann diese selbst in einem engen Zusammenhang mit Vorstellungen von einer Teilhabe an einem Staatenbund oder gar Bundesstaat. Dies kann aus mehreren Gründen nicht verwundern. Deutschösterreich wuchs aus einem großen Staat heraus, der selbst Bestandteil einer Realunion war, die sich wieder in einem engen Bündnis mit dem Deutschen Reich befand, mit dessen Staaten Deutschösterreich bis 1866 im Deutschen Bund und zuvor im römisch-deutschen Reich vereint gewesen war, und dies sogar als deren Vormacht.

Am Beginn der Bestrebungen »zu einem deutschösterreichischen Staat« betonte die sozialdemokratische Resolution vom 3. Oktober dessen »Beziehungen zu den anderen Nationen Österreichs und zum Deutschen Reiche«[185], freilich noch ohne Gewichtung. Die Sitzung vom 21. Oktober offenbarte sodann eine Palette an Meinungen. Für die Sozialdemokraten eröffnete Viktor Adler zwei Perspektiven: In sozusagen erster Wahl solle sich der neue Staat »mit den Nachbarvölkern zu einem freien Völkerbund vereinen«, also zu einem Staatenbund, jedoch nur, »wenn die Völker dieses wollen«; im Falle ihrer Ablehnung oder bei Zustimmung »nur unter Bedingungen«, die den »wirtschaftlichen und den nationalen Bedürfnissen« Deutschösterreichs »nicht entsprechen«, werde dieses »gezwungen sein, sich als ein Sonderbundesstaat dem Deutschen Reiche anzugliedern«, da es, »auf sich selbst gestellt, kein wirtschaftlich entwicklungsfähiges Gebilde wäre«. Für die Deutschnationalen ließ Steinwender beide Optionen offen, man werde das »Verhältnis zum Deutschen Reich und zu den anderen Nationen in freier Selbstbestimmung ordnen«. Für den Christlichsozialen Schraffl gab es nur eine Gestaltungsform, den »Bundesstaat« mit den »neuen Nationalstaaten in Rücksicht auf die geographische Lage und die geschichtlichen und wirtschaftlichen Zusammenhänge«, so diese derartiges auch wollten. Für die »deutschösterreichische Unabhängigkeitspartei« lehnte Pantz allerdings diese Gestaltung ab und sah »das innigste Verhältnis Deutschösterreichs zum Deutschen Reiche« als zukunftsweisend an, für die Nationalen Sozialisten sprach Knirsch dezidiert vom »deutschen Einheitsstaat«. Für die Deutschfreiheitlichen gab Ofner weder eine Erklärung in dieser oder jener Richtung ab. Die Provisorische Nationalversammlung beschloß schließlich allgemein, die »Beziehungen zu den anderen Nationen durch freie Vereinbarungen mit ihnen zu regeln«[186]. Renners anschließend erarbeiteter Verfassungsentwurf spricht ganz in diesem Sinne von der allgemeinen Möglichkeit eines Beitritts »zu einem Staatenbunde oder Bundesstaate ... nur als voll- und gleichberechtigtes Glied«[187].

Der Staatsgründungsbeschluß enthält keinerlei Aussage, sein Anliegen, »grundlegende Einrichtungen der Staatsgewalt« zu schaffen, schloß dies auch aus. Zwei Tage darauf war im Beschluß »Neugründung in Oesterreich« des sozialdemokratischen Parteitages[188] die Rede konkret davon, daß Deutschösterreich, »auf sich selbst gestellt, kein geschlossenes Gebiet, kein wirtschaftlich lebensfähiges Gebilde« sei und daher entweder ein »Staatenbund« mit den »anderen Nationen« Österreich-Ungarns einzugehen wäre. Falls dies aber unter Bedingungen geschehen könne, »die Deutschösterreich zu wirtschaftlicher Verkümmerung verurteilen und deutschösterreichische Gebiete slawischer Fremdherrschaft unterwerfen würden, dann muß die deutschösterreichische Republik als ein selbständiger Bundesstaat dem deutschen Reiche beitreten«. In seiner großen Rede ließ Otto Bauer keine Zweifel darüber, daß die erste Variante zwar »die einfachste und die schmerzloseste Lösung« sei, doch glaube er »nicht an die Möglichkeit eines freien Verbandes dieser Völker«, da deren Angebote »wahrscheinlich unannehmbar sein werden«, und man daher die zweite Variante ins Auge zu fassen habe, man müsse also »das Recht beanspruchen, den Anschluß dort zu suchen, wo wir ihn finden können, wo wir von Natur aus hin gehören und von wo man uns nur künstlich vor ein paar Jahrzehnten abgetrennt hat, den Anschluß beim Deutschen Reich«: »Beifall« war die Folge. Damit hatte der Staatssekretär für Äußeres zwar die Weichen sehr deutlich gestellt, aber doch die Donauföderation, freilich unter der Bedingung einer für Deutschösterreich annehmbaren Art, zumindest formal als erste Wahl erklärt.

Insgesamt läßt sich für die Gründungsphase feststellen, daß Sozialdemokraten wie Deutschnationale in der Mehrheit die Option einer künftigen Donauföderation oder eines Anschlusses an das Deutsche Reich in gleicher Weise offen hielten, eine Minderheit allein für den Anschluß eintrat, die Christlichsozialen überwiegend auf eine Donauföderation hofften – dies alles mit Ausnahme der Sudetendeutschen, welche eine derartige Föderation strikt ablehnten.[189]

Eine künftige Donauföderation stand freilich in weiter Ferne. Am 18. Oktober hatte Präsident Wilson die österreichisch-ungarische Regierung wissen lassen, daß »der tschechoslowakische Nationalrat eine de facto kriegführende Regierung ist« und auch die »Ansprüche der Jugoslawen nach Freiheit anerkannt« worden seien, sodaß »die volle Unabhängigkeit der beiden Nationen«, das heißt deren souveräne Staatlichkeit, als Bedingung des Waffenstillstands zu gelten habe[190], die Außenminister Andrassy in seiner Antwort vom 27. Oktober so auch anerkannte. Vor allem waren es die sogenannten neuen Nationalstaaten selbst, welche deutliche Zeichen setzten, daß sie keine Gemeinsamkeit mit Deutschösterreich wünschten. Schon der Bundesstaatsplan im Manifest vom 16. Oktober stieß seitens der »slawischen Nationalräte« auf Ablehnung[191], die Ungarn sahen ihn nahezu als Kündigung der Realunion an[192]. Vor allem verhinderten die neuen tschechischen Behörden das Abgehen von Lebensmittel- und Kohlelieferungen nach Deutschösterreich[193]: Nach Otto Bauer hatte schon »nach dem 14. Oktober die tschechische Grenzsperre die Lebensmittelnot in Deutschösterreich furchtbar verschärft«, auch der deutsche Militärattaché bemerkte, die »Tschechen sabotierten die Ernährung der Deutschösterreicher mit allen Mitteln«[194]. Just am 30. Oktober kamen auf den Wiener Bahnhöfen nahezu plötzlich keine Kohletransporte aus den tschechischen Gebieten mehr an, in Bubna wurden – u. a. – Rinder für den Schlachthof zu St. Marx beschlagnahmt.[195] Tschechische Behörden unterbanden aber auch Zufuhren nach Deutschböhmen »ohne Rücksicht darauf, ob die Lebensmittel aus deutschen Gegenden stammen und lediglich durch czechische Gebiete versendet werden oder ob sie aus czechischen Gegenden herrühren«[196]. Daher traute sich das Mitglied des am 21. Oktober eingesetzten Ernährungsausschusses Loewenfeld-Russ um den 30. Oktober »nicht mehr die 1000 Waggons, die uns von Deutschland zugesagt waren, über Böhmen zu disponieren«, er selbst wie auch andere Mitglieder der nach Berlin entsandten Deputation mußten von Dresden nach Wien über München fahren, sodaß sie zur Sitzung der Provisorischen Nationalversammlung am 30. Oktober nicht mehr zurechtkamen[197]! Bereits am 22. Oktober hatte er geschrieben: »Aus Böhmen wird seit einigen Tagen nichts herausgelassen. Von Ungarn trotz aller Versuche nichts zu erhalten.«[198] Die tatsächlich vollständige Abkoppelung Ungarns hatte die Wirkung, daß von dort keine Lebensmittel vor allem in die großen Städte Wien und Graz kamen. »Die Czechen verhalten sich gänzlich ablehnend. Die Straße zum Meer gehört den Südslawen und den Italienern. Die Märkte, von denen wir seit Jahrhunderten die Nahrung bezogen haben, sind geschlossen.« So resümierte die Neue Freie Presse und folgerte, »die Monarchie« sei »in einzelne Volksstaaten aufgelöst, die einen Zusammenhang nicht wollten«[199]. Noch im Dezember 1918 wandten sich Wiens Bürgermeister Weiskirchner und Staatssekretär Otto Bauer um Vermittlung an den Leiter der Kriegsgefangenenhilfe des österreichischen Roten Kreuzes Rudolf Slatin, den ehemaligen britischen General und Funktionär im Sudan, die Alliierten mögen wegen Kohle- und Lebensmittellieferungen auf die tschechoslowakische Regierung einwirken, und bemerkten im Detail, die »Czechen verweigerten die Hilfe in der Nahrungskrise, auch Kohle und sonstige Waren.«[200] Im Gegensatz zur Haltung der Tschechoslowakei und auch Ungarns hatte das Deutsche Reich dem dringenden Bedürfnis Deutschösterreichs nach Lebensmittellieferungen tatkräftig zu entsprechen begonnen.[201] Gleich nach ihrer Konstituierung hatte die Provisorische Nationalversammlung die erwähnte Delegation nach Berlin geschickt, um Lebensmittelzusagen zu erhalten – mit einigem Erfolg.[202] Schon am 30. Oktober konnte anläßlich der Staatsgründung ein entsprechendes Angebot in der Nationalversammlung mitgeteilt werden.[203]

Lebensmittel aus dem selbst hungernden Deutschen Reich statt aus der Tschechoslowakei und aus Ungarn: das deutete Umorientierung an! So forderten denn auch um diese Zeit zahlreiche Demonstrationen und Demonstranten den Anschluß an das Deutsche Reich. Der Anschlußgedanke[204] nahm nach dem 30. Oktober stetig zu, wofür noch weitere Gründe maßgeblich waren. Da war einmal die geographische Konfiguration des deutschösterreichischen Staatsgebietes, das in den Alpen- und Donaukomplex etwa des heutigen Österreich zerfiel, sowie, darauf gleichsam wie auf einen Sockel aufgesetzt, in die halbmondförmige Sichel Deutschböhmens und des Sudetenlandes, wobei diese mit dem Sockel nur in punktueller Verbindung über den Böhmerwaldgau stand, und zwar ganz abgelegen etwa nordöstlich von Regensburg. Diese Sichel stellte sich viel eher als eine Art Fortsetzung des an sie angrenzenden Deutschen Reiches von Bayern bis Oberschlesien in den böhmischen Raum hinein dar als eine solche des Alpen- und Donaukomplexes. Das deutsche Hinterland stärkte der Sichel somit wesentlich mehr den Rücken, als der von ihr nahezu abgetrennte übrige Teil Deutschösterreichs.

Mit der nunmehrigen Selbständigkeit der anderen Nationalitäten Österreich-Ungarns fiel vor allem für dessen deutsches und wohl auch jüdisches Bürgertum die Idee wie Tatsache fort, diese Völker kulturell heranziehen zu müssen, diese Mission war sozusagen erfüllt, die Völker mündig geworden. Ein Kamerad von Lernet-Holenias Fähnrich Menis, Oberleutnant von Anschütz, erklärt dies nächst Belgrad angesichts meuternder slawischer Dragonerregimenter dem »reichsdeutschen« Husarenoffizier Graf Bottenlauben[205]: »Wir, die wir Deutsche sind wie sie, Graf Bottenlauben, haben mit unserem Willen, unserer Ehre, unserem Blut eine Gruppe von Völkern, die unvergleichlich größer ist als wir selbst, um uns vereint. Wir haben ihnen alles gegeben, was wir ihnen geben konnten. Das ist die Pflicht der Deutschen. Wir haben sie mündig gemacht. Nun streben sie wieder von uns fort. Das ist das Recht der Nationen. Als Deutsche haben wir unsere Mission erfüllt«. Und weiters: »Wir sind, in gewissem Sinne, sozusagen ein europäisches Kolonialreich und schon seit einem Jahrhundert nicht mehr ganz unerfahren in dem, dessen wir uns von unseren sogenannten Kolonien zu versehen haben. Ich schätze die Stimmung unter der Mannschaft bestimmt nicht falsch ein. Der Bogen ist bereits überspannt, der Krieg dauert für unsere polnischen und ruthenischen Bauern schon zu lange ... Sie haben nur mehr ihre galizischen Äcker und kleinen Häuser im Sinn. Das Reich bedeutet ihnen nichts mehr.« Lernet-Holenia setzte dichterisch bloß um, was Vorsitzender Waldner gleich nach Eröffnung der Sitzung am 21. Oktober unter anderem festgehalten hatte[206]: »Die Geschichte hat uns zum Gründer des alten Staates Österreich gemacht und wir haben diesem Staate durch die Jahrhunderte in unverbrüchlicher Treue und in selbstloser Aufopferung unser Bestes an Kultur und Wirtschaft hingegeben: Ohne Dank scheiden wir nun aus diesem Staate.« Und so sah sich eben gerade das deutschösterreichische Bürgertum auf Deutschland verwiesen. Mit dessen Hinwendung zur republikanischen Regierungsform am 9. November fiel zudem der historische Gegensatz Habsburger – Hohenzollern fort, vor allem wurde jetzt der Anschluß an die Deutsche Republik auch für die Arbeiterschaft möglich und sogar interessant: Im gemeinsamen Staat, so ging die Hoffnung, erhielte die Arbeiterschaft größere Chancen. Die Sozialdemokraten traten daher, wenngleich aus anderen Gründen, ebenso wie die Großdeutschen für den Anschluß ein.[207]

Unter diesen Eindrücken bestimmte dann, aber eben erst am 12. November, das Gesetz über die Staats- und Regierungsform: »Deutschösterreich ist ein Bestandteil der Deutschen Republik« (Artikel 2). Renner begründete dies im Sinne der bisherigen Alternativen[208]: »Nicht leicht ist es uns geworden, diesen Beschluß zu fassen. Der Staatsrat hat durch Wochen Tag für Tag mit den benachbarten Nationen verhandelt, aber diese unsere Verhandlungen sind leider ergebnislos geblieben.« Von den beiden noch um den 30. Oktober offenen Möglichkeiten hatte man allmählich die Option auf eine Donauföderation fallengelassen. Allerdings stellte, so Renner, der Artikel 2 bloß »ein Bekenntnis«, »einstweilen eine sogenannte lex imperfecta« dar, d. h. in den Worten Kelsens konnte er »nur als der solenne Ausdruck eines Wunsches, einer politischen Forderung der Nationalversammlung angesehen werden«. Zu seiner Rechtswirksamkeit fehlte noch vieles.

Grundsätzlich bedurfte es natürlich einer verbindlichen Willensäußerung des Partners, d. h. der »Deutschen Republik«, entweder in der Form eines völkerrechtlichen Vertrages mit Deutschösterreich oder korrespondierender Gesetze. Im ersteren, dem völkerrechtlichen Wege, war etwa 1815 der Deutsche Bund, im letzteren, dem staatsrechtlichen, 1867 die österreichisch-ungarische Realunion entstanden. Beides aber stand am 12. November aus und auch noch gar nicht bevor. Dazu kam, daß der Anschluß-Artikel viel zu unbestimmt war, um mehr als Programm zu sein. Als Staatszielbestimmung aber bedeutete er einen Auftrag vor allem an die Regierung.

Tatsächlich ging hinsichtlich der Realisierung des Anschlusses an das Deutsche Reich der Staatsrat nach Renner[209] »sofort ans Werk der Durchführung«, und zwar in Berlin durch Anschlußverhandlungen des Staatssekretärs für Äußeres Otto Bauer und die Tätigkeit des deutschösterreichischen Gesandten Ludo Moritz Hartmann, aber auch etwa durch ein geheimes Zusammentreffen Staatskanzler Renners mit dem späteren deutschen Reichskanzler Hermann Müller samt Fachleuten in Passau. Die Verhandlungen zwischen Otto Bauer und dem Reichsaußenminister Brockdorff-Rantzau brachten als handgreifliches Ergebnis am 2. März 1919 ein Protokoll »betreffend den Abschluß eines Staatsvertrages über den Zusammenschluß des Deutschen Reichs und Deutsch-Österreichs«[210]. Die entsprechenden Bestimmungen der Verträge von Versailles und St. Germain unterbanden jedoch einen derartigen »Zusammenschluß«.

IV. Das Ende des »alten« Österreich

A. Die »neue« neben der »alten« Staatsgewalt

Die Staatsgründung vom 30. Oktober schuf zwar einen neuen Staat, beendete aber nicht den existierenden österreichisch/cisleithanischen Staat, auch nicht die österreichisch-ungarische Realunion. So gab es nun im Gebiet Deutschösterreichs zweierlei Staatsgewalten, die bisherige sowie die des neuen Staates.

Die neue Staatsgewalt war im Sinne der Gewaltenteilungslehre und damit analog zur bestehenden begründet worden, als gesetzgebende Gewalt, als hier wie dort sogar identisch benannte »Regierungs- und Vollzugsgewalt« sowie als richterliche Gewalt. Diesem Muster folgte auch die Ablöse der »alten« durch die »neue« Staatsgewalt.

Was die Gesetzgebung betrifft, so übte diese die altösterreichische Staatsgewalt nach dem 30. Oktober nicht mehr aus: Es gab keine Regierungsvorlagen mehr, der Reichsrat setzte keine Gesetzesinitiativen, die letzten Anträge waren am 22. Oktober im Abgeordnetenhaus eingebracht worden. Das letzte »Stück« des Reichsgesetzblattes erschien allerdings noch am 12. November und enthielt eine Verordnung des k. k. Justizministers vom 31. Oktober betreffend die Verfassung von Teilungsplänen durch das Landeskulturamt in Innsbruck sowie eine Kundmachung des k. k. Innenministeriums mit der Richtigstellung von Druckfehlern in einer Verordnung vom 1. August 1918[211]! Das Abgeordnetenhaus trat nach der Staatsgründung nur noch einmal, nämlich am 12. November, zu seiner letzten Sitzung zusammen; das Herrenhaus versammelte sich nach dem 30. Oktober überhaupt nicht mehr. Aber auch die neue Legislative setzte bis zum Ende der bisherigen Staatsgewalt keine Gesetzgebungsakte, denn die Provisorische Nationalversammlung trat erst wieder am 12. November nach der letzten Sitzung des Abgeordnetenhauses zusammen. So unterblieb eine Parallelität oder gar Konkurrenz zwischen neuer und bisheriger Gesetzgebung.

Anders sah es mit den beiden Regierungs- und Vollzugsgewalten aus. Sie wurden nebeneinander tätig, einerseits der Staatsrat und die Staatssekretäre, andererseits der Kaiser mit den k. k., d. h. österreichischen/cisleithanischen, sowie den k. u. k. gemeinsamen Ministern der österreichisch-ungarischen Realunion.

Die Vertreter der neuen, ja sogar schon die der sich in Gründung befindlichen deutschösterreichischen Staatsgewalt sowie jene der altösterreichischen traten alsbald zueinander in Kontakt. Bereits vor der Staatsgründung am 30. Oktober besprachen sich die drei Nationalversammlungspräsidenten Dinghofer, Hauser und Seitz sowie der spätere Staatskanzler Renner mit dem k. u. k. Außenminister Andrassy über den Waffenstillstand und die Ernährungslage Wiens sowie am 30. Oktober knapp vor der Staatsgründung darüber, »die Situation in Wien nicht halten zu können«, »der Umsturz sei unmittelbar bevorstehend«[212]. Tags darauf, am 31. Oktober, machte sich die neue gegenüber der alten Staatsgewalt stärker bemerkbar: »Dinghofer, Hauser, Renner und Seitz sind an der Spitze der Regierung« des deutschösterreichischen Staatsrates, und das k. u. k. Außenministerium verspürt daher: »Automobile und Chauffeure müssen dem deutschösterreichischen Nationalrat zur Verfügung gestellt werden, es wird uns auch kein Benzin mehr gegeben«, sodaß man am Ballhausplatz den Eindruck gewann: »Wir sitzen im Ministerium wie Gefangene, von aller Welt abgeschnitten.«[213] Die neue Regierung machte sich auch räumlich bemerkbar: In den Worten Redlichs habe Staatskanzler Renner am 3. November dem Ministerrat mitteilen lassen, »daß er das Herrenhaus für die deutschösterreichische Regierung beschlagnahmt habe«[214]. Das freilich macht nur Sinn, wenn man unter »Regierung« nicht die Staatsregierung mit ihren Staatssekretären und Unterstaatssekretären versteht, die meist in den Ministerien untergebracht waren und ihre Sitzungen ohnedies im Sitzungssaal des Ministerratspräsidiums in der Herrengasse abhielt.[215] Platzbedarf hatte allerdings der Staatsrat, der als Nationalversammlungsausschuß und Kollegialorgan einen Sitzungssaal benötigte. Nach der Erinnerung von

Staatssekretär Loewenfeld-Russ[216] tagte er im »großen Sitzungssaale der Budgetkommission des Herrenhauses«, ein Ort, dem Redlichs Bemerkung, als Verkürzung verstanden, nahekommt wie übrigens auch eine bildliche Darstellung[217], wonach er im Vorraum zum Herrenhaussitzungssaal, somit im heutigen Sitzungssaal des Bundesrates, getagt haben dürfte (vgl. Abb. 7). Nach Kleinwaechter nahm der Staatsrat aber auch den »Budgetsaal des Abgeordnetenhauses«, also den heutigen Budgetsaal, in Anspruch.[218]

Es entwickelte sich aber weniger ein Gegen-, sondern vielmehr ein Miteinander. Wohl am 31. Oktober stellte sich der neue deutschösterreichische Staatssekretär des Äußeren Viktor Adler dem k. u. k. Außenminister Andrassy vor, die Zusammenarbeit beider Nachfolger, Otto Bauer und von Flotow, verlief allerdings nicht ganz reibungslos.[219] Schon in der ersten Staatsratssitzung nach der Staatsgründung, die am 31. Oktober 1918 ab 19 Uhr im Budgetsaal des Parlamentsgebäudes stattfand, kam es zur Unterbrechung der Sitzung um 4 Uhr nachts, also bereits am 1. November, zwecks Besprechung der neuen Staatssekretäre mit Ministerpräsident Lammasch: Dieser erklärte, er sei ermächtigt, die Geschäfte der k. k. Regierung, soweit sie sich auf deutsches Siedlungsgebiet beziehen, an den deutschösterreichischen Staatsrat zu übergeben, worauf nähere Einzelheiten dieser Übergabe eingehend besprochen wurden[220]. Am 2. November nahmen daher Vertreter des deutschösterreichischen Staatsrates an einer k. k. Ministerratssitzung teil[221]. Am gleichen Tag kam es in Schönbrunn zu einer Besprechung Kaiser Karls mit einer Delegation des Staatsrates, die der Kaiser, wie beispielsweise Seitz berichtet, sogar zweimal um »Zustimmung zum Abschluß eines Waffenstillstandes« ersuchte, was die Delegation aber ablehnte: »Der Faktor, der den Krieg begonnen hat, habe ihn auch zu beenden«[222], was sich mit aus dem Standpunkt der Diskontinuität verstand. Am 3. November nahmen am nachmittägigen Ministerrat die deutschösterreichischen Staatssekretäre für Heerwesen Mayer und für Inneres Mataja, »betreffend Sicherheit des Kaisers« in Schönbrunn »und der kaiserlichen Burg« im Stadtzentrum, teil; umgekehrt sozusagen am 8. November wohnten Außenamts-Leiter von Flotow und am 9. November Ministerpräsident Lammasch Staatsratssitzungen bei.[223]

Es kam also mit der Staatsgründung zu einer überwiegend organischen Parallelität von altösterreichischen Ministern und deutschösterreichischen Staatssekretären. Erstere führten Geschäfte, die sich auf den alten Staat, diese, soweit sie sich auf den neuen bezogen. Im Gebäude des k. k. Finanzministeriums, dem ehemaligen Stadtpalais des Prinzen Eugen, saßen daher im selben Stockwerk der letzte österreichisch/cisleithanische Finanzminister Josef Redlich sowie der neue deutschösterreichische Staatssekretär für Finanzen Otto Steinwender.[224] Adolf Julius Merkl, der spätere berühmte Rechtslehrer, der seit April 1918 im k. k. Ministerratspräsidium tätig war, wurde am 2. November von hier im Auftrag des Ministerpräsidenten Lammasch dem deutschösterreichischen Staatskanzler Renner dienstzugeteilt.[225] Allerdings beobachtete man trotz derartiger Beziehungen den Grundsatz der Diskontinuität: Ihretwegen lehnte es Finanzminister Redlich ab, seine Amtsgeschäfte dem deutschösterreichischen Staatssekretär für Finanzen Steinwender zu übergeben.[226]

Hinsichtlich der richterlichen Gewalt stellte sich der Übergang am wenigsten auffallend dar. Dies lag gewiß einmal an der materiellen Kontinuität, d. h. daran, daß die einfachgesetzliche Rechtsordnung am 30. Oktober vorbehaltlos übernommen wurde, in der Sache also ungebrochen fortdauerte: Vom erstinstanzlichen Bezirksgericht bis zum Obersten Gerichtshof wurden weiterhin das Allgemeine Bürgerliche Gesetzbuch 1811 und das Strafgesetz 1852 gemäß der Zivilprozeßordnung 1895 bzw. der Strafprozeßordnung 1873 angewendet. Auch für den neuen deutschösterreichischen Verwaltungsgerichtshof waren dieselben Verwaltungsvorschriften wie für den k. k. Verwaltungsgerichtshof maßgebend, für den neuen deutschösterreichischen Verfassungsgerichtshof hingegen auch neue Verfassungsbestimmungen, aber »Wirkungskreis« und »Organisation« beider Gerichtshöfe bestimmten sich überwiegend nach rezipierten Gesetzen der Jahre 1867 bis 1882.[227] Da nach dem Staatsgründungsbeschluß der Staatsrat in der Sache und ab 12. November ausdrücklich die Rechte des Kaisers übernahm, hätten Urteile nach zeitgenössischer Ansicht anstelle bisher im Namen des Kaisers nun im Namen des Staatsrates ergehen sollen.[228] Tatsächlich ergingen aber nach dem 30. Oktober Urteile noch »Im Namen seiner Majestät«[229]. Das Grundgesetz über die richterliche Gewalt vom 22. November 1918 entschied aber, daß Urteile und Erkenntnisse »im Namen der Deutschösterreichischen Republik« zu verkünden und auszufertigen seien.[230] Doch gab es eine Phase der Ungewißheit. So hatte der Präsident des Verwaltungsgerichtshofes am 18. November entschieden, es habe die Einleitung »Im Namen Seiner Majestät des Kaisers« zu unterbleiben, ordnete aber keinen »Ersatz« an[231].

B. Unausgerufene Republik mit Kaiser

Während die politischen Parteien »eine Republik gründeten, die bis auf Widerruf durch die Siegermächte Deutsch-Österreich hieß und in der sie Hofkanzleien, Adel und Ordenszeichen abschafften«, fuhr »der Kaiser einstweilen fort, im Wege seiner Hofkanzlei Ordens- und Adelsverleihungen wie bisher zu verfügen und anzuordnen«: So beschreibt der Schriftsteller-Jurist Albert Drach[232] die Situation. Der Kaiser residierte, wie eingangs erwähnt, seit seiner Rückkehr aus Ungarn am 27. Oktober ausschließlich in Schönbrunn, mit einer Ausnahme: der Angelobung der Regierung Lammasch am 28. Oktober. Dazu kam der Kaiser von Schönbrunn in die Hofburg[233]: »Er fuhr im offenen Automobil durch die Mariahilfer Straße, vollkommen unbehelligt. Er stieg im inneren Burghof ab, wo ihm die Menge eine Ovation darbrachte. Das mährische Infanterieregiment Nummer Neunundneunzig marschierte, wie täglich, mit klingendem Spiele in guter Ordnung ein und bezog unter den traditionellen militärischen Formalitäten die Burgwache. Die Fahne wurde übergeben, und die Kapelle spielte das ›Gott erhalte‹«. Sodann die »Beeidigung: stolzer Glanz der Alexander-Appartements, die beiden Leibgarden fungieren. Die Beeidigung wurde zuerst kollektiv vorgenommen, dann jeder einzeln in Privataudienz vom Kaiser empfangen, ... der schlecht aussieht, bleich, kleines Gesicht. Er sprach über alles mögliche, streifte die Finanzen nur, über deren Hoffnungslosigkeit er sogar zu lächeln sich anschickte.« Der Aufenthalt des Kaisers im zentrumsfernen Schönbrunn verursachte übrigens das »Gerücht von einer Abreise des Kaisers«, das beispielsweise unter der Überschrift »Der Kaiser in Wien« das »Neue Wiener Abendblatt« am 31. Oktober sogleich am Titelblatt dementierte. Im peripheren Schönbrunn bot sich am 30. Oktober nahezu das übliche Bild[234]: »Das Flügeladjutantenzimmer war voll Menschen. Minister, Generale, Offiziere, Beamte des Hofstaates. Unverdrossen und treu versahen die Flügeladjutanten ihren Dienst. In ihrem Raume vernahm man doch noch den Pulsschlag des Kaiserstaates. Ihr Telephon war am Ende die einzige Maschine, die noch gehorchte.« Die Bewachung Schönbrunns oblag ab Anfang November Zöglingen der Militärakademie in Wiener Neustadt und der Landwehrakademie in Wien. Am 1. November zogen weiters dem Kaiser ergebene Männer nach Schönbrunn wie etwa sein jüngerer Bruder Erzherzog Max, die Brüder der Kaiserin Felix und René, Graf Hunyadi, am 2. November folgte der Sekretär des Kaisers Baron Werkmann.[235] In der Stadt hingegen trug die Staatsgründung vorerst kaum zur Entspannung bei. »In den Straßen klirren einige Fensterscheiben. Die Polizei geht an die Arbeit, reitet Attacken und verhaftet. Bald ist wieder Ruhe ... Abends wird die Lage kritisch. Plötzlich sind zweitausend Mann wildester Mob vor der Roßauerkaserne, in der sich der Garnisonsarrest befindet, und stürmen. Schon ist das Tor der Kaserne eingedrückt, als es der Wache gelingt, die Leute abzudrängen und zu zerstreuen«, und zwar mit Gewalt: »Den Säbel gezogen, bahnten sich die Polizisten den Weg zu den Toren. Dann eine Attacke auf die Menge. Einige Schüsse knatterten. – Der Platz war geräumt. – Die Masse flutete auf die Ringstraße, am Polizeidirektionsgebäude vorbei – das war von vielen Wachen umringt.«[236] Als wohl etwas später an diesem 30. Oktober der k. u. k. Kriegsminister mit seiner Begleitung vom letzten Gemeinsamen Ministerrat am Ballhausplatz in das Kriegsministerium zurückfuhr[237], nahm er nicht den üblichen Weg über die Ringstraße, sondern wich über den Kai aus. Vor dem Ministeriumsgebäude hielt ein Haufen Demonstranten dennoch den Wagen an, zersplitterte die Autofenster, riß den Offizieren die Kappen vom Kopf und von diesen die kaiserliche Kokarde herunter, wobei der Kriegsminister leicht verletzt wurde. Das war kein Einzelfall: »Um circa ½ 7 Uhr abends wurden von einer Gruppe vom Landhause kommender Demonstranten 10 Spiegelscheiben des Kaffeehauses des Anton Krebs zertrümmert. Die Sicherheitswache schritt ein und zerstreute die Demonstranten … Im Laufe des Abends wurden zwei von den Demonstranten, die … Waren aus dem Geschäfte der Firma Pummer & Köck entwendet hatten, zwei andere Personen wegen polizeiwidrigen Verhaltens angehalten. Die Amtshandlung gegen dieselben wurde eingeleitet. Die Demonstranten schlugen ferner eine Auslagescheibe der Galanteriewarenhandlung Gustav Wondrak … ein und entwendeten aus der Auslage einige Waren von geringem Werte. Auch hier schritt die Wache ein und zerstreute die Angesammelten. Um circa 9 Uhr wurde von einer Gruppe von Demonstranten der oberhalb des Einganges des Hotel Imperial angebrachte Adler abgenommen, bevor die Wache dies verhindern konnte. Um circa ¾ 10 Uhr nachts drangen etwa 50 Jugendliche durch einen Wartesaal des Nordbahnhofes auf den Perron, entfernten von der Kappe eines dort stehenden Offiziers das Emblem, rissen zwei offenbar tschechischen Offizieren, die mit rot-weißem Abzeichen geschmückten Kappen vom Kopfe und entfernten sich hierauf schleunigst, bevor die Wache einschreiten konnte. Hiebei versetzte eine unter den Demonstranten befindliche Frauenperson einem Beamten, der die Ruhe herstellen wollte, einen Schlag ins Gesicht und biß ihn in die Hand.«[238] Redlich resümierte, es sei am 30. Oktober »zum Teil sehr arg in der Inneren Stadt gehaust worden«[239]. Auch tags darauf gab es »Demonstrationen und Unruhen in der Stadt« und sogar das Gerücht: »Die rote Garde hißte auf dem Parlament die rote Fahne der Revolution.«[240]

Anderswo wieder gab sich die Situation am 30. Oktober normal, um »circa 11 Uhr nachts war die Ruhe überall vollständig hergestellt«, berichtete Wiens Polizeipräsident Dr. Schober.[241] Glaise-Horstenau fuhr am Abend des 30. Oktober unbehelligt mit seinem Dienstwagen nach Baden und von hier tags darauf in das Parlamentsgebäude in Wien.[242] Auch war es wie schon am

29. Oktober auch am 31. Oktober möglich, durch die von Menschen volle Mariahilferstraße mit dem Auto nach Schönbrunn zu gelangen, am 31. Oktober sogar »mit dem Dienstwimpel des Außenministeriums« am Wagen, in der Nacht zum 1. November war es in der Innenstadt »leer und still«[243]. Auch Warnungen von besonderer Gefahr vom 2. auf den 3. November erwiesen sich letztlich als unberechtigt.[244] Außenminister Andrassys Chauffeur fuhr allerdings am 31. Oktober abends von Schönbrunn zurück nach Wien lieber nicht wie am Nachmittag durch die Mariahilferstraße, denn hier »wogten Menschenmassen auf und ab, meist Arbeiter, viele Frauen«, sondern »auf Umwegen durch weniger belebte Straßen«[245]. Der als Nachfolger Andrassys ab dem 31. Oktober mit der Leitung des Außenministeriums betraute Freiherr von Flotow fuhr an jedem der nächsten Tage unbehelligt zum Vortrag nach Schloß Schönbrunn.[246] Dieses lag völlig im Windschatten der Ereignisse: »In der Nähe von Schönbrunn ist kein Demonstrant zu sehen gewesen, weder einer gegen, noch einer für den Kaiser.«[247]

Unrichtig ist allerdings das euphorisch-monarchische Bild von Ludwig Windischgraetz[248], wonach Kaiser Karl am Vormittag des 30. Oktober unbehelligt von Schönbrunn über die Mariahilferstraße in die Hofburg gekommen sei, wo es Wachablöse und Kaiserhymne gab: Mit hoher Wahrscheinlichkeit beschreibt er damit wohl den einzigen Aufenthalt Kaiser Karls in der Hofburg am 28. Oktober.[249] Am 30. Oktober jedenfalls hatte der Kaiser Schönbrunn nicht verlassen, vielmehr hatte er, dies auch nach einem anderen Bericht von Windischgraetz[250] (!), sich am Vormittag mit ungarischen Fragen beschäftigt und jene Delegation bestimmt, mit der Windischgraetz tags darauf nach Bern aufbrechen sollte, nachmittags eine Soldatenabordnung empfangen und abends beispielsweise mit Windischgraetz im Außenamt telefoniert – und dies alles in Schönbrunn! Schwarzgelb und gar Kaiserhymne wären selbst im Inneren Burghof wegen der unmittelbaren Nachbarschaft zu Parlament und Herrengasse am 30. Oktober unmöglich gewesen. Erweist sich auch dieses Gerücht als unzutreffend, so war Ähnliches doch anderswo möglich: Am 4. November wurde traditionellerweise aus Anlaß des Namenstages des Kaisers in den Kirchen Wiens eine Kaisermesse gehalten, vor allem im Stephansdom vom Wiener Erzbischof Kardinal Piffl in Anwesenheit aller Minister und hoher staatlicher Funktionäre ein feierliches Hochamt zelebriert, diesmal freilich in Abwesenheit des Kaisers, das trotz gedrückter Stimmung mit laut gesungener Kaiserhymne schloß.[251]

Das Nebeneinander von neuer und alter, das heißt von eben erst begründeter und seit langem etablierter Staatsgewalt brachte es vor allem auch mit sich, daß das Neue noch nicht so richtig und voll ins Bewußtsein trat, da das Alte entweder irritierte oder zu Hoffnungen Anlaß gab[252]. »Auf Grundlage des Manifestes vom 16. Oktober haben sich eine Reihe von mehr oder minder unabhängigen Nationalregierungen gebildet, welche sowohl mit der gemeinsamen als auch mit der österreichischen, resp. ungarischen Regierung einen provisorischen modus vivendi hergestellt haben. Wir befinden uns in einem von inneren Widersprüchen nicht freien Übergangsstadium, während welchem die bisherigen Staatsformen zu liquidieren und die neuen zu bilden sein werden»: So depeschierte das k. u. k. Außenministerium am 4. November noch über »Nationalregierungen« wie alte und neue »Staatsformen«, aber am 8. und 9. November war die Sprache der Telegramme bereits eine andere, nun waren es »Staatenbildungen«, »neugebildete Staaten«: »Hiesige Auffassung geht dahin, daß diese Staatenbildungen von uns anerkannt werden müssen, daß damit jedoch Fortbestand der österreichisch-ungarischen Monarchie als international anerkanntes Rechtssubjekt zunächst nicht berührt ist … Was Vertretung der Interessen der einzelnen neugebildeten Staaten anbelangt, so werden Euer ./. diesfalls spezielle Weisungen zugehen!« Vielfach konnte es für noch nicht entschieden angesehen werden, ob sich das Neue oder das Alte oder eine Mischung von beidem durchsetzen werde. So erklärt es sich auch, daß die Neugründung nicht stets als solche empfunden, weiters, daß mit ihr nicht sogleich das republikanische Prinzip als verwirklicht angesehen wurde, zumal dann, wenn der Standpunkt der Diskontinuität, eben der Neugründung, nicht restlos ins Bewußtsein trat. Für Sektionschef Windischgraetz beispielsweise war das Abgeordnetenhaus zu »einem kleinösterreichischen Rumpfparlament geworden, welches im Landtagsgebäude tagte«, zu einem »in der Herrengasse tagenden deutschösterreichischen Rumpfparlament«[253], also zu einem verkleinerten, aber fortdauernden Abgeordnetenhaus. Vor diesem Hintergrund verstehen sich auch jene Gesetzesformulierungen, welche Kontinuität auszudrücken scheinen[254] wie die Meinung, hinsichtlich einer monarchischen oder republikanischen Regierungsform sei noch keine Entscheidung gefallen. Daraus resultierte wohl auch die zwischen Nationalversammlungspräsidenten Dinghofer und Erzherzog Eugen, einem Cousin zweiten Grades Kaiser Franz Josephs, in der Erinnerung des ersteren »knapp vor dem 10. November 1918« erwogene Idee, diesen als Reichsverweser einzusetzen, ihn also an die Stelle des Kaisers treten zu lassen, um – worüber auch immer – »die definitive Entscheidung hinaus(zu)schieben, bis wieder ruhigere Zeiten gekommen seien«[255].

So sehr Deutschösterreich rechtlich – ebenso wie die Tschechoslowakei – zum österreichisch/cisleithanischen Staat und zur österreichisch-ungarischen Realunion im Verhältnis der Diskontinuität stand und daher in der Verfassungsfrage autonom war, belastete sie innenpolitisch – anders als die Tschechoslowakei – die Anwesenheit und das Amtieren der Organe dieses sogenannten »alten« Österreich. In Wien waren noch immer der Kaiser und seine beiden Regierungen tätig: der k. k. Ministerrat für Österreich/Cisleithanien wie der k. u. k. Ministerrat für die österreichisch-ungarische Realunion. Zufolge der Diskontinuität hatten freilich alle verfassungsrechtlichen Schritte dieser Organe für die neuen Staaten Tschechoslowakei wie Deutschösterreich ebenso keine verfassungsrelevante Bedeutung wie etwa Maßnahmen Ungarns oder Deutschlands. Politisch allerdings mußte man sich mit den Repräsentanten der alten Ordnung auseinandersetzen, dies gerade in Deutschösterreich, da sich eben der Kaiser, seine Regierungen und das bisherige Parlament hier in Wien befanden.

Den Zustand der Parallelität von Kaiser samt Hofstaat in Schönbrunn und Staatsrat in Wien, von k. u. k. sowie k. k. Ministern und Staatssekretären oft im gleichen Amtsgebäude, kurzum von alter und neuer Staatsgewalt hielten nicht nur deren Vertreter wie etwa Otto Bauer für »unhaltbar« und nach der Ausrufung der Republik in Berlin am 9. November sogar für »unerträglich«[256]. Die damit verbundenen Ungewißheiten und schwebenden Komplikationen drängten naturgemäß zu einer Entscheidung, die in der nun einmal gegebenen Situation in der Beendigung der bisherigen Staatsgewalt bestehen mußte.

C. Das Ende der Staatsgewalt des »alten« Österreich

1. Das Ende der Realunion mit Ungarn

Der Konstruktion Österreich-Ungarns wegen sind verfassungsrechtlich zwei Schritte zu betrachten: Das Ende der österreichisch-ungarischen Monarchie als Realunion sowie das Ende des österreichisch/cisleithanischen Staates. In der politischen Realität vermengten sich beide Entwicklungen. Sie aber dennoch auseinanderzuhalten, ist mit in dem Umstand begründet, daß auf das Ende der Realunion sehr wesentlich der andere Partner einwirkte, nämlich Ungarn, während dieses auf das Ende des österreichisch/cisleithanischen Staates keinen Einfluß nahm, darauf freilich der junge deutschösterreichische Staat.

Ein böser Witz kursierte in ungarischen Kreisen mit der Frage, »wer dem König von Ungarn den Hintern putze, wenn er aufs Häusel gehe: Natürlich der Kaiser von Österreich.«[257] Nicht viel drastischer ließ sich wohl die Kritik am gemeinsamen Monarchen popularisieren, und tatsächlich kam noch vor dem Zerfall des österreichisch/cisleithanischen Staates das Ende der Realunion.[258] Hiebei spielte das Manifest vom 17. Oktober eine nicht unwesentliche und auslösende Rolle. Es »wirkte auf uns wie eine Bombenexplosion. Tausende Fragen drängten sich mir auf. Wie war es möglich, während des Krieges mit allen durch das Manifest aufgeworfenen Fragen ins reine zu kommen? Wie konnten die Landesgrenzen, die Verfassung und das Verhältnis des Staatenbundes zu Ungarn und Kroatien friedlich festgesetzt werden? Würde die Neugestaltung nicht zu einem Kampfe aller gegen alle werden? Im Kriege hatten den Löwenanteil an dem Kampfe die

Deutschen Österreichs und die Ungarn gehabt. Wie konnte Hoffnung bestehen, die Kampffähigkeit bis zum Friedensschlusse aufrechtzuerhalten, wenn gerade diejenigen Elemente, die den Krieg führen, innerhalb der Monarchie plötzlich vor der Gefahr einer Majorisierung stehen werden?« – dies war die Reaktion von Julius Graf Andrassy, der bald darauf Österreich-Ungarns letzter Außenminister werden sollte, aber auch Außenstehende wie der deutsche Militärattaché General von Cramon empfanden ähnlich.[259] Mit der Umwandlung Österreich/Cisleithaniens wäre Ungarn nicht mehr in Realunion mit einem Einheitsstaat verbunden gewesen, sondern mit einem aus mehreren solchen bestehenden Bundesstaat, mit einem lockeren Verband also, was tatsächlich so wohl nicht zum Wesen der Zwei-Staaten-Monarchie gehören konnte. Ungarn zog sich daher, nicht unverständlich, nun auf eine selbständigere Position zurück: die der bloßen Personalunion. Diese Sicht konnte offenbar auch Kaiser Karl verstehen: Wenn er Österreich/Cisleithanien eine lockere föderalistische Struktur zu geben beabsichtigte, so war auch das Verhältnis zu Ungarn zu lockern, die festere Real- in eine nur lose Personalunion zu verwandeln. So endete die Realunion auf die Weise, daß – in einem tagelangen Prozeß – ihre Kündigung durch Ungarn vom gemeinsamen Monarchen akzeptierte wurde.

Am 16. Oktober stellte sich der ungarische Ministerpräsident Wekerle im Budapester Abgeordnetenhaus auf den Standpunkt der reinen Personalunion, erhielt dazu die Zustimmung des in Budapest weilenden König-Kaisers Karl und brachte dieses »neue Verhältnis« auch am 21. Oktober im Gemeinsamen Ministerrat zur Sprache. »Ungarn kündigt seine Unabhängigkeit an« titelte dazu tags darauf in Wien die Illustrierte Kronen-Zeitung. Am 24. Oktober trat Wekerles Kabinett allerdings zurück, verblieb aber als geschäftsführende Regierung im Amt. Während dieser Entwicklung war sich Ungarn voll der militärischen Niederlage bewußt geworden. In der ersten öffentlichen Sitzung der Herbstsession des ungarischen Abgeordnetenhauses am 18. Oktober erklärte der frühere Ministerpräsident Stefan Graf Tisza: »Wir sind geschlagen«, was ungeheuren Eindruck machte: »Eigentlich von diesem Augenblick an war Ungarn ein Trümmerhaufen. Es entstand furchtbare Erregung«, erinnerte sich Windischgraetz, und Andrassy reagierte mit: »Ich war entsetzt.«[260] Rettung erhoffte sich Ungarn nun von der Herstellung seiner vollen Selbständigkeit durch Separation von Österreich/Cisleithanien. Die wenigen ungarischen Politiker, die sich in der Umgebung des König-Kaisers für die Aufrechterhaltung der Realunion einsetzten, taten dies deshalb, weil für sie nur in diesem Rahmen Ungarn Großmachtpolitik betreiben konnte, vor allem eine entsprechende Außenpolitik, und zwar durchaus in Dominanz von Österreich/Cisleithanien. Windischgraetz meinte beispielsweise zum Umstand, daß Ungarn im Herbst 1918 mit seinen Lebensmittelvorräten »Österreich bis an das Ende des Wirtschaftsjahres 1919 vollkommen zu versorgen« in der Lage sei, dies »allein gab uns die Suprematie innerhalb der Monarchie«[261]. Darüber ging die Entwicklung in Budapest hinweg, denn, so prägnant Andrassy: »Die Idee der Trennung war jedoch unleugbar volkstümlich.«[262] Aber auch für die konservativen Ungarn war der Dualismus letztendlich vorbei, eben auch für Andrassy: »Ich suchte nach einer Lösung, die der Welt klarmachen würde, daß auch wir nicht zum Dualismus zurückkehren wollen, daß auch wir das unabhängige Ungarn beanspruchen, und daß die bestehenden gesetzlichen Bande und die gemeinsamen Organe nur so lange in Geltung bleiben werden, bis der Friede die Grenze festgesetzt und bestimmt habe, welche Staaten und Länder beieinander bleiben.«

Am Tag[263] nach dem Rücktritt von Ministerpräsident Wekerle, also am 25. Oktober, bildete sich in Budapest ein ungarischer Nationalrat unter Michael Graf Károlyi, der bereits unter Aufgabe selbst der Personalunion mit Österreich/Cisleithanien für die volle Selbständigkeit Ungarns eintrat. In der Nacht vom 26. auf den 27. Oktober ernannte König-Kaiser Karl während der Bahnfahrt von Budapest nach Wien seinen Verwandten aus der ungarischen Linie des Hauses Habsburg Erzherzog Joseph statt seiner zum Oberbefehlshaber der – sich bereits formierenden – eigenen ungarischen Armee sowie zum »homo regius«, zu einer Art von mehrfach Spezialbevollmächtigten für Ungarn, und zwar besonders auch für Regierungsbildungen. Der vom König-Kaiser im

Zug mitgenommene Károlyi ging leer aus. Bei der gemeinsamen Rückkehr des »homo regius« mit Károlyi in Budapest noch am 27. Oktober schlug sogleich am Bahnhof allein jenem eine – vermutlich von diesem telegraphisch noch aus Wien verordnete – Feindseligkeit entgegen. »Los von Österreich« und »Los von Habsburg« war mittlerweile die vorherrschende Devise. Am 28. Oktober verkündete Erzherzog Joseph in einem Aufruf, »unser gekrönter König« habe ihn betraut, Maßnahmen zu treffen, welche »die volle Selbständigkeit unseres Vaterlandes nicht nur sichern, sondern auch ins Leben rufen sollen«. Die tatsächliche Macht ging aber nun rasch von der geschäftsführenden Regierung Wekerle auf den Nationalrat über, am 29. Oktober setzte dieser einen Vollzugsausschuß ein, auch »Nationalregierung« genannt, also eine Gegenregierung, woraus sich mit versteht, daß eine Regierungsbildung des König-Kaisers im Einvernehmen mit dem Nationalausschuß fehlschlagen mußte. Sowohl Truppen des gemeinsamen Heeres wie der Honved und auch die ungarischen Staatsbahnen unterstellten sich der »Nationalregierung«.

Der 30. Oktober: Die Ablösung der alten Macht durch die neue steht vor ihrem Kulminationspunkt. Der König-Kaiser setzte nochmals allein einen Ministerpräsidenten ein: Graf Hadik als Nachfolger Wekerles. Sein Programm einer vollständigen Selbständigkeit Ungarns mit einer Teilung der gemeinsamen Armee bedeutete jedenfalls Auflösung der Realunion, die Erhebung des Erzherzogs Joseph vom bloßen Spezialbeauftragten des König-Kaisers zum permanent-verfassungsmäßigen Palatin, zum eigenberechtigten Vizekönig also, die Reduzierung der Gemeinsamkeit auf eine lediglich formelle Personalunion bei personeller Teilung zufolge der Stellvertreterlösung! Selbst damit also hätte sich der König-Kaiser bereits abgefunden! Allerdings wollte Hadik den Krieg unter einem gemeinsamen Kriegsrat fortsetzen. Darüber aber schritt mit zunehmender Machtfülle des Nationalrates die Entwicklung hinweg. Der Nationalrat, obwohl darum gebeten, schlug jede Zusammenarbeit ab. Am Nachmittag des 30. Oktober hatte sich das Militär weitestgehend des Doppeladlers als Symbol des gemeinsamen Heeres entledigt, die Einheiten unterstellten sich dem Nationalrat. Die »Asternrevolution« war im vollen Gang, der nach der Astern-Blume der Aufständischen benannte Umsturz in Budapest mit dem Ziel der Aufgabe auch der Personalunion. Immer mehr Einheiten unterstellen sich der Nationalregierung, immer mehr die Beamtenschaft der Staatsverwaltung, auch die Zivilverwaltung Budapests. Da in den ersten Stunden des 31. Oktober der König-Kaiser aus Schönbrunn die Erteilung eines Schießbefehles gegen die Aufständischen verweigerte, war ihr Erfolg besiegelt. Konsequent ernannte am 31. Oktober König-Kaiser Karl telefonisch von Schönbrunn aus den Vorsitzenden des Nationalrates Michael Graf Károlyi zum neuen Ministerpräsidenten, also einen Mann, der nicht einmal mehr eine bloße Personalunion befürwortete: Damit hatte sich der gemeinsame Monarch gleichfalls für die volle Selbständigkeit Ungarns entschieden. Der letzte Damm brach: Plünderungen und Ausschreitungen mit 20 Toten und hunderten Verletzten waren die Folge, am Nachmittag wurde Tisza ermordet. Als an diesem 31. Oktober der Flottenkommandant die k. u. k. Flotte dem Nationalrat in Agram/Zagreb übertrug[264], sprach er bezeichnenderweise von der »bisher bestandenen Österreichisch-Ungarischen Monarchie« – es war dies eben ein Ungar, der spätere Reichsverweser Ungarns Konteradmiral Nikolaus Horthy!

»Ungarn hat seine völlige Unabhängigkeit proklamiert, das Band mit Österreich ist zerschnitten«, das war in Wien bereits am 30. Oktober klar[265], und zwar auch der Provisorischen Nationalversammlung: Die Ungarn hätten beschlossen, »sich von uns zu trennen, sie beschließen die Personalunion«. Das nahm man nicht nur gelassen hin, denn: »Lebhafter Beifall und Heiterkeit« begleitete die Schlußfolgerung Ellenbogens: »...was die Personalunion betrifft, so reißen wir uns weder um die Union noch um das Personal.« Er schloß aus der Zustimmung des Monarchen zur Personalunion, die »Dynastie« wolle damit nur »einen möglichst günstigen Pardon für das Anzünden des Weltkrieges ... bekommen«, die Ungarn suchten, gerade auch mit dem Sonderfriedensangebot Andrassys, »möglichst viel Integrität Ungarns« zu bewahren. Pantz formulierte die allgemeine Ansicht, daß »sich ja

Ungarn bereits von Österreich abgetrennt und dazu die Zustimmung der Krone gefunden hat«.

Zahlreiche Ereignisse zeigen nun, wie das gemeinsame Band zerriß. So trat beispielsweise Károlyi dafür ein, es solle der k. u.k. Außenminister Andrassy weiterhin Außenminister bleiben, aber nicht mehr gemeinsamer k. u. k. Minister der Realunion, sondern allein Minister Ungarns; dieser wieder stand zwar auf dem gegenteiligen Standpunkt der Fortdauer des gemeinsamen Ministeramtes, aber am 30. Oktober doch nur unter der Bedingung ungarischer Zustimmung[266], die es aber nicht mehr gab. An diesem 30. Oktober tagte in Wien der eingangs beschriebene Gemeinsame Ministerrat[267] freilich ohne ungarische Minister und ohne Verbindung nach Budapest, wobei es nun fraglich war, ob die k. u. k. Minister wegen der Kündigung der Realunion seitens Ungarns überhaupt noch auch ungarische und nicht nur lediglich österreichisch/cisleithanische, somit keine gemeinsamen Minister mehr waren. Diese Sitzung wurde übrigens nicht protokolliert, sodaß offiziell die vom 22. Oktober als letzte Sitzung des Gemeinsamen Ministerrats angesehen werden kann, was auch Zeitgenossen so empfanden.[268] Nach dem Ende der Realunion traten jedenfalls die gemeinsamen Minister zurück, Außenminister Andrassy am 2. November, am Tage darauf Finanzminister Spitzmüller, für Kriegsminister Stöger-Steiner kann ein exaktes Rücktrittsdatum nicht festgemacht werden, Bardolff berichtet, der deutschösterreichische Staatssekretär für Heerwesen Julius Deutsch habe ihn nach langem Drängen wohl am 9. November »zur Demission veranlaßt«[269].

Im Sinne der Beendigung der Realunion negierte Károlyi auch den k. u. k. Kriegsminister: Sämtliche ungarischen Einheiten der k. u. k. Armee unterstünden nun nicht mehr ihm, dem – ehemals – gemeinsamen Minister, sondern allein dem ungarischen Kriegsminister, dem Honvedminister, überhaupt bestimme über alle Ungarn betreffenden Angelegenheiten nur mehr die ungarische Regierung.[270] Das Ende der österreichisch-ungarischen Realunion manifestiert sich in besonders eindrücklicher wie ehedem folgenschwerer Weise im Bereich der bislang gemeinsamen Armee. Schon nach der verlorenen Piaveschlacht im Juni 1918 empfanden die Ungarn die gemeinsame Armee, zumal unter der Führung österreichisch/cisleithanischer Generäle, als Übel.[271] Am 1. November ordnete der ungarische Kriegsminister »Waffenstreckung«, »Abrüstung« und »Rückinstradierung« an, was das gemeinsame Armeeoberkommando in Baden bei Wien am 2. November »durchzuführen« befahl[272]: Die ungarischen Einheiten waren aus der gemeinsamen Armee ausgegliedert, diese auf die österreichisch-cisleithanischen Truppen reduziert und damit praktisch zerfallen. Dieser Prozeß der Teilung der gemeinsamen Armee führte letztlich zum eigenen ungarischen Waffenstillstand mit der Entente zu Belgrad, der nach Verhandlungen ab dem 7. November hier am 13. November unterzeichnet wurde.[273]

Gleich nach dem Budapester 30. Oktober trug zu der Auflösung der – monarchisch fundierten – Realunion noch ein Umstand bei: die Forderung nach der republikanischen Regierungsform. Schon am 1. November erklärte der Nationalrat die Regierungsform zur offenen Frage, sogleich drängte die Regierung Károlyi König-Kaiser Karl zum Thronverzicht. In Schönbrunn herrschte nahezu Panik, Außenminister Andrassys Rat war hier gefragt[274]: »Es bleibt für mich eine traurige und unvergeßliche Erinnerung, als ich in jener Nacht von Sr. Majestät aufs dringlichste nach Schönbrunn berufen, lange Zeit kein Fuhrwerk zu erhalten vermochte und verspätet in dem kaiserlichen Lustschlosse eintraf ... Als ich im Schloß anlangte, mahnte mich das Personal zur Eile. Ich stürzte hinauf. Durch offene Türen gelangte ich in das Arbeitskabinett Sr. Majestät. Der Herrscher stand am Telefon und reichte mir die Hörmuschel. Die Pester Regierung forderte ihn auf, abzudanken, wenn nicht, würde es zum Blutvergießen kommen, würde er davongejagt und ermordet werden, sowohl er, der König, als der Erzherzog Joseph und die Minister. Se. Majestät wollte, sehr richtig, nichts von einer Abdankung wissen.« Denn: »Ich soll abdanken, für mich und meine Nachkommen auf den ungarischen Thron verzichten. Ich habe gar nicht das Recht abzudanken« – so will es Andrassys Begleiter Sektionschef Windischgraetz gehört haben. Daraufhin, so Andrassy, »drängte die Pester Regierung, man möge sie ihres Schwures entbinden. Das Spiel war vorderhand verloren« – der

König-Kaiser entband die Regierung des ihm geleisteten Eides. Sie war damit eigentlich nicht mehr dem Monarchen verantwortlich, sondern durch ihren Ministerpräsidenten Károlyi, den Vorsitzenden des Nationalrats, diesem Gremium. Mit der Entbindung der Regierung Károlyi vom Eid auf den Monarchen war übrigens für Otto Bauer Ungarn »tatsächlich schon Republik«.[275] An die Stelle des Treueides auf den König-Kaiser trat jedenfalls der auf den Nationalrat. Ihn legte am 2. November sogar der Stellvertreter König-Kaiser Karls, Erzherzog Joseph, ab, der aber, wie auch sein Sohn, noch mehr tat: Er nahm nach seinen Besitzungen den Namen Joseph von Alcsuth an! So gab es nun in Ungarn keinen Habsburger König-Stellvertreter mehr. Joseph von Alcsuth hatte ebenso das Haus Habsburg-Lothringen verlassen wie etwa Johann Orth, der Cousin 2. Grades Kaiser Franz Josephs, der 1889 aus dem Hause Habsburg-Lothringen ausgetreten war und zufolge seines und seines Schiffes Untergang bei Kap Hoorn 1890 wie vor allem der nun anhebenden Legenden wegen als eine Art »Fliegender Habsburger« die Weltmeere nostalgischer Phantasie bereichert. Am 16. November wird Ungarn ausdrücklich seine Unabhängigkeit sowie, diese betonend, die republikanische Regierungsform proklamieren.

2. Der Zerfall der Staatsgewalt Österreich/Cisleithaniens

Die Staatsgründung am 30. Oktober stand bereits mitten im rapiden Auflösungsprozeß der Staatsgewalt des »alten« Österreich. Schon am 24. Oktober hatte die Reichspost geschrieben, das »Räderwerk der österreichischen Zentralregierung greift nicht mehr, Anordnungen werden nicht mehr befolgt«[276]. Nach dem Gespräch mit Kaiser Karl aus Anlaß seiner Angelobung als Minister am 28. Oktober hatte Redlich das Gefühl, hier liege »eine politische Betriebsform vor, die nicht mehr recht geht«[277]! Dazu kamen die Neugründungen von Staaten oder Staatsfragmenten, das Ende der österreichisch-ungarischen Realunion und, im Zusammenhang damit, der Zusammenbruch der Fronten. Just im Park von Schloß Sanssouci – zu deutsch »Ohne Sorge« – äußerte als ganz besondere Sorge am 29. Oktober der deutsche Militärattaché zu Wien, General von Cramon, gegenüber Kaiser Wilhelm, es sei »die Donaumonarchie so gut wie erledigt«[278]. Am 30. Oktober[279], dem so mehrfach bedeutsamen Tag, befand sich die Armee in Oberitalien am Rückzug, er war am Vorabend befohlen worden. Er ging aber nicht etwa so vonstatten, daß sich eine geschlossene Armee geordnet in ihre Kasernen zurückgezogen hätte wie etwa die des deutschen Verbündeten – sie löste sich vielmehr auf: »Die Operationskanzleien waren gelichtet, die Telegraphenapparate standen verlassen da, die Kraftwagenlenker hatten samt ihren Fahrzeugen das Weite gesucht. Nicht nur die Mannschaften waren in Massen entwichen, sondern auch zahlreiche Offiziere wollten bei der Neuordnung der Dinge in der Heimat zugegen sein und bestiegen den nächstbesten Eisenbahnzug, der vom Kriegsschauplatz hinwegfuhr. Wieweit die revolutionären Organisationen wenigstens bei den nichtdeutschen Truppen durchgegriffen hatten, erwies sich daraus, daß schon in den letzten Oktobertagen allenthalben nationale Kokarden und Fahnen erschienen waren.« Wie Österreich/Cisleithanien und das bisherige große Ungarn und beider Realunion so löste sich auch die gemeinsame Armee auf, viele Soldaten und auch Offiziere orientierten sich neu, fühlten sich nun als solche der neuen Staaten ihrer Nationalität.[280] Dies sehr plastisch am »3. November 1918«, dem Theaterstück Franz Theodor Czokors[281], in einem »als militärisches Rekonvaleszentenheim eingerichteten ehemaligen Alpenhotel in den Karawanken« Kärntens nächst Villach: Zugsführer Geitinger, ein Wiener, läutet, ruft in die Muschel: »Umschalten, – Laibach – Kommando!« Pause. Geitinger blickt mit einmal ratlos zu Oberst von Radosin, »kein Kroate, kein Deutscher, kein Ungar – ein Österreicher«: »Das gibt's ja nicht« – Oberst von Radosin: »Was?« – Geitinger: »Dort reden sie windisch – Narodni svet« – Oberstleutnant Zierowitz, ein Slowene, in einem Sprung bei Geitinger: »Weg! Laß mich heran!« – Radosin, ehe Zierowitz das Telephon an sich reißt, ihm zuvor, scharf: »Herr Oberstleutnant Zierowitz, Sie warten gefälligst!« – Zierowitz wild: »Ich habe vier Jahre gewartet! Jetzt Schluß, auch damit!« Er reißt sich die Rosette von der Kappe, die Sterne vom Kragen und wirft sie Radosin zu Füßen: »Und ich ersuche Sie dringend, Herr Oberst, mich Zierschowitz nennen zu wollen in Hinkunft!« – Alle stehen erstarrt. Radosin greift unwillkürlich an die Säbelseite, wo er aber jetzt nur ein Bajonett trägt, dann geht er mit bloßen Fäusten auf Zierowitz los – Regimentsarzt Dr. Grün, ein Jude, vor Radosin, hält ihn zurück: »Ein Anfall, Herr Oberst, ein Anfall!« – Oberstleutnant Ludoltz, ein Deutsch-Kärntner, zu Zierowitz: »Stevo – Du bist ja übergeschnappt«. – Zierowitz schreit: »Ich? Ihr seid es! Ihr alle! Ihr wohnt in einem Kadaver und tut so, als ob er noch lebte!«, schweres Schweigen. – Die Bühne entspricht der Realität. In autobiographischer Erinnerung läßt Bruno Brehm seinen Freund aus italienischer Kriegsgefangenschaft berichten: »Die Behandlung war nicht schlecht. Am meisten kränkte ich mich über die Eigenen, von denen auf einmal keiner mehr ein Österreicher sein wollte: Sie waren Ungarn, Kroaten, Slowenen, Tschechen, Polen, Ukrainer, Rumänen und Serben geworden. Die durchaus nichts anderes werden und die sich nicht in die Reihen der Sieger stellen konnten, die mußten Österreicher bleiben und an allem Schuld sein.« Woraus es aber wenngleich keine nationale, sondern eine weltanschauliche Flucht gab: »Dazu hatten aber auch nicht alle Lust, und deshalb sagten sie, seit jeher seien sie Sozialdemokraten und gegen den Krieg, gegen die Monarchie und gegen die Bevorrechtung der Offiziere gewesen.«[282]

Just am 30. Oktober begann ernsthaft die Meuterei wie etwa im k. u. k. bosnisch-herzegowinischen Infanterieregiment Nr. 4, die Abzeichen der Meuterer, »weiße Blume auf Fez und Kappen«, trugen bereits »auch Offiziere slowenischer und serbischer Nationalität«, in Laibach wurde das Regiment vom slowenischen Nationalausschuß vereinnahmt, die südslawischen Offiziere hatten bei ihm weiterhin Dienst zu machen, die tschechischen Offiziere wurden tschechischen Truppen zugeteilt, »während den Deutschösterreichern freigestellt wurde abzureisen oder bei den Südslaven in Dienst zu treten« – sie entschieden sich für ersteres, und zwar bei ihrer Herkunft etwa auch aus Böhmen, Mähren und sogar Ungarn.[283] Unter den deutschösterreichischen Heimkehrern befand sich auch Pionier-Leutnant Hans Linhart aus Wien. Seine Schwester Luise Kohl erinnerte sich: »Mein Bruder Hans führte seine braven Bosniaken vom Berg herunter, knapp vor der Gefangennahme durch die Italiener«; dementsprechend war die Situation daheim: »In jedem Haus wartete man auf die Heimkehrer von der zerschlagenen Front. Sie kamen abgerissen, schmutzig, ausgehungert und müde. Verzweifelt nach so viel Opfer und Mühsal.«

Zur Auflösung der Armee zählt auch das Schicksal der k. u. k. Flotte. Am 24. Oktober, so erinnerte sich Sektionschef Windischgraetz[284], sei in Schönbrunn während Beratungen mit dem Kaiser »ein langer chiffrierter Bericht des Flottenkommandanten Konteradmiral Horthy aus Pola eingetroffen mit dem Vorschlag, die Flotte dem kroatischen Nationalrat in Agram zu übergeben, welcher sich bis nun einwandfrei loyal benommen habe«, worauf der Kaiser bestimmte: »Es handelt sich darum, das Flottenmaterial vor dem italienischen Zugriff zu retten und womöglich unseren Völkern für später zu erhalten. So müssen wir wohl schweren Herzens diesem Antrag zustimmen.« Daraufhin unterzeichneten am 31. Oktober Konteradmiral Horthy sowie Bevollmächtigte des Nationalrates der Slowenen, Kroaten und Serben in Agram/Zagreb samt weiteren von dessen Lokalausschuß in Pola ein »Protokoll«[285], wonach aufgrund des Befehls des Kaisers die k. u. k. Flotte den »Delegierten« des erwähnten Nationalrates zu übergeben sei, was mit dem ganz knapp gehaltenen Protokoll auch geschah, allerdings »unter ausdrücklichem Vorbehalt der Geltendmachung des Eigentumsrechtes der nicht südslawischen Staaten respektive Nationen der bisher bestandenen Österreichisch-Ungarischen Monarchie«: Es ging also lediglich die Verfügungsgewalt, privatrechtlich gesprochen Besitz und Nutzung, nicht aber das Eigentum über. Bemerkenswert war der Zerfall der Armee besonders hinter der Front, »wo sich die Ergänzungs- und Etappentruppen aufgelöst hatten und alles wanderte. Einfach heimwanderte: nach Ungarn, Böhmen, Galizien, Kroatien oder sonstwo hin. Heimwanderte, wie es sich die Leute eben vorstellten … Das Laibacher Gebirgsschützenregiment Nr. 2, das schon vor Tagen gemeutert hatte und nach rückwärts abmarschiert war, stand hinter dem Isonzo: ›Um die slowenische Heimat gegen den Rückmarsch der Ungarn und Polen zu schützen‹«, erinnerte sich der damalige Oberst Körner, von 1951 bis zu seinem Tod 1957 Österreichs Bundespräsident, wie weiters: Es »erschien einer der Korpskommandanten und meldete, ›Er tue nicht mehr mit!‹ Der durchaus vornehme, ehrenwerte, hohe General erklärte, er sei Kroate. Jugoslawien sei anerkannt und werde bestehen … Mit ihm kam sein Geniestabsoberst, ein Serbe aus Bosnien, der dasselbe sagte. Auch sein Stabschef, ein Oberst des Generalstabes, war da, der Nationalität nach ein Tscheche. Der meldete, er müsse heim, müsse bald in Prag sein … das wirkliche Ende: der nationale Zerfall des nur scheindeutschen Heeres, nur scheindeutschen Staates.«[286]

Des »nur scheindeutschen Staates«: Es schwenkten, von den großen Würfen der Staatsgründungen oft nur mittelbar verursacht, ebenso die zivilen Gewalten der unteren Instanzen um. In »Görz taten sich zu gleicher Zeit italienische und slowenische Nationalräte auf. Sie überboten sich in der Auflehnung gegenüber den k. u. k. Truppen«; die »altösterreichischen Behörden mußten selbstverständlich so rasch als möglich das Weite suchen« wie in Triest, aber auch anderswo; in Trient »herrschte schon in den ersten Novembertagen volle Anarchie« – derartige Beispiele sind Legion[287]: »Gröhlend zogen betrunkene Massen durch die stillen Gassen von Gersthof. … Und vom angrenzenden Hernals und Ottakring kamen auch die beutelüsternen unteren Schichten und sangen: ›Wer wird uns die Straßen jetzt kehr'n? Die hohen Herrn mit die goldenen Stern, die werden uns die Straßen jetzt kehr'n‹«, erinnerte sich Luise Kohl – »die nobligen Herr'n mit die goldenen Stern, die wer'n jetzt die Straß'n kehr'n« blieb dem Volksschauspieler Paul Hörbiger in Erinnerung. Übrigens wurde am 31. Oktober in Laibach erstmals ein Gerichtsurteil nicht mehr »im Namen des Kaisers«, sondern in dem des Volkes gesprochen, in Triest zur gleichen Zeit bereits im Namen des Königs von Italien![288]

Katastrophale Auswirkungen hatte der Waffenstillstand zu Padua vom 2. November, der wegen mehrfacher Ungeschicklichkeiten und Zweideutigkeiten seitens Österreich/Cisleithaniens einer bedingungslosen Kapitulation der italienischen Front gleichkam sowie zur Besetzung bis zur Brennergrenze und zeitweise auch von Teilen Nordtirols sogar mit der Landeshauptstadt Innsbruck führte.[289] Dieses Dilemma wirkte wie eine Bankrotterklärung des alten Staates. Schon in der Ministerratssitzung am 30. Oktober habe, so Redlich, zufolge des Eintreffens der dazu erwähnten Hiobsbotschaften die Regierung »ihre vollkommene Aktionsunfähigkeit gefühlt«, und am 3. November fand er, die Situation der Regierung werde »von Tag zu Tag prekärer«[290]. An diesem Tag schätzte man die grundlegende Situation in Schönbrunn[291] nach den Worten Werkmanns wie folgt ein: »Der Kaiser hatte keine gemeinsame Regierung mehr. Die österreichische Regierung des Dr. Lammasch konnte für Österreich nichts mehr entscheiden, nichts mehr verantworten, nichts mehr verwalten.« Dazu trug auch bei, daß am Vortag aus Budapest telefonisch das Verlangen Erzherzog Josephs, der dort ja als Spezialstellvertreter des König-Kaisers fungierte, nach dessen Abdankung gekommen war, das nun auch in der Nacht zum 4. November cisleithanischerseits an den Kaiser herangetragen wurde, der aber beides ablehnte. Der Ministerrat besprach überdies mehrfach seine Demissionierung[292], erstmals gleich am Tag nach der deutschösterreichischen Staatsgründung am 31. Oktober: Die Wirkungsmöglichkeiten der Minister hätten sich praktisch auf allgemeine Abwicklungen bzw., aber nur in Wien, auf die Überleitung der Geschäfte auf die neuen Instanzen reduziert, was der Eisenbahnminister einprägsam damit charakterisierte, er könne über keine einzige Lokomotive mehr verfügen; ein Teil der Minister, darunter Seipel, der spätere Bundeskanzler, sah sich immerhin noch als Ratgeber des Kaisers – noch am 8. November wies der Kaiser jedenfalls eine Demission mit der Begründung zurück, dann müsse auch er abdanken.

Der darauffolgende 9. November aber brachte den Anstoß zum entscheidenden Umschwung, er kam aus dem – verbündeten – Deutschen Reich: In Berlin wurde an diesem Tag die Republik ausgerufen und die Abdankung Kaiser Wilhelms II. bekanntgegeben, der dazu freilich gedrängt werden mußte, auch waren Turbulenzen zu überwinden wie beispielsweise die Idee und wohl auch Absicht Wilhelms II. als Kaiser, nicht aber als König von Preußen abzudanken, was sodann, offenkundig durch Übermittlungsschwierigkeiten, in Berlin doch nicht so verkündet wurde, doch sogleich am 10. November ging er nach den Niederlanden in das Exil.[293] Diese Ereignisse und das damit verbundene sehr wesentliche Dahinschwinden der Anhänger einer monarchischen Regierungsform in den deutschösterreichischen Gremien bewogen nun auch Kaiser Karl dazu, seine Haltung zu ändern. Als dieser 9. November zu Ende ging, schien ihm erstmals auch das Ende seiner, wohl sogar das der monarchischen Herrschaft überhaupt als Realität bewußt geworden zu sein. Hatte seine bisher gelassene, ja nahezu nonchalant-sorglos scheinende Haltung Redlich am 8. November den Eindruck gegeben, »daß ihm alle diese Dinge nicht ans Innerste greifen, das Gefühl einer eigentümlichen Leere, Unwirklichkeit des ganzen Wesens«, so schlug die so interpretierte Haltung nun kurz um[294]: »Sein Antlitz verfärbte sich, ein Zittern lief über seinen Körper«, und als man ihn tags darauf zum letzten Mal in einer beschränkten Öffentlichkeit sah, am 10. November, einem Sonntag, in der Kapelle des Schlosses Schönbrunn, war er »bleich, ergraut, sichtlich ergriffen«. Dazu trug sicherlich auch die Tatsache bei, daß die Doppelfunktion Kaiser-König und das Regieren mit zwei Parlamenten sowie mit zwei Ministerpräsidenten und ihren Kabinetten, die sich noch dazu beide in diesen Tagen in Umbildung befunden hatten, einer derartigen Krisensituation gar nicht gewachsen sein konnte.[295] Anders als Kaiser Wilhelm II. wollte Kaiser Karl aber vorerst »weder abdanken noch aus dem Lande fliehen«, sich nur »von Regierungsgeschäften« zurückziehen, um so auf »keines seiner Rechte« zu verzichten.[296] Den Inhalt seines Handelns bestimmte der Kaiser aber nun nicht mehr.

3. Die Erklärungen des Kaisers vom 11. und 13. November 1918

»Die Luft war lau, es war ein lauer Nachmittag, ebenso hätte es jetzt in Paris sein können, oder irgendwo in England«: Am Nachmittag des 11. November geht Lernet-Holenias autobiographischer Fähnrich Menis nach Hause: »Ich ging durch die Passage, die den Platz vor der Burg mit dem Josefsplatz verbindet. Gleich dahinter gibt es links eine große Mauer ... An dieser Mauer klebte ein Plakat. Es war weiß, etwa zwei Spannen breit und dreie hoch, nicht größer, und hatte den kaiserlichen Adler obenauf. Ein paar Leute standen davor und lasen das Plakat, dann gingen sie weiter, und andre kamen, blieben stehen und lasen es. Ich blieb gleichfalls stehen und las es. Es war eine Proklamation des Kaisers. Die letzte. Den Wortlaut habe ich vergessen. Er bezog sich auch meist nur mehr auf Formalitäten. Der Kaiser übergab der nationalen Regierung die Macht, die sie ohnedies längst ergriffen hatte, dann folgte noch eine Stelle, in der es ungefähr hieß: er wolle kein Blutvergießen, und schließlich stand da: ›Ich entbinde Meine Truppen ihres Treueides‹. Und dann kam noch irgendein Satz, und dann die Unterschrift des Kaisers und die Gegenzeichnung eines Ministers, und dann kam nichts mehr, bloß ganz unten stand: Hof- und Staatsdruckerei. Ich starrte noch eine Zeitlang auf die Worte: Hof- und Staatsdruckerei, dann richtete ich mich wieder auf und ging weiter.«[297] So belanglos freilich war diese Erklärung nicht. Denn nach dem Ende der österreichisch-ungarischen Realunion kam es nun auf den österreichisch/cisleithanischen Staat an, auf die Entscheidungen seiner Organe.

Im Laufe des 11. November gelang es Ministerpräsident Lammasch, im Einvernehmen mit Repräsentanten Deutschösterreichs von Kaiser Karl eine Erklärung zu erreichen. Am frühen Nachmittag unterschrieb er sie, und zwar mit Bleistift, was den Geschmack des Provisorischen, eines Vorbehalts vermittelt, aber zu unrecht, denn es war »bei ihm gewöhnlich mit Bleistift« zu unterschreiben[298]. Die wesentlichen Aussagen der Erklärung[299] sind die, daß der Kaiser »auf jeden Anteil an den Staatsgeschäften« verzichtet, »im voraus« die Entscheidung anerkennt, »die Deutschösterreich über seine künftige Staatsform trifft«, und vor allem, daß er seine »österreichische Regierung ihres Amtes« enthebt – und zwar dergestalt, daß er entgegen den sonstigen Gepflogenheiten weder diese als geschäftsführend vorübergehend bestätigt, noch eine neue Regierung einsetzt! Ohne »Regierung« konnte der Monarch verfassungsmäßig mangels notwendiger ministerieller Gegenzeichnung so gut wie keine Entschließungen mehr treffen, also nicht mehr regieren. Dies wieder war die Folgerung daraus, daß er ausdrücklich auf »jeden Anteil an den Staatsgeschäften« verzichtet hatte. Der Kaiser setzte seinen Verzicht sogleich in die Tat um: mit der Beendigung der Regierungsstätigkeit durch die Entlassung der Minister und mit seinem sichtbaren Rückzug in das Privatleben.

In Kenntnis der Ankündigung des Monarchen, er »enthebe« die »Regierung ihres Amtes«, trat sogleich am frühen Nachmittag des 11. November der letzte österreichisch/cisleithanische Ministerrat zusammen[300] und beschloß um 13 Uhr 15, er werde dem Kaiser die Bitte um Enthebung vorlegen – was um 14 Uhr geschah. Der Kaiser nahm die Demissionierungen an, verlieh diverse Orden und Titel und – setzte keine neue Regierung ein! Von 17 bis 19 Uhr versammelten sich die (ehemaligen) Minister noch bei Ex-Finanzminister Redlich im Gebäude des Finanzministeriums und nahmen voneinander Abschied. Konkret war mit 11. November das Kabinett Lammasch amtsenthoben. So existierte – bewußt – keine kaiserliche Regierung mehr, kein Organ, das diese Funktion hätte wahrnehmen können.

Diesen Umstand beeinträchtigt nicht die Tatsache, daß die Ministerien als liquidierende Dienststellen, als Büros, welche die begonnenen Geschäfte endabwickelten, noch tätig blieben. So kam Ex-Finanzminister Redlich am 17. November in sein ehemaliges Ministerium, »um noch einige Aktenstücke in Reinschrift zu unterschreiben«[301]. Aber es geschah mehr, die Ex-Ministerien arbeiteten – abnehmend – noch fort. An ihrer Spitze stand natürlich kein Minister mehr, sondern einfach ein »Leiter«[302]: So gab es eben ein »Liquidierendes Ministerium des Äußeren« unter seinem »Leiter« Freiherrn von Flotow, der diese Funktion erst am 9. November 1920 niederlegte, und zwar »mangels eines kompetenten Wirkungskreises«. Insbesondere wurden die Auslandsvertretungen aufgelöst, beginnend mit jener in Württemberg am 28. Februar 1919 bis zur Gesandtschaft in Bern am 31. Oktober 1920, die übrigens bis dahin als »liquidierende österreichisch-ungarische Gesandtschaft« amtiert hatte. Die Erklärung seiner Funktionsniederlegung hatte Flotow dem Staatsamt für Äußeres gegenüber abgegeben. Als »Liquidierendes Kriegsministerium«

amtierte auch dieses noch fort, die Kragenspiegel der k. u. k. Uniform trugen aber nun zusätzlich den Adler der Republik.[303] Für sie handelten die »liquidierenden« Ministerien, die der Ex-Realunion aber auch für den ungarischen Staat. Beide Staaten genehmigten nachträglich noch sehr spezifische Amtshandlungen – Titelverleihungen.[304] Am 19. November kam Ex-Minister Redlich der Aufforderung des »liquidierenden« Außenministeriums nach, die »Kanzleigebühr« für sein Ernennungsdekret zum Geheimen Rat zu bezahlen[305]. Zur »Liquidation« gehörte es auch, daß man, wie eben Flotow im Außenamt, ausscheidenden Beamten »höhere Titel verlieh« – eines Staates, den es gar nicht mehr gab!

Ein sichtbares Zeichen setzte der Ex-Monarch nach der Entlassung seiner Regierung auch für seine Person. Bis zuletzt gab es in Schönbrunn noch einen »Hof« – wie in einer abgekapselten, übriggebliebenen Welt. Am 8. November war Redlich in Schönbrunn gewesen[306]: »Der herrliche Blick aus dem Adjutantenzimmer in den Park stimmte mich nicht freudig, ich hatte das Gefühl, an einer Szene einer historischen, aber nicht großartigen Tragödie teilzunehmen. Die reizenden Rokokogemälde an den Wänden, die wundervollen Tapeten und Plafonds in den Sälen dieses Schlosses, das Karl VI. und Maria Theresia gebaut haben, das Napoleon I. als Sieger bewohnte, beherbergt jetzt den armen, jungen Kaiser ... In dem Adjutantensaal die reizende Gräfin Bellegarde, die selbst wie eine leibhaftige Rokokomarquise über das Parkett schreitet, und die eleganten diensttuenden Offiziere, und über dem Ganzen ein Hauch des Vergehens, des Verfalles und zugleich auch feinster, wenn auch müde gewordener Kultur!« Sektionschef Windischgraetz sah diese letzten Tage mit anderen Augen[307]: »Schönbrunn lag in Finsternis gehüllt, ganz ausgestorben. Der Kaiser war allein. Er war wirklich schon allein. Die Wachen zerstoben, die Diener pflichtvergessen, die weiten Prunksäle menschenleer«, die kaiserliche Familie sei »von allen Hofleuten verlassen« gewesen – ganz so war es freilich nicht. Lernet-Holenia läßt seinen Fähnrich Menis gerade noch in das Schloß zurechtkommen: »Meine Schritte widerhallten auf dem Parkett, und von nebenan tönte das Durcheinandersprechen der vielen Menschen. Plötzlich aber verstummte es, und es trat fast völlige Stille ein. Ich hatte indessen die Tür des Saales erreicht und sah: Durch eine Reihe wundervoll dekorierter Räume, die ineinandergingen und deren Türen alle offenstanden, zog sich ein langes, doppeltes Spalier von Hofbeamten, Garden, Offizieren, Bedienten. Die riesigen gläsernen Lüster brannten alle blendend hell, in den Parketten spiegelte sich die Pracht der Räume, aber die beiden Reihen von Menschen standen lautlos und unbeweglich ... Einen Moment stand ich still, dann trat ich an eines der Spaliere heran. Die Leute wendeten sich nicht nach mir herum, sie blickten vor sich hin oder die Säle hinauf, ihre Gesichter hatten einen sonderbaren Ausdruck, niemand sprach mehr. Ein beklemmendes Gefühl bemächtigte sich meiner ... Ich verwunderte mich sehr, neben mir stand ein Bedienter in großer Livree, er war schon alt, ... er sah bedrückt vor sich hin. Ich beugte mich zu ihm. ›Was geht hier vor?‹ fragte ich leise. Auch er antwortete nicht sogleich. ›Die Majestäten‹, murmelte er schließlich, ohne den Kopf zu heben, ›verlassen uns‹. – Ich hatte den Sinn dieser Worte noch nicht ganz erfaßt, als auch schon eine Bewegung durch die wartenden Reihen ging. Gleichzeitig hörte man, von rechts, Schritte, und der Kaiser und die Kaiserin, gefolgt von einigen Herren, kamen zwischen den Spalieren entlang. Die Spaliere verbeugten sich. Die Kaiserin schritt aufrecht, der Kaiser aber, der schon Zivil trug, hatte den Hut in die Stirn gezogen, er sah kaum jemanden an, nur hin und wieder dankte er und nickte flüchtig. Die Gruppe ging rasch an mir vorbei und trat in die beiden großen Säle links. Die Spaliere richteten sich wieder auf, blieben aber noch kurze Zeit stehen. Von unten her hörte man nun Wagen, offenbar dieselben, die ich warten gesehen hatte, davonfahren. Dann lösten die Spaliere sich auf, und alles verließ die Säle.« [308] In Zivil als Privatmann, nicht als Monarch in Uniform, verließ Ex-Kaiser Karl seine letzte Residenz. Allerdings fuhr er nicht nachmittags »in einer Wagenkolonne über die Mariahilferstraße und den Ring durch das revolutionäre Wien« um zu demonstrieren: »Mut hat dem Kaiser nicht gefehlt!«[309], sondern zu einer anderen Zeit und auf anderen Wegen. In den Abendstunden des 11. November rollte eine Wagenkolonne sicherheitshalber durch ein Nebentor des Schloßparks und dann weiter durch unbelebtere Straßen. Der Ex-Kaiser zog sich als Privatmann auf seinen Privatbesitz Schloß Eckartsau rund 30 Kilometer östlich Wiens am nördlichen Donauufer zurück.[310]

So ganz und eindeutig Privatmann war Karl von Habsburg allerdings denn doch nicht. War er noch König von Ungarn? War Ungarn schon Republik? Ein eindeutiger Akt, der diese Frage hätte beantworten können, lag bislang nicht vor – weder eine Thronenthebung oder eine förmliche Ausrufung der Republik noch eine Abdankung. Zweifel aber gab es seit den Budapester Ereignissen gegen Ende Oktober. In diesen Tagen versah den Außendienst in der Wiener Hofburg wie in Schönbrunn ein ungarisches Wachbataillon.[311] Zufolge der Budapester Ereignisse war man sich in seinen Reihen unsicher geworden, ob denn Kaiser Karl noch König von Ungarn sei. So erkundigten sich die Offiziere beim Generaladjutanten, der dies natürlich bejahte – aber: Man glaubte es nicht und das Bataillon marschierte ab! In Budapest vertrat man aufgrund[312] übereinstimmender Gutachten, etwa auch der Rechtsfakultät, die Meinung, die Herrscherrechte des Hauses Habsburg-Lothringen seien bereits erloschen, da der König-Kaiser Karl durch seine Handlungen ab den letzten Oktobertagen die Grundlage dafür, die Pragmatische Sanktion von 1713, selbst aufgehoben habe; jedoch: Man wollte, König-Kaiser Karl solle selbst »den der Nation erwünschten Entschluß fassen«!

Interessanterweise war es nun das Magnatenhaus, das die Initiative ergriff.[313] Am 13. November begab sich eine Delegation dieser Ersten Kammer des ungarischen Reichstags unter der Leitung ihres Präsidenten nach Eckartsau. Kaiserin Zita dramatisch[314]: Es »begann ein erbitterter Kampf der Meinungen und des Willens, der den ganzen Tag dauerte«, obgleich ihr wohl authentischeres Tagebuch lediglich drei je ein- bzw. etwas über einstündige Besprechungen vermerkt. Schließlich gab der Ex-Kaiser als König von Ungarn der Delegation gegenüber wie am 11. November für Deutschösterreich nun hinsichtlich Ungarns eine im entscheidenden Punkte gleichlautende Erklärung in ungarischer Sprache ab: »Infolgedessen verzichte ich auf alle Teilnahme an den Staatsgeschäften und erkenne schon im voraus jene Entscheidung an, mit welcher Ungarn seine zukünftige Staatsform feststellen wird.«[315] Tags darauf übergab diese ungarische Abdankungserklärung der Präsident des Magnatenhauses dem Ministerpräsidenten Károlyi – nun war auch in Ungarn sozusagen der Weg frei zur republikanischen Regierungsform.

4. Über Elisabeth – Rudolf – Gisela ins Schweizer Exil

Während des Winters 1918/19 lebte der Ex-Kaiser-König inmitten der Donauauen in Schloß Eckartsau, nach guten vier Monaten verließ er am 24. März 1919 Deutschösterreich. Ein Sonderzug unter britischem Schutz brachte ihn in sein Schweizer Exil.[316] Nicht erwünscht war dabei »Großer Bahnhof«: »Kleine Haltestelle« stand vielmehr am Beginn der Reise. Von Kopfstetten-Eckartsau, tatsächlich eine Kopfhaltestelle am Ende einer der Strecken der Niederösterreichischen Landesbahnen, ging es erst über den von Marchegg schnurgerade nach Wien führenden Flügel der Nordwestbahn zur ehemaligen Residenzstadt, auf Vorortelinien um diese herum und schließlich auf der Kaiserin-Elisabeth-Bahn nach Westen. Nach Tunlichkeit suchte man Städte mit Arbeitersiedlungen zu vermeiden, etwa Linz, Wels und auch Salzburg, und so verließ der Sonderzug die nach der Kaiserin benannte Strecke und schwenkte auf die nach ihrem Sohn getaufte ein, auf die Kronprinz-Rudolf-Bahn nach Selzthal. Hier erreichte man einen Flügel der Kaiserin-Elisabeth-Bahn, traf sodann bei Bischofshofen auf die nach ihrer Tochter benannte Gisela-Bahn, die bei Wörgl, von der Geographie her besehen überraschend, auf einen der Zweige der Südbahn-Gesellschaft stieß, auf welcher der Sonderzug nun weiter nach Innsbruck fuhr, von hier das Inntal weiter abermals auf einem Stück Kaiserin-Elisabeth-Bahn bis Bludenz, von wo es auf einer schlichten Vorarlberger Bahn bis an die Staatsgrenze ging, ja auf dieser dann noch durch Liechtenstein über den Rhein in den Schweizer Bahnhof Buchs: Hier erst endete die österreichische Bahnverwaltung, in Liechtenstein hatte sich der Kaiser zwar nicht mehr auf österreichischem Boden, aber noch auf österreichischen Schienen befunden. Die genealogische Bahnfahrt ging ohne republikanische Störungen vor sich. In den Morgenstunden des 25. März hielt der Sonderzug im Bahnhof von Feldkirch in Vorarlberg: Auf seiner Weiterfahrt wird er in einem großen Bogen die Stadt umfahren und über die liechtensteinische Grenze Deutschösterreich verlassen. Bewußt auf diesem letzten Halt noch im Inland gab der Ex-Monarch die daher sogenannte »Feldkircher Erklärung« ab, mit der er seinen Verzicht vom 12. November widerrief.[317] Damals schon[318] hatte Kaiserin Zita die Meinung vertreten, ein »Herrscher kann niemals abdanken, er kann abgesetzt und seine souveränen Rechte für erloschen erklärt werden. Nun gut. Das ist eben Gewalt. Aber abdanken – niemals, niemals, niemals!«, womit sie die Folgerung verband, falls etwa der Kaiser falle, »dann ist immer noch Otto da; und selbst wenn wir alle hier getötet werden, so gibt es immer noch andere Habsburger«. Diese Stimmung um den Kaiser verstärkte offenbar auch Baron Werkmann, der konkret die zur Unterschrift anstehende Verzichtserklärung dahin kommentierte, daß sie der Dynastie in beiden Staaten Österreich-Ungarns in Zukunft alle verfassungsmäßigen Wege offenlasse und sozusagen bloß eine augenblickliche Wirkung entfalte – worauf der Kaiser unterschrieb, also wohl mit dem Verständnis, keinen Thronverzicht abzugeben. Der bloß flüchtig aufgenommene Wortlaut, vor allem in den Stunden des Drucks und der Aufregung, gemischt mit dem Nichtwissen oder Nichtwahrhabenwollen seiner vollen Bedeutung, dazu ein verfehltes Verständnis der Monarchenrolle, nicht im Sinne der konstitutionellen Regierungsform, sondern in einer Art Gottesgnadentum, standen dieser Haltung Pate. Als »Thronverzicht« verstand die kaiserliche Erklärung aber gleich am 11. November der Staatsrat sowie am 12. November vormittags das Abgeordnetenhaus, von einer »Abdankungsproklamation« sprach Redlich, und deshalb wurde am 12. November nachmittags in Wien ja auch förmlich die Republik ausgerufen.[319] Jetzt wenigstens mußte der Ex-Kaiser bemerkt haben, wie man seine Erklärung – jedenfalls: auch noch – verstehen konnte! Und dennoch: Tags darauf, am 13. November, gab er die weitere Verzichtserklärung bezüglich Ungarns ab! Angesichts der Entwicklung in Deutschösterreich mußte der Ex-Monarch spätestens jetzt wissen, was er mit einer derartigen Erklärung kundtat: einen

Thronverzicht. In bzw. für Ungarn wog dies eigentlich noch schwerer, denn hier kam es zu keiner neuen Staatsgründung wie im Fall Deutschösterreichs, das als solches gar keinen Monarchen kannte, in Ungarn ging es um das Ende der monarchischen Regierungsform in einem fortexistierenden Staat. Der Sinn der Erklärungen mußte also für Ex-Kaiser und Ex-König samt Umgebung klar sein: Hier wie dort keine Habsburger mehr! Der Ex-Monarch und seine Umgebung in Eckartsau sahen dies offenkundig nicht so.[320] So kam der Ex-Kaiser in Eckartsau in Gesprächen sogar »gerne darauf zurück, daß er nie abgedankt hätte«! Er nahm daher auch an, daß er im Falle einer Abreise aus Österreich doch wieder zurückkehren werde, denn von Albert Heine, dem Direktor des Burgtheaters, erwartete er, dieses dann wieder unverändert anzutreffen.[321] In bescheidenem Rahmen fuhr er auch fort amtszuhandeln. Am 24. November enthob er den Generalintendanten der Hoftheater, Leopold von Andrian-Werburg, seines Postens, nachdem er zuvor Heine als Burgtheaterdirektor bestätigt hatte. Die Hoftheater sah der Ex-Kaiser als sein persönliches Eigentum an. Auch der ihm mittlerweile zugeteilte britische Begleitoffizier Oberst Strutt ging selbst nach den Wahlen zur Konstitutierenden Nationalversammlung davon aus, die Abdankung stehe erst bevor.

5. Abdankung: Was ist das?

Was also, so sei nach diesen unterschiedlichen Meinungen über die Erklärung am 11. November gefragt, bewirkt die Abdankung eines Monarchen eigentlich? Historische Vorbilder und Abdankungen gerade im Jahre 1918 erleichtern die Antwort.

Vom auffallend lang hingezogenen Balkon der Kirche »am Hof« in Wien verkündeten am 6. August 1806 Herolde eine Erklärung des römisch-deutschen Kaisers Franz II., wonach dieser das Heilige Römische Reich Deutscher Nation für »erloschen« erklärt und damit diesen Staatsverband, wenngleich rechtlich anfechtbar, so doch tatsächlich zum Ende brachte[322]. Keine Wirkung war hingegen einer anderen kaiserlichen Erklärung beschieden, die just das Gegenteil eines Endes bezweckte: Unter dem Eindruck seiner Niederlagen dankte im April 1815 Napoleon I. als Kaiser der Franzosen zugunsten seines Sohnes ab, der als Napoleon II. sein Nachfolger sein, das napoleonische Kaisertum also fortführen sollte; die Gegner Frankreichs jedoch akzeptierten dies nicht, Napoleons Sohn konnte nie als Napoleon II. regieren, lebte und starb vielmehr als Herzog von Reichstadt in Wien. Gleichfalls zur Überwindung einer Krise, nämlich der Revolution von 1848, dankte Kaiser Ferdinand von Österreich am 2. Dezember 1848 ab, und zwar mit dem Ziel, daß sein Neffe als Kaiser Franz Joseph sein Nachfolger werde. Schon diese Erklärungen zeigen die Spannweite von »Abdankungen» eines Monarchen: Dort sogar Staatsbeendigung, hier bloß persönliche Abdankung mit dem Ziel der Fortdauer nicht nur des Staates, sondern auch der monarchischen Regierungsform, und zwar durch Benennung eines Nachfolgers sogar in derselben Dynastie.

Derartige Erklärungen, alle meist oberflächlich »Abdankung» genannt, gaben Monarchen gerade auch im Jahre 1918 ab. König Ludwig III. von Bayern erklärte am 13. November 1918, übrigens im Ausland, im Wasserschloß zu Anif bei Salzburg, daß er »in Folge der Ereignisse der letzten Tage nicht mehr in der Lage (sei), die Regierung weiterzuführen«, und deshalb allen Beamten und Militärpersonen »die Weiterarbeit unter den gegebenen Verhältnissen«, denen des republikanischen Bayerns, ermöglichen wolle und sie daher auch »des (ihm) geleisteten Treu-Eides« entbinde.[323] In Baden stellte der Großherzog auch am 13. November fest, »kein Hindernis« für die Verfassungsneuordnung durch »die verfassunggebende Versammlung« sein zu wollen und erklärte daher: »Bis zu deren Entscheidung verzichte ich auf die Ausübung der Regierungsgewalt.«[324] In beiden Fällen zogen sich die Monarchen also nur von der »Regierung« bzw. der »Regierungsgewalt« zurück, d. h. von der Ausübung einer Staatsfunktion und nicht vom Staate überhaupt, wobei in Baden sogar die Möglichkeit der abermaligen Ausübung, für den Fall einer »Entscheidung« der »verfassungsgebenden Versammlung« für die monarchische Regierungsform[325], ausgedrückt war. Ähnliches lag übrigens am 9. November 1918 auch in der Absicht Kaiser Wilhelms II.[326]: Nach seinem und des Kronprinzen Thronverzicht sollte »eine verfassunggebende deutsche Nationalversammlung« über »die künftige Staatsform« entscheiden, bis dahin an die Stelle des Monarchen eine »Regentschaft«, ein »Reichsverweser« treten, dem insbesondere an Stelle des Monarchen die Ernennung des Reichskanzlers obliegen sollte, auch gab es keine Entbindung vom Treueid. Anders wieder Württemberg[327]: Hier kündigte am 9. November der König durch sein Ministerium ohne irgendeinen Verzicht unter anderem die Einberufung einer konstituierenden Landesversammlung an, wozu es erklärte, der »König spricht aus, daß seine Person niemals ein Hindernis einer von der Mehrheit des Volkes geforderten Entwicklung sein wird«: »sein wird«, damit war auf ein in der Zukunft liegendes Ereignis abgestellt und gesagt, daß er dann den Entscheid der künftigen Konstituante anzuerkennen haben werde, also im Falle der republikanischen Regierungsform diese, worauf er wohl auf den Thron verzichtet hätte, bis dahin jedoch sollte die monarchische Regierungsform fortdauern. Daher entließ der König weder seine Regierung noch entband er vom Treueid.

Offenkundig genügte ein Rückzug bloß aus der »Regierung(sgewalt)« nicht als Thronverzicht bzw. es schob der Hinweis auf die Entscheidung einer künftigen Konstituante, zumal verbunden mit der Idee einer Regentschaft, einen solchen hinaus. In Bayern trat daher zu jener Erklärung erst noch eine Interpretation hinzu: Die neuen Machthaber nahmen sie sogleich am 13. November als »Thronverzicht Ludwigs III. zur Kenntnis« und da dieser selbst keine weiteren Erklärungen abgab, wird der Vorgang in der Regel als formloser Thronverzicht gewürdigt[328]. In Württemberg vertrieb gleich nach der Erklärung des Monarchen noch am Abend des 9. November die Revolution den König aus Stuttgart, nachdem sich revolutionär eine neue Regierung gebildet hatte – zufolge der Hinnahme dieser Entwicklung durch den König und seine Regierung wirkte die Erklärung eines eventuellen künftigen Thronverzichts als sofortige Thronentsagung. In Baden aber erklärte der Großherzog am 22. November ausdrücklich[329], er »verzichte auf den Thron« wie weiters, daß dieser Verzicht »mit der Zustimmung meines Vetters, des Prinzen Max von Baden, auch für ihn und seine Nachkommenschaft« gelte und schließlich entband er die Beamten, Soldaten und Staatsbürger ihres Treueides. So hatte nicht nur der momentane Throninhaber abgedankt, sondern die gesamte Dynastie verzichtet und die Eidesentbindung das Band zwischen dieser und den Staatsbürgern aufgehoben, die monarchische Regierungsform im Staat war damit zum Erlöschen gebracht.

In anderen Staaten kam es sogleich zum Thronverzicht. In Sachsen[330] erklärte der Innenminister am 13. November, »daß seine Majestät der König auf den Thron verzichtet« und überdies »alle Offiziere und Beamte, Geistliche und Lehrer des ihm geleisteten Treueides entbunden« habe, wobei tags darauf das Gesamtministerium noch eigens bekanntgab, »der König hat dem Throne entsagt« – König Friedrich August III. war für den »Dresdner Anzeiger« damit der »letzte König von Sachsen«. In Mecklenburg-Schwerin verzichtete am 14. November Großherzog Friedrich Franz »auf Beschluß des Ministeriums«, also seiner eigenen Regierung, auf den Thron, in Mecklenburg-Strelitz ebenfalls im Einvernehmen mit seiner eigenen Regierung auf die Landesverweserschaft und ging zwei Tage darauf nach Dänemark in das Exil[331]. Gleiches geschah auch für das Deutsche Reich und für Preußen[332]: Am 28. November 1918 verzichtete Wilhelm II. »für alle Zukunft auf die Rechte an der Krone Preußens und die damit verbundenen Rechte an der deutschen Kaiserkrone« und entband alle Beamten und Militärpersonen ihres Treueides, am 6. Dezember 1918 verzichtete Kronprinz Wilhelm ebenfalls »ausdrücklich und endgültig auf alle Rechte an der Krone Preußens und an der Kaiserkrone«. Verfassungsrechtlich wohl am eindeutigsten erfolgte der Thronverzicht im kleinen thüringischen Staate Schwarzburg-Rudolstadt.[333] Ein Gesetz vom 22. November 1918 hielt im Artikel 1 fest: »Nach dem Verzicht auf die Regierung geht die gesetzgebende Gewalt in vollem Umfange auf den Landtag über. Im übrigen werden die Regierungsrechte durch das Ministerium ausgeübt.« Das im konstitutionellen Wege entstandene und in Kraft getretene Gesetz, durch Landtagsbeschluß sowie Sanktion des Monarchen, zeigt beider Übereinstimmung, welche die altertümliche Publikationsformel besonders noch auf den Monarchen hin ausrichtet, da nach ihr der Monarch »auf Antrag Unseres Ministeriums unter Zustimmung des Landtags, was folgt« verordnet. »Nach dem Verzicht«: Auf den kam es nun an, er folgte sogleich tags darauf durch einen »Höchsten Erlaß betreffend die Niederlegung der Regierung«, der den Thronverzicht des Fürsten für sich und seine Dynastie aussprach. Damit wurde der zitierte Artikel 1 effektiv, sowohl hinsichtlich der gesetzgebenden Gewalt wie auch der Regierungsrechte gab es keinen Monarchen mehr, jene trug nun der Landtag allein, diese allein das Ministerium.

In den beispielhaft aufgeführten Fällen zielten die Abdankungen auf die Beendigung der monarchischen Regierungsform ab. Dafür sah man offenkundig bestimmte Elemente für erforderlich an. Selbstverständlich zählte dazu einmal der Verzicht des Monarchen selbst in Einklang mit der Nichtbenennung eines Nachfolgers, ja zum Teil sogar auch dessen Verzicht. Ein weiteres Element bestand in der Entbindung vom Treueid. Sodann gibt ein solches der Umstand ab, daß alle Erklärungen in und auch für einen fortbestehenden Staat abgegeben wurden. Und schließlich, damit im Zusammenhang stehend, bildet ein weiteres Element die Kontinuität in der Ausübung der Staatsgewalt durch die Regierungen. Im Deutschen Reich hatte der letzte vom Kaiser eingesetzte Reichskanzler Prinz Max von Baden die Regierungsgeschäfte an Friedrich Ebert übergeben wie ähnlich in Bayern die letzte vom König eingesetzte Regierung an die Regierung Eisner, was übrigens auch in Baden so geschah. In Sachsen teilte sogar die Regierung bzw. der Innenminister den Thronverzicht mit, in den beiden mecklenburgischen Staaten initiierte sie diesen auch. Die Übergabe der Regierungsgewalt von der »alten« auf die »neue« Regierung war nicht überall verfassungskonform vor sich gegangen wie etwa im Deutschen Reich oder in Bayern. Dennoch: Dort hatte man ja das Recht zur Regierungsernennung dem Kaiser abzunehmen und einem Regenten zu übertragen geplant, als solcher konnte sich also der Reichskanzler in etwa verstehen, in Bayern gab König Ludwig III. seine Abdankungserklärung der neuen Regierung gegenüber ab. Trotz derartiger Verfassungsprobleme überdauerten in allen diesen Fällen die Regierungsgewalt und der Staat den letzten Monarchen!

Die Erklärung Kaiser Karls weicht von den vorgeführten Beispielen erheblich ab. Eine bewußte Fortführung der habsburgischen Monarchie läßt sich überhaupt nicht erkennen: Kaiser Karl hat für sich selbst nicht offengelassen, daß er die Regierungsgeschäfte wie wohl im Fall des Königs von Bayern, jedenfalls ausdrücklich in dem des Großherzogs von Baden eventuell wieder zu übernehmen beabsichtige. Dennoch hat er weder wie Napoleon I. seinen Sohn, nämlich Otto, oder wie sein Vorfahre Kaiser Ferdinand mit seinem Neffen Franz Joseph einen entfernten Verwandten zum Nachfolger bestimmt, noch hat er einen Regenten eingesetzt. Dabei war die Idee einer Regentschaft vorhanden gewesen: Sie hatte, wie erwähnt[334], beispielsweise Erzherzog Eugen gegenüber Präsident Dinghofer geäußert. Auch war Kaiserin Zita sehr bewußt, daß es den Kronprinzen Otto und andere Habsburger gäbe – keine Andeutungen in diese Richtungen finden sich in der Erklärung des Kaisers. Er hat aber auch nicht wie in den skizzierten Beispielen seine bisherige Regierung oder deren Nachfolgerin weiter amtieren lassen, vielmehr diese ausdrücklich ihres Amtes enthoben und keine neue eingesetzt. Die Rolle und das Bewußtsein einzelner Minister, zwar nicht mehr Ressortchefs, aber doch Ratgeber der Krone zu sein, hätten dies nahegelegt. Dennoch: Der Kaiser setzte weder eine schlechthin geschäftsführende noch eine liquidierende Regierung ein!

6. Die Abdankung Kaiser Karls: anteilige Beendigung der Staatsgewalt

Anders als seine monarchischen »Vettern« hatte Kaiser Karl eben nicht bloß auf die »Regierung«, die »Regierungsgeschäfte«, also auf die Teilnahme an einer Staatsfunktion, auch nicht auf den »Thron«, also auf das Monarchenamt, sondern auf wesentlich mehr verzichtet: auf seinen »Anteil an den Staatsgeschäften«. Die Wendung »Anteil an den Staatsgeschäften« ist in mehrerer Hinsicht besonders treffend: »Staatsgeschäfte« bezeichnet die gelebte Staatsgewalt, die Staatsgewalt in ihrer Umsetzung.

Damit aber bedeutete der Verzicht des Monarchen mehr als einen Verzicht auf den Thron im Sinne eines Endes der monarchischen Regierungsform in einem fortbestehenden Staat: Es war dies der Verzicht auf die Staatsgewalt soweit sie dem Monarchen zustand, und zwar mit absoluter Wirkung über den derzeitigen Throninhaber hinaus, also auch für seine Nachkommen. Dies eben war ja beabsichtigt: Beendigung der altösterreichischen Staatsgewalt. Im Sinne der auch dem Staatsgründungsbeschluß zugrundeliegenden Staatselementelehre ging es angesichts des zerfallenden Staatsgebietes des altösterreichischen Staates samt des mit ihm hinschwindenden Staatsvolkes, d. h. wegen der bereits ohnedies eintretenden Nicht-Existenz dieser beiden Staatselemente zufolge der Inanspruchnahme von Staatsgebiet samt Staatsvolk durch neue Staatsgewalten, nicht mehr so sehr um deren als vielmehr um das Schicksal der altösterreichischen Staatsgewalt, und zwar soweit sie noch existierte oder als existierend betrachtet werden konnte. Während die Fragen des Staatsgebietes und des Staatsvolkes durch die neuen Staaten untereinander und auch mit anderen abzuklären sein würden, war zur Beendigung der altösterreichischen Staatsgewalt, d. h. zur konkreten Einstellung ihrer »Staatsgeschäfte«, diese zum Handeln aufgerufen. Die altösterreichische Staatsgewalt stand aber bzw. deren Staatsgeschäfte kamen nicht bloß einem Organ zu, und daher war es notwendig vom »Anteil« zu sprechen. Es war die Regierungsform des österreichisch/cisleithanischen Staates gemäß der Verfassung 1867 die einer konstitutionellen Monarchie, in der Monarch und Volk gemeinsam Träger der Souveränität sind, beide also einen »Anteil« daran haben. Auf den monarchischen Anteil der Staatsgewalt hatte, im Sinne des Konstitutionalismus, nun Kaiser Karl sogar expressis verbis verzichtet.

Dieser Verzicht wurde übrigens noch durch eine weitere Erklärung unterstrichen: Der Kaiser anerkenne »im voraus« die Entscheidung, »die Deutschösterreich über seine künftige Staatsform trifft«. Für den neuen Staat konnte der Kaiser freilich nicht sprechen, in ihm hatte er keinerlei Funktion, einen Monarchen sah der Staatsgründungsbeschluß nicht vor. Juristisch formuliert: Der Kaiser war nicht Organ dieses neuen Staates, er konnte für diesen nicht rechtsverbindlich handeln, da ganz grundsätzlich für diesen »ein Monarch als Rechtsfaktum nicht bestand«[335]. Auch wenn sich Deutschösterreich für eine monarchische Regierungsform entschieden hätte, wäre Kaiser Karl nicht automatisch deren Monarch geworden. Aber darum ging es hier so gar nicht: Politisch bedeutete diese Anerkennung »im voraus« tatsächlich nichts weniger als die Anerkennung der republikanischen Regierungsform in Deutschösterreich durch den Kaiser, was eben den Gehalt, er verzichtete auf die Fortführung des monarchischen Regierungssystems, deutlich verstärkt.

Trotz der rechtlich wie politisch eindeutigen Erklärungen und trotz des ihnen vollauf entsprechenden Handelns erhielt der Thronverzicht rückblickend oft eine andere Deutung. So wurde von einem Verzicht »auf jeden Anteil an den Regierungsgeschäften«[336], »auf die Teilnahme an den Regierungsgeschäften« gesprochen[337], von einem solchen lediglich »auf die weitere Führung der Regierungsgeschäfte«, womit »keine Abdankung« vorliege[338], oder von einem Verzicht auf die »Anteilnahme an den Staatsgeschäften«, die »keine Abdankung, aber einen persönlichen Verzicht« darauf darstelle[339]. Ebenso wurde auch der ungarische Thronverzicht vom 13. November als ein solcher auf den »Anteil an den Regierungsgeschäften« fehlinterpretiert[340]. Das falsche Verständnis in diesen Fällen beruht schlicht auf Fehlzitaten aus der Verzichtserklärung: »Regierungsgeschäfte« statt richtig »Staatsgeschäfte«, »Anteilnahme« statt richtig »Anteil«!

Verglichen mit historischen und zeitgenössischen Beispielen ergibt sich jedoch, daß die Erklärung Kaiser Karls – in paradoxer und ungewollter Weise – jener seines Ahnen Kaiser Franz II. am nächsten kommt: Wie dieser mit seiner Erklärung das gesamte römisch-deutsche Reich zum Erlöschen brachte, so Kaiser Karl, zufolge der anderen Verfassungsordnung, den monarchischen Anteil am österreichisch/cisleithanischen Staate.

7. Die »Abdankung« des Parlaments: endgültige Beendigung der Staatsgewalt

Nach dem Verzicht auf den monarchischen »Anteil« am Staat blieb im Sinne der Verfassung 1867 mit ihrer Fundierung auf dem monarchischen Prinzip und dem der Volkssouveränität dieser zweite »Anteil« am Staate übrig, repräsentiert im Abgeordnetenhaus. So wie der Kaiser auf den monarchischen »Anteil« verzichtet hatte, tat dies nun das Abgeordnetenhaus bezüglich des von ihm repräsentierten Anteils, und zwar gleichfalls nicht ausdrücklich, aber im vollen Bewußtsein des Geschehens.

Zuletzt hatte sich das Abgeordnetenhaus am 30. Oktober vormittags, vor der Staatsgründung also, versammelt gehabt: Wie wir schon wissen, war die Sitzung mit »Rücksicht auf die obwaltenden Verhältnisse» nach nur zwei Minuten Dauer auf den 12. November vertagt worden[341]. An dieser letzten Sitzung des Abgeordnetenhauses am 12. November[342] nahmen nicht nur die Abgeordneten der deutschen Wahlkreise, sondern auch noch Polen, Ukrainer, Südslawen und Rumänen, von diesen sogar Vizepräsident Simionovici, teil[343]. Es ergriff allein Präsident Groß das Wort: Aufgrund der voraufgegangenen Ereignisse, so führte er aus, habe das Haus »mit der Tatsache zu rechnen, daß Österreich zerfallen ist«, und begründete damit die Ansicht, es habe das Abgeordnetenhaus »heute wohl keine Aufgaben mehr zu erfüllen«. Das »Richtigste wäre vielleicht, uns selbst aufzulösen. Dafür gibt uns die österreichische Verfassung, die ja für uns noch Gültigkeit hat, keine Handhabe«: Eine Auflösung hätte nur der Kaiser verfügen können, der aber hatte tags zuvor abgedankt – er konnte nicht mehr handeln, man forderte es auch nicht von ihm. Und so wurde denn vom Abgeordnetenhaus beschlossen, »die heutige Sitzung aufzuheben und keinen Tag für die nächste Sitzung zu bestimmen«. Damit verzichtete auch die Volksvertretung auf ihren Anteil an den Staatsgeschäften, und zwar nicht nur die deutschen Abgeordneten, die bereits auch Mitglieder der Provisorischen Nationalversammlung waren, sondern ebenso die Vertreter anderer Nationalitäten. Für Redlich war dies die »Sterbestunde des Abgeordnetenhauses«[344].

Diese beiden Schritte, der des Kaisers vom 11. November und der des Abgeordnetenhauses vom 12. November, in der Erklärung des ersteren mit ihrem Bezug auf die Anteile an der Staatsgewalt miteinander verbunden, waren essentiell für die Beendigung der altösterreichischen Staatsgewalt – sie war mit diesen beiden zusammengehörenden Rechtsakten in zwei sich ergänzenden Schritten zum Erlöschen gebracht, und zwar bewußt. Das »Ende des alten Staates war nun auch formell zum Ausdrucke gelangt« meinte Ernährungs-Staatssekretär Loewenfeld-Russ schon zum 11. November[345]. »Es war das Ende«, so läßt dies alles Joseph Roth den Bezirkshauptmannsohn Franz Ferdinand Trotta empfinden[346]: »Durch die Mariahilfer Straße ging ich. Ein körniger Regen, mißratener Schnee und kümmerlicher Bruder des Hagels, fiel in schrägen Strichen vom mißgünstigen Himmel. Meine Kappe war nackt, man hatte ihr die Rosette abgerissen. Mein Kragen war nackt, man hatte ihm die Sterne abgerissen. Ich selbst war nackt. Die Steine waren nackt, die Mauern und die Dächer. Nackt waren die spärlichen Laternen. Der körnige Regen prasselte gegen ihr mattes Glas, als würfe der Himmel sandige Kiesel gegen arme große Glasmurmeln. Die Mäntel der Wachtposten vor den öffentlichen Gebäuden wehten, und die Schöße blähten sich, trotz der Nässe. Die aufgepflanzten Bajonette erschienen gar nicht echt, die Gewehre hingen halb schief an den Schultern der Leute. Es war, als wollten sich die Gewehre schlafen legen, müde wie wir von vier Jahren Schießen. Ich war keineswegs erstaunt, daß mich die Leute nicht grüßten, meine nackte Kappe, mein nackter Blusenkragen verpflichteten niemanden. Ich rebellierte nicht. Es war nur jämmerlich. Es war das Ende.«

D. Eine politische Demonstration: das Junktim von Thronverzicht und Republikerklärung

An einem regnerischen Tag im Juni 1917 kehrte Arthur Schnitzler im »Grünen Baum« in der Prossau nächst Badgastein ein. Die Wirtin war bereits Kriegerwitwe, auch ein Sohn gefallen, man besprach »Lebensmittel- und Revolutionsfragen«, dabei meinte die Wirtin: »Mir ist's ganz egal, wer mich beherrscht.« Diese Gleichgültigkeit erfuhr alsbald eine Steigerung:

»Die Bauern kommen als Anarchisten nach Hause« war dann am 21. Oktober im christlichsozialen Parteiklub zu hören[347]. Und am 30. Oktober gab es in der Provisorischen Nationalversammlung eine Stimmung, die Zenker so umriß, man soll offen aussprechen, »daß wir uns in einer Republik fühlen«. Der Druck zur förmlichen Ausrufung der Republik war seitdem immer mehr gestiegen, nicht also erst seit deren Proklamation am 9. November in Deutschland entstanden. Mittlerweile hatte am 11. November der Tiroler Nationalrat »sich für die republikanische Staatsform« erklärt, und zwar als »unzweideutige Stellungnahme« mit der Aufforderung an den Staatsrat, »gleichfalls sich raschestens öffentlich zu erklären«, auch gab es Berichte, daß unter den Bauern Vorarlbergs, Tirols, Kärntens und Oberösterreichs der republikanische Gedanke im Zunehmen begriffen wäre[348]. So ganz von ungefähr kam diese Abkehr von der monarchischen Staatsform auch in den deutschen Alpen- und Sudetenländern nicht. Die Habsburger hatten hier in den letzten Kriegsjahren an Prestige eingebüßt. »Die Sixtusbrief-Angelegenheit hat der Monarchie in Österreich, einer Monarchie, die unerschütterlich festzustehen schien, den ersten starken Stoß versetzt. Sie wirkte namentlich in den deutschösterreichischen Alpenlanden überaus nachhaltig«, so erinnerte sich General Cramon.[349] Der auch »Sixtusaffäre« genannte Vorfall bestand darin, daß Kaiser Karl über die Brüder seiner Gattin, darunter einen Prinzen Sixtus von Bourbon-Parma, der französischen Regierung das Angebot zu Friedensverhandlungen gemacht hatte, welche diese schließlich so verlautbarte, als ob der Kaiser sich darin für die Abtretung Elsaß-Lothringens vom Deutschen Reich an Frankreich eingesetzt hätte, was der Kaiser allerdings, möglicherweise zu Recht, dementierte. Von seinem Schritt hatte er allerdings, und das war der Kern der »Sixtusaffäre«, seinen deutschen Verbündeten nicht unterrichtet gehabt, sodaß sich dieser, Kaiser Wilhelm besonders, zu Recht hintergangen fühlen konnte, was man in weiten Kreisen der deutschen Bevölkerung Österreich/Cisleithaniens dem eigenen Kaiser sehr verübelte. Dazu kamen weitere unliebsame Begleitumstände, etwa auch der, daß die beiden Brüder der Kaiserin in der belgischen Armee Kriegsdienst leisteten, also im Heer eines der Feindstaaten und damit auch gegen Österreich-Ungarn! Ferner war die Person des jungen Kaisers durchaus nicht geeignet, dem monarchischen Gedanken die Herzen zufliegen zu lassen. Kammerschauspieler Fred Hennings, mit »bürgerlichem« Namen ein Edler von Pawlowski, erlebte 1917 Kaiser Karl anläßlich einer Offiziersvorstellung am Bahnhof von Tarvis: »Der Kaiser stand vor mir und ich erstattete meine Meldung. Ich sah mich einem dreißigjährigen, sehr sympathischen jungen Herrn in leichter Salopphaltung gegenüber ... Die Lasche seines Überschwunges, an dem ein Bajonett hing, war nicht ganz in Ordnung, den Schirm seiner hechtgrauen steifen Offizierskappe hatte er, da die Sonne blendete, weit ins Gesicht hereingezogen. Nach den üblichen, nichtssagenden Fragen ... schritt der Kaiser die Front ab, während sich halblinks hinter ihm der Kommandant der Südwestfront, Feldmarschall Erzherzog Eugen, vor mir aufpflanzte. Ein wahrer Leuchtturm an Würde und Haltung, das Muster eines kaiserlichen Prinzen. Bei seinem Anblick wurde es mir nicht nur warm ums Herz, sondern ich empfand auch wieder etwas von der Ehrfurcht und dem Respekt, den einem der verstorbene Monarch eingeflößt hatte,« was also bei dem »jungen Kaiser« gar nicht der Fall gewesen war: Hennings hätte es sich »vorstellen können, ihm auf die Schulter zu klopfen und ihm du zu sagen«[350]! Im neuen, ohnedies sogleich mit der Staatsgründung republikanisch organisierten deutschösterreichischen Staatswesen lag also die »Ausrufung der Republik« in der Luft. Ein Bekenntnis war gefordert, das Wort wollte man hören. Selbst Vorschläge für eine Staatshymne werden die republikanische Regierungsform betonen[351]. Im »Deutschösterreichischen Freiheitslied« von Carl Michael Ziehrer sogleich aus dem Jahre 1918 heißt es: »Ein freies Volk woll'n wir nur sein, /ein Volk vom Volk regiert allein.« Franz Obermann beginnt seine »Nationalhymne aller Deutschen« von 1919 mit »Wir sind das Volk, das thront: Frei nun und gleich/wir sind die Majestät Deutschösterreich!«, und die letzte Zeile jeder Strophe setzt ein mit »Treugruß Dir, Republik!«. Der

9. November bescherte dann das nachahmenswerte Vorbild: In Berlin wurde einerseits die Abdankung Kaiser Wilhelms bekanntgegeben und sogleich darauf die Republik förmlich ausgerufen – beides also gleichsam in einem Atemzuge, wie selbstverständlich als Junktim verbunden.

Am Abend des 11. November 1918 gab es dieses Junktim auch in Österreich/Cisleithanien – vorerst noch als Ankündigung auf Zeitungspapier: Zu diesem Zeitpunkt erschien eine »Extra-Ausgabe« der offiziellen Wiener Zeitung, und zwar allein mit zwei Kundmachungen[352]. Die eine enthält die Erklärung des Kaisers vom selben Tag mit dem zuvor beschriebenen Inhalt. Daran schließt eine weitere an: Es ist dies ein Beschluß des deutschösterreichischen Staatsrats, er werde »der morgen zusammentretenden Provisorischen Nationalversammlung« einen »Antrag zur Beschlußfassung« vorlegen, der vollinhaltlich abgedruckt ist: der Text des Gesetzes »über die Staats- und Regierungsform«. Interessant ist nun der Umstand, daß die Extra-Ausgabe ausdrücklich die Uhrzeit des Staatsratsbeschlusses mit »11 Uhr vormittags« angibt. Damit erhielt die für das Ende des bisherigen Staates bedeutungslose Erklärung, der Kaiser anerkenne »im voraus« die Entscheidung, »die Deutschösterreich über seine künftige Staatsform trifft«, besonderes politisches Gewicht. Für sich allein betrachtet erweckt sie den Anschein, als stünden mehrere Gestaltungsmöglichkeiten offen, als beziehe sie sich auf ein erst in der Zukunft liegendes und vor allem noch ungewisses Ereignis, das dem Kaiser die Hoffnung auf eine monarchische Einrichtung erlaube. Dem aber war eben nicht so. Kaiser Karl hat nachweislich erst am Nachmittag seine Erklärung unterschrieben, zu diesem Zeitpunkt also vom bevorstehenden Nationalversammlungsbeschluß bzw. vom schon gefaßten Staatsratsbeschluß gewußt und damit von der bereits feststehenden Entscheidung über die »Staatsform«, richtiger: die Regierungsform, zugunsten der »demokratischen Republik«. An der bevorstehenden Entscheidung der Nationalversammlung gab es keinen Zweifel, die Mehrheitsverhältnisse waren ja mit jenen im Staatsrat als ihrem Ausschuß identisch. So sollte und mußte aus den beiden Erklärungen samt Uhrzeitangabe gefolgert und konnte plakativ gemacht werden:

Kaiser Karl hat die »demokratische Republik« als Staats- und Regierungsform für Deutschösterreich anerkannt; oder zumindest: Kaiser Karl weiß, Deutschösterreich wird ausdrücklich zur »demokratischen Republik« proklamiert. Das Zuendegehen der alten und der zweite Schritt der neuen Staatsgewalt in den Tagen des 11. und 12. November 1918 standen somit nicht beziehungslos nebeneinander, sondern wurden in mehrfacher Weise äußerst plakativ miteinander verbunden: als bewußtes Junktim!

Plakativ gemacht wurde der Zusammenhang sogar buchstäblich, einmal durch den gemeinsamen Abdruck im erwähnten Extrablatt der Wiener Zeitung, sodann auch durch Plakate, die links in schwarz-gelber Umrahmung die Erklärung des Monarchen und rechts in rot-weiß-roter Umrahmung die des Staatsratsbeschlusses enthielten: zwei Erklärungen also, die zusammengehörten!

Wie die Erklärung des Kaisers mit ihrem spezifischen Wortlaut, so kam auch ihre Junktimierung mit dem Beschluß des Staatsrats bzw. dem bevorstehenden der Nationalversammlung nicht von ungefähr. Sie gehen vielmehr auf den Ministerrat in der Nacht vom 10. auf den 11. November unter zeitweiser Zuziehung von Renner und Seitz sowie auf Planungen des Staatsrats und auf seine Beschlüsse vom Vormittag des 11. November zurück.[353] Die Formulierungen der kaiserlichen Erklärung stammen von Ministerpräsident Lammasch, k. k. Sozialminister Prälat Ignaz Seipel, dem späteren Bundeskanzler, k. k. Finanzminister Redlich und Staatskanzler Renner, genannt wird als sogar alleiniger Autor auch k. k. Unterrichtsminister Hampe.[354] Was Junktimierung und Regieablauf betrifft: Sie legte der Staatsrat fest. Zwischen Ministerrat und Kaiser vermittelte Ministerpräsident Lammasch, zwischen Ministerrat und Staatsrat Staatskanzler Renner, und dies bereits ab der Nacht vom 9. auf den 10. November.

In der Vormittagssitzung des 11. November sah sich sodann der Staatsrat, wie die handelnden Personen schon ab dem 9. November, unter dem Eindruck von vier aktuellen Ereignissen: Diese waren erstens der Thronverzicht Kaiser Wilhelms II. und zweitens die Ausrufung der Republik in Berlin zwei Tage zuvor einerseits, drittens der Druck der extremen Linken mit insbesondere der Roten Garde auf Einrichtung einer Räterepublik sowie viertens – interessanterweise – die Absicht zur Thronentsagung Kaiser Karls andererseits. Nun galt[355]: »Der Kaiser von Oesterreich ist der letzte Monarch auf dem Festland, der letzte Vertreter einer Staatsform und eines Regierungssystems, das durch den Krieg aufs tiefste erschüttert ist.« Renner hielt sogleich zu Sitzungsbeginn fest: »Die Ereignisse in Deutschland ... zwingen uns vorzubauen« und ähnlich späterhin Seitz: »Die Vorgänge in Deutschland haben auf die Massen hier großen Einfluß geübt«, womit gemeint war, daß nun vor allem durch die extreme Linke revolutionärer Druck zur Etablierung eines Rätesystems bestünde. Bedroht sah man durch die Ausrufung der Republik in Deutschland auch das in Aussicht genommene deutschösterreichische Staatsgebiet dadurch an, daß es, in den Worten Renners, »in den Randgebieten« zu Proklamationen eines Anschlusses an Deutschland kommen könne, daß »zu befürchten steht, daß unsere Gemeinschaft zerrissen wird, ein Stück nach dem anderen getrennt diesen Anschluß vollzieht«. Schließlich berichtete Renner, es sei »durch kompetente Leute die Kunde geworden, daß Seine Majestät der Kaiser bereit ist, zu verzichten«, es stünde die »Renunziationserklärung des Kaisers« noch »im Laufe des heutigen Vormittags« bevor und daher wäre es »für uns eine ganz unerträgliche Situation ... wenn wir mit unserer Erklärung hinter jener des Hofes zurückblieben«. Dinghofer pflichtete nicht nur ausdrücklich bei, sondern schlug ein besonders präzises zeitliches Vorgehen dergestalt vor, es müsse die »Ausrufung der demokratischen Republik« unbedingt »gleichzeitig mit der Abdankungserklärung des Kaisers« erfolgen. Dies wurde schließlich zur Meinung des Staatsrates insgesamt: Es sollten die kaiserliche Erklärung wie die deutschösterreichischen Beschlüsse sichtbar wie Zahnräder ineinandergreifen. Der Staatsrat beschloß daher auf Antrag des Präsidenten Seitz: »Gleichzeitig mit dem Thronverzicht Seiner Majestät des Kaisers wird der Staatsrat die Bevölkerung mittels Plakatierung und Publikation in der Tagespresse von der Vorlage des Gesetzentwurfes über die Staats- und Regierungsform von Deutschösterreich an die morgige Nationalversammlung in Kenntnis setzen.« Seitz hatte sogar detailliert davon gesprochen, es müßten, wenn »die Plakate angeschlagen werden, rechts und links, sie diese zwei Kundgebungen enthalten« – tatsächlich erfolgte wie beschrieben die Plakatierung genau auf diese Weise und ebenso kam es auch zur »Publikation in der Tagespresse«!

Und selbst das Geschehen am 12. November im und vor dem Parlamentsgebäude wurde vorprogrammiert, und zwar auf Antrag von Staatskanzler Renner gleichfalls durch einhelligen Staatsratsbeschluß, der wie folgt in der Wiener Zeitung zu lesen war: »Morgen, Dienstag, den 12. d. M., um 4 Uhr Nachmittags findet die feierliche Hissung der Nationalfahne vor dem Sitzungsraume der provisorischen Nationalversammlung statt. Die Präsidenten, der Staatsrat und die Staatssekretäre begeben sich im feierlichen Aufzuge, geleitet von den Mitgliedern der Nationalversammlung, von dem Sitzungssaal über das Atrium auf den oberen Teil der Rampe, wo für sie Plätze reserviert sind. Der Präsident der Nationalversammlung hält eine Ansprache, worauf die Flagge gehißt wird. Im Anschlusse daran finden, von vorher errichteten Tribünen, Ansprachen an das vorbeiziehende Volk statt. Um 5 Uhr ist die Feierlichkeit beendet. Bei der Feier bilden die Truppen des Oberbefehlshabers und die Stadtschutzwache ein Spalier um das Haus.«[356] – Allerdings kam es dann etwas anders. Aber grundsätzlich ging die Regie des Staatsrates auf.

V. Der 12. November 1918: ein »Verfassungsfest«

Die Vorplanung zeigt: Der zweite verfassungsrechtliche Schritt Deutschösterreichs sollte ein inszeniertes Fest sein und hätte sich, bei entsprechendem Ablauf, in die Reihe traditioneller Staatsfeste, besonders der seit der Nordamerikanischen wie auch der Französischen Revolution üblichen Verfassungsfeste, eingereiht, die in Szene gesetzt wurden, um einen Umschwung, um Neues dramaturgisch, vielleicht gar dramatisch vorzuführen.[357]

Wie der 30. Oktober so war auch der 12. November insgesamt[358] ein sonnenloser grauer, nebeliger Spätherbsttag, der in eine frühe Dunkelheit hinüberglitt, nach Mittag hatte es sogar »tüchtig geregnet«, später sah man stellenweise doch »ein Stückchen blauen Himmel« und schließlich: »In purpurnen und goldenen Streifen flammte der Himmel auf im Abendsonnenschein, dann umfloß ein rötlicher Schimmer Dächer und Zinnen, langsam setzte das Zwielicht der Dämmerung ein und verwischte nach und nach die Konturen.«

Seit den Morgenstunden dieses übrigens für die meisten arbeitsfrei erklärten Tages strömten Menschenmengen zum Parlamentsgebäude.[359] »Schon um die Mittagsstunde beginnt sich über die ganze Stadt Feiertagsruhe zu breiten. Die Arbeit ruht, die Läden werden gesperrt, der Verkehr hört auf. Von den Fußgängern haben die meisten das nämliche Ziel. Auf der Ringstraße, auf dem Schwarzenbergplatz sammeln sich schon die Vereine und Gewerkschaften. Nach so vielen Tagen der Depression, der Verbitterung und Gereiztheit blicken die Gesichter zum erstenmal wieder heller, zuversichtlicher.« Vor der Parlamentsrampe »hat man einen Anblick von unvergleichlich lapidarer Eindringlichkeit. Von den obersten Stufen der Rampe, die Gehwege, die Alleen und Straßen, bis zum Burgtheater und bis zu den Museen gibt's kaum einen freien Quadratmeter. Kopf an Kopf stehen sie hier, um eine Tafel, um eine rote Fahne geschart, geordnet und ruhig, ohne wienerisches Gejohle und Gedränge, wie Menschen, die ganz genau wissen, worauf sie warten. Junge Burschen sind auf die Bäume geklettert, andere sitzen rittlings oben auf den Postamenten der Rampenfiguren. Die Kompagnien der Roten Garde, lauter junge Soldaten in neuen Uniformen, halten die Mitte der Ringstraße frei. Auf dem ganzen Platz ist nicht eine Pickelhaube eines Wachmanns zu sehen, ist kein drohendes ›Zurück‹, kein grobes Wort zu hören. Es hat in Wien in verflossenen Friedensjahren Aufzüge, Festzüge, Massenveranstaltungen vergnügten Inhalts gegeben, bei denen es viel bedrohlicher und beängstigender zugegangen ist als in diesem Revolutionsparlament unter freiem Himmel. Man versucht zu schätzen: 30 000, 50 000, 100 000 – aber es ist ganz vergeblich, denn immer kommen noch neue Massen hinzu. Es hat auch gar keinen Sinn, die Zahl zu schätzen: hier steht heute das ganze Deutschösterreich, das ganze Wien, auch jene, die zuhause geblieben sind ... Der Platz vor dem Parlament machte einen zugleich imponierenden und beängstigenden Eindruck. Alles schwarz von Menschen. Die Rampe, die Balustrade, die Stufen, die zum Parterre hinaufführen, in dessen Mitte die Springbrunnenanlage sich befindet, sind von dicht aneinandergekeilten Menschen übersät. Der goldene Helm der Pallas Athene ragt aus einem schwarzen Menschenknäuel hervor und selbst bei den auf hohen Postamenten fußenden Rossebändigern sieht man die Leute Kopf an Kopf. ›Bis zum Parlament!‹ war die Losung gewesen; aber der ungeheure Menschenstrom hatte es mit sich gebracht, daß der Platz vor dem Rathaus, der vor dem Burgtheater desgleichen als Aufstellungsorte dienten und daß sich die Menschenansammlungen beinahe bis zur Universität erstreckten.«

Nicht alle Menschen freilich waren spontan gekommen, es gab »Aufstellungsorte« und die »Kompagnien der Roten Garde«, aber bei weitem nicht nur sie: »Zuerst setzten sich die geschlossenen Arbeiterzüge in Bewegung, die ihren Ausgangspunkt auf dem Schwarzenbergplatz hatten. Da war um halb 3 Uhr nachmittags bereits das Reiterstandbild des Fürsten Karl von Schwarzenberg von einem unübersehbaren Menschenmeer umwogt ... Die Mienen spiegelten die Erkenntnis der historischen Bedeutung des Tages wider und mit anerkennenswerter Pünktlichkeit und Präzison wurden die Weisungen der Ordner befolgt, die Armbinden mit der Aufschrift: ›Ordner der sozialdemokratischen Partei – Arbeiterrat‹ trugen«; weiters: »Die Spitze des Zuges bildeten ungefähr dreißig Ordner, denen die Demonstrationsteilnehmer nach Bezirken folgten.« Ferner »waren auch die Mitglieder der deutschnationalen Vereine in geschlossenem Zuge vor dem Parlamentsgebäude erschienen. Sie hatten sich in der Schauflergasse versammelt und von dort aus den Marsch zum Parlament angetreten«. Filmaufnahmen zeigen nicht nur die einzelnen Menschen, Grüppchen und Gruppen, die zum Parlament strömen, sondern auch Lastkraftwagen, die sie hinbringen. Die Szene dominiert, nicht nur optisch, die Linke und nicht nur die von ihr organisierte Arbeiterschaft: »Unter den Demonstranten befanden sich zahlreiche Frauen und Mädchen, von denen viele die rote Farbe irgendwie in der Kleidung bevorzugt hatten«; und dann beim Parlament: »Die Rossebändiger sind von roten Fahnen umgeben und auch um die Kolossalgestalt der Pallas Athene schimmert es grellrot. Es waren die Fahnen und Abzeichen eines Zuges der Roten Garde, der dort aufgestellt war.« Auch gab es etwas zu lesen: »Im Zuge bemerkte man eine große Anzahl von Fahnen, von denen einzelne die Inschriften trugen: ›Hoch die Sozialistische Republik!‹«; und ebenso beim Parlament: »Quer über die Säulenschäfte des Atriums zieht sich das Band einer mächtigen weißen Standarte. Die Aufschrift in roten Buchstaben lautet: ›Hoch die sozialistische Republik!‹.«

Ein förmlicher Schritt wie der vom 12. November im und vor dem Parlamentsgebäude zu Wien lag seit dem 9. November sozusagen in der Luft: An diesem Tag war zu Berlin von der Rampe des Reichstagsgebäudes und dann nochmals von einem Balkon des Stadtschlosses die Republik ausgerufen worden. Dies bewog in Wien zu einem auch äußerlich ähnlichen Akt.[360] Als am 11. November die kaiserliche Erklärung sowie der Staatsratsbeschluß in der Wiener Zeitung publiziert und dann auch plakatiert worden waren, wußte man: Der morgige 12. November wird eine wichtige Entscheidung bringen, der Kaiser keine Rolle mehr spielen und ausdrücklich festgesetzt sein, daß der Staat eine »demokratische Republik« ist.

Mit dem Verzicht des Abgeordnetenhauses auf jede weitere Tätigkeit im Parlamentsgebäude an der Ringstraße war dieses mit dem Ende seiner letzten Sitzung um 11 Uhr 20 des 12. November sozusagen funktionslos geworden: Das Reichsratsgebäude beherbergte keinen Reichsrat mehr! Diese Funktionslosigkeit war aber nur von kurzer Dauer. In der letzten Sitzung des Abgeordnetenhauses hatte dessen Präsident darauf verwiesen, es stehe nun die »große, mächtige Aufgabe« der Provisorischen Nationalversammlung bevor, »Deutschösterreich aus der konstitutionellen Monarchie hinüberzuführen zur Republik«. Und so harrte der Großteil der Abgeordneten als Mitglieder der Provisorischen Nationalversammlung dieses wichtigsten Schrittes an diesem Tag. Sie hatten sozusagen seit dem Ende der Abgeordnetenhaussitzung um 11 Uhr 20 eine lange Mittagspause bis 15 Uhr, dem Beginn der insgesamt dritten Sitzung der Provisorischen Nationalversammlung bzw. der ersten nach der Staatsgründung. Anders als damals am 30. Oktober brauchten nun die Reichsratsabgeordneten als Nationalversammlungsmitglieder den Sitzungsort nicht zu wechseln: Sie blieben erstmals im Parlamentsgebäude. Allerdings wechselten sie hier das Sitzungslokal: Aus dem großen Sitzungssaal des – ehemaligen – Abgeordnetenhauses zogen sie in den kleineren des – ehemaligen – Herrenhauses. Eine mehrfache Symbolik: Wie bisher der andere Sitzungsort in der Herrengasse unterstrich nun ein anderes Sitzungslokal weiterhin die Diskontinuität, der kleinere Raum manifestierte überdies einen kleineren Staat, ob freilich die sachliche Herrenhausatmosphäre ihre Fortsetzung finden würde, blieb abzuwarten. »Das durch die Glasdecke einfallende Tageslicht mengt sich mit dem Scheine der elektrischen Beleuchtung. Ueber der Uhr an der Stirnseite sind noch die Symbole einer stillgestandenen Zeit zu sehen: der österreichische Adler und die goldene Kaiserkrone. Die Mitglieder der Nationalversammlung besetzen nur einen Teil der vorhandenen Sitze. In der Mitte haben die Deutschnationalen Platz genommen, rechts von ihnen die Sozialdemokraten, links die Christlichsozialen. Was früher Ministerbank war, ist jetzt die

Bank der Staatssekretäre: zumeist lauter wohlbekannte politische Köpfe. Im Saale ist wenig Geräusch und Bewegung, um so lebhafter geht es auf den Galerien zu. Namentlich die erste Galerie ist dicht gefüllt. Nicht mit den exklusiven und eleganten Gestalten, die sich hier sonst als Zuschauer einzufinden pflegten, sondern vom bürgerlichen Publikum. Man setzt sich, stellt sich hin, wo gerade Platz ist. Die jahrzehntelang ängstlich gewahrten Unterschiede zwischen Hof- und Diplomatenloge sind, wie so vieles, ungültig geworden. Alle diese Zuhörer wissen ganz genau, was die Sitzung bringen wird, und dennoch sind alle feierlich gestimmt und gespannt, sieht man erwartungsvoll dem Moment entgegen, wo das Notwendige und Selbstverständliche Ereignis wird.« Um 15 Uhr 19 eröffnet Präsident Dinghofer die Sitzung[361], er »gibt ein Glockenzeichen und spricht einige einleitende formelle Worte, die sich auf die letzte Sitzung beziehen: völlig unpathetisch, als ob es sich um den Beginn einer alltäglichen Geschäftssitzung handelte. Nach einem Nachruf für Viktor Adler wird sofort an die Tagesordnung geschritten.« Auf Antrag des Abgeordneten Teufel, der vor knapp einem Monat das Manifest vom 16. Oktober initiiert hatte, behandelt die Nationalversammlung das schon am Vortag vom Staatsrat als Entwurf beschlossene Gesetz »über die Staats- und Regierungsform von Deutsch-Österreich«. Als Berichterstatter fungiert Staatskanzler Renner: »Auch er spricht zunächst ganz ruhig und unpathetisch. Als er aber dann bei den Worten, daß sich fortan alle Kräfte in voller Freiheit zusammenfinden mögen, die Stimme erhebt, da tönt zum erstenmal Zustimmung durchs Haus. Seine Rede steigert sich mit der Bedeutsamkeit des Inhalts. Die Worte, die den Deutschen in Böhmen gelten und die den Anschluß an die Deutsche Republik verkünden, gehen, bevor sie noch zu Ende gesprochen sind, in dem stürmischen Beifall der Abgeordneten und der Galerien unter. Nach der Rede des Staatskanzlers stellt der Vorsitzende an das Haus die Frage, ob das neue Staatsgrundgesetz ohne Vorberatung zur Abstimmung kommen soll: einstimmig angenommen. Und gleich darauf erfolgt die Abstimmung: einstimmig angenommen. Im Laufe einer Minute hat sich der ganze Umsturz vollzogen, ist ohne überflüssige Worte in aller Ruhe eine neue Staatsform geschaffen worden. Unwillkürlich blickt man auf die Uhr: dreiviertel vier … : Jetzt sind wir also Republik. Der goldene Adler, die goldene Kaiserkrone über der Uhr haben aufgehört Symbole zu sein.« Renners Rede folgte zwar kommentarhaft dem Gesetzestext, seine Ausführungen wurden aber tatsächlich oft von lebhaftem bis stürmischem Beifall unterbrochen, sogar von der Galerie, und am Ende: »Die Versammlung und das Publikum auf den Galerien erheben sich« – ein Kontrast zum 30. Oktober!

Nach der Beschlußfassung des Gesetzes trat Präsident Dinghofer um 15 Uhr 55 mit den beiden anderen Präsidenten und mit Nationalversammlungsmitgliedern auf die Parlamentsrampe hinaus – die Szene auf der Berliner Reichstagsrampe gerät in Erinnerung. Der Platz um das Parlamentsgebäude ist von Menschen dicht besetzt.[362] Ab nun aber lief die Veranstaltung nicht mehr so wie bisher nach dem Programm des Staatsrates ab: Der anhebende Tumult verwirrte sogar professionelle Beobachter, sodaß ein und dasselbe Blatt wie die Neue Freie Presse[363] leicht abweichende Darstellungen enthält. Programmgemäß begann Präsident Dinghofer mit seiner Rede: »Auch das mächtige metallhältige Organ dieses Redners vermag natürlich der akustischen Schwierigkeiten der Situation nicht Herr zu werden … Hier auf der Ringstraße von der Höhe der Rampe aus zu sprechen und gehört oder gar verstanden zu werden, bedeutet eine Aufgabe, der ein Redner nur mit dem Megaphon oder auf andere technische Yankeemanier gerecht zu werden vermöchte. So ahnt man in der Menge nur, was der Redner oben zum Ausdruck bringen will. Der Präsident spricht von dem Deutschösterreich, das im Bau begriffen ist, von der Beseitigung der Vorrechte, von Freiheit und Frieden als den Grundpfeilern der Rechte des Volkes. Er beklagt die Wunden, die dieser furchtbare Krieg geschlagen hat und klagt die Härte an, mit der uns die Machtgier des Siegers bedroht. Aber das Ziel unserer politischen Entwicklung, die Vereinigung mit der jungen Republik Deutschland ist erreicht. Die Zeit des freien Gemeinwesens ist gekommen.« Mit dem Ende der Rede näherte man sich dem szenischen Höhepunkt, der Ausrufung der republikanisch-demokratischen Regierungsform: »Auf den Flaggenmasten sollen die Fahnen in den Farben des neuen Staatswesens aufgezogen werden. Eine Pause tritt ein. Aus der Ferne vermag man nur wahrzunehmen, daß irgendein Hindernis in den Weg geraten sein muß, daß irgend etwas die genaue und exakte Durchführung des in Aussicht genommenen Programms hinderte. Wer etwas entfernter vom Parlamentsgebäude stand, etwa an der Einfriedung des kleinen Rathausparkes, der vermochte wahrzunehmen, daß rings um die Flaggenmaste ein Getümmel entstand. Jetzt hört man das knarrende Geräusch, welches das Aufziehen der Fahnen begleitet. Das Fahnentuch wird sichtbar. Rot-weiß-rot? Nein. Nur ein rotes Fahnentuch wird sichtbar und es vermag sich nicht auszubreiten. Man sieht aus der Farbe, daß der Stoff des Banners zerrissen und zerschlissen ist. Der harrenden Menge bemächtigt sich eine gewisse Nervosität. Die erwartungsvolle Stille, mit der man das Hissen der Fahne verfolgt hatte, geht urplötzlich in ein unruhiges, schier verlegenes Murmeln über ... Erst später erfährt ein Teil, was in Wirklichkeit geschehen war. Demonstranten, die in der Nähe der Maste aufgestellt waren, hatten die rot-weiß-rote Fahne zerrissen und veranlaßt, daß nur der rote Fahnenteil als Banner und Symbol der sozialistischen Republik auf den Mast aufgezogen werde. Oben auf der Rampe schloß Präsident Dr. Dinghofer seine Ansprache mit einem Heilruf auf Deutschösterreich und räumte den Rednerplatz dem Staatskanzler Dr. Renner, der jetzt das Gesetz über die Staats- und Regierungsform von Deutschösterreich und die von der Nationalversammlung erlassene Proklamation an das deutschösterreichische Volk verlas.« In der Parallelspalte lesen wir eine leicht abweichende Variante: Demnach hatte bereits Präsident Dinghofer das beschlossene Gesetz verlesen, Renner konnte nur mit Mühe eine Rede halten, nachhaltigst trat die Rote Garde in Erscheinung, nicht bloß »Demonstranten«. »Präsident Dr. Dinghofer verkündete mit weithin schallender Stimme den Beschluß der Nationalversammlung auf Erklärung der Republik und den Anschluß an Deutschland. Wieder erscholl ein ungeheurer Jubel, aber im weiteren Verlaufe seiner Ausführungen zeigte sich bereits eine merkliche Unruhe und als Dr. Dinghofer das Zeichen zum Hissen der rot-weiß-roten Fahnen gab, kam es zum ersten Zwischenfall. Stürmische Pfuirufe wurden laut, un-

»Die Verkündigung der Republik. Die roten Fahnen gehen hoch« am 12. November 1918; Szene vor dem Parlamentsgebäude, neben dem Sockel des Fahnenmastes weiße Reste des rot-weiß-roten Fahnentuches

terbrochen von neuerlichen Hochrufen auf die sozialistische und kommunistische Republik. Die Fahnen waren in der Menge kaum sichtbar geworden, als sie von Soldaten der Roten Garde, die neben den Fahnenmasten Aufstellung genommen hatten, auch schon wieder heruntergerissen wurden. Die weißen Streifen wurden aus den Fahnentüchern herausgerissen, die beiden roten Teile zusammengebunden und schon wenige Sekunden später sah man die roten Stoffetzen an den Masten emporsteigen. Das war das Signal, auch an anderen Stellen rote Fahnen zu hissen. Ein Zivilist kletterte, von Roten Gardisten unterstützt, auf den Athene-Brunnen und befestigte eine rote Fahne an der vergoldenen Speerstange der Pallas Athene, Mitglieder der Roten Garde in voller Rüstung erstiegen die Brunnenfiguren und die Gruppen der Rossebändiger und pflanzten auch dort rote Fahnen auf. Nur mit Mühe konnte sich Staatskanzler Dr. Renner Ruhe verschaffen und die erregte Menge hörte ihn nach anfänglichen Zwischenrufen verhältnismäßig ruhig an.« Ab nun stimmen die Berichte wieder überein: »Dann sprach Präsident Seitz. Nachdem er geendet hatte, kam Bewegung in die Massen und die Chöre, die ein Arbeitergesangverein nach der Rede Seitz sang, verhallten fast ungehört in dem Lärm der Abziehenden.« Nun aber begann der Eklat: »Die Abgeordneten und Journalisten wollten eben in die Halle zurückkehren, viele Neugierige versuchten sich ihnen anzuschließen und bei dem Eingang entstand ein arges Gedränge. Plötzlich sah man einige Leute, teils Zivilisten, teils Angehörige der Roten Garde, sich den Weg durch die Menge bahnen und zum Haupttor auf die Rampe eilen. Der Unterstaatssekretär für Heerwesen Dr. Deutsch der sich den Leuten entgegenstellen wollte, wurde umringt ... und fragte die Leute nach ihrem Begehr ... Tatsächlich gelang es auch für Augenblicke die Erregten zu beruhigen und das Tor wurde geschlossen. Aber schon wenige Sekunden später waren Soldaten der Roten Garde vor dem Tor, man hörte das klirrende Geräusch der Glasscheiben, die mit dem Gewehrkolben eingeschlagen wurden, und die immer lauter werdenden Rufe der Einlaß Verlangenden.«

Mittlerweile, ab 16 Uhr 35, befanden sich die Abgeordneten wieder im Sitzungssaal, doch mußte die Sitzung nach 45 Minuten unterbrochen werden. Dieser Unterbrechung gingen Rufe wie »Es wird hereingeschossen!« voran, das Protokoll vermerkt »Lebhafte Bewegung und Unruhe«. Auf der Ringstraße vor dem Parlament hatte sich der Tumult zum Chaos gesteigert[364]: »Plötzlich fiel der erste Schuß. Er drang durch die Glasfenster der zweiten Tür in den Vorraum zur Säulenhalle. Die zahlreichen Personen, die dort und in der Halle selbst noch versammelt waren, suchten sich, so rasch dies ging, in Sicherheit zu bringen und die Lichter wurden abgedreht. Bald folgte ein zweiter und ein dritter Schuß und nun wurden in die Säulenhalle förmliche Salven abgegeben. Das Schießen dauerte etwa sechs bis acht Minuten und es dürften gegen hundert Schüsse abgegeben worden sein.« Als der erste Schuß fiel, wurde auch »der Rollbalken eines Fensters heruntergelassen. Die Rote Garde behauptete nun, daß auf sie vom Parlament aus geschossen worden sei, und zwar mit einem Maschinengewehr, welche Behauptung aber nicht zutrifft. Diese Annahme ist vielmehr auf das Herablassen des Rollbalkens zurückzuführen. Hierauf eröffnete die Rote Garde ein Gewehrfeuer, zum Teile in die Luft, zum Teile gegen das Parlament. Infolge der Schießerei entstand eine große Panik. Die Rote Garde zernierte das Parlament und entsendete zwei Vertreter in das Gebäude, wo selbst diese mit dem Präsidenten Seitz, dem Unterstaatssekretär für das Heerwesen Dr. Deutsch und dem Major Henning ungefähr eine Stunde verhandelten. Die Roten Gardisten verlangten vom Präsidenten Seitz die ehrenwörtliche Versicherung, daß vom Parlament aus nicht geschossen worden sei und daß sich im Gebäude keine Maschinengewehre befinden. Ferner verlangten die Gardisten, daß ihnen gewährt werde, das Parlament nach Maschinengewehren zu durchsuchen. Das wurde ihnen zugegeben, doch begnügten sie sich mit der ehrenwörtlichen Erklärung. Von dem Ergebnis der Verhandlungen machten zwei Führer der Roten Garde ihren Leuten Mitteilung, worauf die Gardisten abzogen. Sicherheitswache war im Parlamentsgebäude überhaupt nicht und zur Zeit des ersten Schusses auch nicht in der Nähe anwesend.«

»Panik«: Menschen stieben nach allen Seiten davon, lagen am Boden, suchten Deckung, wurden niedergestoßen und getreten, Schreie und Stöhnen erfüllten die Luft. »Über den Heldenplatz stürmten erregte Menschenmassen. Durch den Volksgarten eilten Leute – obwohl er mit hohen Eisengittern umzäunt und abgesperrt war, waren einzelne in ihrer Angst herübergeklettert –, in der Löwelstraße, am Ministerium vorbei, drängte sich eine schreiende Menge. In dem herrschenden Zwielicht konnte man nicht erkennen, ob es nur eine Fluchtbewegung oder auch eine Angriffsbewegung war«: So verfolgte Außenamtsleiter von Flotow die Szene von seinem Dienstzimmer am Ballhausplatz.[365] Zwei Menschen fanden den Tod, und rund fünfzig wurden verwundet. Arthur Schnitzler, der die Rote Garde als »Bastard aus Wiener Stritzitum und jüdisch-dogmatisch-bösartiger Aktivisten-Wirrköpferei« charakterisierte, notierte, daß »ein welthistorischer Tag in der Nähe nicht sehr großartig aussieht«![366]

Das unter derart bedrohlichen Umständen beschlossene Gesetz wurde im Staatsgesetzblatt als Nummer 5 verlautbart, ist also bereits die fünfte legislative Maßnahme des neuen Staates und, nach Beschlüssen betreffend die National- und Bürgergarde (StGBl. 2), die Aufhebung der Zensur (StGBl. 3) und die Einrichtung von Arbeitsämtern (StGBl. 4), der zweite verfassungsrechtlich bedeutsame Schritt, vor allem mit der Feststellung: »Deutsch-Österreich ist eine demokratische Republik. Alle öffentlichen Gewalten werden vom Volke eingesetzt« (Artikel 1).

Diese ausdrückliche Festschreibung der Regierungsform erst jetzt und nicht schon im Staatsgründungsbeschluß hat man[367] lange Zeit dahingehend verstanden, es sei die Frage der nun ausdrücklich geregelten »Staats- und Regierungsform« vom 30. Oktober an noch nicht entschieden gewesen, jetzt aber, vierzehn Tage danach, mit dem eben erwähnten Satz bestimmt worden: Republik und nicht Monarchie, demokratische Republik und nicht Räterepublik. Eingeräumt werden mußte allerdings doch, daß das demokratische Prinzip schon am 30. Oktober mit dem Satzteil festgelegt worden war, die »oberste Gewalt« werde »durch die ... Provisorische Nationalversammlung ausgeübt«. Nur über die Frage Monarchie oder Republik sei noch keine Aussage getroffen worden, da am 30. Oktober Worte wie »Republik« oder »republikanisch« nicht verwendet wurden. Allerdings hatte man die Worte »Demokratie« oder »demokratisch« auch nicht verwendet, und es wurde dennoch die – richtige – Meinung vertreten, es sei schon am 30. Oktober das demokratische Prinzip verwirklicht worden: der Sache nach vor allem durch das entsprechende Organ, die Provisorische Nationalversammlung. Eben dies war aber auch mit dem republikanischen Prinzip, wie zum Staatsgründungsbeschluß bereits erläutert[368], geschehen, gleichfalls der Sache nach durch entsprechende Organe, den Staatsrat vor allem und auch die Staatsregierung.

Als Renner am 11. November im Staatsrat davon sprach, mit einer drohenden »Regierung unter dem Soldatenrat« würde auch »die Staatsform ... auf dem Spiele stehen«, ging er davon aus, daß diese, richtiger: die Regierungsform, bereits feststand, und so maß er daher dem 12. November die Rolle zu[369], man habe »an dem jungen Geschöpf nur noch den feierlichen Akt der Taufe vollzogen« – »die Nationalversammlung hatte nur mehr auszusprechen, was ist«, nämlich die Existenz einer demokratischen Republik bereits seit der die »Taufe« bedingenden Geburt am 30. Oktober. In eben diesem Sinne stellte auch der Verfassungsjurist Kelsen zum Gesetz vom 12. November ausdrücklich fest, es habe bloß »in der durch die Gesetzesform gewährleisteten Solennität erklärt, was schon durch den Verfassungsbeschluß vom 30. Oktober 1918 rechtlich geschaffen worden war: Die republikanische Staatsform.«[370] Und am 21. November interpretierte das Interessante Blatt die Ereignisse vom 12. November gleich auf der ersten Seite mittels Untertitel nicht etwa als Staatsgründung, sondern als »Proklamierung der republikanischen Staatsform«. Es war eben der neue Staat schon seit seiner Geburt am 30. Oktober und nicht nach einem Schwebezustand von zwei Wochen erst seit dem 12. November Demokratie und auch Republik.

Daß es dabei bleiben sollte, war freilich nicht für alle politischen Kräfte selbstverständlich: Im Staatsrat hatte am Vormittag des 11. November Wilhelm Miklas noch vorgeschlagen[371], es könne die »Frage, ob Republik oder Monarchie, ... nur durch das ganze Volk, eventuell im Wege eines Referendums oder gelegentlich der Wahl der allgemeinen, auf den breitesten demokratischen Wahlrecht aufgebauten Konstituante entschieden werden«, und beantragte »statt ›Republik‹ das Wort ›Monarchie‹« zu setzen, wonach die Regierungsform mit »demokratische Monarchie« umschrieben sein sollte. In der Abstimmung im Staatsrat stimmten daher auch drei Christlichsoziale, Athanas von Guggenberg, Karl Prisching und Miklas, gegen »das Wort ›Republik‹« – gegen »das Wort«, also möglicherweise nicht unbedingt gegen die Sache, zumal sie Miklas dann später als Bundespräsident sogar personifizierte! Am 12. November erfolgte in der Provisorischen Nationalversammlung die Zustimmung zum republikanischen Prinzip dann überdies einhellig.

An diesem denkwürdigen 12. November 1918 dominierte zwar die Straßenszene die extreme Linke, Eintracht aber die Nationalversammlung. Im Parlamentsgebäude waren an diesem Tag mehrere Abgeordnete besonders in Erscheinung getreten: Vom nationalliberalen Lager hatte am Vormittag im Abgeordnetenhaus Präsident Groß durch seinen einstimmig angenommenen Antrag die Tätigkeit des Reichsrats und damit die österreichisch/cisleithanische Staatsgewalt beendet, die Provisorische Nationalversammlung leitete am Nachmittag Präsident Dinghofer, hier stellte der Abgeordnete Teufel den Antrag auf Beschlußfassung des Gesetzes über die Staats- und Regierungsform. Dazu kam gewichtig die sozialdemokratische Handschrift: Verfasser dieses Gesetzes war Renner, auch Referent im Plenum, wie er beides gleichfalls schon zum Staatsgründungsbeschluß gewesen war.

Das Gesetz vom 12. November schrieb die Regierungsform ausdrücklich mit der Wendung »demokratische Republik» fest. Sie wurde in den folgenden Verfassungsarbeiten nicht mehr in Frage gestellt und in die Verfassung 1920 aufgenommen. Dazu trug sehr wesentlich der Umstand bei, daß Deutschösterreich bewußt als neuer Staat etabliert wurde, nicht als gebietsmäßige und verfassungsrechtliche Modifikation des österreichisch-cisleithanischen Staates.

VI. Der weitere Staatsaufbau

A. »Notbau« unter »Notdach«

1. Staatselemente fügen sich zusammen

Für Renner brachte die Staatsgründung am 30. Oktober »gleichsam ein Notdach, die erste Aufrichtung einer öffentlichen Gewalt«, rückblickend sprach Anfang Dezember 1918 der Staatsrat gleichfalls vom »Notbau, der in aller Eile aufgerichtet wurde«[372]. Zu den der Staatsgründung nachfolgenden Gesetzen war Ernährungs-Staatssekretär Loewenfeld-Russ »selbst Zeuge, wie (Renner) einmal in einem Ministerzimmer des Parlaments mit Unterstützung des Abgeordneten Dr. Stefan Licht den Entwurf eines solchen Gesetzes in ein paar Minuten in die Maschine diktierte«[373]. Von vornherein war man darauf gefaßt, den »Notbau« nach kurzer Zeit, soweit notwendig, zu ergänzen und zu verbessern«[374]. Deshalb mußten die am 30. Oktober noch nicht oder nicht im Detail erfaßten Aspekte sukzessive bzw. in der Folge detaillierter geregelt werden. Dies geschah schrittweise und, wie die folgende Chronologie zeigt, unsystematisch, oft nach dem Diktat anstehender Notwendigkeiten bzw. auch schlicht und einfach aufgrund der mehr oder weniger rasch von der Hand gehenden Arbeiten. Aber es lag dem schon ein einheitlicher Plan zugrunde wie dies die am 11. November vom Staatsrat beschlossene Tagesordnung für die Sitzung der Provisorischen Nationalversammlung am 12. November zeigt, denn u. a. waren hier zur Behandlung vorgesehen[375]: »1. Gesetz über die Staats- und Regierungsform von Deutschösterreich; 2. Gesetz über die Einrichtung des Staatsgesetzblattes; 3. Grundgesetz und Staatserklärung über das Staatsgebiet; 4. Grundgesetz über die Staatsbürgerschaft; 5. Grundgesetz über die richterliche Gewalt; 6. Grundgesetz über die Einrichtungen der Landesregierungen; 7. Berichte von Land- und Kreistagen.« Nahezu alle Staatselemente standen also auf der Tagesordnung: Staatsgewalten, Staatsgebiet, Staatsvolk! Allerdings ging es dann doch nicht so zügig voran.

Am 12. November kam es im Gesetz über die Staats- und Regierungsform (StGBl. 5) nicht nur titelgemäß zu deren ausdrücklicher Benennung, sondern es erfolgten noch Regelungen betreffend den Übergang von den bisherigen auf die neuen Behörden und die Festlegung des Staatsziels, Deutschösterreich zu einem »Bestandteil der Deutschen Republik« zu machen[376]. Am selben Tage demonstrierte ein Beschluß der Nationalversammlung »betreffend die feierliche Beitrittserklärung der Länder, Kreise und Gaue« (StGBl. 23) das Staatsgebiet als Kenntnisnahme von Willensäußerungen dieser Staatsteile. In konkreter Realisierung des am 30. Oktober rezipierten dezentralisierten Einheitsstaates samt seinen zum Teil neuen Einrichtungen kam es am 14. November (StGBl. 24) zur gesetzlichen Regelung der sogenannten »Übernahme der Staatsgewalt in den Ländern«. Am 22. November wurden »Umfang, Grenzen und Beziehungen des Staatsgebietes« (StGBl. 40 sowie StGBl. 41) bestimmt, am selben Tag erging das »Grundgesetz über die richterliche Gewalt« (StGBl. 38). Am 4. Dezember folgte die provisorische Einrichtung der Gemeinden (StGBl. 81), am 5. Dezember ein Gesetz »über das Staatsbürgerrecht« (StGBl. 91/1918) sowie am 25. Jänner 1919 eines »über die Errichtung eines deutschösterreichischen Verfassungsgerichtshofes« (StGBl. 48), sodann am 6. Februar 1919 Gesetze »über die bewaffnete Macht« (StGBl. 91), »über den Staatsrechnungshof« (StGBl. 85) und »über die Errichtung eines deutschösterreichischen Verwaltungsgerichtshofes« (StGBl. 88).

Schon während dieses Staatsaufbaues kam es auch zu Umbauten. Am 19. Dezember 1918 (StGBl. 139) wertete die erste Verfassungsnovelle den »Leiter der Staatskanzlei« als nunmehrigen »Staatskanzler« zu einem Ministerpräsidenten auf, stärkte die Stellung des Staatsrates und definierte die des Staatsratsdirektoriums als kollegiales Staatsoberhaupt.

Alle diese unterschiedlichen Akte der Provisorischen Nationalversammlung verband insgesamt ein gemeinsames Anliegen – es waren mit ihnen die wesentlichen Staatselemente festgelegt worden: die Staatsgewalt und ihre Organe grundsätzlich am 30. Oktober und speziell die in den Ländern am 14. November, davon die gesetzgebende Gewalt sowie die Regierungs- und Vollzugsgewalt auch am 30. Oktober und spezieller am 12. November, die allgemeine Gerichtsbarkeit am 22. November und die des öffentlichen Rechts am 25. Jänner sowie am 6. Februar 1919, an diesem Tag schließlich auch die bewaffnete Macht. Als weitere Staatselemente erhielten das Staatsgebiet am 22. November und das Staatsvolk am 5. Dezember ihre gesetzlichen Grundlagen. Die Regierungsform war in der Sache am 30. Oktober und sodann ausdrücklich am 12. November geregelt worden; die Staatsform gleichfalls grundsätzlich am 30. Oktober sowie in bezug auf die Länder im Detail am 14. November und hinsichtlich der Gemeinden am 4. Dezember.

2. Die neuartige Staatsspitze

Eigentlich hätte man den Sitzungssaal des Herrenhauses umbauen sollen. Er wie auch der des ehemaligen Abgeordnetenhauses gingen in ihrer Architektur von einem Gegeneinander aus, dem Halbrund der Abgeordneten bzw. Herrenhausmitglieder auf der einen Seite und, ihnen nahezu frontal gegenüber, die Regierungsbank mit den Ministern. Zwei politische Kraftfelder hatte die Parlamentsarchitektur verfassungskonform einander gegenübergestellt: Dort die gewählten Abgeordneten, hier der vom Kaiser ernannte und von ihm allein abhängige Ministerrat. Das aber entsprach gar nicht mehr der neuen Verfassungssituation: Parlament und Regierung bildeten nun keine zwei politischen Kraftfelder mehr, standen sich als solche auch gar nicht gegenüber, denn die neue Regierungs- und Vollzugsgewalt wurde vom Parlament selbst eingesetzt. Wo Parlamentsbestellung auch heute der Fall ist, trägt dem die Parlamentsarchitektur meist Rechnung: Die vom Landtag eingesetzte Landesregierung sitzt beispielsweise im Falle Vorarlbergs in einem der Sektoren der kreisrunden Landtagsarena, also nahezu mitten unter den Abgeordneten. Auch die deutsche Bundesregierung, da vom Bundestag gewählt, sitzt dieser nicht frontal gegenüber. So in etwa wäre nach dem neuen politischen System Deutschösterreichs auch der Sitzungssaal der Provisorischen Nationalversammlung zu gestalten gewesen, zumal der Staatsrat nicht nur von dieser gewählt, sondern sogar ausdrücklich ihr Vollzugsausschuß war. Dem Staatsrat gehörten daher außer seinen zwanzig Mitgliedern aus der Nationalversammlung auch deren drei Präsidenten an, die hier wie dort abwechselnd den Vorsitz führten.

Diese Konstruktion entsprach und entsprang der Realisierung des nun allein höchsten Verfassungsprinzips, der Volkssouveränität, der organmäßigen Umsetzung des demokratischen Prinzips. Als Repräsentant des alleinigen Souveräns, des Volkes, oblag, wie im Staatsgründungsbeschluß klar ausgeführt, die oberste Gewalt der Provisorischen Nationalversammlung, sie selbst übte davon die gesetzgebende Gewalt aus, während sie mit der Regierungs- und Vollzugsgewalt eben den Staatsrat als ihren Vollzugsausschuß betraute. Dazu kam aber nun noch ein weiterer Gedanke, nämlich der, daß der Staatsrat nicht auch gleichzeitig die Spitze der Verwaltungszweige bildete. Gemäß Staatsgründungsbeschluß führte er »die Geschäfte der Staatsverwaltung nicht unmittelbar, sondern durch Beauftragte«, »Staatssekretäre«, die jeweils einem »Staatsamt« vorstanden (§§ 8 ff.). Daß die Summe der Staatssekretäre »Staatsregierung« genannt wurde (§ 8), war freilich eine terminologische Entgleisung, zu der Kelsen bemerkte[377]: »Die ›Regierung‹ sollte also alles sein, nur gerade keine Regierung«, deshalb, da diese Funktion dem Staatsrat vorbehalten blieb, während die Staatssekretäre, jeweils für ihr Ressort, dessen Weisung durchzuführen hatten. Sie, nicht aber die Staatsratsmitglieder, unterlagen daher der Ministerverantwortlichkeit. Die Funktion Regierung als eine allgemeine Lenkung des Staates und die Leitung der einzelnen Verwaltungszweige legte man nicht in eine Hand! Diesem neuen Modell stand offenkundig bisherige Erfahrung Pate, wonach die einzelnen Minister ihren Verwaltungszweigen durch Verordnungen Rechtsgrundlagen geschaffen hatten, was so der Gewaltentrennung widersprach. Das Organ, welches die Rechtsgrundlage für die Verwaltung schuf, und jenes, welches ihr zufolge konkrete Verwaltungsmaßnahmen setzte, sollten nun getrennt sein.

Die neuartige Staatsspitze war daher insgesamt so zu sehen: Die Provisorische Nationalversammlung verabschiedet als Gesetzgeber eben »Gesetze« als allgemein-generelle Normen im wahren Sinn dieser Umschreibung, eher ohne Regelungen der Details; aufgrund dieser Gesetze erläßt der Staatsrat unter dem Namen »Vollzugsanweisungen« Rechtsverordnungen, also abermals allgemein-generelle Normen, aber nun mit jenem detaillierten Inhalt, welchen die Verwaltung benötigt; aufgrund dieser Rechtsverordnungen wird die Verwaltung mit den Staatssekretären an ihrer Spitze konkret tätig. Dieses Modell veranschaulicht die Festlegung des Staatsgebietes: Das Gesetz vom 22. November 1918 über Umfang, Grenzen und Beziehungen des Staatsgebietes (StGBl. 40) von nur drei Paragraphen (!) spezifizierte gemäß § 3 dieses Gesetzes die Vollzugsanweisung des Staatsrates vom 3. Jänner 1919 über die das deutschösterreichische Staatsgebiet bildenden Gerichtsbezirke, Gemeinden und Ortschaften (StGBl. 4), mit dessen Durchführung »der Staatssekretär des Innern beauftragt« wird (§ 43). Dieser Konstruktion fehlte es nicht an Originalität und rechtsstaatlichem Bemühen: Einerseits sollte sich die Verwaltung nicht ihre eigenen Vorschriften machen können, andererseits aber auch der Gesetzgeber, die Nationalversammlung, der Mühe des Erlasses zu detaillierter Vorschriften enthoben sein. Renner stellte dies auch am Staatsgründungstag so dar[378]: »Die Vollzugsverordnungen, die Verordnungen, die sich an den Staatsbürger richten und Staatsbürgerpflichten begründen, kann die Regierung der Staatssekretäre überhaupt nicht erlassen, sondern nur der Staatsrat – das ist der große Unterschied dabei –, so daß die Regierung eine Verordnung überhaupt nicht wirksam erlassen könnte, die Staatsbürgerpflichten ausspricht. Nicht nur das: Sie bekommt vom Staatsrat auch Dienstesanweisungen und kann nur an ihre Beamten und Diener Dienstbefehle ergehen lassen, aber sich mit Verordnungen an Staatsbürger zu richten« könne sie nicht.

Überdies wählte der Staatsrat, und zwar aus seiner Mitte, noch drei besondere Funktionäre: Den »Leiter seiner Kanzlei«, alsbald inoffiziell Staatskanzler genannt, sowie den »Notar des Staatsrates«, später als »Staatsnotar« bezeichnet, und zwar zur Beurkundung der Ausfertigungen des Staatsrates und da hierunter auch die Gesetze fielen somit der Gesetzesbeschlüsse der Provisorischen Nationalversammlung. Staatskanzler, Staatsnotar sowie die drei Nationalversammlungs-Präsidenten bildeten das sogenannte »geschäftsführende Staatsratsdirektorium« (§ 5). Ein Staatsoberhaupt fehlte somit, ein gewisser Ersatz war damit vorgekehrt, daß die Nationalversammlungspräsidenten den Staatsrat auch »nach außen, somit vor den Staatsbürgern wie vor den Vertretern anderer Staaten und Nationen« zu vertreten hatten (§ 6). Das Modell war nicht bloß unerprobt, sondern – kein Wunder bei der Eile seiner verfassungsmäßigen Fixierung – auch unausgegoren.[379] Zur Rechtslage kam allerdings eine bestimmte Praxis. So gab es Gesetze, deren Vollzug sogleich die Staatsämter ohne Zwischenschaltung des Staatsrates zu besorgen hatten, wie etwa das Gesetz vom 12. November 1918 über das Staatsgesetzblatt (StGBl. 7), das direkt »von sämtlichen Staatsämtern zu vollziehen« war (§ 13). Daher gab es auch Vollzugsanweisungen nicht nur des Staatsrates, sondern auch der Staatsämter, also doch auch Rechtsverordnungen der Verwaltungsspitze. So ordnete beispielsweise das Staatsbürgerrechtsgesetz vom 5. Dezember 1918 (StGBl. 91) an, daß mit seinem Vollzug »der Staatssekretär des Innern betraut« ist (§ 8), der aber nicht nur individuelle Verwaltungsakte setzte, sondern am 30. Dezember 1918 (StGBl. 1/1919) eine eigene Vollzugsanweisung erließ, ohne eine solche des Staatsrates abzuwarten, deren Inhalt in einer näheren Präzisierung des Staatsbürgerrechtsgesetzes wie sogar in einer Art authentischer Interpretation desselben bestand. Aber auch individuelle Verwaltungsakte des Staatsrates bürgerten sich ein[380]. Sodann führte nicht wie vorgesehen ein Staatssekretär, sondern der Staatskanzler den Vorsitz in der Staatsregierung, ohne aber, da ja nicht auch Staatssekretär, der Ministerverantwortlichkeit zu unterliegen. So kam es am 19. Dezember 1918 zur ersten sogenannten Verfassungsnovelle (StGBl. 139): Unter anderem wurden nunmehr die Titel »Staatskanzler« sowie »Staatsnotar« offiziell (§ 3) und beide gleich den Staatssekretären der Ministerverantwortlichkeit unterworfen, womit der Staatskanzler insgesamt die Stellung eines Ministerpräsidenten erhalten hatte.

Ferner wurde das Staatsratsdirektorium auf die drei Nationalversammlungspräsidenten reduziert und mit etwa »Leitung und Verwendung der Wehrmacht« sowie der Ermächtigung zum Abschluß bestimmter Staatsverträge zum kollektiven Staatsoberhaupt gemacht (§§ 6 ff.). Aufgaben und Stellung der Staatsspitze hatten damit eine Präzisierung, aber keineswegs eine Vereinfachung erfahren. Zur Provisorischen Nationalversammlung, dem Staatsrat und der Staatsregierung war nun mit besonderem Gewicht auch noch das Staatsratsdirektorium hinzugetreten.

Diese komplizierte Staatsspitze veränderte die Konstituierende Nationalversammlung knapp zwei Wochen nach ihrer Konstituierung vor allem mit dem Gesetz »über die Staatsregierung» vom 14. März 1919 (StGBl. 179), und zwar nach Kelsens Wertung »radikal«[381]. An die Stelle von Staatsrat, Staatsratsdirektorium sowie bisheriger Staatsregierung trat die Staatsregierung neuer Art. Sie bestand nun aus dem Staatskanzler, in seiner Vertretung aus dem neugeschaffenen Vizekanzler sowie den Staatssekretären, die von der Konstituierenden Nationalversammlung zu wählen waren und daher auch als »Volksbeauftragte« bezeichnet wurden (Art. 1 ff.). Abermals und weiterhin gab es kein eigenes Staatsoberhaupt. In diese Funktion rückte der – einzige – Präsident der Nationalversammlung ein, denn er »vertritt die Republik Deutschösterreich nach außen, empfängt und beglaubigt die Gesandten und ratifiziert die Staatsverträge« (Art. 8). Damit bot sich nun sozusagen das übliche Schema einer republikanischen Staatsspitze: die Konstituierende Nationalversammlung als Parlament, welches – durchaus nicht unbedingt aus seiner Mitte – die Staatsregierung als oberstes Exekutivorgan wählt, das somit die Funktion einer Regierung wie auch die der Leitung der Verwaltung in sich vereinigt. Da die Staatsregierung nunmehr keinen Parlamentsausschuß mehr darstellte wie zuvor der Staatsrat und mit ihrer umfassenderen Befugnis auch der Nationalversammlung gewichtiger gegenüberstand, hatte es nun doch ein bißchen Berechtigung, den Sitzungssaal des ehemaligen Herrenhauses so zu belassen, wie er war: Jetzt konnte hier die aufgewertete Staatsregierung, wenngleich von der Nationalversammlung gewählt, dieser getrost gegenübersitzen.

B. Republikanische Konsequenzen: Landesverweisung und Adelsaufhebung

»Der bekannte Wiener Rechtslehrer Professor Fritz Schwind heißt daher in Deutschland Fritz Freiherr von Schwind«, so ähnlich war ab 1960 in einem bekannten Lehrbuch des Internationalen Privatrechts als Beispiel zu lesen.[382] Deutschösterreich manifestierte seine republikanische Staatsordnung drastischer als das damalige Deutsche Reich. Beide schafften zwar, populär gesprochen, »den Adel ab«, aber auf unterschiedliche Weise – man könnte fast sagen das Deutsche Reich in der Sache und nicht in der Form, Deutschösterreich hingegen in der Form und nur unvollkommen in der Sache. Während hier die sogenannte Adelsaufhebung dazu führte, daß das Führen von Adelsprädikaten verboten wurde – was aus einem Fritz Freiherrn von Schwind einen Fritz Schwind machte –, aber etwa die adeligen Familienfideikommisse bestehen blieben, wurden diese im Deutschen Reich ab der Weimarer Reichsverfassung 1919 aufgehoben, die Adelsprädikate jedoch zum Bestandteil des Namens erklärt – demnach konnte sich weiterhin ein Österreicher namens Fritz Schwind jenseits des Inns Fritz Freiherr von Schwind nennen. Rechtens war es daher, daß des norddeutschen Schriftstellers Ernst von Salomons »Tante Traudchen, eine schon etwas wunderlich gewordene alte Stiftsdame, sich plötzlich hartnäckig zu weigern begann, ihre Steuern zu zahlen und alle Anforderungen und Zuschriften des Finanzamtes zurückgehen ließ oder in den Papierkorb warf, um endlich nach vielen Unannehmlichkeiten und unter eifrigem Zuspruch der Familie und Hinzuziehung eines Anwaltes völlig zu Recht zu erklären, sie habe sich durch die Aufschrift der Briefe nicht zum Öffnen befugt gehalten, nach der Reichsverfassung heiße sie ein für alle Mal ›Edeltraud Graf von Trips‹« und nicht Edeltraud Trips.[383] In Deutschösterreich hingegen hätte auch die schlichte Edeltraud Trips, so deutschösterreichische Staatsbürgerin, Briefe öffnen und Steuern zahlen müssen, denn in Deutschösterreich sollte eben nicht nur der Staat, sondern auch die Gesellschaft republikanisch sein bzw. deren Türschilder, Briefköpfe und Visitenkarten dementsprechend aus-

Die Ausrufung der 1. Republik am 30. Oktober 1918 vom Balkon des Landhauses in
en«: ein Ölbild von Max Frey im Auftrag von Bundespräsident Dr. Karl Renner 1948

2 Reden von Abgeordneten der Provisorischen Nationalversammlung während d
Staatsgründungs-Sitzung am 30. Oktober 1918 vom Balkon des Landhauses in der H
rengasse zu Wien; Szene wie Abb. 1, jedoch in entgegengesetzter Blickrichtung zum C

ntral im Hintergrund rechts: Aquarell »Demonstration vor dem Ständehaus in der Her-
ıgasse anläßlich der Gründung Deutschösterreichs« von Moritz Ledeli 1918

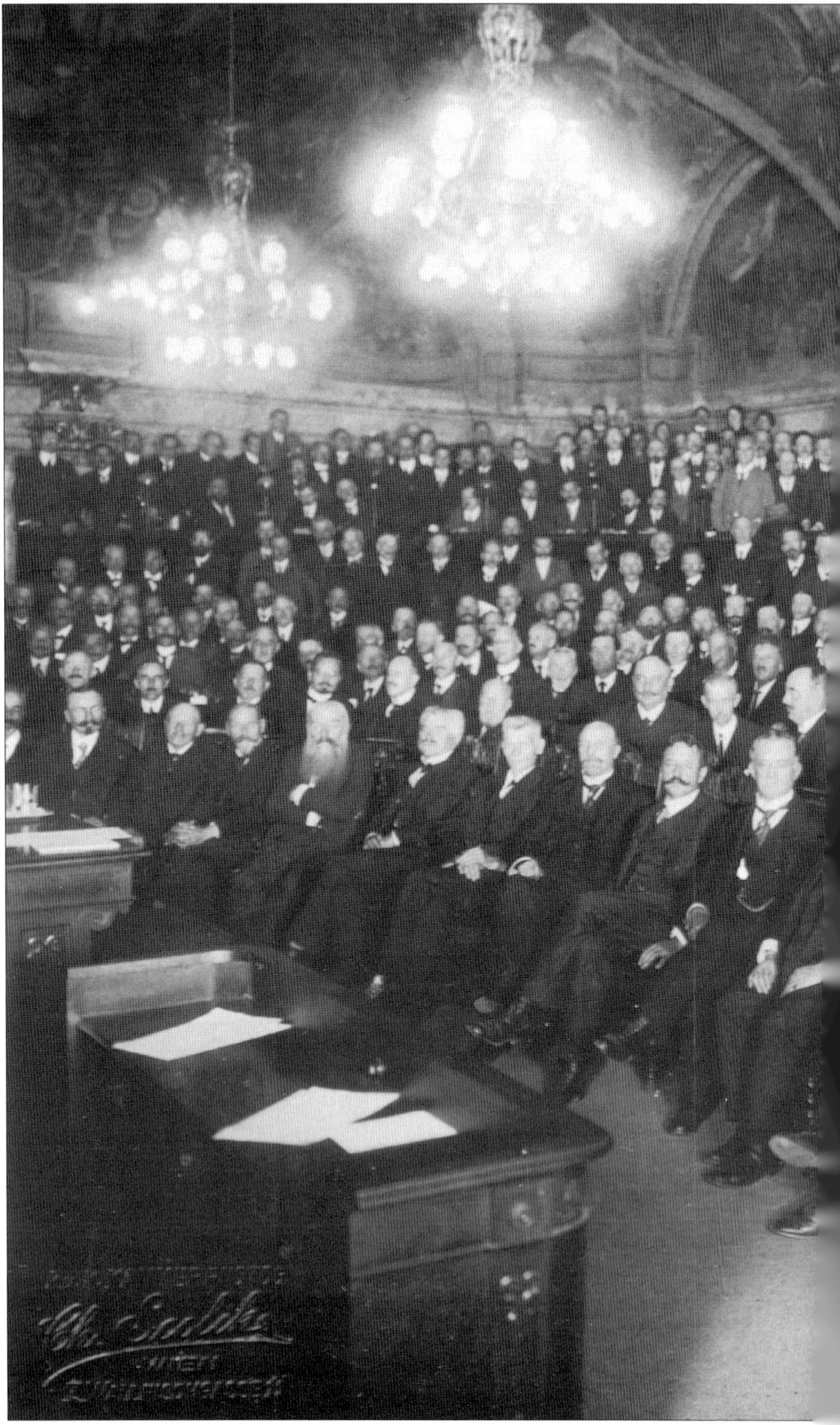

3 Die konstituierende Sitzung der Provisorischen Nationalversammlung am

. Oktober 1918 im alten Sitzungssaal des Niederösterreichischen Landtags in Wien

4 Kronrat: Gemeinsamer Ministerrat unter dem Vorsitz von Kaiser Karl (ganz rechts) u
ter anderem mit dem österreichisch/cisleithanischen sowie dem ungarischen Ministe
präsidenten und den drei k. u. k. Ministern für Äußeres, für Kriegswesen und für Finanz

5 Die drei Präsidenten der Provisorischen Nationalversammlung ab dem 30. Okto
1918, zugleich Präsidenten des Staatsrates sowie Mitglieder des Staatsratsdirektorium

Eine Sitzung der deutschösterreichischen Staatsregierung: die 14 Staatssekretäre unter
em Vorsitz von Staatskanzler Renner (sitzend in der Mitte mit Brille)

Eine Sitzung des deutschösterreichischen Staatsrates, mit vermutlich einigen Ersatz-
gliedern oder Hilfskräften wohl im heutigen Bundesrats-Sitzungssaal im Parlaments-
äude

8 Das »Verfassungsfest« am 12. November 1918 nachmittags: Gruppen, militärisc

'mationen, Ordner und Zuschauer beim Parlamentsgebäude vor der Fahnenhissung

9 Die letzte Sitzung des Abgeordnetenhauses des österreichisch/cisleithanischen Reic
rates am 12. November 1918 vormittags im Abgeordnetenhaus-Sitzungssaal im Pa
mentsgebäude

11 Abreise Ex-Kaiser Karls mit Familie und britischem Geleit am 24. März 1919 in

10 Die erste Sitzung der Konstituierenden Nationalversammlung am 4. März 1919 im ehemaligen Herrenhaus-Sitzungssaal im Parlamentsgebäude

:hweizer Exil: der Sonderzug kurz vor seiner Abfahrt in der Station Kopfstetten-Eckartsau

12 Die Sitzung der Konstituierenden Nationalversammlung am 6. September 191
Bericht Staatskanzler Renners zum Vertrag von St. Germain

Die Verabschiedung der deutschen Funktionäre aus Böhmen, Mähren und Schlesien
:h Nationalversammlungs-Präsident Seitz in Anwesenheit von Mitgliedern der Kon-
:ierenden Nationalversammlung, der Staatsregierung und von einigen Landesregie-
:en am 24. September 1919 im ehemaligen Herrenhaus-Sitzungssaal im Parlaments-
:ude

14 Abzeichen nach der Beschreibung des Staatswappens Deutschösterreichs vom 31. Oktober 1918: Schwarz (Stadttor), Rot (Hämmer samt Umrahmung), Gold (Ähren); eingeflochtenes Fahnenband: Rot-Weiß-Rot

Die Demontage des k. k. Doppeladlers Österreich/Cisleithaniens vom Gebäude der
ten) Landesregierung in Klagenfurt

16 Die gemeinsame Fes
sitzung »80. Jahrestag de
Gründung der Republik
von Nationalrat und Bun
desrat am 12. Novemb
1998 im ehemaligen Abg
ordnetenhaus-Sitzungssa
im Parlamentsgebäude

17 Kronzeuge des 30. O
tober 1918: Staatskanzl
Dr. Karl Renner, der
Bundespräsident 1948 d
Initiative zu einem Ölb
»Die Ausrufung der Erst
Republik am 30. Oktob
1918 vom Balkon d
Landhauses in Wien« v
Max Frey gab (vgl. Abb.

sehen. Daß es aber deshalb im republikanischen Österreich keinen Adel mehr gäbe, das glaubt selbst heute trotz »bürgerlicher« Türtafeln, Briefköpfe und Visitenkarten ohnedies niemand. »Adalbert, vormals Graf Sternberg, geadelt von Karl dem Großen, entadelt von Karl Renner« ließ denn auch der ehemalige Reichsratsabgeordnete Adalbert Graf Sternberg auf seine Visitenkarte drucken, wenngleich er nichts dagegen hatte, einfach »Montschi Sternberg« genannt zu werden.[384]

Die republikanische Konsequenz des Jahres 1919 war jedenfalls die, daß die Konstituierende Nationalversammlung mit Gesetzen gegen die Habsburgerdynastie, gegen bestimmte ausländische Adelige und gegen den inländischen Adel überhaupt Front machte, vor allem mit den drei Gesetzen vom 3. April 1919 betreffend die Landesverweisung und die Übernahme des Vermögens des Hauses Habsburg-Lothringen (StGBl. 209), das sogenannte Habsburgergesetz als Anti-Habsburger-Gesetz, mit einem weiteren über die Abschaffung der nicht im Völkerrecht begründeten Exterritoralität (StGBl. 210) und schließlich mit dem über die Aufhebung des Adels, der weltlichen Ritter- und Damenorden und gewisser Titel und Würden (StGBl. 211). Die hier getroffenen Regelungen zeitigten teils juristische Wirkungen, waren aber andererseits politische Demonstrationen bzw. schufen Vorsorge dafür, daß sich nicht etwa ein monarchisch-adeliger Rest über die Rezeptionsklausel des Staatsgründungsbeschlusses in die republikanische Rechtsordnung eingeschlichen hätte.[385]

Eine gesetzesförmige politische Demonstration war vor allem jene Bestimmung des Habsburgergesetzes, die »Herrscherrechte und sonstige Vorrechte des Hauses Habsburg-Lothringen sowie aller Mitglieder dieses Hauses … in Deutschösterreich für immerwährende Zeiten« aufhob (§ 1). Da die seit dem 30. Oktober 1918 bestehende republikanische Regierungsform, zumal in der Folge mehrfach ausdrücklich bekräftigt, angeborene »Herrscherrechte und sonstige Vorrechte« von wem auch immer ausschloß, war diese Bestimmung eben eine rechtlich überflüssige politische Demonstration. Weder ein Graf von Attnang-Puchheim, um eine Persiflage Lernet-Holenias zu gebrauchen, noch ein Kaiser Karl von Österreich hätten etwa unter Berufung auf angeborene Rechte oder aufgrund von Privilegien der Römischen Kaiser Cäsar und Nero, wie sie die ver- bzw. gefälschten Österreichischen Freiheitsbriefe aus dem Jahre 1358 erwähnen, Steuern einheben oder Hirsche abschießen dürfen. Anders aber stand es mit dem Aufenthalt dieser spezifischen österreichischen Habsburger-Staatsbürger auf deutschösterreichischem Staatsgebiet: So einfach, ohne gesetzliche Grundlage, konnten die neuen Machthaber weder einen Grafen von Attnang-Puchheim noch einen Kaiser von Österreich außer Landes speditieren. Dazu bedurfte es einer gesetzlichen Grundlage. Da es nun Grafen von Attnang-Puchheim nicht gab, sondern bis heute nur eine entsprechende Bahnstation aufgrund des Bahnhofs in der Gemeinde Attnang in der Nähe der Gemeinde Puchheim, man auch keine Ursache gehabt hätte, sie nicht dort oder sonstwo in Deutschösterreich zu belassen, war dies doch anders in Hinblick auf die ehedem regierende Dynastie Habsburg-Lothringen, die eigentlich gar nicht so hieß, sondern eher »Österreich« oder gar »Haus Österreich«[386]: Tatsächlich hätte wohl beispielsweise, »da ein Mitglied des Hauses Habsburg-Lothringen merkwürdigerweise niemals Habsburg-Lothringen geheißen hatte, sondern immer nur Erzherzog beziehungsweise Erzherzogin von Österreich«, der Sohn von Ex-Kaiser Karl, Otto, »nach Streichung seines in Österreich abgeschafften Adels aus seinem Namen, Dr. Otto Österreich heißen müssen«[387]. Aber eine Familie mit »Österreich« fast so zu benennen wie den Staat mit »Deutsch-Österreich«, der jene in gewisser Weise loswerden wollte, oder gar »Haus Österreich« wäre doch eher merkwürdig erschienen, vielleicht sogar als Standesminderung angesichts des gängigen Familiennamens »Österreicher« als Steigerungsstufe von etwa »Dr. Österreich«. Wie auch immer: Der »ehemalige Träger der Krone« wurde bedingungslos »des Landes verwiesen«, hingegen »die sonstigen Mitglieder des Hauses Habsburg-Lothringen nur dann, falls sie nicht auf ihre Mitgliedschaft zu diesem Hause und auf alle aus ihr gefolgerten Herrschaftsansprüche ausdrücklich verzichtet und sich als getreue Staatsbürger der Republik bekannt haben« (§ 2). Ohne hier auf weitere Details einzugehen, war es also allen Mitgliedern der Habsburgerdynastie durchaus möglich, im Staate zu verbleiben, soferne sie eine derartige Erklärung abgaben – mit Ausnahme des Ex-Kaisers Karl: Da er am 3. April 1919 bereits außer Landes weilte, gab es für ihn absolut keine Rückkehrmöglichkeit. Die Landesverweisung hätte nach Vorstellung der Staatsregierung wesentlich schärfer ausfallen und »alle Mitglieder des Hauses Habsburg-Lothringen sowie des Hauses Bourbon-Parma« ohne jegliche Möglichkeit einer Verzichtserklärung[388] erfassen sollen, und zwar unter Hinweis sowohl auf die »Sicherheit der Republik« sowie darauf, daß die Verzichtserklärung vom 11. November 1918 nur Deutschösterreich betraf, nicht aber das übrige ehemalige Staatsgebiet, damit nicht Staaten, »mit denen die Republik Deutschösterreich in Frieden und Freundschaft leben will«. Die Landesverweisung des Hauses Bourbon-Parma, also der Familie der Ex-Kaiserin Zita, entfiel, da man diese als Ausländer ohnedies gegebenenfalls abschieben könne, die unbedingte Landesverweisung der Habsburger erschien unbillig, denn von diesen gab es nicht nur eine ganz große Zahl, vor allem waren die meisten durchaus an anderen Dingen als an Politik oder gar Restauration interessiert. Auch das Motiv mit dem betroffenen Ausland kam nicht in den Gesetzestext, die Landesverweisung wurde hier nurmehr mit dem »Interesse der Sicherheit der Republik« motiviert (§ 2). Schließlich ging es im Habsburgergesetz auch noch um nicht unbeträchtliche vermögensrechtliche Fragen, sie seien aber hier, da kaum am Rande des Themas stehend, gleichfalls nicht verfolgt. Jedenfalls boten sie die Rechtsgrundlage dafür, daß die Amtsräume des republikanischen Staatsoberhauptes der Republik Österreich sich in der Hofburg, in dem nach Kaiser Leopold I. benannten Leopoldinischen Trakt, befinden, wo in der Flucht der Zimmer alle möglichen Habsburger von den Wänden blicken, in die Vorhänge die österreichische Kaiserkrone eingewebt ist und bis vor kurzem das Tafelgeschirr bei Staatsbanketten das kaiserliche Wappen trug, sodaß es – neben dem Bundespräsidenten selbst – nur ein einziges republikanisches Symbol gibt, nämlich auf dem durch all diese Räume führenden langen roten Läufer die Bordüren mit ihren – Kruckenkreuzen just aus der Zeit des Ständestaates!

»Ich habe weder Anlaß noch Beruf, mich von einem fremden Prinzen ... im Tone des Befehlenden zur Erfüllung meiner Pflicht ... auffordern zu lassen«, so beschwerte sich 1875 der Statthalter der Steiermark Baron Kübeck bei Kaiser Franz Joseph[389]: Mit dem »fremden Prinzen« war Don Alfonso de Bourbon y Austria Este, der Bruder des spanischen Thronanwärters Don Carlos gemeint, der in Graz seinen Wohnsitz genommen hatte, hier allerdings in einer oft provokanten Weise auftrat, die im April 1875 heftigste Demonstrationen hervorrief. Derartige residenzhafte Aufenthalte verstärkte Kaiser Franz Joseph insoferne, als er durch, wie nun der Verfassungsausschuß der Konstituierenden Nationalversammlung annahm, »zweifellos ungesetzliche Verfügungen« das Vorrecht der Exterritorialität auch Personen einräumte, welchen diese nach Völkerrecht nicht zukommen konnte wie Mitgliedern des Hauses Bourbon ältere Linie, dem Herzog Don Miguel (Michael) von Braganza, bestimmten Personen des Hauses Liechtenstein, vor allem schlechthin dem jeweiligen Fürsten von Liechtenstein und seinen Angehörigen. In den Genuß dieser Sonder-Exterritorialität kamen somit recht unterschiedliche Personenkreise. Den einen bildeten exilierte Könige samt ihrem Anhang, über den sie wie auch dieser mit den regierenden sowie anderen Habsburgerlinien verschwägert waren und dies oft mehrfach. Don Miguel von Braganzas Vater beispielsweise hatte 1834 Portugals Thron verlassen müssen, eine seiner Schwestern war mit Franz Josephs Bruder Karl Ludwig verheiratet, eine andere mit dem zuvor erwähnten Don Alfonso und eine weitere mit dem Vater der späteren Kaiserin Zita – man versteht, daß sie alle die schützende Hand des Kaisers beschirmte. Aus dem hier »Bourbon, ältere Linie« genannten Zweig der französischen Königsdynastie war Karl X. 1830 nach Österreich ins Exil gekommen, sein Enkel Heinrich, als Thronprätendent »der Fünfte«, war mit einer Este-Modena verheiratet, womit wir gleichfalls bei unserem Don Alfonso anlangen wie auch bei einer der habsburgischen Sekundogenituren. Domiziliert waren die Exilierten südlich Wiens, etwa in Seebenstein und Frohsdorf, nicht unfern vom habsburgischen Sommersitz Reichenau und von Schloß Schwarzau, dem Exilort weiterer

Bourbonen aus Parma, wo der künftige Kaiser Karl die künftige Kaiserin Zita von Bourbon-Parma heiratete! Diese Häufung an exterritorialen Exilierten führte zu ihrer Zusammenfassung als »Personen, wohnhaft zwischen Neusiedlersee und Schneeberg«[390]. Mit den Liechtensteins verhielt es sich anders: Exterritorialität wurde hier wohl deshalb verliehen, weil mit der Souveränität des Fürstentums Liechtenstein oftmals auch die des Fürsten in Zweifel gezogen wurde. Mangels gesetzlicher Bestimmungen wäre die Ansicht durchaus vertretbar gewesen, daß die Rezeptionsklausel des Staatsgründungsbeschlusses diese Rechte auch in die Rechtsordnung Deutschösterreichs übergeführt habe. Im republikanischen Staat hätte es damit monarchisch-adelige Vorrechte gegeben, vor allem die Herausnahme aus der Gerichts- und Exekutivgewalt und die, was der Verfassungsausschuß eigens festhielt, »bedeutsame Steuerfreiheit«. Das war auch ein handfestes Argument: Mit der Bestimmung, das »Vorrecht der Exterritorialität steht nur Personen zu, die darauf nach den Grundsätzen des Völkerrechtes Anspruch haben« (§ 1), hob das zweite dieser April-Gesetze die eben beschriebene Exterritorialität auf.

Das dritte der April-Gesetze schließlich brachte vor allem die Aufhebung der »äußeren Ehrenvorzüge« (§ 1) des Adels, das heißt, die der »Adelsbezeichnungen, Titel und Würden« (§ 2), wobei deren »Führung«, also nicht die Anrede durch andere Personen beispielsweise, immerhin mit einer Geldstrafe bis zu 20 000 Kronen belegt wurde, ein Betrag, der erst in den Inflationszeiten zur Lappalie wurde. Da im Titel des Gesetzes eigens genannt, soll erklärt werden, was »weltliche Ritter- und Damenorden« sind: Es sind dies[391] die »Korporationen« jener, die mit identischen »Orden und Ehrenzeichen« geschmückt sind, also beispielsweise das Ordenskapitel der Maria-Theresien-Ritter – sie hatten, wie der Verfassungsausschuß bemerkte, als »den demokratischen Prinzipien nicht entsprechende spezielle Institutionen ... keinen Platz« im Staatsgefüge mehr. Nicht berührt wurde aber das Tragen sozusagen der Vereinsabzeichen, also der auch heute noch sogenannten sichtbaren Auszeichnungen, der »Orden und Ehrenzeichen«. Ihre Verleihung weiterhin war freilich untersagt. Daß alsbald auch Republiken nicht ohne Dekorationen auskommen können, gehört zum Erfahrungsschatz gerade in den Erste-Weltkriegs-Nachkriegszeiten. Republiken sind eben Staaten wie Monarchien auch, Vereinigungen von Menschen, die sich in ihnen Verdienste erwerben wie auch in ihren Vereinen, Klubs und ähnlichem, das Bedürfnis, Verdienste zu ehren, und zwar sichtbar, ist daher auch Republiken nicht fremd. Deutschösterreich aber hatte 1918/19 diese Erfahrungen noch nicht gemacht.

C. Grundsätzlich »Provisorisches«

»Traurige Ausblicke in die Zukunft Wiens und Deutschösterreichs«[392], so notierte Arthur Schnitzler am 7. Dezember 1918 in sein Tagebuch. Tatsächlich berechtigte im Dezember 1918 schier gar nichts zu irgendeiner Euphorie: Zwar gab es vom theoretischen Standpunkt aus ein nahezu geschlossenes Verfassungswerk, aber die Zukunft lag im Dunkel des Ungewissen.

Nur provisorischen Charakter maß ihrer eigenen Bewertung nach die Provisorische Nationalversammlung überwiegend ihren Beschlüssen zu. Dafür gab es allerdings Vorbilder: Das Provisorische Gemeindegesetz 1849 (RGBl. 170) hatte die österreichische Gemeinde geschaffen, wobei, wie auch bei anderen Gesetzen, das »Provisorische« daher rührte, daß derartige Gesetze gemäß § 120 der Verfassung 1849 (RGBl. 150) nicht vom erst zu wählenden Reichstag – den es dann freilich nie gab –, sondern allein vom Kaiser erlassen worden waren. Um dieses »Provisorische« von Gesetzen eines nichtgewählten Organs konnte der verfassungsgeschichtlich beschlagene Renner[393] sehr wohl gewußt haben. Jedenfalls sah die Provisorische Nationalversammlung es als ihre Aufgabe an, am 30. Oktober eine nur »provisorische Verfassung« zu erlassen[394], auch die nachfolgenden »Ergänzungen und Verbesserungen« sollten »den provisorischen Charakter der Verfassung nicht ändern«[395], ausdrücklich als »provisorische Verfassung« wertete die Konstituierende Nationalversammlung am 14. März 1919 das Vorgefundene (StGBl. 179). Am 30. Oktober hatte die Provisorische Nationalversammlung ausdrücklich festgehalten, sie werde die »oberste Gewalt« nur »einstweilen« ausüben, die rezipierten »Gesetze und Einrichtungen« standen nur in »vorläufiger Geltung« (StGBl. 1), die am 14. November geschaffenen Landesversammlungen hatten nur »provisorischen« Charakter (StGBl. 24), die »Ergänzung der bestehenden Gemeindevertretung« war nur eine »einstweilige« (StGBl. 81), und das »Gesetz über die bewaffnete Macht« brachte 1919 nur »vorläufige Bestimmungen« (StGBl. 91). Die meisten Gesetze der Provisorischen Nationalversammlung erwähnten jedoch diesen provisorischen Charakter nicht. Anders als die bewaffnete Macht wurde die richterliche Gewalt schon 1918 ausdrücklich in einem »Grundgesetz« geregelt (StGBl. 38), vor allem den Regelungen der Staats- und Regierungsform, des Staatsgebietes und der Staatsbürgerschaft fehlt jeder Hinweis auf ein Provisorium. Dennoch wurden auch derartige Neuregelungen als ein solches angesehen. So erfolgte etwa die Errichtung des deutschösterreichischen Verfassungsgerichtshofs nahezu analog zum bisherigen Reichsgericht, obwohl dessen »Reformbedürftigkeit« dem Staatsrat sehr wohl bewußt war, mehr noch aber, es reichten »weitgehende Reformen« über die »Kompetenz der provisorischen Nationalversammlung hinaus, sie müssen der konstituierenden Nationalversammlung vorbehalten bleiben«[396]. Aus anderen Gründen hatten auch die Festlegungen des Staatsgebietes keinen definitiven Charakter, denn hier standen die Grenzziehungen durch völkerrechtliche Verträge noch bevor.

Allerdings besaßen alle diese Regelungen, die nicht als provisorisch ausgegebenen ebenso wie die »provisorischen«, juristisch gleiche Geltung bis zu einer Aufhebung durch welchen Gesetzgeber auch immer: durch die Provisorische Nationalversammlung selbst wie etwa insbesondere kraft ihrer Verfassungsnovelle vom 19. Dezember 1918 (StGBl. 139), durch die Konstituierende Nationalversammlung wie sogleich in ihrer ersten Sitzung am 4. März 1919 (StGBl. 180), sogar erst durch den Gesetzgeber aufgrund der »definitiven« Verfassung, den Nationalrat ab 1920. Wie aber die »provisorischen« Regelungen juristisch nicht provisorisch waren, so die »definitiven«[397] auch nicht definitiv, da sie ebenso wie jene Abänderungen durch spätere Gesetzgeber unterlagen – die Verfassung 1920 wurde 1929 entscheidend und seither in Details rund 500 mal verändert.[398] Einem Gesetz ausdrücklich nur »provisorische» oder »vorläufige« Geltung zu bescheinigen, verstand sich daher nicht als juristisches Kriterium, sondern als politische Wertung, etwa dahingehend, daß »mit deren Abänderung in absehbarer Zeit von vornherein gerechnet wird«[399], ja eigentlich als politischer Auftrag an die Konstituierende Nationalversammlung, Neues zu schaffen – eben mit der von ihr zu erlassenden Verfassung. Wie die »oberste Gewalt« auf sie übergehen mußte, so war das als provisorisch Eingestufte von ihr nochmals zu überdenken: natürlich auch die oberste Gewalt, sodann die pauschal rezipierten Einrichtungen, konkret die Landesvertretung sowie die Gemeindevertretung, das Heerwesen und etwa auch die Verfassungsgerichtsbarkeit. Hingegen waren die nicht als provisorisch ausgegebenen oder angesehenen Regelungen beizubehalten wie die Staats- und Regierungsform oder im wesentlichen auch das Staatsgebiet. Hinsichtlich der Regierungsform hat die Konstituierende Nationalversammlung am 12. März 1919 (StGBl. 174) ausdrücklich deren Festlegung als »demokratische Republik« vom 12. November 1918 (StGBl. 5) »wiederholt, bestätigt und bekräftigt«, wohl um das eventuell Provisorische dieses von der Provisorischen Nationalversammlung erlassenen Gesetzes zu entkräften.[400] Tatsächlich blieb es auch in der »definitiven« Verfassung 1920 bei der »demokratischen Republik«, und die dann völlig andere Grenzziehung nahm man in der Konstituierenden Nationalversammlung als aufgenötigt nur unter Protest hin. Ebenso wie die Regierungsform hatte das eben erwähnte Gesetz vom 12. März 1919 auch die Anschlußerklärung vom 12. November 1918 »wiederholt, bestätigt und bekräftigt«; sie aber hob das Gesetz vom 21. Oktober 1919 (StGBl. 484) ausdrücklich auf, sowohl jene vom 12. November 1918 wie die vom 12. März 1919: So war eben auch »Definitives«, sogar wenn »wiederholt, bestätigt und bekräftigt«, dennoch kurzlebig!

D. Das Staatsgebiet im Detail

Die schon am 30. Oktober gewünschte gesetzliche Festlegung des Staatsgebietes erfolgte am 22. November 1918 mit dem Gesetz »über Umfang, Grenzen und Beziehungen des Staatsgebietes von Deutschösterreich« (StGBl. 40). Als »Staatsgebiet« (§§ 2 f.) galt, damit der traditionellen Wortbedeutung von Deutschösterreich entsprechend, »das geschlossene Siedlungsgebiet der Deutschen« innerhalb Österreich/Cisleithaniens, über das die »Republik Deutschösterreich« die »Gebietshoheit« ausübt (§§ 1 f.). Die konkrete Festlegung dieses Staatsgebietes erfolgte durch eine Aufzählung der zugehörigen »Länder« allenfalls mit Zusätzen oder Einschränkungen. Demnach »umfaßt« die Republik (§ 1): Österreich unter der Enns einschließlich des Kreises Deutsch-Südmähren und des deutschen Gebietes um Neubistritz; Österreich ob der Enns einschließlich des Kreises Deutsch-Südböhmen; Salzburg; Steiermark mit Ausschluß der geschlossenen jugoslawischen Siedlungsgebiete; Kärnten mit eben demselben Ausschluß; Tirol mit Ausschluß des geschlossenen italienischen Siedlungsgebietes; Vorarlberg; Deutschböhmen; Sudetenland; schließlich, ohne Zugehörigkeit also zu einem dieser Länder, »die deutschen Siedlungsgebiete von Brünn, Iglau und Olmütz«. Die nähere Festlegung des Staatsgebietes sollte durch den Staatsrat unter Angabe der entsprechenden »Gerichtsbezirke, Gemeinden und Ortschaften« (§ 3) erfolgen. Diesem Gesetz folgte eine »Staatserklärung« vom selben Tag zum selben Thema (StGBl. 41). Sie stellt fest, daß durch das eben erwähnte Gesetz jenes Gebiet bestimmt worden sei, über welches Deutschösterreich »die volle Gebietshoheit ausübt« (Pkt. 1). Zusätzlich dazu, also zum Staatsgebiet, definiert die Erklärung einen »Rechtsbereich«, zu dem sie die »in den Siedlungsgebieten anderer Nationen eingeschlossenen, allein oder überwiegend von Deutschen bewohnten oder verwalteten Sprachinseln, Städte, Gemeinden und Ortschaften« Österreich/Cisleithaniens zählte, die »bis zur verfassungs- und völkerrechtlichen Sicherstellung ihrer politischen und nationalen Rechte unter der Hoheit der Republik Deutschösterreich« verbleiben, konkret bis dahin »ihre bisherige Vertretung in der provisorischen Nationalversammlung« beibehalten und »den Gesetzen und Behörden von Deutschösterreich« unterstellt sein sollten (Pkt. 2). Der »Rechtsbereich« unterschied sich damit inhaltlich-sachlich nicht vom Staatsgebiet, allerdings zeitlich, da er befristet war. Trotz der Definition, insbesondere des Hinweises auf »Sprachinseln«, zählten aber die von Brünn, Iglau und Olmütz zufolge des Gesetzes vom selben Tage nicht zum Rechtsbereich, sondern zum Staatsgebiet, sollten also auf Dauer dem Staate Deutschösterreich zugehören. Wie das Staatsgebiet hatte der Staatsrat auch den Rechtsbereich näher zu bestimmen (Pkt. 3), was allerdings, im Gegensatz zu jenem, nicht geschah. Weiters legte die Erklärung »ein zwischenstaatliches Verwaltungsgebiet« fest, ein Kondominium also, nämlich Deutschösterreichs, der Tschechoslowakei und Polens in bezug auf das »Industriegebiet im äußersten Norden Ostmährens und Ostschlesiens, einschließlich der Sprachinsel Bielitz-Biala«, da es »ein einheitliches Wirtschaftsgebiet« darstelle, auf das die genannten Staaten »gleichermaßen Anspruch haben«. Wie auch der Rechtsbereich sollte »dieses Gebiet seine bisherige Vertretung in der provisorischen Nationalversammlung« behalten und »den bisherigen Gesetzen und Behörden unterstellt« bleiben (Pkt. 4). Eine weitere eigene Erwähnung fanden die »geschlossenen deutschen Siedlungsgebiete der Komitate Preßburg, Wieselburg, Ödenburg und Eisenburg« mit dem Hinweis, sie gehörten »geographisch, wirtschaftlich und national zu Deutschösterreich, stehen seit Jahrhunderten in innigster wirtschaftlicher und geistiger Gemeinschaft mit Deutschösterreich und sind insbesondere der Stadt Wien zur Lebensmittelversorgung unentbehrlich«, so daß »diesen deutschen Siedlungen das gleiche Selbstbestimmungsrecht zuerkannt (werden müsse), das nach wiederholten Erklärungen der ungarischen Regierung allen anderen Völkern Ungarns eingeräumt ist« (Pkt. 5). Weiters wurde ein »nationaler Interessenbereich« definiert, und zwar hinsichtlich der deutschen Minderheiten in Ungarn und überhaupt in den Nachfolgestaaten Österreich-Ungarns, deren »Bestand, ihre Zukunft und ihre nationalen Beziehungen zu Deutschösterreich völkerrechtlich zu sichern« wären (Pkt. 6). Schließlich umschrieb die Erklärung einen »wirtschaftlichen und kulturellen Interessenbereich« aufgrund von »seit undenklicher Zeit bestehenden Verkehrs- und Handelsbeziehungen« zur Adria, zum Balkan und dem nahen Orient, wohin »die volle Freiheit der Handels- und Verkehrswege« für »Lebensnotwendigkeiten« Deutschösterreichs geboten sei (Pkt. 7).

Alle diese Bestimmungen, vom Staatsgebiet bis zum wirtschaftlich-kulturellen Interessensbereich, galten ausdrücklich als »Grundsätze«, nach denen »das innerstaatliche Leben zu ordnen und die notwendigen völkerrechtlichen Abmachungen zu treffen« wären, was zuvor ausdrücklich nur zum Staatsgebiet und Rechtsbereich erwähnt worden war: Hier sah man sich offenkundig nicht so sehr auf »völkerrechtliche Abmachungen« angewiesen. Auch fällt auf, daß man im Zusammenhang damit offenkundig glaubte, innerhalb des ehemaligen Österreich/Cisleithanien mehr Gestaltungsmöglichkeiten zu haben als gegenüber Ungarn, von dem man das angrenzende geschlossene deutsche Siedlungsgebiet nicht einfach als Staatsgebiet in Anspruch nahm.

Es mag bezeichnend sein, daß der Staatsrat dem ihm erteilten Auftrag, den Rechtsbereich näher zu determinieren, nicht nachkam, sehr wohl aber dem anderen, das Staatsgebiet bis hin zur Bestimmung von Ortschaften festzulegen – dies geschah erst gut einen Monat nach dem Gesetz vom 22. November 1918 mit der Vollzugsanweisung vom 3. Jänner 1919 (StGBl. 4).

Allerdings hatte sich die Provisorische Nationalversammlung schon zuvor detailliert mit dem Umfang des Staatsgebietes zu beschäftigen gehabt, und zwar in Hinblick auf die Wahlen zur Konstituierenden Nationalversammlung mit der dafür zu erlassenden Wahlordnung vom 18. Dezember 1918 (StGBl. 115). Mit diesem Gesetz wurde das schon hier ausdrücklich genannte »Staatsgebiet« für »die Zwecke der Wahlen« in Wahlkreise eingeteilt (§ 1), wobei der »Anhang zu § 1 der Wahlordnung« die Details angibt. Zu Niederösterreich – diese Bezeichnung steht statt Österreich unter der Enns – zählen nicht nur die Wiener Wahlkreise und die traditionellen »Viertel«, sondern weiters der »Znaimer Kreis«; Oberösterreich – statt Österreich ob der Enns – umfaßt neben Linz und Umgebung sowie auch hier die traditionellen »Viertel«

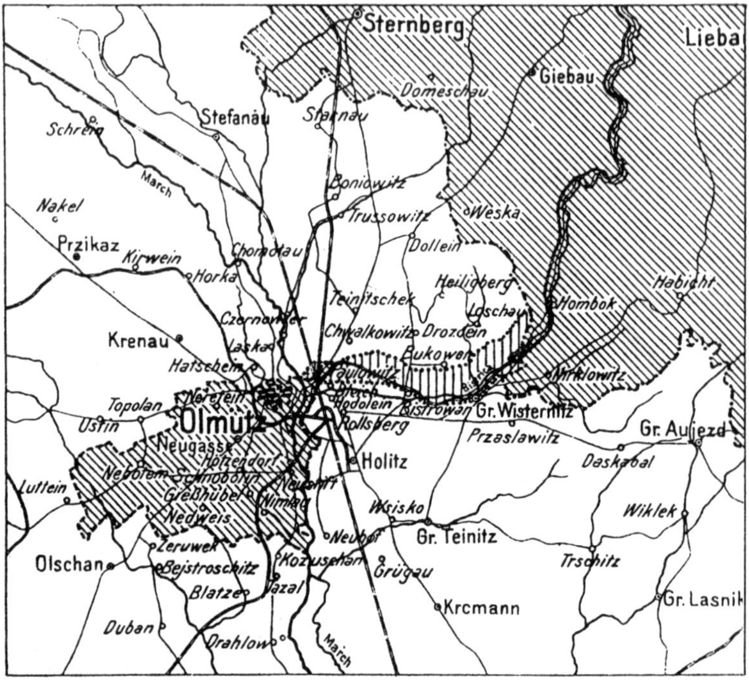

»Die Sprachinsel Ölmütz und das geschlossene deutsche Siedlungsgebiet« (schräg schraffiert) sowie, als Verbindung zwischen beiden, das »für die Vereinigung notwendige Gebiet« (vertikal schraffiert), welches allerdings nicht als Staatsgebiet in Anspruch genommen wurde

den »Böhmerwaldgau«; die Steiermark erfaßt auch noch »Untersteier« ohne eine Gemeinde bei Radkersburg, allerdings mit der Ortschaft Oberradkersburg; Kärnten ist bereits »aus Krain die Gemeinde Weißenfels« zugeschlagen, allerdings die Gemeinde Seeland ausgegliedert; Tirol umfaßt neben Nordtirol auch Deutsch-Südtirol; Deutschböhmen besteht aus den Kreisen Reichenberg-Trautenau, Böhmisch-Leipa, Teplitz, Komotau, Karlsbad und Eger; Sudetenland aus »Westschlesien und Kuhländchen« sowie »Schönberger Kreis und Schönhengstgau«; als nicht zu einem Land gehörige »Einschlußgebiete« zählen »Brünn und Umgebung«, »Olmütz und Umgebung« sowie die »Sprachinsel Iglau-Stecken«; undefiniert konnte allein Vorarlberg bleiben. In allen Fällen erfolgte die »Feingliederung« durch die Angabe von

Gerichtsbezirken mit der schon zitierten Ausnahme von Kärnten, »Teile« von Gerichtsbezirken sind zu Deutsch-Südtirol ohne nähere Präzisierung genannt, während die einzelnen Einschlußgebiete ausschließlich durch die Aufzählung von Gemeinden definiert sind. Gewählt werden sollte also nur im Staatsgebiet gemäß Gesetz vom 22. November 1918, nicht aber in dem mit der zusätzlichen Staatserklärung definierten Rechtsgebiet. Dieses wurde eben als vorübergehendes, befristetes Staatsgebiet behandelt – eine Vertretung in der Konstituierenden Nationalversammlung sollte es nicht mehr haben.

Die Vollzugsanweisung vom 3. Jänner 1919 wählte für ihre Festlegung des Staatsgebietes eine etwas verwirrende Systematik. Das »Staatsgebiet Deutschösterreichs« wurde durch die Aufzählung der bisherigen Kronländer bestimmt, ergänzt um Abzüge oder Zuschläge, die beide ähnlich wie in der Wahlordnung überwiegend durch Gerichtsbezirke und zum Teil durch Gemeinden und sogar Ortschaften umschrieben wurden. In dieser sozusagen auf die Kronländer rückblickenden Weise wurde etwa festgestellt, daß zum »Staatsgebiet« u. a. »Österreich ob der Enns« gehöre, wie weiters, daß als »mit Oberösterreich zu vereinigendes Verwaltungsgebiet« bestimmte Gemeinden in bestimmten Gerichtsbezirken zählten. Oberösterreich war demnach ein vergrößertes Österreich ob der Enns. Es möge als Beispiel dafür dienen, daß es nun, gegenüber der Nationalversammlungs-Wahlordnung 1918, zu einer detaillierteren Feinabstimmung des Staatsgebietes kam. Hatte sie zum Beispiel im Böhmerwaldgau die Gerichtsbezirke Bergreichenstein, Gratzen, Kalsching, Kaplitz, Krumau, Neuern, Prachatitz und Winterberg zur Gänze als Staatsgebiet in Anspruch genommen, so sollten jetzt davon nicht alle Gemeinden zu Deutschösterreich gehören, dafür aber auch Gemeinden der Gerichtsbezirke Netolitz, Holletitz, Neugedein, Schüttenhofen, Schweinitz und Taus! Bei Niederösterreich vermehrten sich die als Kreis Deutschsüdmähren reklamierten Gebiete gegenüber dem Znaimer Kreis der Nationalversammlungs-Wahlordnung 1918 ganz erheblich: Hier waren Gemeinden aus den Gerichtsbezirken Zlabings, Datschitz, Jamnitz, Mährisch-Krumau, Seelowitz, Nikolsburg und Porlitz gar nicht erwähnt worden, während hingegen die dort ohne Einschränkungen genannten Gerichtsbezirke Frain, Auspitz und Lundenburg nun nicht zur Gänze Aufnahme fanden. Deutschsüdmähren war übrigens gegenüber der Nationalversammlungs-Wahlordnung eine Neuschöpfung und umfaßte vom dortigen Znaimer Kreis, wie erwähnt, nahezu sämtliche Gebietsteile ohne Neubistritz, welches nunmehr mit etlichen Gemeinden des Gerichtsbezirkes Neuhaus als eigenes »mit Niederösterreich zu vereinigendes Verwaltungsgebiet« galt. Dies bzw. ähnliches geschah auch hinsichtlich anderer Länder, die Einschlußgebiete hingegen blieben unverändert. Im wesentlichen durchforstete die Vollzugsanweisung die bisherigen Kronländer und teilte diese oder aus ihnen Teile den – neuen – Ländern bzw. den Einschlußgebieten zu. Daraus ergab sich hinsichtlich der ehemaligen Kronländer Böhmen, Mähren und Schlesien, daß das von ihnen nicht beanspruchte Gebiet – aus der Sicht Deutschösterreichs – tschechoslowakisches Staatsgebiet sei.

Die kleinste Zuteilungs- oder Abtretungseinheit bildete übrigens nicht die Gemeinde, sondern in manchen Fällen sogar deren Unterteilung, die »Ortschaft«. So sollten etwa zu Oberösterreich »alle Gemeinden des Gerichtsbezirkes Bergreichenstein« geschlagen werden, außer neun Gemeinden, darunter die Gemeinde Nezditz, letztere jedoch »mit Ausnahme der Ortschaft Zosum«, die so also doch zu Oberösterreich gezählt wurde. Insgesamt läßt sich sagen, daß die Festlegung des Staatsgebietes im Jänner 1919 über die der Nationalversammlungs-Wahlordnung von rund drei Wochen zuvor hinaus ging, allerdings auch Einschränkungen erfuhr.

Die akribische Festlegung des Staatsgebietes bis hin zur Aufzählung von Ortschaften konnte auf Erfahrungen und Erhebungen Österreich/Cisleithaniens zurückgehen, die dazu dienten, territoriale Zuteilungen des Nationalitätenbestandes zu treffen. Das war vor allem für die Wahlen zum Abgeordnetenhaus des Reichsrats und auch für manche Landtage geschehen, um, wie eingangs erwähnt[401], möglichst national geschlossene Wahlkreise zu schaffen. So hatte es etwa in der Reichsrats-Wahlordnung 1907 (RGBl. 17) Zuteilungen ähnlich wie in der nunmehrigen

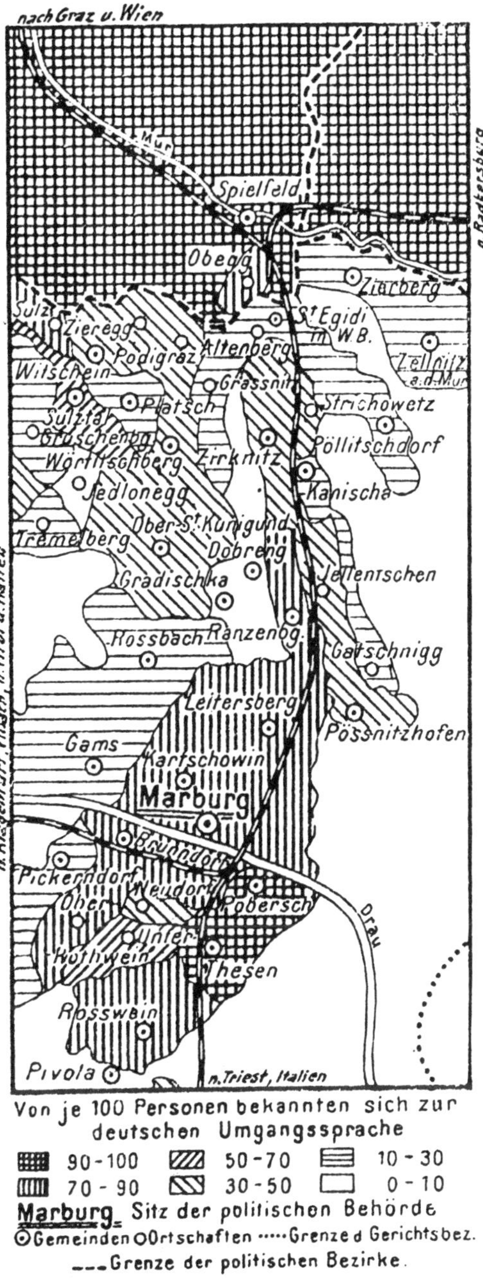

Detaillierte Dokumentation der Nationalitätenverhältnisse durch die »Flugblätter für Deutschösterreichs Recht«: »Marburg und Umgebung« mit umliegenden, deutschen Gebieten mit unterschiedlicher Dichte der deutschen Bevölkerung.

Nationalversammlung-Wahlordnung gegeben, allerdings jeweils korrespondierende deutsche und tschechische. Vom schon erwähnten Gerichtsbezirk Bergreichenstein zählten Gemeinden wie Malec, Nezditz und Ostruzno zum tschechischen Wahlkreis 68, Gemeinden wie Großhaid, Innergefild und Ziegenruck zum deutschen Wahlkreis 124.[402] In ähnlicher Weise wurde noch in letzter Stunde versucht, das Kronland Böhmen administrativ in einen deutschen und einen tschechischen Teil durch die Schaffung von national einheitlichen Verwaltungsbezirken, zusammengefaßt in ebensolchen Kreisen, zu trennen. Demnach sollten mit 1. Jänner 1919 Kreishauptleute in sieben tschechischen und vier deutschen Kreisen einen Teil der bis dahin vom Statthalter wahrgenommenen Aufgaben übernehmen.[403] An dieser Neuordnung konnte sich beispielsweise der Böhmerwaldgau orientieren, nämlich an der Abteilung I des neuen Kreises Budweis mit den neugeschaffenen Bezirkshauptmannschaften Bergreichenstein, Neubistritz und Neuern sowie den neugestalteten in Kaplitz, Krumau und Prachatitz.

Was somit den Experten bewußt und durchführbar war, dokumentierte überaus umfassend 1919 die Schriftenreihe »Flugblätter für Deutschösterreichs Recht« als »Recht« auf nationale Selbstbestimmung der Deutschen in Österreich-Ungarn insgesamt. Unter den Autoren der insgesamt vierzig Hefte befanden sich höchst qualifizierte Wissenschafter wie etwa die Historiker Alfons Dopsch und Hans Pirchegger, die Staatsrechtslehrer Rudolf Laun und Karl Gottfried Hugelmann, der Statistiker Wilhelm Winkler. Die Themen behandelten überwiegend Grenzfragen wie etwa die »Staatsgrenze Deutschösterreichs in Steiermark« bzw. »auf Kärntner Gebiet« (Hefte 2 und 3), beschrieben die in Anspruch genommenen Gebiete wie etwa »Die Iglauer Sprachinsel« (Heft 5), »Der deutsche Böhmerwaldgau« (Heft 11) oder »Das steirische Draugebiet« (Heft 25), wozu zahlreiche wirtschaftliche Abhandlungen wie etwa »Die wirtschaftliche Lage des Sudetenlandes« (Heft 26) und auch staatsrechtliche Erörterungen etwa »Für die Selbstbestimmung Deutschböhmens« oder »Der Anschluß Deutschösterreichs an Deutschland« (Hefte 7 und 18) kamen. Wie ein roter Faden durchzieht alle diese Darstellungen als einheitlicher, für die Zukunft wirksamer Gedanke die Idee des nationalen Selbstbestimmungsrechtes.

Das von Deutschösterreich in Anspruch genommene Staatsgebiet sah, wie schon einmal erwähnt[404], kurios, ja gleichsam anlehnungsbedürftig aus. Die Alpen- und Donaugebiete stellten bereits ein auffallendes, lang hingezogenes Gebilde dar, was aber etwa im Vergleich mit dem ebenfalls länglichen Norwegen noch hingehen konnte. Deutschböhmen und Sudetenland aber saßen wie eine Sichel auf diesem Fundament auf, noch dazu angeklebt bloß an eine von dessen Kanten – tatsächlich gab es an dieser Nahtstelle zwischen dem Böhmerwaldgau und Deutschböhmen nordöstlich von Regensburg keine passable Verbindung, ja nach manchen Karten (vgl. Vorsatz) überhaupt keinerlei Zusammenhang! Im wesentlichen war das Staatsgebiet in die Alpen- und Donauländer einerseits und Deutschböhmen samt Sudetenland andererseits geteilt – dazu kamen die drei Einschlußgebiete von Brünn, Iglau und Olmütz. Diese Konfiguration des Staatsgebietes, zumal die Teile der ehemaligen Kronländer Böhmen, Mähren und Schlesien, machen es erklärlich, daß gerade der böhmisch-mährisch-schlesischen Sichel wegen, eingeklemmt zwischen dem Deutschen Reich und der jungen Tschechoslowakei, eine Anlehnung entweder an diesen oder jenen Staat sich bei jedem Blick auf die Landkarte aufdrängte. Besonders die Abhängigkeit von der Tschechoslowakei nicht nur im Hinblick auf das bislang identische Staats- und Wirtschaftsgebiet, sondern vor allem wegen der Verkehrsverbindungen war evident: Von Wien führte die Franz-Josephs-Bahn in die Gebiete von Eger-Karlsbad durch tschechisches Gebiet, die Nordbahn über Brünn und Olmütz bis nach Troppau ebenso, und von Gmünd oder über Brünn nach Aussig oder Reichenberg durchfuhr man das Herz Böhmens mit Prag.

Was das »einheitliche Wirtschaftsgebiet« Nordostmährens und Ostschlesiens anlangt, so ging auch von diesem selbst eine Initiative aus, die freilich nicht ganz mit den Absichten Deutschösterreichs übereinstimmte.[405] Hatte die Staatserklärung vom 22. November 1918 (StGBl. 41) diese Landstriche als »zwischenstaatliches Verwaltungsgebiet«, als Kondominium der Staaten Deutschösterreich, Tschechoslowakei und Polen, geplant, so zielte eine »Delegation der deutschen Parteien Nordostmährens und Ostschlesiens« vorerst in eine andere Richtung. Eine Resolution an die Friedenskonferenz forderte, sehr wohl in Kenntnis der eben erwähnten Staatserklärung, für das »ostmährisch-schlesische Industriegebiet, umfassend den politischen Bezirk Mähr.-Ostrau, die Stadt Mistek mit Kolloredow, das ganze Herzogtum Teschen (Ostschlesien) und die westgalizischen Gemeinden Alzen, Biala, Lipnik und Wilamowitz« die Anerkennung als »ein neutrales Gebiet mit allen Attributen staatlicher Selbständigkeit; der Völkerbund stellt die Unverletzbarkeit dieses neutralen Gebietes unter seinen Schutz«. Man wünschte also – zumindest vorläufig – einen selbständigen neutralen Staat, kein Kondominium!

In der Faktizität des Staatslebens kam das von Deutschösterreich in Anspruch genommene Staatsgebiet nur beschränkt zu echter Entfaltung. Zum besonderen Prüfstein wurden die Wahlen zur Konstituierenden Nationalversammlung im Frühjahr 1919: Sowohl in der böhmisch-mährisch-schlesischen Sichel samt den dortigen Einschlußgebieten und in den von italienischen bzw. südslawischen Truppen besetzten Teilen waren sie nicht durchzuführen – bei aller Zustimmung der Bevölkerung zu Deutschösterreich griff dessen Staatsgewalt hier ins Leere[406]. Was Deutschösterreich zufolge der beschriebenen Festlegung seines Staatsgebietes »das besetzte Staatsgebiet« nannte wie im entsprechenden Gesetz vom 12. März 1919 (StGBl. 175), war für die »Besatzungsmächte« überwiegend ihr eigenes, das ihnen zugehörige Staatsgebiet.

E. Ohne Liechtenstein

In Liechtenstein ist der 30. Oktober 1918 gleichfalls ein Datum von einiger Bedeutung, denn es begann die neue Sitzungsperiode jenes Landtags, der erstmals aus direkten Wahlen hervorgegangen war.[407] Am 7. November trat der vom damals noch in Wien regierenden Fürsten eingesetzte Regierungschef, Landesverweser Leopold von Imhof, zurück, worauf die Mehrheit des Landtages als neue Regierung einen Provisorischen Vollzugsausschuß wählte. Das bedeutete immerhin, daß an die Stelle der konstitutionellen Monarchie mit einer vom Fürsten eingesetzten Regierung eine parlamentarische Monarchie mit einer vom Parlament gewählten getreten wäre. Von der überwiegenden Mehrheit des Landtags getragen nahm der Provisorische Vollzugsausschuß seine Tätigkeit in Vaduz auf. Trotz dieses Umschwungs gehört es aber in das Reich der Legende, das Fürstentum Liechtenstein habe sich Deutschösterreich anschließen wollen: »Eine Dreierabordnung reist nach Wien, um dem neuen konstituierenden Landtag die Bitte um Anschluß Liechtensteins an Deutsch-Österreich zu unterbreiten«, und zwar am 6. November 1918. Welcher konstituierende Landtag – in Wien! – hätte das sein sollen? Auch kamen die Ereignisse in Liechtenstein erst am 7. November 1918 ins Rollen. Tatsächlich waren, aber eben erst nach diesem Datum, der Vorsitzende des Provisorischen Vollzugsausschusses sowie der zurückgetretene Landesverweser nach Wien gefahren, um vom Fürsten die Bestätigung des ersteren als Regierungschef zu erhalten. So war zwar eine Delegation nach Wien gereist, allerdings keine »Dreierdelegation«, und sie kontaktierte auch nicht etwa die Provisorische Nationalversammlung, sondern den Regierenden Fürsten von Liechtenstein. Schließlich, Mitte Dezember, ernannte dieser seinen Neffen Prinz Karl von Liechtenstein zum Landesverweser, worauf der Vollzugsausschuß zurücktrat: Am 17. Dezember wählte der Landtag zwei weitere Regierungsräte. Nicht nur die Monarchie, sondern die – gar nie angezweifelte – Selbständigkeit Liechtensteins blieb erhalten. Gerade das Gegenteil eines Anschlusses an Deutschösterreich bestimmte diese Ereignisse: Das Festhalten an der monarchischen Regierungsform, wenngleich mit dem Wunsch nach stärkerer Demokratisierung, den schließlich die neue Verfassung 1921 erfüllte, das heißt, dem Landtag größeres Gewicht gegenüber dem Fürsten einräumte. Hier blieb es also bei der monarchischen Regierungsform, dort, in Deutschösterreich etablierte man das republikanische Prinzip. Es sollte aber nicht bei diesem einzigen Auseinanderdriften bleiben. Liechtenstein war mit zahlreichen Banden Österreich/Cisleithanien eng verbunden gewesen, nämlich mit einer nahezu einheitlichen Rechtsordnung bis hin zum Oberlandesgericht Innsbruck als liechtensteinischem oberstem Gerichtshof, mit österreichischer Post- und Telegraphenverwaltung, mit österreichischer Eisenbahnverwaltung und nicht zuletzt als Teil des österreichischen Zoll- und vor allem Währungsgebietes. Nun aber kam der Abschied von der doch weitestgehend gemeinsamen Geschichte: Liechtenstein löste seine Verbindungen zu Deutschösterreich und schloß sich immer mehr der Schweiz an. Was Vorarlberg – wie wir noch hören werden – nicht gelungen war, das unternahm Liechtenstein, freilich aus der ganz anderen Position eines souveränen Staates heraus.

VII. Das Konzept bricht zusammen

A. Die unvollständige Konstituierende Nationalversammlung

Als »Hauptaufgabe der Provisorischen Nationalversammlung«[408] galt neben der Schaffung einer provisorischen Verfassung die Einberufung der Konstituierenden Nationalversammlung. Dafür schuf sie am 18. Dezember die Grundlagen, und zwar insbesondere mit der Nationalversammlungs-Wahlordnung (StGBl. 115). Die Wahlen zur Konstituierenden Nationalversammlung erfolgten am 16. Februar 1919, womit die Existenz der Provisorischen Nationalversammlung ihr Ende fand (StGBl. 114 § 1). Am 4. März 1919 trat die neue Nationalversammlung erstmals zusammen.

Hauptaufgabe der Konstituierenden Nationalversammlung war es nun, Deutschösterreich eine sogenannte definitive Verfassung zu geben. Vorerst aber bestätigte und modifizierte sie die bestehende Verfassungsordnung, und zwar insbesondere mit den Gesetzen »über die Staatsform« vom 12. März 1919 sowie »über die Volksvertretung« vom 14. März 1919 (StGBl. 174, 179), wobei das letztgenannte Gesetz ausdrücklich festhielt, es bleibe die »provisorische Verfassung der Republik Deutschösterreich … in Geltung«, soweit sie nicht abgeändert werde. Das geschah sogleich am selben Tag durch das weitere Gesetz »über die Staatsregierung« (StGBl. 180), welches das Regierungssystem durch die Abschaffung des Staatsrates wesentlich vereinfachte.

Bereits das Zustandekommen des ersten gewählten Parlaments Deutschösterreichs ließ für den jungen Staat Unheilvolles erwarten. Zur Konstituierenden Nationalversammlung sollten »im geschlossenen Staatsgebiet 250 und in den Einschlußgebieten 5 Abgeordnete« gewählt werden (StGBl. 114 § 2); letztere bildeten Brünn samt Umgebung, Olmütz samt Umgebung und die Sprachinsel Iglau-Steken (StGBl. 115 Anhang). Die Wahlen waren allerdings in den von Deutschösterreich zwar beanspruchten, aber in den von Italien und den slawischen Staaten besetzten Gebieten nicht durchführbar gewesen, nicht also in Südtirol, in der Mittel- und Untersteiermark, in Deutschböhmen, im Sudetenland sowie in den Einschlußgebieten.[409] So konnten die Wahlen in nur 25 von insgesamt 38 Wahlkreisen stattfinden und selbst von den diesen 25 Wahlkreisen zugewiesenen 170 Mandaten nur 159 ordnungsgemäß besetzt werden. Für diesen Fall hatte die Nationalversammlungs-Wahlordnung (StGBl. 115 § 40) vorgesorgt: Bei Unmöglichkeit der Durchführung der Wahl »in Folge von Krieg, von inneren Unruhen, Störungen des Verkehrs oder aus anderen Gründen« durfte der Staatsrat die Wahl an anderen Orten anordnen oder im »äußersten Notfalle« aus den »behinderten Gebieten unter gewissenhafter Berücksichtigung der Parteiverhältnisse selbst die gebührende Zahl von Vertretern in die Nationalversammlung« einberufen. Als dieser »Notfall« wie beschrieben tatsächlich eingetreten war, nahm die Konstituierende Nationalversammlung dieses Recht mit Gesetz vom 12. März 1919 »über das besetzte Staatsgebiet« (StGBl. 175) selbst in Anspruch, aber nur zum Teil. Sie kooptierte bloß acht Abgeordnete für die Wahlkreise Mittel- und Untersteiermark sowie drei für Deutsch-Südtirol, wo die Wahlen doch nicht zur Gänze verhindert worden waren. Nicht gewählt und auch nicht kooptiert wurde in bzw. für Deutschböhmen, Sudetenland und die Einschlußgebiete. Dies geht auf das von den Sozialdemokraten vorgebrachte Argument zurück, man habe Rücksicht auf die Alliierten und in gewisser Weise auch auf die Tschechoslowakei zu nehmen[410]: Würde man für das besetzte Staatsgebiet im vollen Umfange Abgeordnete kooptieren, also ernennen, stünden in der Nationalversammlung, so die nicht ganz exakte Zählung, den 162 gewählten 92 nichtgewählte Abgeordnete gegenüber; die Alliierten könnten demnach die Nationalversammlung nicht als – voll demokratisch legitimiertes – Parlament ansehen. Da weiters die Kooptationen überwiegend für das von der Tschechoslowakei beanspruchte Gebiet vorzunehmen wären, würde diese verärgert und damit die Lage für die dortigen Deutschen verschlechtert werden. Wie sehr diese Befürchtung richtig war, zeigt der Umstand, daß allein die deutschböhmischen Demonstrationen aus Anlaß des Zusammentritts der Konstituierenden Nationalversammlung am 4. März 1919 durch das tschechische Militär mit über 50 Toten blutig unterdrückt wurden.

Die Konstituierende Nationalversammlung bestand daher bloß aus 170 anstelle der vorgesehenen 255 Abgeordneten, und zwar setzte sie sich aus 159 gewählten sowie den eben erwähnten kooptierten Abgeordneten, 11 an der Zahl, zusammen. Da das Gesetz über das besetzte Staatsgebiet vom 12. März 1919, auf dem die Kooptationen beruhten, nach den Worten Kelsens von einem »Rumpfparlament« beschlossen worden war, stellte sich kurzfristig die Frage nach seiner Verfassungsmäßigkeit, die allerdings bejaht wurde – Kelsen verhehlte seine Skepsis nicht[411]. Als mit der Ratifizierung des Vertrages von St. Germain am 10. September 1919 die Nationalversammlung die bislang als besetzte Staatsteile betrachteten Gebiete als fremdes Staatsgebiet anerkennen mußte, legten von den kooptierten Mitgliedern allerdings bloß die drei Deutschsüdtiroler Abgeordneten ihr Mandat für die Nationalversammlung zurück. Sie verringerte sich dadurch auf 167 Abgeordnete, darunter befanden sich weiterhin die 8 für Mittel- und Untersteiermark kooptierten Abgeordneten, die in der Nationalversammlung blieben, da ihr Wahlkreis zum Teil zur verkleinerten Steiermark gehörte.[412]

Ihre Veränderungen, eigentlich die des Staatskonzeptes insgesamt, nahm die Konstituierende Nationalversammlung allerdings nicht so ohne weiteres hin. Nach der Ratifizierung des Vertrages von St. Germain kam es am 24. September zu einer Art von Entlassung der nunmehr tschechoslowakischen Gebietsteile aus dem von Deutschösterreich bisher beanspruchten Staatsgebiet. Dies geschah in der Form der Verabschiedung der »Herren Vertreter Deutschböhmens, des Sudetenlandes, des Kreises Deutschsüdmähren und des deutschen Böhmerwaldgaues«[413].

Die parteimäßige Zusammensetzung der Konstituierenden Nationalversammlung[414] mit ihren 170 Mitgliedern sah aus wie folgt: 72 Sozialdemokraten, 69 Christlichsoziale, 26 Großdeutsche sowie je ein Abgeordneter der Bürgerlich-demokratischen, der Tschechoslowakischen und der Jüdisch-nationalen Partei.

Die Sitzungsperiode der Konstituierenden Nationalversammlung fiel mit ihrer Wahlperiode zusammen (StGBl. 179/1919), sollte also zwei Jahre dauern (StGBl. 114/1918), somit von der Wahl im März 1919 bis in den März 1921. Als »höchstes Organ des Volkes« (StGBl. 1919/179) konnte die Nationalversammlung nicht, etwa von der Staatsregierung, vorzeitig aufgelöst werden, allerdings hatte sie auch in dieser einzigen Sitzungsperiode ihre Hauptaufgabe, die Verfassungsgebung, zu erfüllen. An sich war damit ein zeitlich-sachlicher Rahmen festgelegt: Verfassungsgebung innerhalb zweier Jahre. Allerdings war die Verfassungsgebung nicht die einzige Aufgabe der Konstituierenden Nationalversammlung, sie hatte auch als einfacher Gesetzgeber sowie insofern als höchstes Vollzugsorgan zu fungieren, als ihr die Wahl der Staatsregierung, des Organs also der Regierungs- und Vollzugsgewalt, oblag. Als im Juni 1920 die Regierungskoalition aus Christlichsozialen und Sozialdemokraten auseinanderbrach und sich eine neue Regierungsbildung eben durch die Nationalversammlung schwierig gestaltete, offenbarte die eben erwähnte Konstruktion ihren Hauptmangel: Sie war unelastisch. Als Ausweg aus dieser Situation schuf die Nationalversammlung eine flexiblere Gestaltung dahingehend, daß sie einerseits vorzeitige Parlamentswahlen ins Auge faßte, andererseits für den Fall des wegen der verringerten Zeit naheliegenden Nichtzustandebringens der Verfassung eine weitere Nationalversammlung vorsah. In diesem Sinne kürzte ein Gesetz vom 6. Juli 1920 (StGBl. 283) die Gesetzgebungsperiode der Konstituierenden Nationalversammlung erheblich, und zwar um nahezu fünf Monate mit der Neufestsetzung des Endes ihrer Gesetzgebungsperiode am 31. Oktober 1920 und setzte die Wahl zu einer »neuen Nationalversammlung« für den 17. Oktober 1920 fest. Es ist bezeichnend für die Situation, daß dieses Gesetz sich überwiegend mit der Wahl der Staatsregierung beschäftigt und erst ein weiteres vom 20. Juli 1920 (StGBl. 317) mit der »neuen« Nationalversammlung. Diese, nunmehr bloß »Nationalversammlung« genannt, hatte aus »175 und den der Zahl nach noch zu bestimmenden, vom Burgenlande zu wählenden Abgeordneten« zu bestehen – die dieses Gesetz erlassende Konstituierende Nationalversammlung setzte sich bekanntlich zuletzt aus 167 Abgeordneten zusammen – und sollte ausdrücklich »in die der konstituierenden Nationalversammlung gesetzlich zustehenden Rechte ein(treten)«. Damit kam dieser »Nationalversammlung«, also nunmehr der dritten seit der Staatsgründung, sachlich der Charakter einer konstituierenden Nationalversammlung zu, freilich auch, wie schon dieser, der eines Parlaments schlechthin. Zum Zusammentritt dieser dritten Nationalversammlung kam es jedoch nicht, weil die Konstituierende Nationalversammlung das Verfassungswerk zustande brachte, und dies innerhalb der nunmehr verkürzten Frist!

B. St. Germain: der Vertrag, der »Ehen trennt«

Eine geruhsame, vom Ausland nicht beeinflußte Phase der Verfassungsgestaltung war der Konstituierenden Nationalversammlung nicht beschieden. Die Siegermächte sahen Deutschösterreich nicht als einen ebenso neu entstandenen Staat an wie etwa die Tschechoslowakei, sondern als übriggebliebenen Rest Österreich/Cisleithaniens gemäß den Worten des französischen Ministerpräsidenten Clemenceau: »L'Autriche c' est ce qui reste«. Für die Siegermächte war damit Deutschösterreich nichts anderes als das verkleinerte Österreich/Cisleithanien, das sich eine neue Regierungsform – die republikanische – gegeben hatte. Als am ersten Verhandlungstag in St. Germain der Dolmetscher den Ausdruck »Bevollmächtigte der deutschösterreichischen Republik« übersetzte, mußte er auf Intervention von Clemenceau korrigieren zu »der österreichischen Republik«: Der von den Siegermächten angenommenen Kontinuität sollte nicht ein neuer Staatsname, eben Deutschösterreich, widersprechen.[415]

Von einem Verhandlungstag wie eben, ja überhaupt von Verhandlungen in St. Germain[416] zu sprechen, ist allerdings weit verfehlt. Verhandlungen im echten Sinn des Wortes, ein Ausdiskutieren entgegengesetzter Standpunkte, das Finden einer halbwegs erträglichen Lösung eben im Verhandlungswege, ein derartiger Vorgang fand in St. Germain nicht statt. Das ahnte man eigentlich schon allein deshalb, da zuvor mit dem Deutschen Reich in Versailles bereits in einer Weise verfahren worden war, die auch für Deutschösterreich Schlimmes befürchten ließ: Man hatte den deutschen Verhandlungspartnern ein Vertragskonvolut einfach zur Annahme vorgelegt, sozusagen gerade im Hinblick auf die fortdauernde Lebensmittelblockade nach der Methode »Friß, Besiegter, oder stirb«. Und dies geschah nun auch gegenüber der deutschösterreichischen Delegation. Am 14. Mai 1919 war sie im Pariser Vorort St. Germain en Laye eingetroffen und dort in einem Villenkomplex neben dem Schlosse einquartiert worden. Der Vorarlberger Landeshauptmann Otto Ender, welcher der deutschösterreichischen Delegation als Experte angehörte, erinnerte sich nüchtern an die gar nicht friedensverheißenden Bedingungen, unter denen die Delegation untergebracht war: »Ein Teil des großen Parkes, der die Gebäude umgab, war mit Stacheldraht abgegrenzt, so daß wir uns dort wie Gefangene fühlten ... Jeder unbewachte Verkehr mit der Außenwelt war unmöglich«, was offenkundig auch für die Franzosen bestaunenswert war: »Sonntags kamen die Leute von St. Germain an das Drahtverhau und begafften uns, so daß wir an Sonntagen die Partie gegen die Stadt hin bei unserem Spaziergang mieden«, die sogleich vor den Toren des Schloßparks beginnt, woraus sich erschließen läßt, daß die Deutschösterreicher an dem zur Seine abfallenden Ufer spazierengingen, von wo man in der Weite die Silhouette von Paris sieht. Erst nach drei Wochen, am 2. Juni 1919, wurde der deutschösterreichischen Delegation der Vertragstext übergeben, allerdings vorerst bloß ein Teil, dieser aber schon im Umfang eines starken Buches. In diesen drei Wochen hatte sich die Delegation gewissenhaft vorbereitet, man war gewappnet, in den bevorstehenden Verhandlungen Argumente der als Vertragspartner betrachteten Gegner zu widerlegen, besonders auch der tschechoslowakischen Vertreter, die ja nun als solche einer Siegermacht den Deutschösterreichern gegenüber auftreten würden. Diese Mühe freilich erwies sich als vergebens. Die deutschösterreichische Delegation saß vor den Vertretern der Siegermächte wie Angeklagte vor ihren Richtern. Es kam zu keinerlei Verhandlungen, nur ein schriftlicher Meinungsaustausch war gestattet, keine Friedensordnung im Verhandlungswege sollte entstehen, sondern Friedensbedingungen der Sieger angenommen werden: Zu Recht begriff man das Vertragswerk allmählich als »Diktat«. Der kurzen Zeitdauer und der langen Reise wegen besprach sich Staatskanzler Renner als Delegationsführer mit seinem Vizekanzler Jodok Fink, dem Staatssekretär für Äußeres Bauer und dem Nationalversammlungspräsidenten Seitz sogleich am 4. Juni sozusagen im nächstgelegenen österreichischen Ort, in Feldkirch in Vorarlberg. Man kam überein, die Möglichkeit schriftlicher Stellungnahmen zu nutzen. Erst am 20. Juli wurde dann der gesamte Text des Vertragswerkes den Deutschösterreichern übergeben, am 2. September 1919 lag der endgültige Text vor. Ursprünglich hätte die Annahme binnen fünf Tagen erfolgen sollen, die allein für die Fahrt von Paris nach Wien und zurück benötigt wurden, sieben Tage wurden schließlich zugestanden. In dieser Zeit informierte Renner in Wien die Konstituierende Nationalversammlung, die ihn am 6. September zum Abschluß des Vertrages ermächtigte, den Renner als Delegationsleiter am 10. September 1919 in St. Germain unterzeichnete.

Verfassungsgemäß hatte sich die Konstituante mit dem Vertrag von St. Germain mehrmals beschäftigt.[417] Dies geschah insbesondere in den Sitzungen vom 26. Juli 1919, als Vizekanzler Fink die Friedensbedingungen referierte, weiters vom 6. September 1919, als die Nationalversammlung den Leiter der Friedensdelegation Renner zur Unterzeichnung des Vertrags ermächtigte, sowie vom 17. Oktober 1919, als die Nationalversammlung den Vertrag ratifizierte, das heißt, ihm die verfassungsmäßige Genehmigung erteilte. In der ersten dieser Sitzungen, am 26. Juli, charakterisierte Präsident Seitz das Vertragswerk wie folgt: »Das, was uns hier geboten wird, ist kein Friede der Versöhnung, es ist ein Vernichtungsfriede«. Mit dem weiteren Schritt vom 6. September hatte die Nationalversammlung den Vertrag dennoch inhaltlich-politisch akzeptiert, mit der Ratifikation am 17. Oktober formell angenommen. Die entscheidenden Äußerungen und Bewertungen des Vertrages durch die Nationalversammlung erfolgten bereits am 6. September. Die Stimmung in der Nationalversammlung spiegelt das Abstimmungsergebnis über den Beschlußantrag des Hauptausschusses zur Beauftragung von Staatskanzler Renner, den Vertrag zu unterzeichnen, wider. Einhellig angenommen wurden folgende Punkte: Der »Protest« gegen die Verwehrung des Selbstbestimmungsrechtes durch das Verbot der »Vereinigung Deutschösterreichs mit dem deutschen Mutterlande«; die Feststellung »schmerzlicher Enttäuschungen« über die Abtrennung der »Sudetendeutsche(n) von den Alpendeutschen«; »Klage und Protest« bezüglich der »Abtrennung der Deutschen Südtirols«; Aufforderung an den Völkerbund, das Unrecht der Abtretungen auch von Teilen Kärntens, Steiermarks und Niederösterreichs alsbald aufzuheben; die »Befriedigung« über den Erwerb des später sogenannten Burgenlandes; die Feststellung der Undurchführbarkeit von einem »großen Teil der wirtschaftlichen und finanziellen Bedingungen«. Nur mit Mehrheit hingegen wurde der Staatskanzler mit der Unterzeichnung beauftragt, wobei hier auch die mehrfache Feststellung, es bleibe hiefür der Nationalversammlung »keine Wahl«, mitbeschlossen wurde. Trotz Annahme des Antrags mit 97 gegen 23 Stimmen stellte Präsident Seitz fest: »Es gibt wohl niemanden in dieser Versammlung und niemanden in Deutschösterreich, der den hohen Begriff des Friedens in Einklang bringen könnte mit dem Akte, der sich hier vollzieht«[418]. Die Haltung speziell der Tiroler Nationalversammlungsabgeordneten aus ihrem spezifischen Blickwinkel zur Abtrennung Südtirols legte der Abgeordnete Reut-Nicolussi dar, der vor allem hervorhob, der Vertrag sei »kein Rechtsfriede, sondern ein Gewaltfriede«. Die Grenzziehungen in Kärnten und Steiermark geißelte besonders der Abgeordnete Kunschak, der beispielsweise ironisch vermerkte, daß der Vertrag »nicht nur Dörfer, Wälder und Felder, sondern auch Häuser mitten auseinander schneidet, ja vielleicht Ehen trennt, weil der Grenzstrich mitten durch das Ehebett durchgeht«, was ihm »lebhafte Heiterkeit« einbrachte[419], die aber im krassen Gegensatz zur sonstigen Stimmung stand – sie war ein einziger Protestschrei.

Am 17. Oktober 1919 erteilte die Nationalversammlung nach einer nur kurzen Berichterstattung und ohne Diskussion dem Vertrag von St. Germain die verfassungsmäßige Genehmigung. Dieses kurze Verfahren erklärt sich einerseits daraus, daß, in den

Worten des Berichterstatters[420], die Ratifikation als »des Dramas letzter Akt« bloß »ein Formalakt« sei und man schon am 6. September über den Staatsvertrag »in ergreifender, nachdrücklicher und tief ernster Weise gesprochen« habe sowie andererseits im Hinblick auf die »große Eile« der Ratifikation, die insbesondere dadurch bedingt sei, daß sie »für unsere Lebensexistenz unbedingt erforderlich« wäre, um »aus drückender wirtschaftlicher Abhängigkeit« zu geraten. Nach der Annahme des Ratifikationsantrages durch die Nationalversammlung erklärte Präsident Seitz, er werde »den Vertrag unterzeichnen«, allerdings mit dem Beisatz, »dem Zwange folgend«. Weiters forderte die Nationalversammlung die Staatsregierung durch eine Entschließung auf, ihr die durch den Staatsvertrag notwendig erscheinenden Gesetzentwürfe vorzulegen. Nach Annahme dieser den Vertrag von St. Germain betreffenden Anträge trat übrigens die Staatsregierung zurück, freilich wählte die Nationalversammlung noch in derselben Sitzung auf Vorschlag des Hauptausschusses eine neue Staatsregierung. Der abermalige Staatskanzler Renner erklärte, im »Mittelpunkte« des Regierungsprogramms stehe »der finanzielle und damit der wirtschaftliche Wiederaufbau des Landes«. Von den demütigenden Motiven samt der dazugehörigen Diktion des Vertrags von St. Germain distanzierte sich alsbald einer der Alliierten, die USA. Sie ratifizierte den Vertrag nicht, schloß vielmehr 1921 einen eigenen Staatsvertrag mit Österreich (BGBl. 643), der die zahlreichen diskriminierenden Bestimmungen des St. Germain-Vertrages nicht enthält. Inzwischen war doch den Einsichtigen, deren Zahl sich freilich in Grenzen hielt, aufgegangen, welches Unheil gerade die Verträge von Versailles und St. Germain heraufbeschworen hatten. Kaum ein Jahr, nachdem Ex-Kaiser Karl über Feldkirch Deutschösterreich verlassen hatte, im Jänner 1920, reiste hier der britische Diplomat und Finanzmann Lockhart mit einem alliierten Sonderzug ein[421]: In »Feldkirch an der österreichischen Grenze hielten wir, und ich hatte Zeit mir einen österreichischen Zug anzusehen, der dem unseren gegenüberstand. In dem grauen, kalten Nebel jenes Januarnachmittags erweckte der Gegensatz zwischen dem Luxus unseres eigenen überhitzten Zuges und der langen Reihe baufälliger österreichischer Wagen in mir ein peinliches Gefühl. Ausgehungerte Gesichter starrten durch die zerbrochenen Fensterscheiben. Heizung gab es keine. Kerzenstümpfe, die in Flaschen staken, vermittelten allein Licht und Wärme«. Als Lockhart einige Jahre später in Wien tätig war, mußte er zum Vertrag von St. Germain feststellen: »Daß er die Wiener ihrer Lebensmöglichkeit beraubt hat, ist unter den Folgen des Friedensvertrages die allertragischste!«

C. Der neue Staatsname: »Republik Österreich«

Als erstes Gesetz in Durchführung des Staatsvertrages[422] erließ die Nationalversammlung abermals eines »über die Staatsform« am 21. Oktober 1919 (StGBl. 484), genau ein Jahr nach der Konstituierung der Provisorischen Nationalversammlung. Die gleich eingangs (Art. 1) getroffene Regelung, die Änderung des Staatsnamens, lag gar nicht auf der Hand, da der Vertrag von St. Germain nicht ausdrücklich dazu verpflichtete und kein Verbot des bisherigen Staatsnamens Deutschösterreich enthielt. Dennoch: An dessen Stelle trat nun »Republik Österreich« (auch Art. 2 und 5). Der Motivenbericht zur Regierungsvorlage[423] begründete den Namenswechsel sehr ausführlich. Ausgangspunkt der Überlegungen ist der Umstand, daß der Vertrag von St. Germain durchgehend die Wörter »Österreich« bzw. »österreichisch« verwendet, woraus erschlossen wurde, es habe »uns der erwähnte Staatsvertrag auch den Namen vorgeschrieben«, eben »Österreich«. »Es wird daher«, so fährt der Motivenbericht fort, »unvermeidlich sein, im zwischenstaatlichen Verkehr mit den Signatarmächten diesen Namen zu führen. Es liegt auf der Hand, daß die gleiche Namensbezeichnung dann aber im zwischenstaatlichen Verkehr überhaupt erforderlich erscheint … Aber auch der innerstaatliche Verkehr steht mit dem zwischenstaatlichen Verkehr in einem so engen Zusammenhange, daß die Führung verschiedener Staatsbezeichnungen nach innen und nach außen … geeignet sein müßte, zweifellos Schwierigkeiten hervorzurufen«, wozu etwa besonders bemerkt wird: »Die Briefmarken, das

Papiergeld bedürfe der Anerkennung des Auslandes, wir könnten bei einigem Mangel an gutem Willen auch hier Bemängelungen ausgesetzt sein, würden sie eine Staatsbezeichnung tragen, welche unserem Verkehr mit anderen Staaten nicht entspricht.« Insgesamt ging man davon aus, daß man »unter dem Druck der Verhältnisse, unter dem Zwang des Staatsvertrages von St. Germain auf die von uns selbstgewählte Bezeichnung ›Deutschösterreich‹ verzichten und den Namen ›Österreich‹ annehmen« müsse. Dies aber war die Bezeichnung des untergegangenen Staates Österreich/Cisleithanien, zu dem Deutschösterreich im Verhältnis der Diskontinuität stand. Der neue Staatsname war nun geeignet, dies zu verschleiern, verleitete geradezu zur Annahme des Gegenteils – was der Auffassung der Alliierten entsprach. Der Standpunkt der Diskontinuität wurde daher auch ausdrücklich im Gesetz festgehalten: »Die Republik Österreich übernimmt jedoch – unbeschadet der im Staatsvertrage von St. Germain auferlegten Verpflichtungen – keinerlei Rechtsnachfolge nach dem ehemaligen Staate Österreich, das ist den ›im Reichsrate vertretenen Königreichen und Ländern‹« (Art. 1). Um diese Diskontinuität zwischen dem monarchischen Österreich/Cisleithanien und dem neuen republikanischen Österreich buchstäblich sichtbar zu machen, stellte man vor »Österreich« das Wort »Republik« und bildete so den neuen Staatsnamen »Republik Österreich«.

Das Fallenlassen des Staatsnamens Deutschösterreich sowie die Streichung der Anschlußbestimmungen, noch dazu in einem Gesetz, erweckte den Eindruck eines notwendigen Zusammenhanges: Mit dem Anschlußverbot an das Deutsche Reich hatte, um dies äußerlich zu kennzeichnen, das »Deutsch-« vor »Österreich« zu entfallen. Dieses Junktim gab es allerdings so nicht. Die gewissermaßen traditionelle Bezeichnung Deutschösterreich umschloß durchaus nicht, wie oben gezeigt[424], den Anschlußgedanken, auch das Motiv der alliierten Vertragspartner war ein ganz anderes, nämlich die Betonung der Kontinuität durch die Bezeichnung des jetzigen Staatsgebildes mit dem Namen jenes Staates Österreich-Ungarns, der so wie Ungarn 1914 den Krieg mitverschuldet hatte.[425] Keinerlei Zusammenhang zwischen dem Namen Deutschösterreich und dem Anschlußgedanken erwähnt beispielsweise der zuvor zitierte Motivenbericht, der von diesem sicherlich, so er ein Motiv abgegeben hätte, erwähnt worden wäre.

Übrigens legte das Gesetz den neuen Staatsnamen in einer sehr bemerkenswerten Weise fest: »Deutschösterreich in seiner durch den Staatsvertrag von St. Germain bestimmten Abgrenzung ist eine demokratische Republik unter dem Namen ›Republik Österreich‹.« Der neue Staatsname lag damit eingebettet in mehrere Feststellungen, und zwar die der – bisherigen – Regierungsform, die des – neuen – Staatsgebietes sowie die der Identität mit dem bestehenden Staat Deutschösterreich, und zwar formuliert als Namensgebung einer fortdauernden Sache, eben Deutschösterreich, das weiterhin, wenngleich unter neuer Bezeichnung, eine demokratische Republik »ist«! Anders formuliert: Deutschösterreich in verkleinertem Umfang hieß nun »Republik Österreich«.

Für das Fallenlassen der Staatsbezeichnung Deutschösterreich konnte übrigens noch eine andere, nicht unplausible Erklärung gefunden werden. Staatskanzler Renner[426] äußerte diese im September 1919: »Die Bezeichnung Deutschösterreich paßt auf uns nicht mehr, denn wir umfassen keineswegs mehr alle Deutschen des ehemaligen Österreich!« Tatsächlich hatte man das zufolge des Vertrages von St. Germain übriggebliebene Deutschösterreich nie als solches bezeichnet gehabt. Natürlich drängte das beispielsweise von Renner artikulierte Argument noch lange nicht den alten Staatsnamen »Österreich« auf, Renner war daher auch wie folgt fortgefahren: »… deshalb würde der Name ›Deutsche Alpenlande‹ am besten zusagen«, derartigen Neuschöpfungen eines Staatsnamens stand aber mit den Erläuterungen im zitierten Motivenbericht der Vertrag von St. Germain mit dem kontinuitätsbetonenden »Österreich« entgegen.

Doch erhielt sich der Name Deutschösterreich weiterhin. Einmal sichtbar auf Briefmarken[427]: Die erst Ende 1919 ausgegebenen Freimarken-Ergänzungswerte sowie die Freimarken-Ausgabe von 1920/21 trugen noch die Aufschrift »Deutschösterreich«, als Sondermarken mit dem zusätzlichen Aufdruck »Kärnten Abstimmung« bzw. »Hochwasser 1920« kamen gleichfalls noch

Deutschösterreich-Werte zur Ausgabe. Erst 1922 kommt die Aufschrift »Österreich«, »Republik Österrreich« übrigens erst nach 1945. Und Renner selbst dichtete noch 1920 als Bundeshymne »Deutsch-Österreich, Du herrliches Land, wir lieben Dich!«, auch die nächsten drei Strophen begannen ebenfalls mit »Deutsch-Österreich«[428]. Noch 1922 sprach er von den »Deutsch-Österreichern«, und zwar mit dem ausdrücklichen Hinweis, es wäre »falsch, sie ›Oesterreicher‹ zu nennen, viel besser wäre es, sie samt den Sudetendeutschen ... als Südostdeutsche zu bezeichnen«, wobei er auf die im Staatsrat diskutierte Staatsbezeichnung »Südostdeutschland« verwies – seinen ausdrücklich dafür erstellten Verfassungsentwurf aber verschwieg[429]! Die sozialdemokratische Arbeiter-Zeitung führte weiterhin den Untertitel »Zentralorgan der Sozialdemokratie Deutschösterreichs«, weiterhin gab der Österreichische Schulbuchverlag »Deutschösterreichische Jugendhefte« heraus.[430]

D. Der Abschied von Ländern, Kreisen und Gauen

»Hoch von der Alm unterm Gletscherdom/stürzen die Wasser zum Donaustrom ... und zieh'n/jauchzend ans Ziel, unserm einzigen Wien!« – so umriß Renner dichterisch in seiner Bundeshymne von 1920 das verkleinerte Staatsgebiet, womit nur mehr die Alpenländer, nicht aber die zu Elbe und Oder orientierten Sudetenländer erfaßt sind, allerdings fehlerhaft auch nicht Vorarlberg, dessen »Wasser« nicht zur Donau, sondern zum Rhein »stürzen«[431]. Diese dichterisch-geographische Verwirrung ist verständlich: Der nun Republik Österreich genannte Staat hatte mit dem Konzept, zu dessen Durchführung er aus der Taufe gehoben worden war, kaum noch etwas zu tun: Die Vorstellungen, mit denen man im Oktober 1918 angetreten war, hatten die Alliierten durch den Vertrag von St. Germain gründlich ausgetreten.

Das betraf in erster Linie das in Anspruch genommene Staatsgebiet. Der Vertrag von St. Germain zog andere Grenzen, als der Staat Deutschösterreich für sich mit der Festlegung seines Staatsgebietes in Anspruch genommen hatte. Gerade hierin zeigte sich so richtig, wie sehr das Konzept nicht zu realisieren war: Dem Staate war es nun doch nicht beschieden, das Gemeinwesen möglichst aller Deutschen des ehemaligen Österreich/Cisleithanien zu werden. Von den knapp 10,5 Millionen mußten 4 Millionen außerhalb seiner Grenzen verbleiben, das waren immerhin fast 40%[432]! Aber es ging nicht nur um diese nüchternen Zahlen, sondern um wesentlich mehr: Gebiete gingen verloren, die zur eigenen Heimat gehörten. Besonders deutlich bewies und beweist dies die Teilung des Landes Tirol, mit Südtirol verlor es nicht nur den Herkunftsort seines Namens – Burg und Dorf Tirol bei Meran –, sondern auch die Verbindung der bei Österreich verbleibenden Landesteile Nord- und Osttirol. Die Abtrennung der Untersteiermark zog ebenfalls eine Grenze, wo nie eine gewesen war, und dies galt auch für die neue tschechoslowakische Grenze dort, wo sie nicht mit den Landesgrenzen von Böhmen und Mähren übereinstimmte. Die Landesgrenzen zwischen Ober- bzw. Niederösterreich einerseits und andererseits Böhmen bzw. Mähren hatten aber nie Trennung bedeutet, denn von den deutschen Dörfern auf der einen Seite der Landesgrenzen heiratete man beispielsweise in die gleichfalls deutschen Dörfer jenseits davon. Und das eben rührte am Grundkonzept des jungen Staates. Mit Abtrennungen von Landesteilen hatte man ja gerechnet, sie sogar insofern festgeschrieben, als die geschlossenen südslawischen Teile nicht mehr zur Steiermark oder zu Kärnten gehören sollten, nicht auch Welschtirol zum Lande Tirol, und penibel war nach ethnischen Gesichtspunkten das Staatsgebiet in den ehemaligen Kronländern Böhmen, Mähren und Schlesien bestimmt worden. Die neuen Grenzziehungen aber trennten nicht Deutschösterreicher von Tschechen, Südslawen oder Italienern, sondern Deutschösterreicher von Deutschösterreichern, Tiroler von Tirolern, Steirer von Steirern, ja sogar Gmündner von Gmündnern, denn durch ihre Stadt verlief nun einem Bach entlang eine Staatsgrenze, um das Bahnhofsgelände der Tschechoslowakei zuzuschlagen. Zahlreiche der 1918/19 maßgebenden Politiker verloren mit den neuen Grenzen ihre Heimat, allen voran der Staatskanzler Renner Untertannowitz (Dolni Dunajovice) wenig nördlich von Niklosburg (Mikulov), dieses übrigens der Geburtsort des späteren Bundespräsidenten Adolf Schärf, das die neue tschechoslowakische Grenze knapp vor den ersten Häusern von Österreich abtrennte. Selbstverwaltung aber sollte den Abgetrennten nicht zukommen, eine neue Staatsgewalt trat ihnen in aller Fremde entgegen. Es gab in Meran statt des Bezirksgerichtes eine »pretura«, in Marburg statt des Finanzamtes ein »financna uprava«, in Znaim amtierte statt eines Bezirkshauptmannes ein »okresni hejtman«, am ehemals niederösterreichischen Bahnhof Lundenburg war nunmehr Breclav zu lesen, von Alto Adige ganz zu schweigen. An eine Aussiedelung der Minderheitsbevölkerung dachte – damals – immerhin noch kaum jemand, jedenfalls in keiner Weise offiziell, wollte sich doch beispielsweise die Tschechoslowakei als eine Art neue Schweiz verstehen. Daß Griechenland und die türkische Republik ihre jeweiligen Minderheiten gegeneinander »austauschten«, jedenfalls das, was von ihnen übriggeblieben war, spielte sich fern am Balkan und in Asien ab – als für Mitteleuropa unwürdig wäre derartiges wohl noch entrüstet zurückgewiesen worden. Nicht so ganz! Straßburg bot ein »kleinasiatisches Bild«, denn hier hieß es erst[433]: »Bei den Banken waren alle Guthaben der Altdeutschen gesperrt, über ihr Eigentum durften sie nicht verfügen, sie sollten das Land verlassen«; dann kam dies auch: »... wir schauten bei der französischen Zollkontrolle auf der linken Rheinseite zu. Das war schon schlimm genug, stundenlanges Warten, sodann die peinliche Untersuchung ...«, schließlich jedoch: »Das aber war noch nicht das schlimmste. Das geschah erst auf der Rheinbrücke selbst ... dort hatten sich ein paar hundert Menschen versammelt ... ihre Aufgabe war es, die Vertriebenen zu beschimpfen, zu bespucken, zu schlagen und an den Kleidern zu zerren ...« Über die Rheinbrücke von Straßburg nach Kehl mußten nicht wenige Deutsche mit bloßem Handgepäck ihre elsässische Heimat verlassen, da sie von den Franzosen 1918 ausgewiesen wurden. An Thaya und March spielten sich derartige Szenen denn doch nicht ab. Aber den Nationalitätenschutz aus der österreichisch/cisleithanischen Verfassung von 1867 übernahm nur einer der neuen Staaten – das republikanische Österreich!

Bald nach der Staatsgründung hatten, wie oben erläutert, Erklärungen einzelner Länder und außerhalb dieser gelegener Kreise und Gaue sowie ein sie betreffender Nationalversammlungsbeschluß das Staatsgebiet grob festgelegt. Gleichsam in einem contrarius actus kam es zur Entlassung der abgetrennten Länder, Kreise und Gaue aus dem deutschösterreichischen Staatsgebiet. Dieser Akt fand am 24. September statt[434], und zwar höchst offiziell im »palmen- und lorbeergeschmückten Saale der Nationalversammlung«. Dem festlich dekorierten ehemaligen Herrenhaussitzungssaal entsprach aber durchaus nicht eine festliche Stimmung, denn ein »schmerzliches Abschiednehmen von Jahrhunderte alter Gemeinschaft, aus der die Brüder nördlich der Thaja nun in nationale Fremdherrschaft ziehen«, fand statt, in »Worten der Trauer wurde heute die Loslösung der scheidenden Sudetendeutschen von Oesterreich vollzogen«, es war eine »Abschiedsfeier«. Äußerlich bot sich das Bild einer Sitzung der Konstituierenden Nationalversammlung: Zum üblichen Rahmen kam, daß die Versammlung vom Nationalversammlungspräsidenten Seitz geleitet wurde, anwesend waren der zweite Nationalversammlungspräsident Hauser, zahlreiche Abgeordnete, Staatskanzler Renner sowie Staatssekretäre und Unterstaatssekretäre, sodann Vertreter der Landesregierungen von Niederösterreich, Oberösterreich, Steiermark und Tirol. Die Hauptpersonen aber waren die Vertreter Deutschböhmens, des Sudetenlandes, des Kreises Deutschsüdmähren und des Böhmerwaldgaues sowie »die Beamten und Funktionäre der sudetenländischen Vertretungen und Regierungen«. Wenngleich auch keine Sitzung der Konstituierenden Nationalversammlung, so handelte es sich doch um einen offiziellen Akt, den Präsident Seitz leitete und der Leiter der Präsidentschaftskanzlei protokollierte – man kann demnach davon ausgehen, daß es sich um einen Akt unter Präsidenten Seitz in seiner Funktion als Staatsoberhaupt, die dem ersten Nationalversammlungspräsidenten zukam, handelte. Präsident Seitz betonte eingangs in seiner Rede, es sei nicht der Staatsvertrag von St. Germain, den man hier vollziehe, denn er sei noch nicht ratifiziert, vielmehr sei es »die faktische Besitzergreifung« durch den tschechoslowakischen Staat, denn »Deutschösterreich sieht sich gezwungen, den vollendeten Tatsachen Rechnung zu tragen«.

Nach der Erinnerung an die Begründung Deutschösterreich, das auch die nunmehr zu entlassenden Teile umfassen wollte, wertete er die Maßnahmen des tschechoslowakischen Staates als »Verletzungen des Völkerrechts«, sie »können die Rechtslage nicht verschieben«, man sehe sich aber »höherer Gewalt gegenüber«. Auch in Hinblick auf die Grenzziehung durch den Vertrag von St. Germain würden nun »die deutschen Gebiete in den Sudetenländern, die bisher einen Bestandteil Deutschösterreichs gebildet haben, aus dessen Gebietshoheit auch staatsrechtlich ausgeschieden, alle deutschösterreichischen staatlichen und autonomen Organe der Gesetzgebung, Verwaltung und Justiz in den abgetrennten Gebieten in Form Rechtens aufgegeben und unsere Volksgenossen in diesen Ländern Bürger eines fremden Staates« werden: Damit schließe »ein denkwürdiger, unserem Volke unvergeßlicher Kampf ums Recht«. »Mit tiefer Trauer, aber auch mit begründetem Stolz« erfülle er nun die Pflicht, den Sudetendeutschen »den Dank der Republik« zu sagen. Im Namen der auszuscheidenden Gebiete sprach der Landeshauptmannstellvertreter von Deutschböhmen Lodgman. Vor allem verwies er auf die Gemeindewahlen im März 1919 in der Tschechoslowakei, die eindrucksvoll das Selbstbestimmungsrecht in den deutschen Gebieten bestätigt haben, so daß gerade deshalb die Deutschen im nunmehrigen tschechoslowakischen Staat gegen den Vertrag von St. Germain, »gegen diese Vergewaltigung seines Selbstbestimmungsrechtes nochmals vor der gesamten gesitteten Welt Einspruch« erheben müßten. Denn nach der »Entstehungsgeschichte ist die Tschechoslowakische Republik für die Sudetendeutschen nicht der Staat ihrer Wahl«. Lodgman bedauerte es vor allem, daß die »deutschen Sudetenländer« verhindert wurden, »in die deutschösterreichische Nationalversammlung zu wählen, und hatten darum auch keine Möglichkeit, an den Verhandlungen über den Friedensvertrag als verhandlungsberechtigter Vertragsteil teilzunehmen«. Schließlich nahm er »tief bewegt von der Republik Deutschösterreich und von unseren Brüdern in Wien und in den Alpenländern Abschied«. Staatskanzler Renner wiederholte sodann noch einmal die Rechtsanschauung, daß die von Deutschösterreich in Anspruch genommenen, aber von der

Tschechoslowakei besetzten Gebiete, wozu er auch die »Siedlungsgebiete von Brünn, Iglau und Olmütz« zählte, erst mit dem Inkrafttreten des Vertrags von St. Germain an die Tschechoslowakei übergingen, man aber mit dieser übereingekommen sei, schon jetzt diese Gebiete unter die »volle staatliche Hoheit der tschecho-slowakischen Republik zu stellen«. Daher hebe die Regierung Deutschösterreichs »ihre entgegenstehenden Vollzugsanweisungen auf« und verfüge »vorbehaltlich der Genehmigung der Nationalversammlung« die Aufhebung sämtlicher »deutschösterreichischen politischen, richterlichen, Finanz- und sonstigen Behörden« mit sofortiger Wirkung. Anschließend erklärte Nationalversammlungspräsident Seitz, er entbinde sämtliche Funktionäre in den abzutretenden Gebieten vom Treuegelöbnis auf die Republik Deutschösterreich. Daraufhin schritten »die Vertreter der Sudetendeutschen an der Präsidentenestrade vorbei« und legten »die deutschösterreichische Kokarde in die Hände des Präsidenten zurück«, dieser erklärte die Versammlung für geschlossen. Lebhaften bis stürmischen Beifall gab es nur zweimal, nämlich zu den Ausführungen von Präsidenten Seitz, »unzerreißbar sind die Bande des Blutes, der Sprache, der Kultur und Sitte, die das deutsche Volk südlich und nördlich der Thaja verbinden« sowie, man wisse es: »Noch ist die deutsche Sache nicht verloren«. Derartiges aber war freilich die Ausnahme und eigentlich nur als Kompensation für das lastende Gefühl der Trauer, Ohnmacht und auch Hoffnungslosigkeit zu verstehen.

Die Verabschiedung der Südtiroler Abgeordneten war praktisch schon zuvor in der Konstituierenden Nationalversammlung am 6. September 1919 anläßlich der Debatte über den Vertrag von St. Germain erfolgt[435]. Der Südtiroler Reut-Nicolussi nahm Abschied u. a. mit der Bitte, man möge »die Solidarität der Sprache, der Kultur und der Geschichte, die Südtirol bisher mit Deutschösterreich verbunden haben, nicht vergessen«; alles strömte offenbar nach seiner Rede zu ihm, Präsident Seitz mußte ersuchen, »die Plätze einzunehmen«. In einer Art Schlußwort vor den geschäftsordnungsmäßigen Zuweisungen an die Anschlüsse knüpfte Seitz speziell an die Ausführungen Reut-Nicolussis an: »Wir können ihnen allen nur sagen, daß wir als Brüder mit ihnen das Leid empfinden, das sie bedroht und wir können ihnen nur zum Troste sagen: die Trennung, sie entfernt uns nicht, sie führt uns nur inniger zusammen. Keine Gewalt, keine Macht und seine Grenzen werden das Band der Liebe und Treue, das uns umschlingt, zerreißen.« »Beifall«, sogar »lebhafter Beifall« hatte diese Worte unterbrochen. Bis zum Dezember legten dann die Südtiroler Abgeordneten ihre Mandate zurück.

E. Kein Teil des Deutschen Reiches

Am 26. Juli 1919 trat der Staatssekretär für Äußeres Otto Bauer von seinem Amt zurück: Über den Abschied vom Außenamt hinaus symbolisiert dies den Abschied von gleichfalls einem Stück des Grundkonzeptes Deutschösterreichs, vom Zusammenschluß mit dem Deutschen Reich, wie ihn Otto Bauer mit seinem Amtskollegen, dem deutschen Außenminister Brockdorff-Rantzau, bereits paraphiert hatte. Als Staatsziel war der Anschluß aufzugeben: Artikel 88 des Vertrages von St. Germain legte Österreich die Verpflichtung auf, seine »Unabhängigkeit« als »unabänderlich« anzusehen, was insbesondere als Verbot des Anschlusses an das Deutsche Reich verstanden wurde, zumal dessen zuvor in Versailles abgeschlossener Friedensvertrag ausdrücklich die Verpflichtung enthielt, »die Unabhängigkeit Österreichs ... unbedingt zu achten« (Art. 80). Dem trug auch das schon erwähnte Gesetz vom 21. Oktober 1919 (StGBl. 484) dadurch Rechnung, daß es die Anschlußbestimmungen in den Gesetzen vom 12. November 1918 und vom 12. März 1919 ausdrücklich aufhob (Art. 3). Doch klammerte man sich, wie besonders auch Kelsen, an einen Strohhalm: Da der einschlägige Artikel 88 des Vertrages von St. Germain die »Unabhängigkeit Österreichs« mit der Einschränkung versah, »es sei denn, daß der Rat des Völkerbundes einer Abänderung zustimmt«, interpretierte etwa gerade Kelsen dies nicht als Anschlußverbot, sondern als eine Verfahrensbestimmung, die einen möglichen Anschluß herbeiführen könnte: Die Verträge von St. Germain bzw. Versailles »regeln das völkerrechtliche Verfahren, in dem ... die Verbindung Oesterreichs mit dem deutschen Reiche vollzogen werden kann«[436]. Dennoch enthielt die »definitive« Verfassung 1920 keinerlei Bezüge für einen Zusammenschluß mit dem Deutschen Reich. Der prominenteste »Vater der Verfassung«, Kelsen, gab aber gerade trotz dieser Verfassung den Gedanken nicht auf[437], denn »insbesondere eine Verfassung hat die Tendenz, zu beharren«, was im »Selbsterhaltungstrieb der Rechtsform« liege, wozu in seinem, Kelsens Falle noch das subjektive Moment hinzukäme, daß jemand, der »an dem mühsamen Aufbau solcher Rechtsformen Anteil hat, … sich eines Wunsches für die Erhaltung des Werkes« werde »kaum ganz entschlagen können«, worauf er aber fortfährt: »Dennoch: Stärker als all dies, stärker als der aller Vernunft und Sittlichkeit Hohn sprechende Verlauf der jüngsten Geschichte, deren Produkt das heutige Oesterreich ist, stärker als Oesterreich selbst ist sein Wunsch: Aufzugehen im deutschen Vaterland.« Das Konzept Deutschösterreichs, dies unbehelligt von Dritten im Verhandlungswege mit dem Deutschen Reiche zu vereinbaren, war aber zerstört worden.

F. Die neue Staatsform: Bundesstaat

Von einer »Absonderung der Länder« sprach Seipel Mitte Mai 1919[438]. Die Übernahme der staatlichen Verwaltung in den Ländern durch Landesbehörden gab den Ländern weitaus größeres Gewicht, als dieses den bisherigen Kronländern zugekommen war, stärkte ihre Regierungsgewalt an sich und gegenüber dem Gesamtstaat, was, nicht unverständlich, den Wunsch nach sich zog, auch die Gesetzgebung der Länder verstärkt zu sehen. Dazu kam nun die weitere Entwicklung mit ihren Ernüchterungen: Nicht nur Not und Hunger schienen eigene Maßnahmen zu erfordern, wie etwa einen direkten Kontakt der Länder mit dem Ausland zu deren Linderung, auch besann man sich auf eine Art von Landes-Selbstbestimmungsrecht, was alles insgesamt die Bestrebungen nach höherer Selbständigkeit beförderte und verstärkte, wozu in manchen Ländern, ja sogar Landesteilen noch spezielle Bedingungen hinzukamen. Als die für einige Länder so ganz neue Situation sich denn endlich doch im Bewußtsein festgesetzt hatte, führte dies zu vehementen Reaktionen, die heute leicht verwunderlich erscheinen. Besonders traf dies einmal auf Tirol zu, das mit der Grenzziehung am Brenner und im Pustertal in drei Teile zerfiel, nämlich das italienische Südtirol, das österreichische Nordtirol und das österreichische Osttirol, wobei die beiden letzteren, obwohl zum selben Staatsgebiet gehörig, keine inländische Verbindung besaßen – bzw. es verlor, anders besehen, das österreichische Land Tirol seinen südlichen Teil an Italien. Die neue Tiroler Landesordnung von 1921 (LGBl. 145) wird den Standpunkt des vorübergehend verkleinerten Landes anklingen lassen: »Das Land Tirol umfaßt – vorbehaltlich der endgültigen Festsetzung seiner Grenzen durch Staatsvertrag – derzeit« (!) die nun aufgezählten Nord- und Osttiroler Bezirke (§ 2). Die Sorge um den Erhalt der Landeseinheit, aber auch ihr drohender Verlust führten wie in Tirol zu besonderen Überlegungen. Diese stellte ebenso Vorarlberg an, wenngleich wegen anderer Gründe: aus alemannischer Nachbarschaft wie aus handfesten wirtschaftlichen Überlegungen.

Osttirol entpuppte sich schon bald als Spiegel, ja nahezu als Zerrspiegel unterschiedlichster Ideen. Noch vor der Staatsgründung[439], am 25. Oktober 1918, erwog der Gemeinderat von Lienz den Anschluß des gesamten Verwaltungsbezirks, also Osttirols, an Kärnten, eine Idee, die im März 1919 abermals auftauchte, aber auch die eines Anschlusses an Salzburg wegen, unter anderem, der mit diesem gemeinsamen Pinzgauer Rinderrasse, die gleichzeitig vom übrigen Tirol trenne! Dazu trug nach der italienischen Besetzung Südtirols natürlich besonders auch der Umstand bei, von Nordtirol und damit der Landeshauptstadt abgetrennt, das heißt im Inland nur über Salzburg verbunden zu sein, von dem aber der Alpenhauptkamm, damals mit einer Straßenüberquerung erst am Radstätter Tauernpaß bzw. der Tauernbahn über das Gasteinertal, trennte! Dies führt sogar dazu, daß sich Osttirol als »deutscher Gau Osttirol« für selbständig und als Teil des deutschen Reiches erklärte, was sogar eigene Briefmarken im Oktober 1920 dokumentierten: die Deutschösterreich-Marken mit dem Aufdruck »Deutscher Gau Osttirol«[440]!

Vor allem aber war es Tirol selbst, das sich vom dezentralisierten Einheitsstaat, ja sogar selbst vom Staate Deutschösterreich abzukehren anschickte[441]: »Ernste Schwierigkeiten haben sich bezüglich Tirols ergeben«, hielt Staatskanzler Renner bereits am 12. November 1918 in der Provisorischen Nationalversammlung fest, als man hier den Beschluß betreffend die feierliche Beitrittserklärung der Länder, Kreise und Gaue diskutierte, aber entschuldigend fortfuhr: Tirol habe »mit Begeisterung und Leidenschaft den Anschluß an Deutschösterreich bewerkstelligt«, daher läge »gar nicht einmal eine Vermutung nahe, daß die Tiroler besondere Wege zu gehen bereit wären«, die er aber dennoch anführte, denn Tirol habe »sich direkt, wenn ich so sagen darf, mit Umgehung von Wien, direkt an das befreundete und benachbarte Bayern zu wenden, sich direkt an die Schweiz zu wenden usw.« genötigt gefühlt, was allerdings »die unmittelbare Gefahr, daß der Feind das Land überflutet«, »die Bedrängnis, in der sich das Land befand«, erkläre. Es sei aber »doch wichtig, daran festzuhalten, daß, wenn wir eine feste und sichere Ordnung begründen wollen, die einzelnen Länder und Provinzen gerade in der Gefahr den Schutz der Gesamtheit aufsuchen und nur im Wege der Gesamtheit, das heißt also des Staatsamtes des Äußern, handeln sollen«. Das war eigentlich recht deutlich: Ein kräftiger Schuß vor den Bug, noch verpackt in Watte. Ein Aufruf des Tiroler Nationalrates am darauffolgenden 13. November 1918 bekräftigte Renners Interpretation von Tirols Treue zu Deutschösterreich: Die »Abgeordneten Deutschösterreichs setzten für ganz Deutschösterreich den Staatsrat in Wien ein, für Tirol den Nationalrat im Landhaus zu Innsbruck«, wozu grundsätzlich aus der Abdankung des Kaisers gefolgert wurde: »Deutschösterreich und darin« (!) »das Land Tirol ist Freistaat oder Republik geworden«. Alsbald aber klang es doch wieder anders. Am 21. November 1918 erklärten die politischen Parteien Tirols unter anderem auch, die künftige »konstituierende Landesversammlung entscheidet über die Staatsform, über die Ausübung der Regierungs- und Vollzugsgewalt« wie auch »über einen eventuellen Zusammenschluß mit den Nachbarstaaten«! Letzteres klingt, als hätte die Staatsgründung Deutschösterreichs unter Einschluß Tirols gar nicht stattgefunden, bedeutete aber angesichts dieser Tatsache doch, daß man sie offenkundig nur für provisorisch ansah! Tatsächlich hielt der Tiroler Nationalrat am 25. November 1918 unter anderem in einer Entschließung fest: Die von der Zentralgewalt beschlossenen »Gesetze und Verfügungen haben ... bloß vorläufigen Charakter«, Tirol habe sich zwar für »den Anschluß an die Deutschösterreichische Republik« entschieden, aber doch nur »vorbehaltlich der endgültigen Regelung der staatsrechtlichen Gestaltung des Landes«. Eine einheitliche Meinung der Tiroler politischen Parteien gab es allerdings nicht, dies zeigte sich anläßlich der Debatte der Konstituierenden Nationalversammlung am 12. März 1919 über das zu beschließende Gesetz über die Staatsform (StGBl. 174)[442]. Während die »Rechtsverwahrung« der Christlichsozialen festhielt, daß »nur ein frei gewählter Tiroler Landtag berufen ist, souverän über die weitere staatsrechtliche Zukunft des Landes zu entscheiden«, widersprach dem die »Erklärung« – also keine Rechtsverwahrung! – der Sozialdemokraten, wonach sie die Konstituierende Nationalversammlung »ohne Vorbehalt als unsere oberste Gewalt« anerkennen, ebenso die »Erklärung« – abermals keine Rechtsverwahrung! – der Deutschfreiheitlichen, die von einem »Zusammenschluß aller deutschen Stämme, somit auch des Landes Tirol, mit dem deutschen Mutterreiche« ausging, und zwar »auf bundesstaatlicher Grundlage«, was durch die voraufgehende Feststellung präzisiert wurde, daß die christlichsoziale Rechtsverwahrung »auf ein selbständiges Land Tirol, auf eine selbständige Republik Tirol« abziele, doch könne man sich damit »nicht einverstanden erklären«. Die drohende Abtrennung Südtirols fand jedoch zu Anfang 1919 alle Parteien darin einig, daß, wie es ein Landesregierungsbeschluß vom 20. Jänner 1919 formulierte, man »unter gar keiner Bedingung in eine Abtretung Deutschtirols willigen und lieber alle, auch die schwersten Opfer bringen« werde wie etwa das Fallenlassen des Anschlusses an das Deutsche Reich oder die Zugehörigkeit zu Deutschösterreich. Im Zusammenhang damit war sogar Folgendes zu hören[443]: »Der Kirche liege daran aus Tirol eine Hochburg des Katholismus, vielleicht den künftigen Sitz des Papsttums zu machen, während sie fürchten müsse durch den Anschluß Tirols an Deutschland Einfluss und Besitz zu verlieren« – die Idee eines Kirchenstaates Tirol war damit geboren. Dies hätte auch die sogenannte »Römische Frage« gelöst, nämlich dem Papst die Stellung eines Souveräns gegeben, die ihm nach dem Verlust des historischen Kirchenstaates bestritten wurde und erst mit der Gründung des Staates der Vatikanstadt 1929 wieder zukam. Möglicherweise geht, gerade deshalb und zufolge der ersten Erörterungen zu einem Kirchenstaat Tirol in der Schweiz und in Vorarlberg, diese Idee auf einen Plan aus dem Jahre 1916 zurück, den Papst zum Fürsten von Liechtenstein, diesen zu seinem »Reichsverweser« zu machen, eben mit dem Zwecke, dem Papst die unbestrittene Stellung eines Souveräns zukommen zu lassen, was, begreiflicherweise, keine Zustimmung seitens des überwiegenden Teiles des liechtensteinischen Fürstenhauses fand. Am 3. Mai 1919 faßte die Tiroler Landesversammlung schließlich den Beschluß[444], einen selbständigen Staat »Republik Tirol« zu erklären, falls diesem dadurch Südtirol erhalten bliebe. Die Staatsregierung hingegen drehte sozusagen den Spieß um: Gäbe es seitens der Alliierten die Zusage einer neutralen Eigenstaatlichkeit Tirols unter Einschluß Südtirols, werde man Tirol aus dem Staatsverband Deutschösterreichs entlassen. Wie bekannt, war dies nicht der Fall. Die Frage nach einer Verselbständigung eines souveränen Staates Tirol machte der Vertrag von St. Germain hinfällig. Die Energien kanalisierten sich nun zum Druck auf eine Änderung der Staatsform Deutschösterreichs im Sinne einer föderativen Gestaltung. Am 27. September 1919 stellte der Tiroler Landtag in einer Entschließung unter anderem fest, daß die künftige Gesamtstaatsverfassung »nur auf föderativen Grundlagen und darum nicht ohne Zustimmung der Länder und deren hiefür erforderliche Einigung auf das Verfassungsstatut aufgerichtet werden kann und begrüßt(e) daher die Bestrebungen der gegenwärtigen Staatsregierung, die auf die Schaffung eines dem Muster der Schweizer Eidgenossenschaft nachgebildeten Bundesstaates abzielen« – hielt jedoch abermals fest, es stünde »dem Lande das Recht der endgültigen Entscheidung über die Annahme des Verfassungsentwurfes« zu, aber mit einer »Bundesverfassung«, wie es hier hieß, rechnete man dennoch, und so kam es denn auch in der

Folge zu einem Tiroler Verfassungsentwurf für Österreich als Bundesstaat.

Schlagartig und augenfällig, anders also als das schwankende Tirol, stellte die bisherige Staatsform Vorarlberg in Frage. Während in Wien die neue Konstituierende Nationalversammlung vor allem mit dem Gesetz über die Staatsform vom 12. März 1919 (StGBl. 174) die bisherigen Beschlüsse »über die Staats- und Regierungsform von Deutschösterreich« ausdrücklich »wiederholt, bestätigt und bekräftigt« hatte und dies abermals förmlich und inhaltlich mit den beiden Gesetzen über die Volksvertretung bzw. über die Staatsregierung vom 14. März 1919 (StGBl. 179, 180) tat, setzte just mit einem Gesetz von ebenfalls diesem 14. März 1919 die neue »Verfassung des Landes Vorarlberg« (LGBl. 22) jener Staatsform eine ganz andere entgegen: Erstmals in Deutschösterreich ist von der »Verfassung des Bundesstaates«, von der »Gewalt des Bundesstaates« die Rede (§ 1), und zwar insofern, als das Land »selbständig« ist, »Selbständigkeit« besitzt, soweit nicht durch diesen Bundesstaat beschränkt. Für jenen Gesamtstaat, dem Vorarlberg als Land angehörig sein wollte, war somit die Staatsform eines Bundesstaates festgelegt – der aber gar nicht benannt ist! Somit konnte die Landesverfassung nicht nur als eine Forderung an Deutschösterreichs Verfassung aufgefaßt werden, sondern als Bedingung, nur einem Staate angehören zu wollen, der eben »Bundesstaat« ist, was im März 1919 auf Deutschösterreich jedenfalls gar nicht, sehr wohl aber auf die benachbarte Schweiz und das benachbarte Deutsche Reich zutraf. Tatsächlich hatte Vorarlberg zu diesem Zeitpunkt nicht nur die Staatsform Deutschösterreichs abgelehnt, sondern auch die dauernde Zugehörigkeit zu diesem Staate in Frage gestellt. Schon knappe zwei Wochen nach der Erklärung Vorarlbergs vom 3. November 1918, dem Staatsgebiet Deutschösterreichs angehörig zu sein, fand Landeshauptmann Ender[445] am 15. November 1918 unter seinen Einlaufstücken die Resolution eines Komitees in der Stadt Lustenau, welche den Anschluß Vorarlbergs an die Schweiz forderte. Im Jänner 1919 ergaben private Abstimmungen in einzelnen Gemeinden des Rheindeltas Mehrheiten bis zu 95 Prozent für den Anschluß an die Eidgenossenschaft, ähnliche andere Aktionen zeigten ein beinahe identisches Bild, so daß am 9. März 1919 der Landesrat beschloß, »die Anschlußfrage der provisorischen Landesversammlung« vorzulegen. Am 15. März 1919, unmittelbar also nach dem Inkrafttreten der gerade zitierten neuen Landesverfassung, gab Landeshauptmann Ender in der Landesversammlung eine umfassende Erklärung ab, wobei er die zentrale Frage stellte »Wohin gehört Vorarlberg?«, nachdem er zuvor der Zugehörigkeit Vorarlbergs zu Deutschösterreich bloß »provisorischen Charakter« beigemessen hatte. Landeshauptmann Ender nannte für die zukünftige Zugehörigkeit drei Möglichkeiten, die er ausführlich begründete: Deutschösterreich, die Schweiz sowie Deutschland. Derart vorbereitet beschloß die Landesversammlung unter anderem: Die Zugehörigkeit zu Deutschösterreich habe nur provisorischen Charakter, erst der neu zu wählende Landtag werde die definitive Zugehörigkeit an ein Staatswesen beschließen, ein Verhandlungsausschuß der Landesversammlung solle in Fühlungnahme mit Deutschösterreich, der Schweiz und Deutschland treten. Was der Text der Landesverfassung nahelegt, findet hier seine Bestätigung: Die Zugehörigkeit zu Deutschösterreich könnte ihr Ende finden! Auf weitere Details vor allem der »Schweizer-Anschluß-Bewegung« sei hier, wo ja bloß der Aspekt der Abkehr von der bisherigen Staatsform Deutschösterreichs interessiert, nicht näher eingegangen, und nur daran erinnert, daß in der offiziellen Volksabstimmung vom 11. Mai 1919 sich rund 80 Prozent der abgegebenen Stimmen dafür aussprachen, die Vorarlberger Landesregierung möge in Anschlußverhandlungen mit der Schweiz eintreten – damit war zwar noch nicht diesem Anschluß die Zustimmung erteilt, aber doch ein klares Votum für die Zugehörigkeit zu einem Bundesstaat anstelle des dezentralisierten Einheitsstaates abgegeben worden.

Alle Bestrebungen souveräner Eigenstaatlichkeit oder einer Neuorientierung hin zu anderen Staaten unterband jedoch der Vertrag von St. Germain: Seine Feststellung der Grenzen und die Unabhängigkeitsverpflichtung des von ihnen umschlossenen Staatsgebietes zwangen die – verbliebenen – Länder zusammen bzw. unterbanden jegliche Sezession: Darauf gerichtete Energien waren mit dem Vertrag von St. Germain nun auf die interne Verfassungsgestaltung umgelenkt.

Dies schlug sich in der Entwicklung hin zur Verfassung 1920 auch klar nieder. So recht kamen die Verfassungsverhandlungen erst nach der parlamentarischen Behandlung des Vertrages von St. Germain in Gang. Grundsätzlich boten sich für die Verfassungsgebung zwei Wege an[446]: Initiativanträge aus dem Schoße der Nationalversammlung oder Regierungsvorlagen. Beide Möglichkeiten wurden genutzt. Die Entwicklung begann noch vor dem Vertrag von St. Germain mit dem erstgenannten Weg und endete danach auch mit ihm, dazwischen liegt eine – wichtige – Phase von Regierungsinitiativen. Diese Phase versteht sich besonders auch daraus, daß es nun – nach dem Vertrag von St. Germain – zur Einbindung der Länder kommen mußte, was nicht seitens des gesamtstaatlichen Parlaments erfolgen konnte, wozu vielmehr Verhandlungen zwischen der Staatsregierung und den Landesregierungen notwendig waren. Erst danach konnte sich die Entwicklung wieder zum Verfassungsgesetzgeber hin verlagern, in die Konstituierende Nationalversammlung selbst. Ihren abermaligen und letztlich zielführenden Verfassungsarbeiten gingen daher Regierungsinitiativen voraus, beispielsweise[447] die im Sommer und Herbst 1919 erstellten Verfassungsentwürfe des Referenten von Staatskanzler Renner Hans Kelsen und jene des Staatssekretärs für Verfassungsfragen Michael Mayr von 1920, von wesentlicher Bedeutung aber waren die Verfassungsgespräche mit den Ländern in den Länderkonferenzen zu Salzburg und Linz im Februar und im April 1920. Darauf aufbauend, begann ein Regierungskomitee eine Regierungsvorlage zu erarbeiten. Sie kam schließlich dennoch nicht zustande, da während der Arbeiten des Regierungskomitees die Regierungskoalition auseinanderfiel, worauf sich die Verfassungsarbeiten zurück in die Nationalversammlung verlagerten. Am 8. Juli 1920 setzte deren Verfassungsausschuß einen eigenen Unterausschuß zur Ausarbeitung der Verfassung ein, der in 18 Sitzungen einen Entwurf erstellte, der am 24. und 25. September 1920 vom Verfassungsausschuß, sodann am 29. September im Plenum der Nationalversammlung beraten und von dieser am 1. Oktober 1920 beschlossen wurde (BGBl. 1/1920). Mit der ersten Sitzung des hier vorgesehenen Parlaments, des Nationalrates, am 10. November 1920 trat die neue Verfassung in Kraft.

Die Konstituierende Nationalversammlung hatte zwar letztendlich, entgegen zunehmenden Befürchtungen, ihre Hauptaufgabe, die Verfassungsgebung, erfüllt, das Ergebnis – die Verfassung 1920 – galt freilich als »Torso«[448]: Über drei Sachkomplexe war keine Einigung zustande gekommen: über die Finanzverfassung, die Schulkompetenzen sowie die Grundrechte. Die Finanzverfassung wurde 1922 in eigenen Gesetzen nachgetragen (BGBl 124, 125), im Falle der Grundrechte beließ man es beim bisherigen Grundrechtskatalog des entsprechenden Staatsgrundgesetzes von 1867 durch die Gesetzgebungstechnik einer Verweisung (Art. 149 B-VG), strich aber die Suspensionsmöglichkeit und ergänzte um die Minderheitenbestimmungen aus dem Staatsvertrag von St. Germain – wäre mehr Zeit zur Verfügung gestanden, so hätte man sich wohl auf einen neuen Grundrechtskatalog zu einigen vermocht. Zeit benötigten nämlich die Verhandlungen über die neue föderative Staatsform – diese weitere Veränderung des Konzepts Deutschösterreichs hatte so zu Lasten anderer Verfassungsteile ihren Tribut gefordert!

Die neue Verfassung 1920 brachte die Abkehr vom Konzept der dezentralistischen Staatsform durch ihre konkrete bundesstaatliche Konstruktion. Sie stellt verfassungsgeschichtlich besehen einen ganz gravierenden Schritt dar: Aus dem bisherigen dezentralisierten Einheitssstaat als direkte Folge der Staatsgründung sowie als Erbe des Vorgängerstaates Österreich/Cisleithanien war nunmehr die Grundlage für den Aufbau eines Bundesstaates gelegt. Wie sehr man damit das Konzept der Staatsgründung verlassen hat, zeigt der Titel des Bundes-Verfassungsgesetzes von 1920 (BGBl. 1), der den Eindruck erweckt, als sei einzig und allein die Festlegung eines neuen Verfassungsprinzips sein Inhalt: »Bundes-Verfassungsgesetz, womit die Republik Österreich als Bundesstaat eingerichtet wird.«

VIII. Würdigung der Staatsgründung

A. Angewandtes Staatsrecht

Die beiden Nationalversammlungen hatten auf eine rechtlich exakte und in der Folge auch nie bezweifelte Weise im Zusammenbruch des alten Österreich einen neuen Staat geschaffen und für diesen vorerst sukzessive eine zum Teil noch als provisorisch und sodann die als definitiv angesehene Verfassungsordnung erstellt. Sie geriet zwar in der Folge unter mehrfache Kritik, die 1929 zu einer tiefgreifenden Verfassungsänderung führte, war aber nie ernsthaft in ihrem rechtlichen Bestand, in ihrer Legalität oder Legitimität bestritten worden. Die nur kurze Episode der ständisch-autoritären Verfassung 1934 bestätigt dies, aber mehr noch der Umstand, daß man im Jahre 1945 zur Verfassung 1920/1929 zurückkehrte, im Falle des Bundesrates sogar zur Fassung von 1920. Es wurde weder eine neue Verfassung geschaffen wie in Deutschland 1949 mit dem Bonner Grundgesetz bzw. der DDR-Verfassung noch die Verfassung 1920/1929 tiefgreifend novelliert. Sie erwies sich übrigens stärker als der leicht übersehbare Versuch, mit der Vorläufigen Verfassung von 1945 einen anderen föderalistisch-demokratischen Aufbau festzuschreiben.[449]

Daß die Verfassungsgebung der beiden Nationalversammlungen unangefochten blieb, dazu trug vor allem auch die Legitimation der Verfassungsgebung durch die beiden Nationalversammlungen bei. Getragen wurde diese stets vom Gedanken der Volkssouveränität. In diesem Sinne war mit der Lösung der Provisorischen Nationalversammlung das in der Umbruchsituation tatsächlich am ehesten demokratisch legitimierte Organ geschaffen worden. Als Alternative hätte sich eine Staatsgründung und Verfassungsgebung etwa durch eine von anderen Kräften, nämlich durch die politischen Parteien, ernannte Staatsregierung angeboten wie sodann 1945 in Österreich oder ein gemeinsames Vorgehen der Länder wie zur Begründung der Bundesrepublik

Deutschland 1949[450]. In diesen wie in anderen denkbaren Fällen hätte es aber an einer demokratischen Legitimation gleich jener der Provisorischen Nationalversammlung gefehlt.

Dazu kommen praktische Gegebenheiten. Zufolge der Funktion jedes Nationalversammlungsmitgliedes zwischen dem 30. Oktober und dem 12. November 1918 auch noch als Reichsratsabgeordneter war eine personelle Kontinuität gewahrt wie damit auch im Staatsrat als einem Ausschuß der Nationalversammlung. Abgeordnetenhaus und Provisorische Nationalversammlung waren sozusagen in Personalunion verbunden, ihr Handeln daher aufeinander abstimmbar und tatsächlich auch abgestimmt.

Das Vorgehen beider Nationalversammlungen erwies sich staatsrechtlich als besonders exakt. Es wurde oben zum Staatsgründungsbeschluß als lehrbuchhaft im Sinne der Gewaltenteilungslehre charakterisiert, es war dies auch im Sinne der Lehre von den Staatselementen Staatsgewalt – Staatsgebiet – Staatsvolk bei der Begründung des deutschösterreichischen wie bei der Beendigung des bisherigen Staates. Nach diesen juristischen Kriterien wurden – ausdrücklich – erst die »Staatsgewalt« geregelt, und zwar – abermals explizit – gegliedert in »gesetzgebende Gewalt« sowie in »Regierungs- und Vollzugsgewalt« (StGBl. 1) und auch in die richterliche Gewalt (StGBl. 38), sodann – gleichfalls ausdrücklich – »Umfang, Grenzen und Beziehungen des Staatsgebietes« (StGBl. 40 und 41) festgelegt und schließlich mit den Staatsbürgerschaftsregelungen (StGBl. 91) das Staatsvolk bestimmt. Juristische Denkweise verrät auch die Formulierung der kaiserlichen Erklärung vom 11. November mit insbesondere dem oben beschriebenen Verzicht des Kaisers auf seinen »Anteil an den Staatsgeschäften«.

Weiters folgte man juristischen Kriterien des Völkerrechts bei der differenzierten Festlegung des Staatsgebietes. Als »Staatsgebiet« galten jene Gebiete, über welche Deutschösterreich die »Gebietshoheit« ausübte bzw., wie etwa hinsichtlich der neuen Länder Deutschböhmen und Sudetenland, auszuüben beabsichtigte. Damit war der richtige völkerrechtliche Terminus technicus gewählt, es sollte auf die tatsächliche Ausübung der Staatsgewalt ankommen, nicht auf die davon unter Umständen abweichende territoriale Souveränität. Zu diesem durch Gebietshoheit definierten »Staatsgebiet« zählten auch die sogenannten »Einschlußgebiete« (StGBl. 40/1918, deutlich StGBl. 4/1919) der Sprachinseln Brünn, Iglau und Olmütz. Vielleicht waren gerade sie im Hinblick auf den tschechoslowakischen Staat der Grund, von Gebietshoheit und nicht Souveränität zu sprechen. Jedenfalls differenzierte man für sie in »volle Gebietshoheit« sowie in einen »Rechtsbereich« (StGBl. 41/1918). Dieser bestand darin, daß die ihm zugehörigen Gebiete zwar »der Hoheit der Republik Deutschösterreich« unterlagen, aber möglicherweise bloß vorübergehend bis »zur verfassungs- und völkerrechtlichen Sicherstellung ihrer politischen und Nationalrechte«. Über das Staatsgebiet hinaus wurde ein »zwischenstaatliches Verwaltungsgebiet« Deutschösterreichs, der Tschechoslowakei und Polens definiert: das Industriegebiet Ostmähren-Ostschlesien. Weiters erklärte Deutschösterreich Deutschwestungarn zu seinem besonderen politischen Interessensgebiet sowie die Gebiete der deutschen Minderheiten in den übrigen Teilen des ehemaligen Österreich-Ungarn »zum nationalen Interessenbereich«. Man ging also mit besonderen juristischen Kriterien auch an das Problem des Staatsgebietes heran, wenngleich hier nicht immer ganz glücklich[451].

B. »... denn ein Kaiser abdiziert doch nicht bloß zum Scheine!«

Und Lernet-Holenia ergänzt diese seine ironische Behauptung doch eher ernst[452]: »Es macht aber doch diesen Eindruck.« Freilich bezieht er sich auf Otto von Habsburg und nicht auf seinen Vater, den Kaiser und König Karl. Aber es passen jene Behauptungen gerade so gut, eigentlich sogar treffend gut auch auf diesen. Daß man eine juristisch besonders tragfähige Entscheidung mit der Neugründung des Staates Deutschösterreich wie auch mit der Beendigung der bisherigen Staatlichkeit getroffen hatte, zeigte sich auch in den Auswirkungen des weiteren Verhaltens des ehemaligen Monarchen.

Erst gute vier Monate nach seiner Abdankung begab sich Ex-Kaiser Karl[453], nicht ohne Druck, in das Schweizer Exil, der am 9. November abgedankte Deutsche Kaiser Wilhelm II. hatte dieses sogleich am 10. November in Holland genommen. Am Weg in die Schweiz widerrief, wie schon erläutert, der Ex-Monarch seinen Thronverzicht vom 11. November am 24. März 1919 in der Feldkircher Erklärung. Diese wurde, so entschied man im Hinblick auch auf die – nicht widerrufene – Erklärung des Ex-König Karls vom 13. November 1918 für Ungarn, zwar nicht veröffentlicht, aber dem Papst und einigen Staatsoberhäuptern wie etwa dem spanischen König übermittelt. Die Begründung ist allerdings fadenscheinig und sowohl unrichtig wie auch unaufrichtig: Deutschösterreich habe entgegen seiner, Karls, Erklärung vom 11. November die republikanische Regierungsform festgelegt, ohne das Volk zu befragen, Beschlüsse Deutschösterreichs seit dem 11. November seien daher »für Mich und Mein Haus null und nichtig«. Nun war aber dem damaligen Kaiser nicht nur, wie erwähnt, der Staatsratsbeschluß und damit der bevorstehende Nationalversammlungsbeschluß bezüglich der republikanischen Regierungsform bekannt, sondern es war auch in seiner Erklärung nirgendwo die Rede von einem Appell an das Staatsvolk, in klarer Weise aber davon, daß er »die Entscheidung anerkennen werde«, »die Deutschösterreich« trifft, also die Gebietskörperschaft, die durch ihre Organe handelt: Und genau dies ist am 11. und 12. November geschehen. Überdies hatte, wie erwähnt, der Ex-Kaiser zwei Tage nach seiner Erklärung bezüglich Deutschösterreichs auch eine solche hinsichtlich Ungarns abgegeben, nun mußte er aber zufolge der Ausrufung der Republik in Wien vom Vortag wissen, welche Wirkungen einer derartigen Erklärung zugemessen werden konnten. Der Staat allerdings, auf den sich seine Erklärung vom 11. November und daher nunmehr auch deren Widerruf bezogen, Österreich/Cisleithanien, existierte zu diesem Zeitpunkt nicht mehr. Aber selbst im Falle einer rechtlichen Wirkung des Widerrufs des Ex-Kaisers hätte sich dieser ebenso wie die widerrufene Erklärung nur auf seinen »Anteil an den Staatsgeschäften« beziehen können – zur Wiederherstellung des untergegangenen Staates wäre zumindest eine entsprechende Erklärung bezüglich des anderen »Anteils« durch das Abgeordnetenhaus, das auf diesen verzichtet hatte, notwendig gewesen. Mangels einer derartigen Erklärung – und wohl noch anderer juristischer Schritte – blieb demnach der Staat, in dem der Ex-Kaiser seinen Thron wieder hätte erlangen wollen, erloschen: Sein Widerruf stieß ins Nichts.

Diese österreichisch/cisleithanische Situation tritt deutlich im Vergleich mit Ungarn[454] hervor: Auch hier hatte der Monarch als König von Ungarn am 13. November eine Erklärung wie jene bezüglich des cisleithanischen Staates abgegeben, aber die Regierung nicht entlassen, und zu Handlungen wie seitens des österreichischen Abgeordnetenhauses war es in Ungarn nicht gekommen: Die beiden Häuser des ungarischen Parlaments traten nach einem vom Nationalrat vereinbarten Plan am 16. November vormittags jeweils zu ihrer letzten Sitzung zusammen, stellten aber ihre Tätigkeit nicht wie die österreichisch/cisleithanischen Schwesternkammern einfach ein, sondern übertrugen ihre Funktionen an die sogleich am Nachmittag zusammentretende Nationalversammlung, den auf etwa 500 Mitglieder verstärkten Nationalrat, an der Mitglieder der beiden nun aufgelösten Reichstagskammern als Gäste teilnahmen. Diese Nationalversammlung erklärte Ungarn zur Republik. Hier erlosch sozusagen nur der monarchische Anteil, nicht aber der des vom Parlament repräsentierten Volkes an der Staatsgewalt, jener wuchs wie der Anteil eines verzichtenden Miteigentümers dem übrigen an – Ungarn blieb als Staat bestehen, änderte nur die Regierungsform, der Monarchie folgte die Republik und dieser am 21. März 1919 die Räterepublik. In Ungarn löste nicht ein Staat oder wie in Österreich/Cisleithanien sogar mehrere einen anderen ab, sondern im fortbestehenden Staat eine Verfassungsordnung die vorausgegangene: Die ungarische Republik stand zum monarchischen Ungarn nicht im Verhältnis der Diskontinuität, sondern der Kontinuität, besser: Es gab eine ungebrochene Identität der Staatlichkeit. Der Staat, in dem eine frühere Regierungsform allenfalls wiederhergestellt werden konnte, blieb somit erhalten. Und dies geschah tatsächlich: Ungarn kehrte nach und wegen

133 Tagen Räterepublik nicht nur dieser, sondern der republikanischen Regierungsform überhaupt den Rücken. Für die monarchische Regierungsform traten allerdings zwei Gruppen ein: Die »Legitimisten« sahen weiterhin Karl von Habsburg als König von Ungarn an, nicht hingegen die »freien Königswähler«, die in eben freier Wahl einen König bestimmen wollten. Mit anderen Worten: Die Legitimisten hielten den Verzicht König Karls für gegenstandslos, die Königswähler für einen Thronverzicht bloß der Dynastie, beide also nicht für ein Aufgeben der monarchischen Regierungsform. Für jene war Ungarn weiterhin habsburgische Monarchie unter König Karl IV., für diese eine Monarchie mit vakantem Thron. Da für beide monarchistischen Gruppen die Erklärung König Karls somit nicht Aufgabe der Monarchie bedeutete, wenngleich auch mit unterschiedlichen Folgen für das Haus Habsburg-Lothringen, war für sie die Ausrufung der Republik Ungarn am 16. November 1918 gegenstandslos – dies war ihr gemeinsamer Standpunkt, der sich daher auch durchsetzte. Die Habsburger-Legitimisten hatten zwar sozusagen, im Gegensatz zu den Königswählern, mit König Karl einen Monarchen an der Hand, sahen sich aber vor allem mit einem erheblichen Widerstand der Tschechoslowakei, Rumäniens und des Königreichs SHS konfrontiert, die bei einem habsburgischen König in Ungarn eine Restauration Österreich-Ungarns insgesamt befürchteten, was auf ihre Kosten gehen mußte, und dies vor allem durch König Karl als Ex-Kaiser von Österreich. Damit waren auch die Entente-Mächte gegen ein Habsburger-Königtum auf den Plan gerufen. Als im August 1919 Erzherzog Joseph, der Ex-Stellvertreter König Karls in Ungarn, zum Reichsverweser ernannt wurde, mußte er nach kurzer Zeit diese Funktion zufolge eines Einspruchs der Entente wieder niederlegen. Auf dieser Linie liegt, daß es im Herbst 1919 mit Stoßrichtung gegen die Räterepublik zu einer Vereinbarung mit der Entente dahingehend kam, sie werde zwar in Ungarn das monarchische Regierungssystem anerkennen, aber ohne Habsburger, mit einem nichthabsburgischen Reichsverweser. Die im Jänner 1920 gewählte Konstituierende Nationalversammlung entschied sich daher am 16. Februar 1920 dafür, in Ungarn einerseits die monarchische Regierungsform

wiederherzustellen, erklärte jedoch die Realunion mit Österreich von 1867 wie auch die Regierungsrechte der Habsburger-Dynastie für erloschen und die königliche Gewalt seit dem Verzicht König Karls für »ruhend«, so daß sie von einem Reichsverweser wahrzunehmen wäre. Damit hatten sich die Königswähler gegen die Habsburger-Legitimisten zwar durchgesetzt, ohne aber die Möglichkeit einer Königswahl zu erhalten. Wie vorgesehen wählte die Nationalversammlung am 1. März 1920 als Reichsverweser den ehemaligen Admiral der k. u. k. Kriegsmarine Nikolaus (Miklos) Horthy. Diese Wiederherstellung der monarchischen Regierungsform wie grundsätzlich der fortbestehende Staat gaben jedoch dem Ex-König Karl die naheliegende Möglichkeit, als König nach Ungarn zurückzukehren. Ex-König Karl bot dies dem Reichsverweser 1920 mehrmals an, und zwar wegen Ungarns Nachbarstaaten und der Entente mit der Betonung, nur König von Ungarn sein zu wollen, eine Lösung, über die inoffiziell auch mit Frankreich verhandelt wurde. An der Einstellung von Ungarns Nachbarn sowie der Entente insgesamt änderte sich jedoch nichts. In grober Fehleinschätzung dieser Lage und auch anderer Momente wie etwa der durch sie mitbestimmten Haltung des Reichsverwesers kam es 1921 seitens Ex-König Karls zu zwei Restaurationsversuchen, besser: Thronbesteigungsversuchen, denn die Monarchie war ja bereits restauriert. Sie scheiterten und führten umgehend zur Internierung des Ex-Kaiser-Königs durch die Alliierten: Wie Ex-Kaiser Napoleon I. auf einem britischen Kriegsschiff auf die ferne Atlantik-Insel St. Helena verbracht wurde, so nahm sich nun die britische Flotte des Ex-Kaiser-Königs an und übersiedelte diesen samt seiner Familie erst auf einem Donau-Monitor und vom Schwarzen Meer mit einem Kreuzer gleichfalls nach einer Atlantik-Insel – dem portugiesischen Madeira. Als der Ex-Monarch am 19. November 1921 hier landete, hatte die ungarische Nationalversammlung bereits am 6. November 1921 das Gesetz über die Aufhebung der Pragmatischen Sanktion als Grundlage der Gemeinsamkeit des – weiter fortbestehenden – Königreichs Ungarn mit den übrigen ehemals habsburgischen Ländern sowie der habsburgischen Thronfolge auch in Ungarn sowie ausdrücklich noch die Thronenthebung der

Habsburger beschlossen. Da eben Ungarn als Staat in Identität weiterexistierte, und zudem mit einer monarchischen Regierungsform, waren diese Schritte für eine endgültige Dethronisierung der Habsburger notwendig geworden.

Die ungarische Entwicklung zeigt somit sehr deutlich den Unterschied zu jener auf dem Boden Österreich/Cisleithaniens auf. In (Deutsch-)Österreich unternahm der Ex-Kaiser – trotz des Widerrufs seines Thronverzichts – keine derartigen Versuche: Der Staat, in dem er hier die Monarchie hätte restaurieren oder, einfacher, einen vakanten Thron hätte wiederbesteigen können, existierte nicht mehr, im neuen Staatswesen bot die demokratisch-republikanische Regierungsform von Anfang an keine verfassungsrechtliche Möglichkeit für einen Thronbesteigungsversuch.

Eine evolutionäre Verfassungsänderung wie in Ungarn wäre in einem Deutschösterreich, das sich bloß als republikanische Verkleinerung Österreich/Cisleithanien verstanden hätte, sowohl juristisch schwierig wie vor allem mit politischen Hypotheken belastet gewesen. Dazu zählt einmal die schwankende Haltung des Kaisers, die sich mehrfach niederschlägt wie schon in der Erklärung vom 11. November, die den Thronverzicht zwar juristisch exakt fixiert, aber verbal verschleiert, sodann im Widerruf dieser Erklärung, der überdies eine bezeichnende Vorgeschichte hat. Nach Außenamtsleiter von Flotow habe Ex-Kaiser Karl bereits nach seinem Verzicht, noch am 11. November, dessen Widerruf geplant, da er diesen »nur unter Zwang unterzeichnet« habe, was ihm aber Flotow auszureden vermochte, worauf der Ex-Kaiser das bereits vorbereitete Schriftstück verbrannte.[455] Weiters hätte der Charakter des Reichsrats nach dem Auszug der nichtdeutschen Abgeordneten als Rumpfparlament juristische Fragen aufgeworfen und das Eingebundensein in die österreichisch-ungarische Realunion Probleme erzeugt. Alles dies war geeignet, zahlreiche Fragen aufzuwerfen, die wohl nicht ohne Grund mit dem Hinweis auf Verfassungsbrüche und daher auf mangelnde Legalität sowie auch auf fehlende Legitimation ein Herd von Unruhen hätten werden können. Mit dem klaren Entscheid zugunsten einer Staatsgründung und damit zur Diskontinuität waren derartige Fragen abgeschnitten und der Neubeginn nicht mit den Hypotheken juristischer und politischer Interpretationsmöglichkeiten belastet.

C. Juristen gute Christen

»Juristen böse Christen«, Martin Luther zugeschrieben, stempelte die Tätigkeiten von Juristen jeglicher oder gar keiner Konfession respektive jeglicher oder gar keiner Weltanschauung im Zuge der Vorgänge 1918/19 zur Ausnahme. Denn ursächlich für die so deutlich juristisch beeinflußte Verfassungsgebung mit und ab der Staatsgründung sind ganz entschieden die maßgebenden Personen, die verfassungsrechtlich geschult und auch ausgewiesen waren. Dazu zählen beispielsweise Abgeordnetenhauspräsident Groß, die Nationalversammlungspräsidenten Dinghofer und Seitz, besonders Staatskanzler Renner[456], auch Abgeordnete wie Otto Bauer, Licht und Clessin sowie letztlich Konsulenten bzw. Beamte wie vor allem Kelsen, Franz Klein bzw. Adolf Merkl und Mannlicher.[457] Die Differenzierung des Staatsgebietes beispielsweise geht auf Renners Verfassungsentwurf zurück.[458] Offenkundig verband das juristische Denken auch über Parteigrenzen hinweg.

Die Konstituierende Nationalversammlung schließlich hat ihre Aufgabe letztendlich doch, und zwar im nachhinein betrachtet, auch in einer positiv zu würdigenden Weise gelöst. Die Verfassung 1920 bildete zwar, wie oftmals und auch hier schon betont, einen »Torso«[459], da als wesentlich eingestufte Teile einer Verfassungsurkunde in ihr nicht enthalten sind wie etwa die schon erwähnte Finanzverfassung und der Grundrechtskatalog. Erstere wurde aber ohnedies alsbald nachgetragen, die Rezeption des Grundrechtskatalogs von 1867 hatte bereits Renners Verfassungsentwurf vorgesehen[460] – überdies ist es auch der Zweiten Republik trotz ruhigeren und längeren Zeiten nicht gelungen, einen Grundrechtskatalog zu erarbeiten. Die Verfassung 1920 hat sich seit ihrem Inkrafttreten bewährt und auch als ausbaufähig erwiesen wie insbesondere 1929. Daß zahlreiche Änderungswünsche an sie herangetragen wurden und werden, liegt weniger an ihrer Urfassung, sondern an späterhin eingetretenen unorganischen Zuwächsen und einer veränderten politischen Realität. Das nahezu zur selben Zeit durch die Konstituierende Nationalversammlung zu Weimar entstandene Verfassungswerk der Weimarer Reichsverfassung hat jedenfalls, anders als die österreichische Verfassung 1920, die Zeiten nicht überlebt. Sie wurde bewußt 1949 mit Wirkung bis heute durch das Bonner Grundgesetz und zeitweise durch die Verfassung der DDR ersetzt.[461]

So sind die Tätigkeiten erst der Provisorischen und sodann der Konstituierenden Nationalversammlung als positiv, hinsichtlich der Staatsgründung und in Einzelfragen sogar als staatsmännisch weitblickend zu würdigen.

IX. Modelle und Umfeld

Die Staatsgründung Deutschösterreichs am 30. Oktober 1918 sowie der weitere Staatsaufbau ab dem 12. November 1918 beruhen auf theoretischen Modellen wie empirischen Erfahrungen des 19. Jahrhunderts, die, durch Umstände bedingt, modifiziert sind. Gerade aber die wesentliche Modifikation, die Begründung der Staatsgewalt durch eine provisorische Versammlung mit nachfolgender Verfassungsgebung durch eine konstituierende Nationalversammlung, entspricht den europäischen Gegebenheiten von 1917 bis Jahre danach in besonderem Maße insofern, als sich dieser Vorgang auch in anderen, damals neubegründeten Staaten ebenso abspielte.

A. Das Modell »Nationalversammlung«

Der Entscheid, mit Staatsgründung und Verfassungsgebung eine »Nationalversammlung« zu betrauen, entsprach einem theoretisch-empirischen Grundmodell des 19. Jahrhunderts. Für die Erstellung demokratischer bzw. wie im Falle der konstitutionellen Monarchie demokratisch mitgetragener Verfassungen hatten politisch-historische Erfahrungen bereits seit der Französischen Revolution sowie sodann die Staatslehre ein bestimmtes Muster entwickelt[462]: Das Volk solle sich selbst seine Verfassung geben, und zwar durch gewählte Repräsentanten, also in einer Volksversammlung, ausgestattet mit einer speziellen Legitimation für die Verfassungsgebung, die Konstituierung. Diese Sicht brachte den Typus der Konstituierenden Nationalversammlung hervor. Im Europa des 19. Jahrhunderts entstanden die meisten Verfassungen auf diese Weise, gegebenenfalls mit nachfolgender Sanktion des Monarchen. Dies[463] war der Fall schon in Frankreich 1791, in Spanien 1812, in Norwegen 1814 und in Württemberg 1819, wurde in der Verfassungswelle nach 1830 zum Regelfall wie beispielsweise 1831 in Belgien, Sachsen, Hannover und Kurhessen, 1832 in Braunschweig und nach der Revolution von 1848 zum Standard wie in den Niederlanden 1848, in Kurhessen 1862, in Österreich geplant vom Reichstag 1848/49, aber realisiert erst 1867. In ähnlicher Weise kam die Verfassung des Norddeutschen Bundes 1867 zustande: durch Beschluß des Konstituierenden Reichstags und Annahme durch die Parlamente und Monarchen der Mitgliedstaaten.

Das Modell der Konstituierenden Nationalversammlung galt nicht nur für die Schaffung einer neuen Verfassungssituation in einem bestehenden Staat, sondern auch für die Gründung von Staaten, da diese durch eine – die erste – Verfassung erfolgen sollte. Während beispielsweise im Jahre 1848 der österreichische Reichstag als ein seit Mai 1848 ausdrücklich mit der Befugnis einer Konstituierenden Nationalversammlung ausgestattetes Parlament für den bestehenden Staat Österreich eine neue Verfassung zu erstellen hatte, war es anders die Aufgabe der Konstituierenden Deutschen Nationalversammlung in Frankfurt/Main aus dem Staatenbund des Deutschen Bundes einen neuen Staat, den Bundesstaat Deutsches Reich zu schaffen[464]. Noch klarer tritt die Neugründung eines Staates 1831 zu Tage, als der Nationalkongreß in Brüssel im Sinne einer konstituierenden Nationalversammlung aus den südlichen Teilen des Staates der Vereinigten Niederlande den neuen Staat Belgien schuf.[465]

B. Staatsgründungen zwischen Eismeer, Ägäis und Atlantik

Österreichs staatliche Entwicklung im Herbst 1918 bildet keinen Einzelfall und stellt schon gar keinen Sonderfall dar. Staatsgründungen gab es schon ab 1917, buchstäblich vom Eismeer bis zur Ägäis und zum Atlantik. Wir treffen hier Problemlagen wie in Österreich an, insbesondere hinsichtlich der Staatsgründung und der Festlegung der Regierungsform im Zusammenhang mit der Abdankung eines Monarchen sowie den Kampf um das Staatsgebiet.

1. Wie Staaten konkret entstehen

Da ist einmal *Finnland*[466]: Seit der Loslösung von Schweden 1809 stand es als Großfürstentum in Personalunion mit Rußland und besaß ab 1869 vor allem einen eigenen Landtag und eine eigene Regierung (Senat). Es wurde allerdings von 1899 an, etwa durch Ausdehnung russischer Gesetze, immer mehr dieser Autonomie beraubt. Nach der Abdankung des Zaren am 15. März 1917 kündigte jedoch Rußland am 20. März 1917 im Einvernehmen mit Finnland an, diese Entwicklung dadurch rückgängig zu machen, daß Finnland seine Unabhängigkeit wie vor 1899, also innerhalb Rußlands, zurückerhalte. Mit dem Ende der Monarchie in Rußland übernahm Finnlands Landtag am 18. Juli 1917 anstelle des Zaren die »höchste Gewalt«, wenngleich nur »vorläufig« und ausgenommen Äußeres und Heerwesen, die also weiterhin Rußland zukamen. Daraufhin löste der russische Generalgouverneur den Landtag auf. Der zu Oktober-Beginn neugewählte Landtag erklärte sich am 15. November 1917 ausdrücklich als Inhaber der höchsten Staatsgewalt unter Einschluß des Äußeren und der Heeresangelegenheiten, die bisherige Form der Regierung als unakzeptabel und setzte eine neue Regierung (Senat) ein, was die vollständige Selbständigkeit Finnlands bedeutete. Am 6. Dezember 1917 hielt der Landtag Finnlands Unabhängigkeit und seine Rolle als Inhaber der höchsten Staatsgewalt in einer knappen Resolution fest. Was die Regierungsform anlangt, so wurde diese am 15. November wie am 6. Dezember 1917 mit den Worten »unabhängige Republik« definiert. Mangels einer entsprechenden Verfassung setzte sich jedoch die Ansicht durch, es gelte weiterhin aus der Zeit der Zugehörigkeit zu Schweden die – schwedische – Verfassung 1772, die nun nach der Abdankung des bisherigen Großherzogs, des Zaren, die Wahl eines neuen Monarchen verlange. Die Frage Monarchie oder Republik blieb so vorerst unentschieden. Als aber im Mai 1918 die höchste Staatsgewalt dem Regierungschef übertragen wurde, galt er als Regent einer Monarchie mit vakantem Thron. Am 9. Oktober 1918 wählte das Parlament Friedrich Karl von Hessen als Frederik Kaarle zum König. Genau ein Monat danach dankte jedoch Kaiser Wilhelm II. ab. Angesichts des Zusammenbruchs der Mittelmächte und damit des monarchischen Gedankens in weiten Teilen Europas verzichtete Frederik, ohne Finnland je betreten zu haben, am 14. Dezember 1918. Kurz zuvor, am 12. Dezember, war General Mannerheim vom Parlament zum neuen Regenten gewählt worden. Am 17. Juli 1919 trat die erste Verfassung des unabhängigen Finnland in Kraft und erklärte dieses zur »souveränen Republik« auf demokratischer Grundlage. – So war in Finnland innerhalb eines vorgegebenen Gebietes aus einer nahezu aufgehobenen wieder die volle Staatlichkeit hergestellt worden, und zwar durch den finnischen Landtag, der nach der Abdankung des Zaren auch als Großherzog von Finnland die höchste Gewalt im Lande in Anspruch nahm. Von mehreren möglichen Tagen wie 15. November oder 4. Dezember 1917 gilt der 6. Dezember 1918 als Beginn der Unabhängigkeit. Nach einer Phase der Überlegung wurde die monarchische durch die republikanische Regierungsform ersetzt.

Estland[467] bildete gleichfalls einen Bestandteil Rußlands, besaß aber im Gegensatz zu Finnland als bloßer Verwaltungsbezirk, nämlich als Gouvernement Reval[468] (auch Estland, aber in kleinerem Umfang als der spätere Staat), keine Autonomie. Nach dem Ende des Zarenregimes 1917 wurde es um die nördlichen Gebiete des Gouvernements Riga (Livland) vergrößert und als nunmehr autonomes Gouvernement mit einem Landesrat, freilich innerhalb Rußlands, eingerichtet. Dieser im Juli 1917 gewählte Landesrat (maanoukogu) änderte zum Zeichen seiner aus diesen Wahlen herrührenden höheren Legitimation seinen Namen in Landtag (maapäev). Am 28. November 1917 nahm er die »höchste Gewalt« in Anspruch – das bisherige russische Gouvernement Estland war damit im Prinzip zum Staat erklärt worden. Am 24. Februar 1918 erklärte der Ältestenrat des Landtags Estland zur »selbständigen demokratischen Republik« und setzte eine provisorische Regierung ein. Am 23. April 1919 trat die aus Wahlen hervorgegangene »Konstituierende Versammlung« zusammen und erließ am 15. Juni 1919 die Verfassung der Republik Estland. – Estland war somit aus einer jungen russischen

Selbstverwaltungseinheit, im wesentlichen das um Nordlivland vergrößerte ehemalige Gouvernement Estland, zum Staat geworden, und zwar dadurch, daß sich dessen gewähltes Organ als provisorische Volksvertretung erklärte und den Staat proklamierte, dem sodann eine konstituierende Nationalversammlung seine Verfassung gab.

Lettland[469] wurde ähnlich wie Estland nach dem Ende des Zarenregimes 1917 aus Teilen bisheriger Gouvernements, nämlich Riga (Livland) und Mitau (Kurland), als neues autonomes Gouvernement gebildet und diesem wurde eine Landesversammlung als Selbstverwaltungsorgan zugesagt, was man jedoch als unbefriedigend empfand. Ein am 17. November 1917 gewählter »Nationalrat« proklamierte daher ein selbständiges Lettland, wich allerdings vor der deutschen Besetzung nach St. Petersburg aus. Erst ein Jahr nach diesem Versuch und einem Zwischenspiel während der deutschen Besetzung mit einer Wiederbelebung älterer Organe wie etwa der ständischen Landesvertretung Kurlands und einer engen Zusammenarbeit mit dem Deutschen Reich bildete sich aus diversen Parteien und Gruppen ein »Lettischer Volksrat«. Dieser erläßt am 18. November 1918 eine Unabhängigkeitserklärung, setzt eine Regierung ein und strebt die Wahl einer »Verfassungsgebenden Versammlung« an. Diese trat nach ihrer Wahl erstmals am 1. Mai 1920 zusammen, erklärte Lettland zur demokratischen Republik und verabschiedete am 27. Mai 1920 die vorläufige Verfassung, der erst am 15. Februar 1922 die endgültige Verfassung folgte. – Ähnlich wie Estland entstand Lettland als Staat aus einer jungen Selbstverwaltungseinheit durch eigene Initiative, allerdings erst in einem zweiten Anlauf, aber gleichfalls durch eine provisorische Versammlung, wonach durch eine konstituierende Nationalversammlung die Verfassungsgebung erfolgte.

Litauen[470] bildete im zaristischen Rußland keine Einheit. Sein Gebiet gehörte im wesentlichen den Gouvernements Mitau (Kurland), Kowno und Wilna an. Am 13. März 1917 verlangte ein aus Vertretern politischer Parteien gebildeter »Nationalrat« in

St. Petersburg die Autonomie für Litauen innerhalb des russischen Staates, was dieser aber versagte. Am 22. September 1917 konstituierte sich daher in Wilna eine teilweise gewählte Versammlung als »Landesrat« (Taryba) und proklamierte am 11. Dezember 1917 die »Wiederherstellung eines unabhängigen litauischen Staates«, allerdings in einem »engen Bundesverhältnis mit dem deutschen Reich«, seinem unmittelbaren Nachbarn. Am 16. Februar 1918 erfolgte die förmliche Unabhängigkeitserklärung durch die Taryba, die am 4. Juni 1918 die erste Verfassung erließ und am 2. Juli 1918 den Herzog Wilhelm von Urach zum König Mindaugas II. wählte. Wie im Falle Finnlands betrat dieser allerdings nie das Land, die monarchische Regierungsform zeitigte keine praktischen Auswirkungen. Am 28. Oktober 1918 erließ die Taryba abermals eine sogenannte »Provisorische Verfassung«, in der sie sich unter dem Namen »Staatsrat« als oberstes Organ bis zum Zusammentritt einer konstituierenden Nationalversammlung bestätigte. Nach der Wahl am 14./15. April 1920 trat diese erstmals am 15. Mai 1920 als »Gründungs-Seym« zusammen und beschloß an diesem Tag eine – zweite – Unabhängigkeitsdeklaration. Am 10. Juni 1920 erließ sie die zweite Provisorische Verfassung, welche Litauen ausdrücklich als demokratische Republik konstituierte, am 1. August 1922 folgte die definitive Verfassung. – Litauen entspricht in seiner Gründung den beiden anderen baltischen Staaten: Die Staatsgründung erfolgte durch eine provisorische Versammlung, die provisorische Verfassungen erläßt, die definitive Verfassung erfolgt sodann durch eine konstituierende Nationalversammlung. Im Gegensatz zu den beiden anderen baltischen Staaten, ebenso aber wie Finnland, durchläuft Litauen eine kurze monarchische Phase. In besonderer Weise kennzeichnet die Staatsgründung zwar einerseits ein Anknüpfen an eine zurückliegende historische Staatlichkeit, andererseits aber ein Zusammenfassen getrennter Verwaltungseinheiten mit einer Ungewißheit über das Staatsgebiet insbesondere zufolge der polnischen Ansprüche auf das Gebiet um Wilna.

Polen[471] entstand als Staat aufgrund mehrerer Initiativen, nämlich zufolge des Ersten Weltkrieges sowohl der Mittelmächte einer- wie der Alliierten andererseits und besonders auch kraft eigener Anstrengungen. Diese beginnen am 16. August 1914 mit der Bildung eines »Nationalkomitees« aus Parteienvertretern innerhalb Österreich/Cisleithaniens und der Bildung polnischer »Legionen«. In Einklang mit den Mittelmächten wird am 5. November 1916 ein »Königreich Polen« als konstitutionelle Monarchie proklamiert und mit dem Aufbau einer eigenen Verwaltung in den Gebieten von Justiz und Unterricht begonnen. Als provisorisches Repräsentativorgan konstituierte sich am 14. Jänner 1917[472] ein »Staatsrat«, sodann am 27. Oktober 1917 als provisorisches kollektives Staatsoberhaupt ein »Regentschaftsrat« sowie eine Regierung. Am 22. Juni 1918 trat an die Stelle des Staatsrates ein provisorisches Parlament, der »Landesseym«. Er wurde nicht gewählt, sondern setzte sich teils aus Delegierten der Kreistage, teils aus vom Regentschaftsrat ernannten Personen zusammen. Dieser Landesseym bestellte schließlich am 14. November 1918 Pilsudski zum »Staatschef«. – Neben diesen Aktionen im Bereich der Mittelmächte liefen solche der Alliierten einher. Dazu zählt beispielsweise am 30. März 1917 die russische Proklamation eines polnischen Staates. Von Bedeutung wurde jedoch zufolge der Niederlage Rußlands das am 15. August 1917 in Paris aus Vertretern Polens begründete »Polnische Nationalkomitee« mit der ab 28. November 1918 aufgestellten »Alliierten (polnischen) Armee«. Nach Kriegsende verbanden sich die beiden Entwicklungen: Am 16. Jänner 1919 trat zu Pilsudski als Staatschef aus dem Polnischen Nationalkomitee Paderewski als Ministerpräsident hinzu. Am 26. Jänner 1919 fanden die Wahlen zum Verfassungsgebenden Seym statt, allerdings nur in Kongreßpolen und im westlichen Galizien, also in den ehemals russischen und preußischen Gebieten, aber nicht in allen ehemals österreichischen Teilen wie im östlichen Galizien, da dieses von der Ukraine beansprucht wurde und erst im Sommer 1919 von Polen besetzt werden konnte. Diese konstituierende Nationalversammlung erließ am 20. Februar 1919 die sogenannte Kleine Verfassung und schließlich am 17. März 1921 die Große Verfassung. – Anders als im Falle Finnlands und der baltischen Staaten bezieht sich die Gründung des polnischen Staates nicht auf eine bestehende territoriale Einheit, wenngleich er, ähnlich wie Litauen, als Wiederherstellung historischer Staatlichkeit des im 18. Jahrhundert untergegangenen Polens verstanden wird. Die Staatsgründung erfolgte vorerst durch Exekutivorgane, sodann durch den Landesseym als nicht gewähltes und daher provisorisches Parlament, worauf schließlich die gewählte konstituierende Nationalversammlung erst eine provisorische und sodann eine definitive Verfassung erließ.

Die *TSCHECHOSLOWAKEI*[473] entstand ähnlich wie Polen aufgrund in- und ausländischer Entwicklungen, jedoch bei einer Dominanz der letzteren und überdies ohne Rückgriff auf einen historischen Vorläufer. Anders als im Falle Polens erfolgte die inländische Staatsbildung nicht mit, sondern gegen die Mittelmächte, insbesondere gegen Österreich-Ungarn.Was den inländischen Entwicklungsstrang anlangt, so zeigt er große Parallelen zur Entstehung Deutschösterreichs, so daß auf die tschechoslowakische Entwicklung näher eingegangen sei.

Die Entwicklung im Ausland beginnt zu Anfang 1916 in Paris, wo sich, ähnlich wie im Falle Polens, ein tschechoslowakischer Nationalrat, der einen selbständigen Staat anstrebt, bildete sowie eine tschechoslowakische Armee. Diese wurde 1917/18 von den Alliierten als Verbündeter anerkannt, ferner 1918 der tschechoslowakische Nationalrat als de facto kriegführendes Organ des tschechoslowakischen Volkes, und zwar insbesondere zufolge des Pittsburgher Vertrages vom 30. Mai 1918, in dem sich Tschechen und Slowaken auf einen künftigen gemeinsamen Staat geeinigt hatten. Am 26. September 1918 setzte der tschechoslowakische Nationalrat eine tschechoslowakische Regierung ein und ernannte tschechoslowakische Vertreter bei den Entente-Staaten. Zwischen 15. und 23. Oktober 1918 wurde diese Regierung von Frankreich, Italien und Großbritannien bereits anerkannt. Während dieses Prozesses hatte am 18. Oktober 1918 die tschechoslowakische Regierung eine Unabhängigkeitserklärung abgegeben.

Die inländische Entwicklung, oben schon kurz skizziert, peilte vorerst eine Lösung des tschechischen – noch nicht auch des slowakischen – Problems innerhalb des cisleithanischen Staates an. Am 19. November 1916 schlossen sich die tschechischen Reichsratsabgeordneten zum Tschechischen Verband (svaz) zusammen, und es bildete sich zu dessen Unterstützung der Tschechische Nationalausschuß (narodny vybor) aus den tschechischen politischen Parteien mit ihren Lokalorganisationen. Am 23. Jänner 1917 gab der Tschechische Verband noch ein Treuegelöbnis zum Hause Habsburg ab. Vor dem Zusammentritt des seit 1914 nicht mehr einberufenen Reichsrats am 30. Mai 1917 erklärten allerdings am 17. Mai 1917 in einer Kundgebung tschechische Schriftsteller, nur der böhmische Landtag sei als Vertreter der tschechischen Nation anzuerkennen, also nicht der Tschechische Verband der Reichsratsabgeordneten. Daraufhin gab dieser im Reichsrat am 30. Mai 1917 eine Erklärung gegen den Dualismus Österreich-Ungarns ab, forderte die Umwandlung in einen Nationalitätenbundesstaat wie auch die Herstellung des sogenannten Böhmischen Staatsrechts. Darunter verstand man tschechischerseits die – angeblich historisch begründete – Einheit der »Länder der Wenzelskrone« Böhmen-Mähren-Schlesien, welche die Habsburgerherrschaft widerrechtlich zerstört habe und die es nun wiederherzustellen gälte. In diesem Sinne konstituierten sich beim »Drei-Königs-Treffen« am 6. Jänner 1918 die tschechischen Abgeordneten des Reichsrats sowie der Landtage von Böhmen, Mähren und Schlesien als »Abgeordnete der tschechischen Nation«. Nunmehr setzte sich sehr rasch die Ansicht durch, es sei ein souveräner tschechoslowakischer Staat zu begründen. Am 13. Juli 1918 erweiterte sich daher der bisherige bloß Tschechische zum Tschechoslowakischen Nationalausschuß und verstand dies als Neugründung. Er setzte sich überwiegend aus tschechischen Reichsrats- und Landtagsabgeordneten im Verhältnis der Reichsratswahlen von 1911 sowie aus Honoratioren zusammen, bildete Bezirks- und Ortsausschüsse, begann mit Steuerausschreibungen und einer Militärplanung. Vor allem erließ er ein Manifest zur Bildung eines souveränen tschechoslowakischen Staates. Damit waren eindeutig die Verfassungen der österreichisch-ungarischen Realunion wie die Cisleithaniens und Ungarns verlassen. Am 29. September 1918 unterstrich dies eine Erklärung des Tschechoslowakischen Nationalausschusses gemeinsam mit dem Tschechischen Verband, da festgestellt wurde, die Forderung nach einem tschechoslowakischen Staat könne die cisleithanische Regierung in Wien nicht erfüllen: Die Slowakei entzog sich als Teil Ungarns ihrer Verfügungsgewalt. Im Oktober 1918 wurde praktisch eine Wirtschaftsblockade gegen die Alpenländer verhängt und damit die beginnende eigene Staatlichkeit vorweggenommen. Am 20. Oktober 1918 erklärte sich der Tschechoslowakische Nationalausschuß zur gesetzlichen (!) Repräsentation der tschechoslowakischen Nation, womit er dem kaiserlichen Manifest vom 16. Oktober 1918 mehrfach widersprach, und zwar dessen Festschreibung des Dualismus – und damit weiterhin der Trennung der tschechischen von der slowakischen Nation – sowie der Fortdauer des cisleithanischen Staates.

Ende Oktober liefen der in- und der ausländische Entwicklungsstrang zusammen. Vom 28. bis 31. Oktober 1918 verhandelten in Genf der Tschechoslowakische Nationalrat/Paris mit dem Tschechoslowakischen Nationalausschuß und dem Tschechischen Verband – unter anderem bedeutete dies nichts weniger, als daß die tschechisch-österreichischen Abgeordneten sich mit einem Kriegsgegner noch vor Beendigung der Feindseligkeiten gegen den Staat, den sie mitrepräsentierten, verabredeten! Allerdings hatte der k. u. k. Außenminister Andrassy bereits am 27. Oktober 1918 der Forderung des US-Präsidenten Wilson nach Errichtung eines tschechoslowakischen Staates zugestimmt.

So kam es nun am 28. Oktober zur Gründung des tschechoslowakischen Staates in Prag, und zwar durch eine Proklamation des Tschechoslowakischen Nationalausschusses. Er erklärte ausdrücklich, dessen »Verwaltung«, gemeint dessen Regierung, zu übernehmen und erließ das »Gesetz betreffend die Errichtung des selbständigen tschechoslowakischen Staates«[474]. Dieser knapp gefaßte Staatsgründungsbeschluß stand, zufolge der Neugründung des Staates, auf dem Standpunkt einer Diskontinuität zur österreichischen Staatlichkeit bei überwiegender materieller Kontinuität der Rechtsordnung, ließ die Regierungsform vorläufig unbenannt, bestimmte aber als oberstes Organ den Tschechoslowakischen Nationalrat, was einem republikanisch-demokratischen System entsprach. Damit waren jedenfalls Staatsgewalt und Regierungsform bestimmt, noch nicht im Detail Staatsgebiet und Staatsvolk, beide aber doch schon durch den Staatsnamen »Tschechoslowakische Republik« umschrieben: Diese sollte – wie sich alsbald zeigte: nicht nur – das Siedlungsgebiet von Tschechen und Slowaken umfassen. Der Staatsgründungsbeschluß und damit die Staatsgründung wurden effektiv, und zwar vor allem dadurch, daß die nunmehr vom Tschechoslowakischen Nationalrat in die Pflicht genommenen – bisherigen k. k. – Behörden sich zwanglos unterordneten, zum Teil vermutlich im Glauben, es sei dieser Vorgang durch das kaiserliche Manifest vom 16. Oktober gedeckt. Als »Vollstrecker der staatlichen Souveränität« des neuen tschechoslowakischen Staates fungierte weiterhin der Nationalausschuß. Am 13. November erließ er daher die Einstweilige Verfassung[475], welche insbesondere seine Erweiterung und Umbenennung zur aus 270 Mitgliedern bestehenden »Nationalversammlung« brachte, und zwar in analoger Zusammensetzung wie bisher, also abermals nicht aufgrund von Wahlen. Als weitere Organe gab es nun den Präsidenten der Republik und die Regierung: Provisorisch war damit eine parlamentarische Republik mit starker präsidialer Spitze entstanden. Sogleich in der ersten Sitzung am 14. November erklärte die Nationalversammlung den Rechteverlust des Hauses Habsburg-Lothringen und wählte Thomas Masaryk zum Präsidenten, der freilich zu diesem Zeitpunkt noch in den USA weilte. Erst am 29. Februar 1920 erließ die Nationalversammlung die als definitiv gedachte Verfassung.[476] Um eine echte konstituierende Nationalversammlung handelte es sich nach dem bisher Gesagten deshalb nicht, weil sie nicht aus Wahlen, sondern aus Bestellungen seitens der politischen Parteien hervorgegangen war, auch nur aus tschechischen und slowakischen Vertretern bestand, so daß ein Drittel der Bevölkerung des nunmehr beanspruchten Gebietes, vor allem die Deutschböhmen und Sudetendeutschen, die Verfassung als Oktroy empfinden mußte.[477]

Als wesentliche Merkmale der tschechoslowakischen Staatsgründung sind somit – gerade auch im Hinblick auf die Deutschösterreichs – festzuhalten, daß sie durch eine provisorische

Versammlung erfolgte, den Tschechischen Nationalausschuß, der im wesentlichen aus Reichsrats- und Landtagsabgeordneten bestand, freilich lediglich einer, nämlich der tschechischen Nation. Festgelegt wurde in einem Staatsgründungsbeschluß vorerst nur die neue Staatsgewalt, Staatsgebiet und Staatsvolk blieben noch global umschrieben. Abweichend von den bisher skizzierten Staatsgründungen erfolgte weiters der Erlaß der definitiven Verfassung durch diese, wenngleich erweiterte, nichtgewählte Versammlung, also nicht durch eine (gewählte) konstituierende Nationalversammlung. Anders als die bisherigen Staatsgründungen war der neue Staat ein völlig neues, d. h. unhistorisches Gebilde.

Im Falle des *SÜDSLAWISCHEN STAATES*, erst ab 1929 Jugo(= Süd)slawien genannt[478], haben wir es mit dem aufeinanderfolgenden Entstehen zweier Staatswesen zu tun. Dies wieder hat zweierlei Ursachen: die vorgegebene staatsrechtliche Situation wie den eingeschlagenen staats- bzw. völkerrechtlichen Weg. Die staatsrechtliche Situation vor der ersten Staatsgründung war die, daß die Südslawen im Gegensatz zu den Polen wie zu den Tschechen und Slowaken zum Teil bereits eigene Staaten besaßen, nämlich Serbien und Montenegro, während ein anderer Teil sich auf die beiden Staaten der Realunion Österreich-Ungarn sowie ihr Kondominium Bosnien-Herzegowina verteilte. Ein künftiges Südslawien bedurfte daher der Herstellung eigener Staatlichkeit nur in den letztgenannten Teilen. Dies konnte auf zweierlei Weise geschehen, entweder durch die Ausdehnung bereits vorhandener südslawischer Staaten, in realistischer Weise der Serbiens, oder durch die Begründung eines neuen Staates neben Serbien und Montenegro mit dem Ziel einer Fusion dieser drei Staaten. Beide Möglichkeiten waren Kriegsziele Serbiens schon vor dem und sodann im Ersten Weltkrieg. Hiebei gab es zwei Modelle sowohl hinsichtlich der Art wie auch der Größe des künftigen südslawischen Staates. Das territorial bescheidenere Ziel bestand in der Herstellung eines Großserbischen Staates aller Serben im weiteren Sinne als Vergrößerung des zentralistischen serbischen Staatswesens. Das zweite Kriegsziel ging territorial darüber hinaus, nämlich durch die Herstellung eines Jugoslawien, eines Staates aller Südslawen, ausgenommen der Bulgaren, war damit aber in Hinblick auf die unterschiedlichen zu vereinigenden Teile nicht derart zentralistisch zu denken. Zufolge des für Serbien überaus günstigen Ausgangs des Ersten Weltkrieges wurde schließlich der jugoslawische Weg beschritten, allerdings mit einer starken großserbischen Komponente.

Ähnlich wie im Falle Polens und der Tschechoslowakei gab es Initiativen im Ausland sowie im österreichisch-ungarischen Inland bei einer zeitlichen Priorität der ersteren. Schon Ende April 1915 bildete sich in Paris der Südslawische Ausschuß, der, seinem Namen entsprechend, einen südslawischen Staat anpeilte, und zwar mit föderativem Staatsaufbau. Dem stand allerdings die großserbisch-zentralistische Planung Serbiens entgegen. In der Konferenz auf Korfu im Juni/Juli 1917 kam es zu einer Einigung dahingehend, daß Serben, Kroaten und Slowenen als sogenannte »dreinamige Nation« einen Staat bilden sollten, und zwar unter der serbischen Königsdynastie: Man hatte sich hier also auf einen gemeinsamen Staat, auch schon auf die monarchische Regierungsform und auf die Dynastie geeinigt, bewußt allerdings noch nicht auf die Staatsform. Die Konstruktion der »dreinamigen Nation« von Serben, Kroaten und Slowenen erinnert übrigens an die der Tschecho-Slowakischen Nation.

Die inländische Initiative setzte im Rahmen des österreichisch/cisleithanischen Staates mit der Bildung provisorischer »Nationalregierungen« im August 1918 ein: in Laibach/Ljubljana für die slowenischen Gebiete der österreichisch/cisleithanischen Kronländer Krain, Kärnten, Steiermark, Görz-Gradisca und Istrien sowie des ungarischen Übermurgebietes, einer weiteren in Split für das österreichisch/cisleithanische Kronland Dalmatien, im Staate Ungarn in Agram/Zagreb für Kroatien-Slawonien samt dem Zwischenmurgebiet und in Neusatz/Novi-Sad für die südslawischen Gebiete Südungarns mit der Batschka und dem Banat, schließlich in Sarajevo für Bosnien-Herzegowina. In diesen schon zufolge ihrer bisherigen verschiedenartigen staatsrechtlichen Zugehörigkeit höchst unterschiedlichen Teilgebieten lagen die Schwerpunkte der neuen Hoheitsgewalt. Der wesentliche und die inneren Grenzen Österreich-Ungarns negierende

Schritt erfolgte am 5./6. Oktober in Agram/Zagreb mit der Bildung eines »Nationalrates der Slowenen, Kroaten und Serben«, der sich aus österreichisch/cisleithanischen Reichsratsabgeordneten, ungarischen Reichstagsabgeordneten und österreichischen wie auch ungarischen Landtagsabgeordneten südslawischer Herkunft zusammensetzte. Ihm oblag die gemeinsame Repräsentation der vorgenannten Gebiete sowie die Aufgabe, sie zu einem Staat zusammenzuführen, um sodann diesen in einen südslawischen Staat einzubringen. Der erste Schritt wurde am 8. Oktober beschlossen: die Herstellung eines freien und unabhängigen südslawischen Staates auf dem Boden Österreich-Ungarns. Dieser entstand am 29. Oktober 1918, da an diesem Tag der kroatische Landtag das staatsrechtliche Verhältnis zum Staate Ungarn wie zur Realunion Österreich-Ungarn aufhob und die oberste Gewalt dem »Nationalrat« übertrug: Dies galt als Gründung des »Nationalstaats der Slowenen, Kroaten und Serben« (SHS-Staat). Eine praktische Anerkennung erfuhr der Nationalrat mit der offiziellen Übergabe der bisherigen k. u. k. Flotte durch eine entsprechende Erklärung Kaiser Karls, offenbar in der Meinung, bei der Staatsgründung handle es sich um eine solche im Sinne seines Manifestes vom 16. Oktober, also im Rahmen Österreich-Ungarns, aber auch, um die Flotte nicht an Italien ausliefern zu müssen.

Dieser neue, Gebiete Österreich-Ungarns umfassende, weitere südslawische Staat neben Serbien und Montenegro konnte sich jedoch in der Realität kaum entwickeln. Dazu kam, daß seine internationale Anerkennung ausblieb. Überdies zeichneten sich im Nationalrat zwei Strömungen ab: eine solche, welche in zweiter Stufe an eine föderalistische jugoslawische Republik dachte, während eine andere eine eher zentralistische Monarchie unter der Serben-Dynastie anstrebte. Diese Richtung gewann schließlich die Oberhand auch dadurch, daß die provisorische Regierung von Dalmatien den Nationalrat aufforderte, die Vereinigung mit Serbien herzustellen. Tatsächlich beschloß dieser am 24. November 1918 die Entsendung einer Delegation nach Belgrad zwecks entsprechender Verhandlungen.

Zu dieser Haltung trugen ausländische Entwicklungen sehr

wesentlich bei. Zum einen hatten sich Verhandlungen in Genf zwischen dem SHS-Staat und dem Südslawischen Ausschuß einerseits und mit Serbien andererseits zerschlagen. Sodann hatte in Montenegro die Große Nationalversammlung (Velika Narodna Skupschtina) in Podgorica Mitte November 1918 das Ende des Staates und seinen Eintritt »in das gemeinsame Vaterland des ganzen dreinamigen Volkes der Serben, Kroaten und Slowenen« beschlossen. Auch der Nationalrat in Novi-Sad beschloß das Aufgehen des von ihm vertretenen Gebietes im Königreich Serbien. Dem jungen SHS-Staat stand damit nur mehr ein einziger südslawischer Staat gegenüber – das vergrößerte Serbien, und zwar aufgrund von Annexionen, womit auch für den SHS-Staat der Weg vorgezeichnet war. Die Vertreter des SHS-Staates boten daher Serbien »die Vereinigung des Staates der Slowenen, Kroaten und Serben mit Serbien und Montenegro in einem einzigen Staat« an, und zwar dergestalt, daß »für den ganzen südslawischen Staat eine parlamentarische Regierung und eine nationale Repräsentanz gebildet werden solle«, freilich unter der »Herrschergewalt« der serbischen Königsdynastie. Vorbehalten wurde allerdings der Erlaß der künftigen gemeinsamen Verfassung einer »Konstituante ... auf Basis des allgemeinen, gleichen, direkten, geheimen und proportionellen Stimmrechtes«. In Vertretung des serbischen Königs nahm Thronregent Alexander dieses Angebot an und erklärte »die Vereinigung Serbiens mit den Ländern des unabhängigen Staates der Slowenen, Kroaten und Serben in ein einziges Königreich der Serben, Kroaten und Slowenen« (Königreich SHS).

Damit folgte der ersten Staatsgründung, der des SHS-Staates, eine zweite, durch welche dieser Staat und das Königreich Serbien einschließlich des ehemaligen Montenegro sowie der entsprechenden ungarischen Gebiete zum neuen Königreich SHS vereinigt wurden. Der Name dieses neuen Staates kündigte bereits zweierlei an: die monarchische Regierungsform unter der serbischen Königsdynastie, sowie damit und in der Umstellung der Aufzählung der »dreinamigen Nation« mit nunmehr den Serben an der Spitze die serbische Dominanz im Sinne einer doch eher großserbischen Lösung. Die Staatsgewalt des neuen Staates etablierte sich mit der Bildung einer Regierung sowie einer Volksvertretung am 7. Dezember 1918. Erst am 12. Dezember 1920 trat die Verfassunggebende Skupschtina als konstituierende Nationalversammlung in Belgrad zusammen und beschloß eine Verfassung, die bewußt am 28. Juni 1921 in Kraft trat, am St. Veits-Tag, dem »Vidovdan«. Am Vidovdan gedachte Serbien stets des Unterganges des altserbischen Staates nach der Schlacht am Amselfeld 1389 gegen das Osmanische Reich. Mit der Wahl des Vidovdan 1921 wurde daher bewußt nicht so sehr die Gründung eines neuen jugoslawischen Staates betont als vielmehr die Wiederherstellung des historischen Serbien – wenngleich mit wesentlich weiter nach Westen verschobenen Grenzen.

Die erste Staatsgründung des SHS-Staates war durch eine provisorische Nationalversammlung erfolgt, die sich überwiegend aus Abgeordneten jener Parlamente zusammensetzte, die zuvor für das neue Staatsgebiet zuständig gewesen waren. Diese provisorische Nationalversammlung ließ den neuen Staat in einer weiteren Staatsgründung aufgehen, dem Königreich SHS, dem eine konstituierende Nationalversammlung schließlich die definitive Verfassung gab. Zufolge der Fusion des kurzlebigen SHS-Staates mit einem bestehenden und noch dazu durch einen anderen Staat, nämlich Montenegro, sowie weitere Gebiete vergrößerten Serbien dominierte dieses nahezu im Sinne eines Groß-Serbien das neue Königreich SHS.

Am südöstlichen Ende Europas entstand die *Republik Türkei*[479], und zwar auf dem Boden des zerfallenden Osmanischen Reiches ähnlich wie die Tschechoslowakei und Deutschösterreich auf dem Boden des zerfallenden Österreich-Ungarn. Am 23. Juli 1919 trat in Erzurum der sogenannte Ostanatolien-Kongreß der Ostprovinzen Anatoliens zusammen, und zwar zufolge der Teilungspläne der Alliierten in bezug auf Anatolien. Er erklärte dieses als untrennbare Einheit noch innerhalb des Osmanischen Reiches, allerdings nur, solange dieses die Unabhängigkeit und Integrität Anatoliens garantieren könne. Der Kongreß hatte den Charakter einer Delegiertenversammlung der Provinzen, war von Anfang an darauf angelegt, sich zu einer gesamtanatolischtürkischen Versammlung zu erweitern und verstand sich daher als provisorische Nationalversammlung. Daher setzte der Kongreß auch einen Exekutivausschuß ein. Am 4. September 1919 erweiterte er sich in Sivas zum Allgemeinen Kongreß aller anatolischen und rumelischen Provinzen und erklärte den Exekutivausschuß zur »nationalen Regierung«, die am 27. Dezember 1919 in Ankara zusammentrat. Hier versammelte sich der Allgemeine Kongreß abermals am 19. Jänner 1920, nun ausdrücklich als »Nationalversammlung«, die jedoch nach wie vor aus Vertretern der Provinzen bestand. Sie verabschiedete den sogenannten »Nationalpakt«, der insbesondere die Unabhängigkeit und Unversehrtheit der türkischen Teile des Osmanischen Reiches, also einen eigenen türkischen Staat vorsah. Insgesamt gab es nun eine Regierung der Nationalversammlung in Ankara und weiterhin die des Sultans in Istanbul – damit zweierlei Staatsgewalten für die anatolischen und rumelischen Provinzen. Als die Nationalversammlung nach Istanbul übersiedelte, wurde sie jedoch am 16. März von Großbritannien zersprengt. Aber bereits am 29. März 1920 fanden die Wahlen zur Ersten Großen Türkischen Nationalversammlung statt, die am 23. April 1920 in Ankara zusammentrat. Die provisorische war damit durch eine gewählte Nationalversammlung ersetzt worden. Sie nahm an diesem Tag den »Nationalpakt« an. Am 1. November 1922 schaffte die Nationalversammlung das Sultanat ab, am 4. November 1922 trat die Regierung des Sultans zurück. Damit war die monarchisch-osmanische Staatsgewalt erloschen. Dem Ex-Sultan Mohammed VI. hatten keinerlei Herrschertitel zu verbleiben, er wurde daher auch der Kalifenwürde für verlustig erklärt, und am 16. November verließ er auf einem englischen Kriegsschiff das Land. Das Kalifat selbst wurde nicht abgeschafft, sondern ein Cousin des Ex-Sultans und Sohn des früheren Sultans Abdülaziz, Abdülmecid (Abd al-Madjid), von der Nationalversammlung zum Kalifen gewählt. Mit dem Kalifat sollten jedoch keine Herrscherrechte verbunden sein und der Kalif daher nicht mehr als »Beherrscher der Gläubigen« tituliert werden. Dies entsprach aber nicht dem Wesen des Kalifats, in dem sich stets geistliche und weltliche Obrigkeitsbefugnisse verbunden hatten, was übrigens Abdülmecids

Amtsverständnis mitbestimmte, während dem türkischen Staat der Kalif in den Worten Mustafa Kemal Atatürks nur als ein Symbol der islamischen Gemeinschaft galt. So war nach der Aufhebung des monarchischen Herrschaftssystems und der Einrichtung der Türkei als ein säkularisierter Staat eigentlich auch das Kalifat obsolet. Am 11. August 1923 trat die Zweite Große Türkische Nationalversammlung zusammen. Sie erklärte am 29. Oktober 1923 die Türkei ausdrücklich zur Republik. Nun wurde am 3. März 1924 auch das Kalifat abgeschafft, am Tag darauf verließ Abdülmecid mit seiner Familie die Türkei. – Die Türkische Republik entstand somit als neuer Staat und als neues territoriales Gebilde ebenso wie etwa die Tschechoslowakei. Ihre Staatsgewalt existierte eine Zeitlang parallel zur Staatsgewalt des bisherigen Staates. Die Staatsgründung war durch eine sich mangels Wahlen als provisorisch verstehende Nationalversammlung erfolgt, die gewählten Nationalversammlungen handelten sodann als konstituierende Nationalversammlungen und schufen die definitive Verfassung. Das Ende des alten Staates unterstrich die Abschaffung des Sultanats, die Abreise des letzten Sultans ins Exil, die neue republikanisch-demokratische Regierungsform, schließlich noch die Aufhebung des Kalifats.

Auch am Atlantik fand eine Staatsgründung statt: in *Irland*[480]. Als eines der »United Kingdoms« neben England mit Wales und Schottland erhielt es unter der Bezeichnung Home-Rule 1914 Selbstverwaltung zugesprochen, die jedoch erst nach Beendigung des Ersten Weltkrieges wirksam werden sollte. Gegen die Home-Rule wandten sich zweierlei Gegner: In Südirland, eigentlich in Süd- und Mittelirland, die katholisch-nationalen Republikaner der Bewegung Sinn-Fein (»Wir selbst«) mit dem Wunsch nach einem unabhängigen Staat, in Nordirland die protestantisch-probritischen Unionisten mit dem Ziel einer (sie schützenden) Verwaltung gemeinsam mit den übrigen Königreichen. Nach dem mißlungenen blutigen Osteraufstand 1916 – während des Ersten Weltkriegs! – in Dublin verweigerten ab 1917 die Sinn-Fein-Abgeordneten ihre Teilnahme am Parlament in London und konstituierten sich schließlich am 21. Jänner 1919 in Dublin als eigenes gesamtirisches Parlament, zu dem sie sämtliche irische Abgeordnete auch aus Nordirland zählten, was praktisch eine Aufhebung der Parlamentsunion mit Großbritannien von 1801 bedeutete. Am 22. Jänner 1919 bildete das Dublin-Parlament einen Ausschuß als Regierung mit dem Ziel einer völligen Unabhängigkeit Gesamtirlands als Republik. Mit Duldung des Dublin-Parlaments begann am Tage von dessen Konstituierung die Irische Republikanische Armee (IRA) mit einem Krieg gegen die nun als Besatzer betrachteten britischen Truppen. Die nordirischen Abgeordneten (des Londoner Parlaments) nahmen jedoch an dem Parlament in Dublin nicht teil: Die Spaltung Irlands kündigte sich an. Auch von Großbritannien wurde diese Entwicklung nicht anerkannt, das 1920 mit dem »Government of Ireland Act« die Home Rule in Irland einzurichten beabsichtigte, und zwar im wesentlichen mit je einem Provinzparlament für Nordirland und Südirland. Dieses allerdings lehnte diese Lösung ab, Nordirland (Ulster) nahm sie 1922 an, so daß sie nur hier effektiv wurde: Nordirland blieb somit weiterhin Teil des United Kingdom.

In Südirland entstand hingegen ein selbständiger Staat. Nach dem Waffenstillstand im Juli 1921 begannen britisch-irische Verhandlungen. Großbritannien akzeptierte zwar damit die irische Regierung als gleichberechtigten Vertragspartner, war aber nur bereit, Südirland als beschränkt unabhängigen »Freistaat« innerhalb des British Empire anzuerkennen, nicht aber als unabhängige »Republik«. Der Irland-Vertrag 1921 schuf sodann den »Irischen Freistaat«, freilich ohne Nordirland (Ulster), als eines der Dominions im British Empire neben etwa Kanada und Südafrika. Der Vertrag fand eine nur knappe Annahme im irischen Parlament, selbst die irische Regierung sah das Erreichte bloß an als »Freiheit, um die endgültige Freiheit zu erlangen«. Die auf dem Vertrag von 1921 fußende Verfassung 1922 mußte noch mit der britischen Regierung ausgehandelt werden und wurde auch vom britischen Unterhaus angenommen, was aber Irland als irrelevant ansah. Aufgrund der Vertragsverpflichtungen kannte die Verfassung 1922 zahlreiche Bindungen an Großbritannien hauptsächlich zufolge der Anerkennung der Position der Krone, nämlich diese als Träger der Souveränität, einen Generalgouverneur als Stellvertreter der Krone (wenngleich auf irischen Vorschlag zu ernennen), den Abgeordneteneid auf die Krone, die britische Höchstgerichtsbarkeit. Dazu kamen britische See- und Luftstützpunkte. Der Status Irlands wurde dem Kanadas nachempfunden, brachte aber ein Mehr an Selbständigkeit wie etwa eine eigene Staatsbürgerschaft. Insgesamt schuf die Verfassung 1922 ein weitestgehend unabhängiges Staatswesen mit einer in der Sache nahezu republikanischen Regierungsform unter Aufnahme britisch-monarchischer Elemente mit eher bloß repräsentativer Wirkung. Der »Irische Freistaat« der Verfassung 1922 sollte freilich Gesamtirland umfassen.

Den Wandel des British Empire zum British Commonwealth of Nations gleich zu Irlands Geburt auf der Empire Konferenz 1921, das heißt, die Entwicklung zu einer immer größeren Unabhängigkeit der Dominions als Mitgliedstaaten, unterstützte und nützte neben Kanada und Südafrika besonders Irland. Als mit dem Westminster-Statut 1931 die Dominions eine weitgehende Unabhängigkeit vom britischen Parlament in London erreichten, betraf dies auch Irland. Ein prinzipiell gemeinsames Empire-Recht konnte hinfort nicht aufrechterhalten werden, selbst die britische Rechtsprechung ging davon ab, womit die Bindung Irlands an den Vertrag 1921 fraglich, dieser sogar von der britischen Regierung 1936 als überholt angesehen wurde. In dieser Entwicklung lag vor allem die Streichung des Abgeordneteneides auf den König (mit dessen Zustimmung!) 1933. Die neue Verfassung 1937 ließ schließlich jeden monarchischen Bezug fallen, legte zwar als neue Staatsbezeichnung einfach »Irland« fest, bezog aber Nordirland nicht mehr in ihren Geltungsbereich ein, die Vereinigung blieb aber dennoch als politisches Ziel aufrecht. Die Bezeichnung »Republik« wurde zwar weiterhin vermieden, dennoch war der Staat »a republic in all but name«. Ferner regelte Irland auch aus diesem Grund seine Beziehung zum Commonwealth im Sinne größerer Unabhängigkeit neu, anders als dieses blieb Irland im Zweiten Weltkrieg neutral. 1949 verließ es das Commonwealth und erklärte sich ausdrücklich als »Irische Republik«. – Die Staatsgründung Irlands stellt sich als Wiederherstellung länger zurückliegender Selbständigkeit dar, bezog sich somit auf ein vorbestimmtes Gebiet, betraf dann allerdings nur einen Teil davon, nämlich nicht Nordirland als etwas verkleinerte ehemalige Provinz Ulster. Die Staatsgründung erfolgte durch ein provisorisches Parlament, das sich aus gewählten Abgeordneten zusammensetzte, die allerdings nicht für dieses, sondern das Parlament jenes Staates gewählt worden waren, in dem Irland einen integrierten Teil darstellte. Dieses provisorische Parlament setzte als Vollzugsorgan, also als Regierung, einen Ausschuß ein, der die Staatsgründung proklamierte und schließlich umsetzte. Sie erfolgte in Verhandlungen mit jenem Staat, zu dem Irland bisher gehörte, also dem United Kingdom. Dieses hielt Irland in lockerer Abhängigkeit, allerdings indirekt über eine vorerst noch von ihm dominierte Gemeinschaft, nämlich das British Commonwealth of Nations. Was die Regierungsform anlangt, so war von Beginn an daran gedacht, Irland als demokratische Republik einzurichten, was allerdings das United Kingdom nicht zuließ. So wurde 1922 die republikanische Regierungsform der Sache nach mit noch monarchischen Einschüben grundgelegt, dann mit der Verfassung 1937 gleichfalls der Sache nach, nun aber ohne monarchische Elemente verwirklicht. Diese monarchischen Elemente verstanden sich aus der Zugehörigkeit zum British Commonwealth, die wesentlich durch die britische Krone bestimmt war. Erst im Zusammenhang mit dem Austritt aus diesem Verband war der Weg frei, 1949 das in der Sache vorhandene republikanische Prinzip förmlich zu erklären.

Das Gebiet des neuen Staates war identisch mit dem des im Verband des United Kingdom unselbständigen Königreiches Irland, brachte jedoch das Problem mit sich, daß einige Bezirke die bisherige Zugehörigkeit beibehielten, was der neue Staat vorerst so nicht anerkannte, indem er diese für sich reklamierte und als besetzt ansah. Erst ein Grenzübereinkommen 1925 regelte diese Frage. Das Staatsgebiet Irlands lag nun definitiv fest, wenngleich die Wiedervereinigung in der auch Nordirland beanspruchenden Verfassung 1922 als Staatsziel bestehen blieb, ab der dieses ausklammernden Verfassung 1937 als politisches Ziel.

2. Wodurch Staaten entstehen

Die eben skizzierten Staatsgründungen weisen gemeinsame wie unterschiedliche Merkmale auf. Am deutlichsten treten sie bei der meist als umfassende Staatsgründung verstandenen Begründung der Staatsgewalt und damit eines wesentlichen Elements des Staates neben Staatsgebiet und Staatsvolk auf, sodann bei der Festlegung der Regierungsform sowie der des Staatsgebietes.

Die Begründung der Staatsgewalt erfolgte in der Regel durch ein Gremium, das sich als provisorische Nationalversammlung verstand, und zwar als Provisorium deshalb, da es nicht aus Wahlen hervorging. Es war dies in Lettland der aus diversen Parteien und anderen Gruppierungen gebildete »Lettische Volksrat«, in Litauen der nur teilweise gewählte »Landesrat« in Wilna, in Polen das aus Parteienvertretern gebildete Nationalkomitee, in der Tschechoslowakei bzw. im SHS-Staat der aus Parlaments- und Landtagsabgeordneten gebildete »Tschechoslowakische Nationalrat« bzw. der »Nationalrat« in Agram/Zagreb, in Irland das gleichfalls aus Abgeordneten gebildete neue Dublin-Parlament, in der Türkei der aus dem Ostanatolienkongreß erweiterte »Allgemeine Kongreß« von Provinzdelegierten. Im Falle Finnlands erging die Souveränitätserklärung von einem bereits bestehenden Parlament, einem Provinziallandtag, der sich aber durch diese Souveränitätserklärung praktisch auch zu einer provisorischen Nationalversammlung erhob. In Estland erfolgte die Staatsgründung durch ein Exekutivorgan, den Landesrat, der sich jedoch selbst zum Landtag ernannte und damit ebenfalls als provisorische Nationalversammlung verstand.

Was die Regierungsform anlangt, so entschieden sich drei Staaten vorerst für eine Monarchie: Finnland als bestehendes Großfürstentum, Litauen und Polen in Erinnerung an historische Vorläufer. In allen drei Staaten wurde jedoch die Monarchie nicht effektiv, sie ersetzten sie alsbald durch die republikanische Regierungsform. Estland, Lettland, die Tschechoslowakei, die Türkei und Irland verwirklichten von Anfang an die republikanische Regierungsform – allerdings vorerst nur der Sache nach, die ausdrückliche Deklaration erfolgte stets später. Lediglich das Königreich SHS war von Anfang an Monarchie, und dies deshalb, da dieser Staat die serbische Monarchie und ihre Dynastie übernahm.

In nahezu sämtlichen Fällen erfolgte die definitive Verfassungsgebung durch eine aus Wahlen hervorgegangene Versammlung vom Typ der konstituierenden Nationalversammlung. Sie wurde als solche eigens gewählt, nur in Finnland erhob sich dazu der existierende Provinziallandtag. In der Tschechoslowakei jedoch kam es nicht dazu: Auch die definitive Verfassungsgebung erfolgte durch die – nicht gewählte, bloß erweiterte – provisorische Nationalversammlung.

Das Staatsgebiet schließlich war allein in vier Staaten vorgegeben, wenngleich nicht unumstritten: in Finnland, Estland, Lettland und Irland. Bloß provisorisch umschrieben war es vorerst in allen anderen Staaten, allerdings aus verschiedenen Gründen und auf verschiedene Weise. Die von der gewollten Grenze oft auffallend abweichende definitive Grenzziehung erfolgte durch Staatsverträge. Polen, Litauen und Irland gingen von historischen Gestaltungen aus. Die Tschechoslowakei, der SHS-Staat und auch das Königreich SHS sowie die Türkei konnten hingegen auf keine territorialen Vorläufer verweisen, sie waren neue, unhistorische Gebilde. Sie beriefen sich wohl daher schon in ihren Staatsnamen auf eine ethnische Komponente. Die slawischen Staaten erfaßten ohne Rücksicht auf Minderheiten slawische Völker, im Falle der Tschechoslowakei mit Tschechen und Slowaken einen Teil der Westslawen, die Südslawen erfaßte der SHS-Staat und das nach ihnen später sogar »Jugo(Süd)-Slawien« benannte Königreich SHS. Für die Türkei war die türkische Bevölkerung Rumeliens bzw., unbeschadet der Minderheiten, die türkische Mehrheit Anatoliens bestimmend.

3. Deutschösterreich: kein »Sonderfall«

Die prinzipielle Aufeinanderfolge einer provisorischen Nationalversammlung als Staatsgründungsorgan und einer konstituierenden Nationalversammlung als definitivem Verfassungsgeber; die

Zusammensetzung der ersteren oft aus Abgeordneten zum Parlament jenes Staates, aus dem der neue hervorgeht; die Festlegung der republikanischen Regierungsform vorerst nur der Sache und erst später dem Namen nach; ein Kampf um das Staatsgebiet: Es sind dies just auch jene Elemente, die uns bei der Staatsgründung Deutschösterreichs ebenfalls begegnet sind – sie stellt keinerlei Sonderfall dar! Die umgehende Begründung der Staatsgewalt erschien auch in anderen Staaten als vordringlich, zur Festlegung der beiden weiteren Elemente des Staates im Sinne der Staatstheorie, nämlich Staatsgebiet und Staatsvolk, kam es erst sukzessive. Eine gewisse Umschreibung des Staatsgebietes erfolgte zwar nahezu gemeinsam mit der Neubegründung der Staatsgewalt, doch stets nur in groben Umrissen, was sich letztlich aus – irgendeiner – erst künftigen Verständigung mit den Nachbarstaaten oder der Staatenwelt überhaupt verstehen mußte.

Die Begründung der Staatsgewalt Deutschösterreichs erfolgte durch eine provisorische Volksvertretung, was in so gut wie allen neuen Staaten ebenso der Fall war. Die spezifische Zusammensetzung dieses Provisoriums aus Abgeordneten des Parlaments bzw. der Parlamente des Vorgängerstaates bzw. der Vorgängerstaaten entsprach nahezu völlig dem SHS-Staat und der Tschechoslowakei, findet sich aber auch in Irland.

Was die Regierungsform anlangt, so war Deutschösterreich wie die meisten der neugegründeten Staaten mit der Staatsgründung vom 30. Oktober an als demokratische Republik eingerichtet, denn es lagen die oberste Gewalt und die Gesetzgebung in den Händen der Provisorischen Nationalversammlung als provisorischer Volksvertretung und die oberste Exekutivgewalt in den Händen eines Ausschusses der Nationalversammlung, dem Staatsrat. Dies entsprach etwa der Situation in der Tschechoslowakei. Eine Überlegungsphase hinsichtlich einer Wahl zwischen Republik oder Monarchie wie in Finnland, Litauen und Polen sowie im SHS-Staat gab es nicht, denn in dem neuen Verfassungsgefüge blieb kein Raum für einen Monarchen oder Präsidenten ausgespart. Ebenso wie bei allen anderen neugegründeten Republiken erfolgte die feierliche Republikerklärung nicht sogleich mit der Staatsgründung, sondern zu einem späteren Zeitpunkt, nämlich am 12. November 1918, womit Deutschösterreich zum Teil sogar früher als andere Staaten ausdrücklich die »demokratische Republik« proklamierte. Dies nahm allerdings nicht erst eine konstituierende Nationalversammlung vor wie in Lettland oder in der Türkei, sondern bereits die Provisorische Nationalversammlung wie ähnlich auch in Estland und in der Tschechoslowakei.

Das Staatsgebiet war vorerst pauschal durch die Staatsbezeichnung Deutschösterreich als Zusammenfassung der deutschen Siedlungsgebiete in Österreich/Cisleithanien umschrieben sowie durch die Herkunft der Abgeordneten aus den deutschen Reichsratswahlkreisen vorgegeben. Dies entsprach sowohl hinsichtlich dieser Herkunft der Abgeordneten wie der Staatsbezeichnung der Gründung der Tschechoslowakei und dem SHS-Staat sowie allein hinsichtlich der Herkunft der Mitglieder der provisorischen Nationalversammlung der Türkei. Eine eingehende Bestimmung des Staatsgebietes durch die Aufzählung bisheriger Länder wie etwa Tirol, der Teile bisheriger als auch neuer Länder wie etwa Deutschböhmen und anderer Gebiete erfolgte mit 22. November etwa drei Wochen nach der Staatsgründung bzw. 10 Tage nach der Republikproklamation, wesentlich detaillierter bis hin zur Anführung einzelner Ortschaften sodann erst am 3. Jänner 1919. Zur Sicherung des Staatsgebietes holte der Staatsrat auch Erklärungen ein, nämlich von den betroffenen Ländern, die von der Provisorischen Nationalversammlung ausdrücklich zur Kenntnis genommen wurden. Aufgrund auch dieser Beitrittserklärungen protestierte die Konstituierende Nationalversammlung am 12. März 1919 gegen Besetzungen des in Anspruch genommenen Staatsgebietes. Während aber die beiden als Siegermächte betrachteten slawischen Staaten ihr Staatsgebiet später durch Staatsverträge behaupten konnten, war dies im Falle Deutschösterreichs nicht der Fall: Der Vertrag von St. Germain 1919 legte andere, engere und daher benachteiligende Grenzen fest. Hierin unterschied sich Deutschösterreich von der Türkei, der es gelang, den mit der Sultans-Regierung 1920 abgeschlossenen Vertrag von Sèvres, der fast ganz Rumelien und Teile Anatoliens der Türkei vorenthalten hatte, durch den Vertrag von Lausanne 1923 zu ersetzen.

Mit dem Erlaß der definitiven Verfassung durch ein sogar Konstituierende Nationalversammlung benanntes Gremium folgt Deutschösterreich vollauf dem klassischen Modell. Wir finden es zur gleichen Zeit ebenso nach Bezeichnung und Sache in der Verfassungsgebenden Deutschen Nationalversammlung in Weimar. Aber in der Sache allein entsprach Deutschösterreich damit auch nahezu allen anderen neuen Staaten mit der Tschechoslowakei als Ausnahme. Auffallend an Österreichs definitiver Verfassung, der Verfassung 1920, ist allerdings der Wechsel der Staatsform des noch jungen Staates, das Verlassen des dezentralisierten Einheitsstaates, was die Verfassung 1920 sogar in ihrem Namen ausdrückte: »Bundes-Verfassungsgesetz, mit dem die Republik Österreich als Bundesstaat eingerichtet wird«!

Die Staatsgründung Deutschösterreichs am 30. Oktober 1918 schloß nicht erst an die Beendigung der bisherigen Staatsgewalt an, sondern erfolgte davor, so daß es vorerst zu einem Nebeneinander von alter und neubegründeter Staatsgewalt kam. Diese Situation gleicht jener der Türkei, wo die Regierung der neuen türkischen Staatsgewalt ebenfalls neben jener des Osmanischen Reiches amtierte – freilich örtlich getrennt, jene in Ankara und diese in Istanbul, während im Falle Deutschösterreichs die vom Monarchen eingesetzten Minister neben den deutschösterreichischen Staatssekretären nicht nur am selben Ort, in Wien, amtierten, sondern zum Teil sogar im gleichen Amtsgebäude. In Deutschösterreich allerdings dauerte diese Parallelität nur fast genau zwei Wochen lange an, von der Begründung der neuen Staatsgewalt am 30. Oktober 1918 bis zur Entlassung des letzten Ministerrats durch den Kaiser am 11. November 1918, während sich die Parallelität im Falle der Türkei über mehr als drei Jahre hinzog. Wie in der Türkei war es auch in Deutschösterreich eine politische Notwendigkeit, daß der Monarch das Land verließ. In beiden Fällen besorgte dies interessanterweise Großbritannien: in Österreich mit der Bereitstellung eines Sonderzuges unter britischem Schutz, der den Ex-Kaiser in die Schweiz brachte, in Istanbul mit der eines Kriegsschiffes für den Ex-Sultan, und auf einem britischen Kriegsschiff mußte Ex-König Karl nach seinem gescheiterten Rückkehrversuch nach Ungarn auch dieses verlassen.

Die Parallelität von alter und neuer Staatsgewalt verweist auf ein weiteres Moment der deutschösterreichischen Staatsgründung. Zufolge der Identität der deutschen Reichsratsabgeordneten mit den Mitgliedern der Provisorischen Nationalversammlung erfolgte die Neugründung einerseits sowie die Beendigung der alten Staatsgewalt andererseits, zumindest so weit sie dessen Volksvertretung betraf, sozusagen in Personalunion und daher völlig koordiniert. Eine derartige Verbindung gab es auch bei der Gründung der Tschechoslowakei und des SHS-Staates ebenfalls zufolge der Identität von Reichsrats- und auch Landtagsabgeordneten mit den Mitgliedern des Tschechischen Verbandes sowie des Großteils des Tschechoslowakischen Nationalausschusses bzw. österreichischer, ungarischer und bosnisch-herzegowinischer Parlaments- und Landtagsabgeordneter mit den Mitgliedern des südslawischen Nationalrates in Agram/Zagreb. Im Falle der Tschechoslowakei allerdings beteiligten sich deren Reichsratsabgeordnete nicht mehr an der Beendigung der cisleithanisch/österreichischen Staatsgewalt wie dies in Wien seitens des Abgeordnetenhauses in dessen letzter Sitzung am 12. November 1918 zwar überwiegend durch die deutschen, aber auch durch einige polnische, ukrainische, rumänische und südslawische Abgeordnete der Fall war. Eine gewisse Parallele bietet übrigens Irland: irische Mitglieder des Parlaments in London konstituierten das in Dublin und begründeten die irische Staatsgewalt neu und beendeten die britische, freilich nicht insgesamt, aber doch für Irland. Sowohl in Finnland wie in den baltischen Staaten war keine bisherige finnische, estländische, lettländische oder litauische Staatsgewalt zu beenden – allein dies geschah noch in der Türkei. Hier aber gab es diese personelle Verbindung nicht, denn die provisorische Nationalversammlung der Türkei bestand nicht aus Repräsentanten des Osmanischen Reiches.

Die bei der Staatsgründung Deutschösterreichs und seinem weiteren Verfassungsaufbau oft als auffallend oder als Besonderheiten betrachteten Momente – wie etwa die Duplizität von Provisorischer und Konstituierender Nationalversammlung, das Nebeneinander von alter und neuer Staatsgewalt, das Fehlen einer ausdrücklichen Festlegung der Regierungsform sogleich im Staatsgründungsakt – sie alle erweisen sich im Staatenvergleich nicht als derart auffallende Erscheinungen wie bei einer Betrachtung bloß der innerstaatlichen Verfassungsentwicklung. Die Staatsgründung Deutschösterreichs samt dessen weiterer Verfassungsgestaltung entspricht vielmehr Entwicklungen, wie sie durchaus auch bei anderen zeitgenössischen Staatsgründungen anzutreffen sind.

Zweiter Teil
Die Staatsgründung und ihre Umdeutungen

I. Verschiedene Gründungsvorgänge

A. Theoriengruppen

»Wir können es vielleicht den Staatsrechtsgelehrten überlassen, hinterher das zu erläutern, was unsere Verfassung enthält«[481], meinte Renner am 30. Oktober in der Provisorischen Nationalversammlung zum Staatsgründungsbeschluß. Wie wahr! Tatsächlich geriet die Staatsgründung alsbald in den Strudel unterschiedlichster juristischer Deutungen, die nun zu erläutern und zu kritisieren sind, so daß der daran weniger Interessierte sich lieber gleich der Kuriosität verschiedener Gründungstage (S. 287 ff.) zuwenden darf. Bereits die Zeitgenossen von 1918 sowie in der Folge rückblickend die Historiker wie die Juristen entwickelten verschiedene Ansichten über das Entstehen der österreichischen Republik. Das verstärkte Interesse an der Art ihrer Geburt[482] zeichnete sich jedoch nicht immer durch historische Selbstgenügsamkeit aus. Wie schon in die Deutung der Vorgänge von 1918 bis 1920 und in ihre unmittelbare Interpretation insbesondere durch Kelsen und Merkl im zentralistisch-einheitsstaatlichen Sinn mischt sich in die nachfolgenden Bestrebungen um die bloße Aufhellung dessen, »wie es gewesen ist«, ebenso ein rechtspolitisches Anliegen, nämlich an einer föderalistischen Staatsgründung[483]. Aus ihr folgert daher Ermacora für das Verständnis der geltenden (!) Verfassung: »Diese bündische Struktur der Republik Deutsch-Österreich liegt – trotz verfassungsrechtlicher Widersprüche – der Bundesverfassung von 1920 zugrunde. Sie rechtfertigt die These, daß Österreich seinem Ursprung nach ein Bundesstaat ist«, so daß die folgende Entwicklung als »Rückbildung des föderalistischen Prinzips« gilt[484]. Derartige Interessenlagen haben ebenso wie unterschiedliche Quellenkenntnisse bei Juristen und Historikern zu verschiedenen Ansichten über das Verhältnis des Gesamtstaates zu den Ländern in der Entstehungsphase Deutschösterreichs geführt und damit über die Art der Staatsgründung. Im wesentlichen lassen sich diese Ansichten den nachfolgend beschriebenen drei Gruppen zuordnen.

1. Zentralistisch-einheitsstaatliche Theorien

Hiebei handelt es sich um die Hans Kelsen folgende Richtung, welche, so einer ihrer Kritiker, Peter Pernthaler[485], »zur offiziellen Staatsphilosophie« geworden ist. In ihrem Kern enthalten diese Theorien folgende Aussage: Am 30. Oktober 1918 sei Deutschösterreich als zentralistischer Einheitsstaat geschaffen worden, der sich erst mit dem Gesetz vom 14. November 1918 »betreffend die Übernahme der Staatsgewalt in den Ländern« (StGBl. 24) in eben diese dezentralisiert habe. Die bis dahin in den Ländern stattgefundene Entwicklung wie insbesondere die Etablierung von provisorischen Landesversammlungen und ebensolchen Landesausschüssen habe keine Rechtsgrundlage gehabt. Kelsen selbst ist überdies noch zentralistischer, denn er[486] billigt dem mit Gesetz vom 14. November 1918 »geschaffenen« Landtag noch keinerlei Kompetenzen zu. Späterhin vertrat Kelsen aber auch einen ganz anderen Standpunkt: Der Staatsgründungsbeschluß gehe von der in ihm »allerdings nicht ausgesprochenen Voraussetzung aus, daß die neue Republik kein zentralistischer Einheitsstaat sein, sondern sich in Länder, und zwar in eben jene Länder gliedern solle, die das alte Österreich gebildet hatten, … daß somit neben der zentralen Staatsgesetzgebung mehrere lokale Landesgesetzgebungen und wenn schon nicht neben, so doch unter der zentralen Staatsregierung mehrere lokale Landesregierungen bestehen sollten«, und so stellte er fest: »Der Beschluß vom 30. Oktober 1918 wollte nur die Verfassung für das ganze Deutschösterreich sein, die Verfassung der Glieder aber – der Idee des Selbstbestimmungsrechtes entsprechend – diesen selbst überlassen«[487].

Der – ursprünglichen – Ansicht Kelsens folgen Verfassungsjuristen wie schon Merkl[488], später etwa Adamovich und Werner[489], Rechtshistoriker juristischer Herkunft wie Hellbling[490], aber auch Historiker wie etwa Friedrich Walter[491]. Ihnen sind Kelsens Ausführungen in seinem »Österreichischen Staatsrecht« Vorbild[492]. –

Wenngleich nicht dem Wortlaut nach, so aber doch im Sinne Kelsens erklären auch die Verfassungsjuristen Walter und Mayer[493], der Rechtshistoriker Baltl[494] und von den Historikern etwa Kleinwächter[495] die Entstehung Deutschösterreichs allein von zentralistischer Warte. Stellung und Handeln der Länder erscheinen ihnen entweder nicht oder kaum erwähnenswert. Aber auch Zeitgenossen des Geschehens zwischen 1918 und 1920 hatten die Entwicklung so verstehen können wie etwa Seipel[496]: »Man hat … das neue Staatswesen nicht von unten aufgebaut, sondern kurzweg dekretiert.«

Die Kritik an der eben vorgeführten Ansicht hat an mehreren Punkten einzuhaken. Die Begründung hiefür ergibt sich aus den nachfolgend skizzierten Theoriengruppen. Schon jetzt sei aber gesagt, daß es grundsätzlich nicht angeht, die Vorgänge in der Wiener »Zentrale« als zentralistisch auszugeben, ihr zu unterstellen, sie hätte an eine rechtliche Berücksichtigung der Länder bewußt nicht gedacht. Ursächlich hiefür ist die Negierung historischer Fakten, des »Ausschußlandtages« vom 22. Oktober samt dessen anschließender Berücksichtigung durch den Vollzugsausschuß.[497] Verfehlt ist demnach die Beurteilung von Fakten, besonders des Geschehens in den Ländern, als rechtlich irrelevant.[498] Im Zusammenhang damit steht eine einseitige rechtliche Würdigung des Staatsgründungsbeschlusses dahingehend, ihn als Negierung der Länder zu verstehen. Dieser Vorwurf einseitiger Interpretation ist gerade Kelsen und den Anhängern der Reinen Rechtslehre zu machen, da sie hier ihre rechtstheoretische Position des juristischen Indeterminismus verlassen[499] und nicht mehrere vertretbare Lösungen diskutieren, sondern sogleich eine Auslegungsmöglichkeit als die einzig richtige ausgeben. Dies fördert der Umstand, daß der komplexe Vorgang der Verfassungsgebung Deutschösterreichs vom 30. Oktober 1918 bis in das Jahr 1920 hinein in einzelne Abschnitte zerhackt wird, von denen jeder seine isolierte Deutung erfährt: »Oktoberverfassung« – »Dezembernovelle« – »Märzverfassung«.[500]

2. Bündische Theorien

a) Fortfall der Pragmatischen Sanktion

Aus den Ländern vor allem kommt die Ansicht[501], daß Dynastie und Pragmatische Sanktion die Grundlage für den Zusammenhalt Österreich/Cisleithaniens wie der Realunion mit Ungarn abgegeben hätten, so daß mit der Abdankung des Monarchen diese Grundlage weggefallen sei[502]. Bereits die sogenannte Beitrittserklärung Oberösterreichs vom November 1918 stand auf diesem Standpunkt[503]. Der Vorarlberger Landeshauptmann Ender erklärte im Landtag am 15. März 1919 nach seiner späteren Zusammenfassung: »Die Pragmatische Sanktion ist dahin, die 1867er Verfassung ist dahin. Was beim Zusammenbruch übrig blieb, sind die selbständigen Länder. Im November haben sie sich provisorisch zu Deutsch-Österreich zusammengeschlossen[504].« Die Länder wären daher, so wurde für die Steiermark argumentiert, aufgerufen, das weggefallene Band durch ein neues zu ersetzen, es müßte »das Verhältnis der Länder zueinander und zum neuen Staat neu geregelt werden«[505].

b) »Realitäten im Staatsleben«

Ermacora[506] erweckt zwar den Anschein, Anhänger einer zentralistisch-einheitsstaatlichen Theorie zu sein, nämlich mit der Feststellung, »diese neue Republik … gab sich nach ihren ersten Verfassungsakten als zentralistischer Einheitsstaat«, erklärt aber sogleich weiters, es könnten »vom Theoretischen wie Praktischen her die Ereignisse in den Ländern als nicht minder legitim angesehen werden als die in der provisorischen Nationalversammlung zu Wien, denn diese hatte weder Recht noch Macht über die Länder«[507]. Die Landesregierungen gelten ihm daher als »Parallelregierungen« zur Wiener Zentrale[508], so daß die Ereignisse in den Ländern und in Wien zueinander in einer bloß »faktischen Beziehung« stünden.[509] Sie könnten »nur mittels einer Fiktion in eine rechtliche Abhängigkeit gebracht werden … Die Fiktion ist entweder die Annahme einer legitimen Wiener Zentralgewalt oder die Annahme einer legitimen Ländergewalt. Jene Fiktion wird aber theoretisch größeres Gewicht haben, die den Realitäten im Staatsleben besser entspricht, die die tatsächliche Kraft und die tatsächlichen Machtverhältnisse berücksichtigt. Die tatsächliche politische Kraft und Macht hat primär bei den Ländern gelegen«[510]. Und nun folgt das bündische Argument: Das Vorgehen der Länder neben der Zentralgewalt wäre damit legitimiert, »daß durch die Absetzung (sic!) der Dynastie das vertragliche Band zwischen dem Hause Österreich und den Ländergewalten gelöst worden (sei) und die Länder in ihrer Gewalt souverän (geworden seien). Es lag in ihrem souveränen Willen, sich zu einen oder auch nicht zu einen«[511]. Mit ihren Beitrittserklärungen oder entsprechenden schlüssigen Handlungen hätten sich die Länder zusammengeschlossen: »Die Tragweite der sogenannten Beitrittserklärungen, richtiger Anerkennungserklärungen, besteht darin, daß durch sie ein Bündnis der Länder unter sich begründet worden ist, mit dem eine usurpierte Zentralgewalt anerkannt wurde«[512]. Demnach sei Deutschösterreich aus einem Bund der Länder entstanden, die eine bis dahin »usurpierte Zentralgewalt« anerkannt hätten.

c) Getrennte »Staatsgründungsakte«

Pernthaler sieht ab Oktober 1918 zwei parallele Entwicklungen[513] nebeneinander herlaufen: Einerseits habe sich der am 30. Oktober 1918 neugegründete Staat Deutschösterreich als zentralistischer Einheitsstaat eingerichtet, andererseits beginne unmittelbar vor und nach diesem Tag eine eigenständige Verfassungsentwicklung in den Ländern, die »kraft eigener Autorität« neue »Landesstaatsgewalten« begründet hätten. Zwischen beiden Entwicklungen bestehe kein rechtlicher Zusammenhang, die Initiative der Provisorischen Nationalversammlung vom 29. Oktober 1918 zur Bildung von Landesgewalten und zur Abgabe von Beitrittserklärungen der Länder sei ein »vorstaatlicher« Akt von bloß faktischem Gewicht. In der »Verwirklichung des Selbstbestimmungsrechts der Länder als selbständige staatliche Ordnungen« sieht Pernthaler den entscheidenden Widerspruch zur

»Einheitsverfassung« vom 30. Oktober 1918. Die »Landesstaatsgewalt« habe dann durch die Wahlen zu den verfassungsgebenden Landtagen eine »direkte demokratische Legitimierung ... durch das Landesvolk« erfahren. Dem Gesamtstaat gegenüber hätten die Länder ihre Absage an die zentralistisch-einheitsstaatliche Konstruktion schon mit ihren Beitrittserklärungen bekundet, da diese, so Pernthaler, »zweifellos als Beweis für den politischen Willen, einen echten Bundesstaat neu zu begründen«, zu werten seien. Mit dem Gesetz vom 14. November 1918 verlasse daher der Gesamtstaat die Form des zentralistischen Einheitsstaates. Aber auch der Schritt zur Dezentralisation wäre insofern verfehlt gewesen, als dieses Gesetz keine Aussagen über die Zuständigkeiten der Länder, besonders über ihre Gesetzgebungs- und Verfassungshoheit, beinhaltet habe. Bis zum »Gesetz über die Volksvertretung« vom 14. März 1919 sei die Verfassung Deutschösterreichs »nie effektiv geworden«, somit eine »Fiktivverfassung« gewesen. Als Staat mit einer effektiven Verfassung wäre Deutschösterreich durch die gegenseitige Anerkennung der Länder und des Gesamtstaates, näherhin durch Koordination der Landesstaatsgewalten und der Zentralstaatsgewalt entstanden. Anders als nach den eben erläuterten bündischen Theorien schließen nach Pernthaler den Bund nicht bloß die Länder untereinander, sondern diese mit dem Gesamtstaat ab.

d) Kritik der bündischen Theorien

Im Unterschied zu den zentralistisch-einheitsstaatlichen Theorien gelten den bündischen Theorien die Entwicklungen in den Ländern als rechtlich erheblich. Soweit sie in das andere Extrem verfallen und annehmen, die tatsächliche politische Macht hätte allein in den Ländern gelegen, entsprechen sie aber nicht den Tatsachen. Dies gilt vor allem auch für die Ansicht, die Länder hätten in Verhandlungen miteinander einen neuen Staat begründet, in einer Weise etwa wie später die Bundesrepublik Deutschland geschaffen wurde. Im Zusammenhang damit steht eine Überschätzung der Rolle, welche die Länder selbst spielen wollten: Sie haben sich in der Anfangsphase keineswegs als souveräne Staaten verstanden. Auch Souveränität wäre ihnen durch den Wegfall der Pragmatischen Sanktion nicht zugewachsen, da sie diese bereits vorher nicht besessen hatten[514]. Schließlich kommt den sogenannten Beitrittserklärungen kein konstitutiver Wert zu, so daß sie keinen – bündischen, föderativen – Staatsgründungsakt darstellen können[515]. Soweit Folgerungen aus dem Fortfall der Pragmatischen Sanktion gezogen werden, übersehen diese Theorien, daß nicht sie das einigende Band Österreich/Cisleithaniens war, sondern die Verfassung 1867. In und mit ihr spielte die Pragmatische Sanktion lediglich eine Rolle als Thronfolgeordnung.[516]

Überdies sind alle Argumente, die aus dem Wegfall der Pragmatischen Sanktion gefolgert werden, unergiebig: Da sich die neuen Landesgewalten bewußt revolutionär gebildet haben, ist jeder Rückgriff auf vorheriges Verfassungsrecht irrelevant[517]. Die Annahme einer Kontinuität mit der Landesgewalt der ehemaligen Kronländer ist eindeutig unzutreffend bei den neuen Ländern Sudetenland und Deutschböhmen. Nimmt man eine Kontinuität bei anderen Ländern an, was allerdings nicht den Tatsachen entspricht, so kann die These vom Wegfall der Pragmatischen Sanktion zwar Motive erklären, aber nur im Zusammenhang mit der Verfassung 1867 als das die Länder umschließende Band: Geht man aber davon aus, diese sei ebenso wie die Pragmatische Sanktion weggefallen, fällt mit ihr die Voraussetzung für die Existenz der Kronländer fort, übrigens auch eine weitere ihrer Rechtsgrundlagen, nämlich die ursprünglich aus der Gesamtstaatsgewalt herrührende Landesordnung[518]. Wer also durch den Fortfall irgendeines Bandes die Kontinuität der Länder begründen will, landet bei der Diskontinuität. Die Kontinuität wäre so nur dann zu erklären, wenn aufgrund des Fortfalls der Pragmatischen Sanktion durch die Abdankung Kaiser Karls allein der monarchische Anteil der Verfassung obsolet geworden sei, der andere Anteil aber weiterhin existiere. Diese These läßt sich jedoch nicht halten: Abgetreten ist nicht allein der Kaiser und mit ihm das monarchische Element, sondern auch das Parlament und mit ihm das Element der Volkssouveränität als zweite Basis der Verfassung[519]. Wer daher annimmt, durch die

Abdankung des Monarchen sei ein Teil der Verfassung hinfällig geworden, muß gleiches für alle anderen Teile akzeptieren.

Soweit die bündischen Theorien weiter annehmen, der Staatsgründungsbeschluß hätte eine zentralistisch-einheitsstaatliche Verfassungsordnung aufgerichtet, verfallen sie überdies in die schon zur zentralistisch-einheitsstaatlichen Theoriengruppe (oben 1) gerügten Fehler. Gleiches gilt für die Negierung der Kontakte zwischen Ländern und Zentralgewalt ab dem Ausschußlandtag vom 22. Oktober.

3. Dezentralistisch-einheitsstaatliche Theorien

Ihnen ist gemeinsam, daß sie im Gegensatz zu den bisherigen Theoriengruppen die Entwicklung in den Ländern wie auch auf der Ebene des Gesamtstaates als rechtlich relevant und überdies als miteinander von Anfang an rechtlich verbunden erachten.

a) Dezentralistische Staatsgründung

Zweifel an den bis dahin dominierenden zentralistisch-einheitsstaatlichenTheorien wurden 1976 angemeldet[520], und zwar ausgehend von einer Interpretation des Staatsgründungsbeschlusses im Zusammenhang mit der gesamten Verfassungsentwicklung im Herbst 1918 insbesondere unter Bedachtnahme auf die Stellung der Länder, wie sie diese aufgrund ihrer Landesverfassungen selbst in Anspruch nahmen. Dabei wird die Verfassungswerdung ab dem 30. Oktober 1918 als ein sukzessiver Vorgang durch den Erlaß zeitlich aufeinanderfolgender, verfassungsrechtlich bedeutsamer Gesetze angesehen wie schon 1918/19 etwa auch von Merkl und Renner[521]. Was hiebei die Stellung der Länder anlangt, so haben die zentralistisch-einheitsstaatlichen Theorien übersehen, daß der Staatsbegründungsbeschluß grundsätzlich die »Gesetze und Einrichtungen« Österreich/Cisleithaniens rezipiert hat (§ 16), also auch, da ein dezentralisierter Einheitsstaat, die der Länder: Landesgesetze und Landesorgane werden übernommen, nicht abgeschafft. Fraglich mag dies nur bezüglich der

Landesgesetzgebung sein, da der Staatsgründungsbeschluß (§ 2) die gesetzgebende Gewalt allein der Provisorischen Nationalversammlung zu reservieren scheint: Bei genauer Lektüre ist jedoch die Rede von der »Gewalt des Staates Deutschösterreich« (§ 1), also allein von der des Gesamtstaates, nicht von der »im« Staate Deutschösterreich unter Einschluß der Landesgewalt. Nicht die öffentliche Gewalt schlechthin wird angesprochen, sondern nur die einer Gebietskörperschaft, nämlich des Gesamtstaates, nicht auch die der Länder – ebenso wie dies hinsichtlich der Regierungs- und Vollzugsgewalt geschieht (§ 3). Schließlich sind des zeitlichen Naheverhältnisses der einzelnen Verfassungsgesetze wegen diese nicht isoliert, sondern in ihrem sich ergänzenden, fortführenden Zusammenhang zu betrachten: Am 14. November 1918 (StGBl. 24) haben daher die Länder nicht ein ihnen am 30. Oktober 1918 – also für zwei Wochen – vorenthaltenes Gesetzgebungsrecht bekommen, politisch-faktisch besehen: zurückerhalten, sondern es hat dieses, rezipiert schon durch den Staatsgründungsbeschluß, eben erst jetzt eine eingehende Normierung erfahren[522]. Auch in anderen Belangen wird ja aus einer späteren Regelung nicht auf eine vorherige Nichtexistenz geschlossen: Die Staats- und Regierungsform fand erst am 12. November 1918 ihre endgültige Fixierung, die aber u. a. Kelsen wie Renner schon im Staatsgründungsbeschluß grundgelegt sahen; das Grundgesetz über die richterliche Gewalt erging erst am 22. November 1918 (StGBl. 38), trotzdem existierte diese aber durch Rezeption schon ab der Staatsgründung; auch das Staatsgebiet wurde erst an diesem Tag (StGBl. Nr. 40, 41) definiert, war aber dennoch, wie beschrieben, mit der Staatsgründung im wesentlichen grundgelegt[523]; das Staatsbürgerschaftsrecht wurde gar erst am 5. Dezember 1918 (StGBl. 91) normiert. Diese gesetzlichen Fixierungen erfolgten später als die des Verhältnisses des Gesamtstaates zu den Ländern: Dennoch wird man daraus nicht folgern dürfen, Deutschösterreich habe etwa keine Gerichtsbarkeit besessen und mangels Staatsbürgerschaft kein Staatsvolk. Daß § 2 des Staatsgründungsbeschlusses nicht nur einheitsstaatlich-zentralistisch im Sinne von Kelsen und Merkl[524], sondern auch anders verstanden werden kann, zeigte

1930 Kelsen selbst, als er feststellte: »Der Beschluß vom 30. Oktober 1918 wollte nur die Verfassung für das ganze Deutschösterreich sein, die Verfassung der Glieder aber – der Idee des Selbstbestimmungsrechtes entsprechend – diesen selbst überlassen.«[525] Und jüngst wurde die Betonung, daß die Gesetzgebung von der Provisorischen Nationalversammlung »selbst« ausgeübt werde, so verstanden, daß sie sich gegen ein Rätesystem und nicht gegen die Landtage oder ein Zweikammernsystem richte[526]. Vor allem aber, wie oben dargelegt[527], gab es aufgrund des »Ausschußlandtages« vom 22. Oktober schon in den folgenden Tagen noch vor dem Staatsgründungsbeschluß durch die Zentralgewalt eine Anerkennung der Landesgewalten – konkret diese wurden sodann vom Staatsgründungsbeschluß rezipiert. Daß Deutschösterreich von seiner Geburtsstunde an als dezentralisierter Einheitsstaat im Sinne der Dezemberverfassung 1867 eingerichtet werden sollte, ergibt nicht nur die eben dargelegte Interpretation des Staatsgründungsbeschlusses, sondern auch eine Bedachtnahme auf die – neuen – Landesverfassungen. In ihnen legten die Länder selbst ihren Stellenwert fest. Niederösterreich, Oberösterreich und Vorarlberg setzten die bisherigen Landesordnungen in Kraft: Sie änderten ihren Stellenwert im Gesamtstaat somit nicht. Steiermark, Salzburg, Kärnten, Deutschböhmen und Sudetenland gaben sich neue Verfassungen, allerdings nach dem Muster der bisherigen Landesordnungen, nahmen also ebenfalls keine andere Stellung für sich in Anspruch. Im übrigen gingen im »Ausschußlandtag« vom 22. Oktober alle Länder davon aus, ihre bisherige Struktur fortzusetzen. Dies geschah auch in Tirol. Alle Länder verstanden sich somit als Gebietskörperschaften in einem dezentralisierten Einheitsstaat.[528] So zeigen die einzelnen Rechtsakte von 1918 in ihrem Zusammenhang, daß Deutschösterreich sowohl durch die Zentralgewalt wie auch seitens der Länder und beider zusammen am 30. Oktober als dezentralisierter Einheitsstaat nach dem modifizierten Muster der Verfassung 1867 entstanden ist.

Diesen juristischen Befund stützen die historischen Fakten. Was sich als Ergebnis einer möglichen juristischen Interpretation darstellt, gewinnt angesichts weiterer Fakten eine historische

Dimension und hohe Wahrscheinlichkeit. So sieht Köfner[529] aufgrund eines breiten Quellenmaterials den Staatsgründungsvorgang im Sinne eines dezentralistischen Staatsaufbaus zwar allein von der Zentralgewalt bewirkt an, aber im Einvernehmen mit den Ländern, wobei diese schon vor dem 30. Oktober Anweisungen des Vollzugsausschusses der Provisorischen Nationalversammlung bzw. danach des Staatsrates ausgeführt oder auf deren Aktionen aufgebaut hätten. Das Bild zweier unabhängig nebeneinanderlaufender Entwicklungsstränge – Gesamtstaat, Länder – lehnt er ab. Das heißt: Einerseits habe der Gesamtstaat keineswegs die Länder negiert, andererseits wären diese in ihrem Vorgehen durch Beschlüsse des Gesamtstaates bestimmt gewesen.

b) Kooperative Staatsgründung

Auch Öhlinger[530] baut auf dem Material Köfners auf, neigt aber eher der Ansicht einer doppelgleisigen Entwicklung, verbunden durch »kooperative Rechtsetzungsvorgänge«, zu. Wie Pernthaler hält auch Öhlinger die beiden Entwicklungsstränge – Gesamtstaat, Länder – für rechtlich relevant, weicht aber in zwei entscheidenden Punkten von dessen Wertung ab: Öhlinger sieht erstens die Entwicklungsstränge nicht als gegeneinander gerichtet, sondern als bewußt aufeinander bezogen an. Aufgrund der »Fakten« zeige sich, »daß auf Seite der Zentrale offensichtlich die Tendenz bestand, die Republik als dezentralisierten Einheitsstaaat nach dem Muster der Endphase der Monarchie einzurichten«. Dies sei im Einvernehmen mit den Ländern geschehen: Die Verfassungsakte des Gesamtstaates und die der Länder stellten sich als »kooperative Rechtsetzungsvorgänge« dar. Unter anderem sieht Öhlinger die Etablierung der Provisorischen Landesversammlungen und ihren Erlaß neuer Landesverfassungen als durch die Provisorische Nationalversammlung veranlaßt an. Der zweite von Pernthalers Auffassung abweichende Punkt liegt darin, daß Öhlinger annimmt, die Länder hätten sich nicht als selbständige Staaten verstanden, sondern als Gebilde eben im Sinne der Verfassung 1867.

c) Würdigung

Nach dem derzeitigen Forschungsstand kommt den dezentralistisch-einheitsstaatlichen Betrachtungen vor den anderen der Vorzug zu. Dies deshalb, weil diese Sicht den Vorgängen eine vertretbare rechtliche Deutung angedeihen läßt, die vor allem mit den historischen Fakten in Einklang steht[531].

B. Zur Problematik der Forschung: Henne oder Ei?

Die unterschiedlichen Auffassungen über die bei der Staatsgründung gewählte Staatsform, d. h. über das Verhältnis des Gesamtstaates zu den Ländern in der Gründungsphase, haben ihre Ursache in einem Faktum und in einer juristischen Hypothese. Das Faktum ist das Nebeneinander zweier Entwicklungsstränge, von denen einer auf der Ebene des Gesamtstaates und einer auf der Ebene der Länder verläuft. Die juristische Hypothese ist die Annahme der staatsrechtlichen Diskontinuität. Beides verleitet zur Frage, auf welcher Ebene der Neubeginn Deutschösterreichs eingesetzt, das heißt, welcher Entwicklungsstrang als der zeitlich primäre den anderen verursacht habe. Diese Problematik fiele fort, gäbe es entweder am Beginn nur eine Entwicklungsebene oder würde der Staat Deutschösterreich nicht den Standpunkt der Diskontinuität einnehmen.

Mangels paralleler Entwicklungsstränge erklären sich eher zwanglos die Gründung des Deutschen Reiches 1870/71 sowie 1949 die der Bundesrepublik Deutschland und der Deutschen Demokratischen Republik[532]: Das Deutsche Reich und die Bundesrepublik Deutschland entstanden auf Initiative bereits existenter Länder, die sich zu einem Bundesstaat vereinigten und an diesen Kompetenzen abgaben. Die DDR entstand aufgrund der Beschlüsse eines »Volkskongresses«, der gleichfalls existente Länder zu einem neuen Staat vereinigte, wenngleich ohne ihre Initiative und ohne ihre Mitwirkung.[533] Die Verfassungsebene des Gesamtstaates wird in allen diesen Fällen jedenfalls eindeutig erst nach der Begründung der Länder als den zeitlich primären Einheiten geschaffen: Die Länder waren zuerst da!

Auch die Weimarer Reichsverfassung 1919 ist nicht von der Frage belastet, ob zuerst die Länder oder das Reich entstanden wären, allerdings nur deshalb, weil das Deutsche Reich nicht den Standpunkt der Diskontinuität einnahm[534]: Es besteht vielmehr in den Jahren 1918/19 weiter fort, und zwar sowohl im Reich wie in den Ländern, die – abgesehen von anderen Verfassungsänderungen – mit der Weimarer Reichsverfassung ihr Verhältnis zueinander neu ordnen.[535]

Ähnlich zwanglos würde sich auch das Gesamtstaat-Länder-Problem in Deutschösterreich darstellen, stünde dieses gleichfalls auf dem Boden der Kontinuität. Es wäre dann die einzige These diese, der bisherige Zustand dauere – modifiziert – fort, und es bestimme sich daher das Verhältnis des Gesamtstaates zu den Ländern weiterhin gemäß der Verfassung 1867 bzw. den Landesordnungen 1861. Deutschösterreich wäre dann zwanglos ebenso als dezentralisierter Einheitsstaat wie vordem Österreich/Cisleithanien anzusehen.

Diesen Blick verstellt aber die juristische und auch die politische Position des Neubeginns, die der Diskontinuität: Mit ihr wird das, was verfassungsrechtlich für Österreich/Cisleithanien Gültigkeit hatte, für den neuen Staat prinzipiell irrelevant wie insbesondere auch das Verhältnis des Gesamtstaates zu den Ländern, das es daher neu zu bestimmen gilt. Die Diskontinuität führt somit zu einer Orientierung allein an den gesetzlichen Aussagen des neuen Staates, die aber wegen ihrer Kargheit zu diesem Thema zu den vorschnellen, faktenmäßig und auch rechtlich mangelhaften Schlüssen der einheitsstaatlich-zentralistischen und bündischen Theorien verleiten, und zwar insbesondere dadurch, daß der »Ausschußlandtag« vom 22. Oktober im Schatten der Versammlungen der Provisorischen Nationalversammlung vom 21. und 30. Oktober steht wie die Vollzugsausschußbeschlüsse vom 25. und 29. Oktober in dem des Staatsgründungsbeschlusses.

Läßt man den Standpunkt der Diskontinuität außer Betracht und versteht man die verfassungsrechtlich relevanten Vorgänge allein als Ausdruck eines politisch notwendigen Handelns im ununterbrochenen tatsächlichen Geschehen, bietet sich auch für Deutschösterreich fast dasselbe Bild wie zur gleichen Zeit für das Deutsche Reich: Die alte politische Ordnung soll und muß in vielfacher Weise umgebaut werden, dauert aber außerhalb des Umbaus weiter fort. Dieser Umbau betrifft die Regierungsform: Republik statt Monarchie, das Beibehaltene die Staatsform: damit in Deutschösterreich weiterhin dezentralisierter Einheitsstaat. Manche Diktion in den ersten Verhandlungen der politischen Gremien im Oktober 1918, Renners Verfassungsentwurf und die Wortwahl der ersten Gesetze zeigen[536], daß manche Politiker wie Juristen sich oft so ausdrücken, als bestünde Kontinuität. Sie scheinen es als ihre Aufgabe anzusehen, den Umbau eines bestehenden Gebäudes bewerkstelligen zu müssen, nicht aber angesichts von dessen Zusammenbruch in einen erst zu errichtenden Neubau einziehen zu wollen.

Versteht man die verfassungsrechtlich relevanten Akte des neuen Gesamtstaates und der Länder im einheitsstaatlich-dezentralistischen Sinne, so darf dies nicht darüber hinwegtäuschen, daß es sich nur um eine zeitgenössische politische Entscheidung und eine ihr angemessene bzw. methodisch vertretbare Erklärung für die Staatsgründungsperiode handelt. Über das nachträgliche Verständnis dieser Akte im Zusammenhang mit späteren Intentionen ist damit noch nichts ausgesagt. Die Einigung über verfassungsrechtliche Texte kann ja gar nicht Einigung auch über ihre künftige Auslegung bedeuten. Außerdem hatte man dem ganzen Verfassungswerk der ersten Stunde einen ebenso »provisorischen« Charakter beigemessen wie auch der ersten Nationalversammlung und den ersten Landesversammlungen. Ferner sollte nicht auf einen einheitlichen Willen aller Länder geschlossen werden, wie dies gerade die Entwicklungen in Vorarlberg mit dessen Schweizer-Anschluß-Bewegung oder in Tirol mit der Idee eines neutralen Alpenstaates zeigen. Offen war bis zu den Verträgen von Versailles und St. Germain schließlich die Frage, ob Deutschösterreich als souveräner Staat oder als Teilstaat des Deutschen Reiches fortbestehen würde oder gar nur bis zum Eintritt seiner Länder in das Deutsche Reich diese vorübergehend umfassen sollte. Kelsen läßt sein »Österreichisches Staatsrecht« noch 1923 unter anderem mit folgender Feststellung ausklingen: »Insbesondere eine Verfassung hat die Tendenz, zu beharren … Dennoch: stärker als all dies …, stärker als Oesterreich selbst ist sein Wunsch: aufzugehen im deutschen Vaterland.«[537]

II. Verschiedene Gründungstage

A. Der einprägsame 12. November 1918

»Es ist heute längst vergessen, wie es damals herging«[538], schrieb Funder 1952 zum 30. Oktober 1918. Tatsächlich: Trotz des offenkundigen und sowohl von den Akteuren wie vom Publikum als Staatsgründung verstandenen Vorgangs am 30. Oktober – signifikant »Staatsgesetzblatt Nr. 1« – wurde dieses Datum alsbald von dem des 12. November – obwohl bereits »Staatsgesetzblatt Nr. 5« – verdrängt, und die Staatsgründung auf diesen Tag fixiert.

Dazu trug wohl einmal die einfachere Deutung des Geschehens bei, es sei erst im Anschluß an den Untergang des alten Systems zufolge der Erklärung des Kaisers vom 11. November tags darauf das neue System mit der Proklamation der Nationalversammlung entstanden: Der neue Staat habe den alten abgelöst, sei diesem nachgefolgt. Diese vermeintlich chronologische Aufeinanderfolge bekräftigt weiters eine angebliche sachliche Ablöse, nämlich das Anschließen der Republik an die Monarchie. Diese Sichtweisen drängen sich grundsätzlich eher auf als jene einer Parallelität zweier Staatswesen, wie sie vom 30. Oktober bis zum 12. November bestanden hatte. Mit kaiserlichem Ende und republikanischem Anfang besitzt der 12. November somit einen sozusagen selbsterklärenden Wert.

Dazu kommt nun noch ein einprägsames Szenario. Allein in Wien beeindruckten die Ereignisse am eigens arbeitsfrei erklärten 12. November schon schauplatzmäßig mehr als jene am 30. Oktober: die breite Ringstraße statt der engen Herrengasse, das ausladend-freistehende Parlamentsgebäude statt des in die Häuserfront eingepaßten Landhauses, eine mit Statuen und Rossen geschmückte Rampe statt eines kleinen Balkons. Aber es feierte nicht nur Wien das »Verfassungsfest«, sondern auch zahlreiche andere Städte und Ortschaften. Am 30. Oktober waren sie stumm geblieben, nun drängten sich vor ihren Rathäusern und um die Denkmäler ihrer Hauptplätze die Menschenmengen[539]. Zur richtigen Kulisse am richtigen Platz kamen vor allem die Worte »demokratische Republik«, und zwar überdies nach der Abdankung des Monarchen am Vortag! Klarer als am 30. Oktober trat damit die Ablöse der bisherigen durch eine neue Ordnung ins Bewußtsein, zumal nach dem 30. Oktober Kaiser und Ministerrat sowie Abgeordnetenhaus noch fortbestanden hatten. Dazu trug möglicherweise auch bei, daß Wendungen wie »Ausrufung der Republik« zufolge der Gleichsetzung der Wörter »Staat« und »Republik« verstanden wurden als »Ausrufung/Begründung des Staates«. Auch waren die Sinne für die Szene am 12. November vorgeschärft: Was am 9. November in Berlin geschehen war, wurde nun auch in Wien erwartet und schließlich ebenso wie dort auch hier auf der Parlamentsrampe abgewickelt! Zudem war der 30. Oktober weniger spektakulär verlaufen, jetzt aber unterstrichen revolutionäre Szenen mit Tumult und Toten und Verwundeten das Wort »Republik« – sozusagen eine Geburt aus Schmerz und Tränen als gerade richtig für einen neuen Staat.

Der insgesamt sehr einprägsamen Szenen und Elemente wegen überschattete sehr bald der 12. November 1918 den 30. Oktober 1918 und verdrängte diesen schließlich rasch und in der Folge dadurch, daß er, ganz im Gegensatz zu diesem, immer wieder in Erinnerung gerufen wurde.

B. Wissenschaftliche und populäre Literatur

Der Dichter-Chronist der untergehenden Habsburgermonarchie Bruno Brehm vermerkt in seiner diesbezüglichen Trilogie »Die Throne stürzen« sehr wohl den 30. Oktober 1918. Keineswegs aber ist es die Staatsgründung, die er hiezu dokumentiert, sondern »Die österreichisch-ungarische Waffenstillstandskommission, 30. Oktober 1918«. Und dies steht nicht als Einzelfall. Literatur unterschiedlichster Richtung vernachlässigt den 30. Oktober klar zugunsten des 12. November. Während 1934 im benachbarten Ausland, in Prag, festgehalten wird, Deutschösterreich habe sich »formell am 30. Oktober durch einen Beschluß der provisorischen Nationalversammlung« gebildet[540], erwähnt Erich Voegelin 1936[541] zum 30. Oktober bloß, Deutschösterreich sei »als Republik … eingerichtet« worden, aber zum 12. November, dieser werde »als ›Gründungsakt‹ der Republik angesehen«! Bundeskanzler Schuschnigg erinnert sich 1937 gleichfalls kaum mehr so richtig[542]: Am 30. Oktober »konstituierte sich die Vereinigung der deutschen Abgeordneten als provisorische Nationalversammlung«, obwohl er zuvor nicht nur ausdrücklich von ihrer »zweiten Sitzung« spricht und sogar das Geschehen am 21. Oktober referiert, und setzt noch – fälschlicherweise – hinzu: »Dies geschah im Parlament«, und zum 12. November: »Die Republik war geschaffen«. Anders widersprüchlich ist 1940 Lorenz: Einerseits stellt er fest, daß Deutschösterreichs »Geburtsurkunde auch schon seine Preisgabe zugunsten einer neuen, höheren politischen Gemeinschaft hervorhob«, womit er die Anschlußbestimmung vom 12. November meinen muß, andererseits führt er, trotz dieser »Geburtsurkunde«, im Dokumentenanhang unter »Gründung des Staates Deutschösterreich« den Beschluß der Provisorischen Nationalversammlung vom – 21. Oktober an; zum 30. Oktober lesen wir allein im Urkundenanhang einen deutschösterreichischen »Appell zur reichsdeutschen Waffenhilfe«[543]. Hantsch[544] schreibt in seiner besonders das Geschichtsbild der fünfziger Jahre prägenden »Geschichte Österreichs« zum 29. Oktober 1918 von der »Errichtung eines selbständigen Staates der Slowenen, Kroaten und Serben«, zum 30. Oktober aber nur, es »nahm die provisorische Nationalversammlung Österreichs eine provisorische Verfassung an«, betont aber nicht wie dort die Neugründung eines Staates; erst zum 12. November hören wir, es habe nun »die provisorische Nationalversammlung Deutschösterreichs den Staat zu einer Republik« erklärt. Zöllner[545] läßt in seiner ab 1961 in mehreren Auflagen einflußreichen »Geschichte Österreichs« den 30. Oktober überhaupt ungenannt. Interessant ist die erste Darstellung der Geschichte des republikanischen Österreich von Goldinger[546] aus 1954: Er erwähnt im Kapitel »Die Anfänge der Republik« trotz dieser Mehrzahlform den 30. Oktober nicht, vielmehr setzt seine Darstellung dieser »Anfänge« erst mit dem 11. November ein. Detaillierter hatte er sich allerdings schon zuvor im Kapitel »Das Ende der Monarchie« geäußert, doch nimmt auch hier der 30. Oktober keinen Rang ein. In der Auflage von 1962 trägt der im wesentlichen unveränderte Text dieser Kapitel die dezidierte neue Überschrift »Der Anfang«[547], ohne sich aber trotz der nunmehrigen Einzahlform hiefür auf ein Datum festzulegen: Erwähnt werden der 16. Oktober mit dem kaiserlichen Manifest, dann der 21. Oktober mit der ersten Sitzung der Provisorischen Nationalversammlung – der 30. Oktober aber kommt nicht vor! Symptomatisch ist auch die besonders in den 1960er Jahren bekannte Darstellung von Andics[548]: Gleich das erste Kapitel lautet »12. November 1918«, es beginnt allerdings mit den Ereignissen im Landhaus am 30. Oktober, doch konzentriert er sich bloß auf die hier abgehaltene Diskussion und auf detaillierte Fakten: »Kartoffeln wurden auf Abschnitt F der Lebensmittelkarte aufgerufen«! Für Schulz »bereiteten« die »Reichsratsmitglieder« am 21. Oktober überhaupt gleich den Akt vom 12. November vor, der 30. Oktober fehlt hier gänzlich[549]. In dem 1983 von Weinzierl und Skalnik herausgegebenen Sammelband zur »Geschichte der Ersten Republik« ist Widersprüchliches zu lesen: Nach Bihl erfolgte (richtigerweise) am »30. 10. die Gründung des Staates Deutschösterreich«, Stadler hingegen spricht im selben Band vom neuen »Staatswesen, das am 12. 11. 1918 aus der Taufe gehoben wurde«[550]. Im Gegensatz zu dem eben Vorgeführten fallen andere Äußerungen kaum ins Gewicht. In seinem Teilband zur neuesten »Geschichte Österreichs« erwähnt Hanisch zum 30. Oktober »eine erste Verfassung«, und zwar richtig »für den neuen Staat«, zum 12. November bloß die »Ausrufung der Republik«[551] bei bis dahin offener »Frage Republik oder Monarchie«.

Aus der historischen Spezialliteratur fällt auf, daß Jedlicka trotz seines einschlägigen Titels »Ende und Anfang Österreich 1918/19« den Anfang, die Staatsgründung am 30. Oktober, nicht erwähnt, zu diesem Tage allerdings eine Kundgebung in der Wiener Universität; beiläufig spricht er von der »am 30. Oktober 1918 gebildeten Regierung Deutsch-Österreichs«, springt dann aber von hier sogleich zum 11./12. November[552]. Dabei zeigt das abgedruckte Protokoll der Universitäts-Kundgebung vom 30. Oktober sehr deutlich, welche Bedeutung Rektor, Dekane, Professoren und Studenten einerseits und die zu ihnen sprechenden Abgeordneten Dinghofer und Renner andererseits diesem Tag beimaßen![553] Die »Wissenschaftliche Kommission zur Erforschung der Geschichte der Republik Österreich« gab 1986 dem Protokollband zu einem Symposion über die »Entstehung der Ersten Republik« einfach den Titel »Österreich November 1918«, und Neck erwähnt hier einleitend zum Jahr 1918 auch nur dessen 12. November[554]. Owerdiecks thematisch höchst einschlägige Monographie zur »Entstehung des Verfassungsprovisoriums der Ersten Republik«[555] stellt ebenfalls den 12. November in den Vordergrund, und zwar bei starker Verkennung – nicht nur – der Rolle des 30. Oktober. Nach einer Studie Ermacoras zum Vertrag von St. Germain »konstituierten sich am 21. Oktober 1919« (sic!) die »neuen republikanischen Staatsgewalten«, was wohl ein Irrtum in der Jahreszahl ist, doch folgt dem gleich noch ein Irrtum in einem Bildtext: »Die Ausrufung der Republik am 30. Oktober« wäre zwar richtig, falsch aber der Zusatz »vor dem österreichischen Parlament«, und tatsächlich zeigt das Bild die Szene vom 12. November.[556] Der zum deutschen Charakter Österreichs akribisch recherchierende Wiltschegg führt in seiner »Zeittafel III (1918 bis 1922)« zum 30. Oktober u. a. nur an: »Die Provisorische Nationalversammlung wählt einen 22 gliedrigen Staatsrat. Einstimmige Annahme eines beschwörenden Appells an Wilson«, aber zum 12. November: »Gesetzesbeschluß über die Gründung der Republik«[557].

Auch die sachlich besonders einschlägige verfassungsgeschichtliche Literatur urteilt unterschiedlich. Stolz erwähnt 1951 zur Staatsgründung keinen 30. Oktober, sondern die kaiserlichen Erklärungen vom 16. Oktober und 11. November.[558] Hellbling allerdings stufte 1956 den 30. Oktober klar ein als Tag der »Staatsgründung« wie ebenso 1976 Brauneder.[559] Auch für Berchtold ist am 30. Oktober »die Staatsgründung Deutschösterreichs vollzogen«, was interessanterweise im Vorwort des Verfassers keinen Niederschlag findet, der hier vielmehr einbekennt, das Buch hätte »zum achtzigsten Jahrestag der Gründung der Republik Österreich am 12. November 1918« der Öffentlichkeit präsentiert werden sollen![560] Ähnlich »zerrissen« zeigt sich auch die staatsrechtliche Literatur. Klar ist Pernthaler: Den Beschluß vom 30. Oktober wertet er als »den ersten gesetzgeberischen Akt zur Gründung eines republikanischen Staatswesens«[561]. Walter-Mayer und Adamovich-Funk-Holzinger sprechen gleichfalls von der »Bildung« eines »neuen Staates«, diese ausdrücklich »mit republikanischer Staatsform«[562]. Bei Ermacora-Baumgartner-Strejcek hingegen findet sich nicht einmal das Datum des 30. Oktober erwähnt[563]! Dennoch: Dem Verfassungsjuristen tritt der Gründungsakt klarer in Erscheinung, den für andere die monarchischen Erklärungen wie die republikanischen Feiern überdecken.

C. Schulbücher

Der Schuljugend wurde der 30. Oktober in der Regel überhaupt oder jedenfalls als Staatsgründungstag verschwiegen und nur der 12. November vorgeführt. Bald nach 1920 war manchen Schulbüchern überhaupt kein Gründungsdatum zu entnehmen[564], andere erwähnten zwar ausdrücklich eine »Gründung des Staates Deutschösterreich«[565] oder deuteten diese irgendwie an[566], aber ohne Datumsangabe, nannten jedoch den 12. November als Tag der Erklärung der »Republik«. Nur manche Schulbücher enthielten Detailliertes: Am 21. Oktober habe sich die Provisorische Nationalversammlung gebildet, am 30. Oktober habe diese den Staatsrat gewählt und sich am 12. November »für die Republik« entschieden, »Österreich wird Republik« ist dieser Vorgang betitelt[567] – die wahre Bedeutung des 30. Oktober wird nicht, aber doch immerhin das Datum genannt. Nur wenige Schulbücher sind präziser: Es faßte die »Provisorische Nationalversammlung am 30. Oktober die grundlegenden Beschlüsse«, es »übernahm eine von ihr eingesetzte Regierung die Staatsgewalt«[568]; aber auch hier: Der 12. November wird nicht nur erwähnt, sondern erscheint als wichtiges, als faßbares und präzises Gründungsdatum. Eine weitere Gruppe schließlich begnügt sich allein mit dem 12. November, der hier auch als Gründungstag verstanden werden muß.[569] Andere für die Jugend verfaßte Schriften kennen gleichfalls nur den 12. November 1918. Zur Zehnjahrfeier 1928 nennt eine »der arbeitenden Jugend Wiens« vom Fortbildungsschulrat gewidmete Broschüre den 12. November 1918 »Geburtstag unserer Republik«. Dabei blieb es auch nach 1945: «Über Auftrag des Bundespressedienstes« erschien 1948, herausgegeben von Ernst Marboe, »Das Österreichbuch«. Während hier beispielsweise zum 28. Oktober 1918 klar von der »Proklamierung des tschechoslowakischen Staates« oder zum 1. Dezember 1918 von der des »Königreiches der Serben, Kroaten und Slowenen« zu lesen ist, fehlt für Deutschösterreich eine derartige klare Aussage: Am 30. Oktober 1918 gab es »Schaffung eines Staatsrates unter Kanzler Renner«, am 12. November 1918 »Proklamierung der Republik in Österreich« – worunter man leicht das »alte« Österreich verstehen konnte, denn von der »Zertrümmerung des Wirtschaftsgebietes Österreichs« ist gleich daneben die Rede oder etwa davon, »Österreich, ein wesentlicher Schlußstein im Gefüge des europäischen Gleichgewichtes und der europäischen Mitte, war herausgebrochen«. Daß dann hier zum 4. Dezember 1921 bemerkt wird: »Rückgliederung des Burgenlandes in Österreich« verwirrt vollends. Denn weder zum »alten« Österreich hatte das Burgenland gehört, an das man es nun 1921 – übrigens nach seinem Untergang! – hätte rückgliedern können, und schon gar nicht zum »neuen« Österreich, dem es, mangels beider Existenz, ebenfalls nicht »zurück«gegeben werden konnte. Insgesamt war Kontinuität suggeriert oder gar geglaubt, jedenfalls die Staatsgründung unterschlagen worden – beileibe kein Einzelfall[570]. Denn auch in dem Büchlein »Zum 10. Jahrestag der Wiederherstellung der Unabhängigkeit der Republik Österreich der Schuljugend gewidmet von der österreichischen Bundesregierung« mit dem Titel »Unser Österreich 1945–1955« heißt es schlicht: »Das alte Österreich – die große Donaumonarchie zerfiel. Am 12. November 1918 wurde Österreich ein kleines Land«.Ebenso in »Österreich unser Vaterland«, dem »Jungbürgerbuch«: »Am 12. November 1918 wird Österreich Republik. Sein Staatsgebiet umfaßt ...«[571]. So hörte es auch der Verfasser in der Schule: In sein Geschichte-Heft von 1960 ist nur der »12. Nov. 1918« notiert, dies aber zweimal. Die Veränderungen der Methoden des Unterrichts änderten nichts an dessen Inhalt: »Geschichte lebt« als pädagogisch ausgerichtete »Geschichtsbilder aus fünf Jahrtausenden« von 1957 erwähnt den 21. Oktober sowie den 11. und 12. November[572], ebenso ein »Arbeitsbuch« zu Zöllners »Geschichte Österreichs«, das als »Anfänge der Republik« auf die Ereignisse am 11. und 12. November verweist.[573] Ein Heftchen in einer »Merkstoff-Reihe« offeriert als erstes Verfassungsereignis zur Randschrift »1. Republik«: »1918, 12. 11.: Ausrufung der Österreichischen Republik«[574]. Ein Begleitbuch zu einer Filmserie, die als Element des Medienkoffer-Programms konzipiert war, ließ 1988 eine »Österreichchronik« mit dem 12. November beginnen.[575] Gemeinsames Merkmal: kein 30. Oktober! Doch blieb es nicht bei diesem Erbe, denn reichlich spät, aber doch: Schulbücher der 1990er Jahre führen als »Gründung Deutschösterreichs« den 30. Oktober 1918 an[576].

Dennoch: Wer sollte angesichts langdauernder Verschweigung des 30. Oktober über diesen etwas wissen? Und diese – unverschuldete – Unkenntnis vererbte sich natürlich. Eine Informationsbroschüre des Bundespressedienstes läßt daher auf ein Datum im Jahre 1915 sogleich den 12. November 1918 folgen – »The Republic is proclaimed in Vienna«[577].

D. Straßen und Denkmal

Auch auf andere als literarische Weise wurde der 12. November immer wieder in Erinnerung gerufen. Knapp vor dem ersten Jahrestag des 12. November, nämlich am 6. November 1919, wurde der Franzensring[578] auf seiner gesamten Länge zwischen Bellaria, also knapp vor dem Parlament, bis zur Schottengasse bei der Universität durch Beschluß des Wiener Stadtrates in »Ring des 12. November« umbenannt. Damit lag das Parlamentsgebäude nicht mehr an einem Straßenzug, der seinen Namen einem Monarchen – Kaiser Franz – verdankte, sondern einem republikanischen Ereignis. Mit dem christlich-sozialen Ständestaat verschwand allerdings diese Bezeichnung wieder, ab 1934 trug dieses Stück Ringstraße die Namen zweier christlichsozialer Politiker: Gerade vor dem Parlament hieß es nun nach dem Bundeskanzler der Jahre 1922 bis 1924 und 1926 bis 1929 »Dr. Ignaz-Seipel-Ring«, der immerhin Reichsratsabgeordneter gewesen war, im weiteren Verlauf bis zur Universität sodann »Dr. Karl-Lueger-Ring«. Bei letzterer Benennung blieb es auch. Das Straßenstück vor dem Parlament aber benötigte noch zahlreiche Straßentafeln: Es hieß von 1940 an »Joseph-Bürckel-Ring« nach dem NS-Gauleiter von Wien, 1945 kam es zur Wiederherstellung des vorausgegangenen Zustandes: Seipel-Ring, 1949 folgte nüchtern »Parlaments-Ring«, schließlich 1956 »Dr. Karl-Renner-Ring«. Damit war man wieder bei einer Erinnerung an 1918 angelangt. Dem 30. Oktober hingegen widerfuhr keine derartige Ehrung. »Seine« Straße behielt ihren Namen: Herrengasse. Sie erinnert damit weiterhin – für Kenner – ebenso wie die Herrenstube im alten Landtagsgebäude an den Herrenstand des Landtags für Österreich unter der Enns in seiner jahrhundertealten Zusammensetzung bis zur Revolution von 1848 – damals hieß sie übrigens kurz »Freiheitsgasse«! 1918 aber gab es keine Änderung der Bezeichnung. Die Stätte der Begründung des republikanischen Österreich ist weiterhin nach dem hohen Adel der »Herren« aus monarchischen Zeiten benannt.

In unmittelbarer Nähe zum Parlament als Stätte des Geschehens erinnert an den 12. November das »Denkmal der Republik« an der Wiener Ringstraße zwischen Bellaria und Parlament. Es wurde aus Anlaß der Zehnjahrfeier 1928 errichtet und ist, wie die schon erwähnte, aus diesem Anlaß herausgegebene Broschüre des Wiener Fortbildungsschulrates, mit dem Datum »12. November 1918« versehen. Die Aufschrift lautet: »Der Erinnerung an die Errichtung der Republik am 12. November 1918.« In völlig einseitiger Verkennung des tatsächlichen Geschehens zeigt es drei ausschließlich sozialdemokratische Politiker, von denen gerade am 12. November keiner direkten Anteil hatte. Viktor Adler war am 11. November 1918 verstorben, doch ist ihm zweifelsohne ein gewichtiger indirekter Anteil zuzuschreiben. Keinen aber hatten Jakob Reumann sowie Ferdinand Hanusch, die 1918 als Reichsratsabgeordnete und Mitglieder der Provisorischen Nationalversammlung nicht in Erscheinung getreten waren, sondern ersterer sodann als Vorsitzender des provisorischen Wiener Gemeinderates, dieser als Staatssekretär für soziale Fürsorge[579]. Die sozialdemokratische Arbeiter-Zeitung würdigte die am Denkmal Verewigten vor dessen Enthüllung am 12. November 1928 richtigerweise als »unsere großen Vorkämpfer«, »in deren Gestalten die Arbeiterklasse ihre Geschichte versinnbildlicht«, es solle das Denkmal »die untrennbare Verbundenheit der Republik mit der sozialdemokratischen Arbeiterschaft, der sozialdemokratischen Arbeiterklasse mit der Republik« symbolisieren, wobei allein Viktor Adler als »der eigentliche Gründer unserer demokratischen Republik« gewürdigt wird, die übrigen »beiden Proletarier« (!) aber sollen »daran mahnen, daß aus proletarischer Kraft diese Republik geworden ist!«[580] Angesichts dieses Symbolgehaltes wundert es nicht, daß man das Denkmal im »christlichen Ständestaat« 1934 erst mit dessen Symbol – den Kruckenkreuzfahnen – verhüllte und schließlich abtrug. Es wurde erst 1948 wieder aufgestellt, und zwar bewußt am – 12. November[581]!

E. Briefmarken

Vorerst widmeten sich Briefmarken[582] nur der Stätte des Geschehens vom 12. November 1918, dem Parlament: Sein Bild trugen Freimarken-Ergänzungswerte ab 1919, die 1920 mit dem Aufdruck »Kärnten/Volksabstimmung« auch als Gedenkmarken Verwendung fanden. Dem Ereignis selbst widmeten sich Sonderbriefmarken: Sie hielten bloß den 12. November in Erinnerung. Die erste Gedenkmarke gab es 1928 zum zehnjährigen Bestehen der Republik mit dem Bildnis des damaligen Bundespräsidenten Michael Hainisch in vier Werten mit jeweils der Aufschrift »Oesterreich«. Der Satz erschien am 5. November, also rechtzeitig zum Gedenken an den 12. November 1918. Die nächste entsprechende Gedenkmarke kam am 12. November 1948 heraus, sie trägt die Aufschrift »30 Jahre Republik Österreich«, der einzige Wert zeigt das Bild des Staatskanzlers von 1918, Karl Renner, nunmehr, 1948, Bundespräsident. Im Jahre 1958 erschien sodann diese Marke abermals und erinnerte so mit dem Bildnis des mittlerweile 1950 verstorbenen Karl Renner wieder an den ersten Staatskanzler, Ausgabedatum war auch jetzt der 12. November. Den Anlaß »50 Jahre Republik Österreich« würdigte dann 1968 ein Briefmarkensatz mit drei Werten, einer davon enthielt abermals Renners Bildnis, ein weiterer das Staatswappen und ein dritter die Aufschrift »Österreich ist eine demokratische Republik. Ihr Recht geht vom Volk aus«: Letzteres ist deshalb kurios, da diese beiden Sätze erst in der Verfassung 1920 aufscheinen. Jedenfalls: Auch dieser Markensatz erschien am 12. November! Das nächste Dezennium der Republikgründung schien der Postverwaltung nicht mehr erinnerungswert, 1978 war keine Marke der Staatsgründung vor 60 Jahren gewidmet. Dies wiederholte sich zehn Jahre später, denn jetzt, 1988, gab es zwar Werte für etwa »100 Jahre Wiener Lokalbahnen«, auch »100 Jahre Österreichische Sozialdemokratie«, »25 Jahre Festspiele Stockerau« und »11. März 1938. Finis Austriae«, aber keine Gedenkmarke »70 Jahre Republik Österreich«. Dies wiederholte sich nochmals 1998: »100. Todestag von Kaiserin Elisabeth«, aber nichts zur Gründung der Republik. Wenn also der Staatsgründung eine Sonderbriefmarke gewidmet war, dann galt, wie gezeigt, als Gedenktag ausschließlich der 12. November!

F. Staatliche Feiertage

Zum Vergessen des 30. Oktober trugen wesentlich und vor allem die staatlichen Feiertage bei. Wie schon die Erste Republik der Zwischenkriegszeit in ihrer demokratischen Phase bis 1933, so besitzt auch die Zweite Republik ab 1945 zwei staatliche, das heißt von kirchlichen Festen unabhängige Feiertage. Hierzu zählt einmal der 1. Mai: Er wurde am 25. April 1919 »zum allgemeinen Ruhe- und Festtag erhoben« (StGBl. 246). Der 1. Mai sollte und soll, was hier nur kurz erwähnt sei, auf kein spezifisches, für die staatliche Entwicklung essentielles Ereignis hinweisen, sondern, wie die Begründung zur Regierungsvorlage vom Jahre 1919 ausführt, als »Staatsfeiertag für alle arbeitenden und produktiv schaffenden Bürger gelten«[583]. Es hatte aber bereits die

Erste Republik sogleich mit dem 1. Mai einen weiteren staatlichen Feiertag kreiert, und zwar im Gegensatz zu diesem als Gedenktag an ein besonderes, für die staatliche Entwicklung markantes Geschehen: Es wurde der »12. November eines jeden Jahres als allgemeiner Ruhe- und Festtag erklärt«, und zwar mit der gesetzlichen Begründung: »Zum immerwährenden Gedenken an die Ausrufung des Freistaates Deutsch-Österreich« am 12. November 1918. Interessanterweise ist hier das Wort Republik vermieden und das deutsche Synonym gebraucht, obwohl neben »Staat Deutschösterreich«, wie z. B. zufolge der gesetzlichen Anordnung (StGBl. 7/1918) in den Ausgaben des Staatsgesetzblattes, als offizieller Staatsname auch »Republik Deutschösterreich« üblich war (z. B. StGBl. 5, 40, 41/1918). Analog zum Ersatz des Staatsnamens »Republik Österreich« durch »Bundesstaat Österreich« wie zum Abbruch des Republik-Denkmals neben dem Parlament verbannte der autoritäre Ständestaat 1934 auch mit der Abschaffung des Staatsfeiertages am 12. November die Erinnerung an Republik und Novembergeschehen von 1918 aus dem Staats- und Geschichtsbild. Nach der Auffassung von Bundespräsident Miklas, die am 27. April 1934 im Ministerrat referiert wurde und der sich dieser auch anschloß, war »der 12. November des Charakters als Staatsfeiertag zu entkleiden und der 1. Mai als Geburtstag der Republik zu feiern« – »als Geburtstag«, was in beiden Fällen nicht stimmte[584]: Mit der treffenderen Begründung zum »Gedenken an die Proklamation der Verfassung 1934« am bevorstehenden 1. Mai 1934, dem »Tag des neuen Österreich«, trat dann mittels Regierungsverordnung (BGBl. 249/1934) dieser »neue« 1. Mai an die Stelle des »alten« wie auch an die des 12. November.

Im Jahre 1945 erlebte, im Gegensatz zum »alten« 1. Mai (StGBl. 116), der 12. November keine Renaissance. Ein neuer, spezifischer Staatsfeiertag wuchs erst ab 1955 allmählich heran[585], und zwar aus einem schulischen Gedenktag an den 26. Oktober 1955, den ersten Tag des besatzungsfreien Österreich und den der parlamentarischen Beschlußfassung über die österreichische Neutralität. Dieser »Tag der Flagge«, so benannt in Übernahme der verfassungsrechtlichen Terminologie des Staatssymbols »Flagge der Republik«, wurde erstmals sogleich am 26. Oktober 1955 in den Schulen gefeiert, firmierte allerdings seit 1956, entprussifiziert, als »Tag der Fahne«. Nach zehnjähriger Gewöhnung erhob ihn der Bundesgesetzgeber 1965 (BGBl. 298) zum »Österreichischen Nationalfeiertag« in Erinnerung an die Neutralitätserklärung und die damit verbundene Bekundung des Unabhängigkeitswillens von 1955.

G. Parlamentarische Gedenktage

Im Parlament, erst in der Nationalversammlung und sodann ab 1921 im Nationalrat, gedachte man selbst dann, wenn eine Sitzung auf den 30. Oktober fiel, nie der Staatsgründung an diesem Tag. Am 30. Oktober 1946 traten zwar Nationalrat und Bundesrat zu einer gemeinsamen Festsitzung zusammen, den Anlaß bildete aber die 950-Jahr-Feier Österreichs, des 30. Oktober 1918 wurde dabei nicht gedacht[586]. Am 30. Oktober 1953 allerdings verwies Präsident Hurdes im Nationalrat doch auf einen, wenngleich anderen 30. Oktober: »Hohes Haus. Es ist ein besonderer Anlaß, der uns als die gewählten Volksvertreter des österreichischen Volkes zur heutigen Sitzung zusammenführt. Genau vor 10 Jahren am 30. 10. 1943 wurde die Moskauer Deklaration über Österreich beschlossen«[587]. Aber selbst dieser Hinweis wiederholte sich nicht mehr. Gleiches gilt für den Bundesrat. Als am 28. Oktober 1955 der Gesetzesbeschluß des Nationalrates über das Bundesverfassungsgesetz über die Neutralität Österreichs zur Verhandlung kam, erinnerte der Berichterstatter Kraker nicht an den unmittelbar bevorstehenden 30. Oktober, sondern an die »Ausrufung des neuen Staates Deutschösterreich am 12. November 1918«[588].

Ganz anders hingegen stand es eben mit dem 12. November. Als der Jahrestag erstmals 1919 bevorstand, sprach Nationalversammlungspräsident Seitz von »der Gründung der Republik«, der Abgeordnete Rieger differenzierter von »der Erklärung Deutschösterreichs zur demokratischen Republik«[589]. In der ersten Sitzung des Nationalrates am 10. November 1920 erwähnte Präsident Seitz den knapp bevorstehenden 12. November, allerdings mit einer behutsameren Formulierung als im vorangegangenen Jahr: »In zwei Tagen jährt sich zum zweitenmale der Tag der Erklärung Deutschösterreichs zur Republik«.[590] Im Jahre 1928 fand aufgrund des zehnjährigen Jubiläums eine Festsitzung des Nationalrates statt.[591] Nationalratspräsident Miklas leitete seine Festrede mit der Feststellung ein, die »Republik« feiere »heute den zehnten Jahrestag ihrer Gründung«, denn durch das »Grundgesetz über die neue Staats- und Regierungsform« sei »die Republik begründet« worden, worauf er die »schrecklichen Novembertage des Jahres 1918« skizzierte; ausdrücklich gedachte er aber auch des Zusammentritts der »deutschen Abgeordneten« am »21. Oktober 1918« – der 30. Oktober aber fand nicht einmal indirekt Erwähnung! Soweit Sitzungen des Nationalrates später auf den 12. November fielen, nämlich 1952, 1981, 1991, 1992 und 1997, wurde dieses Datums nicht gedacht.

Gemeinsame Festsitzungen von Nationalrat und Bundesrat zum Gedenken an die Staatsgründung 1918 gab es aus Anlaß runder Jubiläen zur 50., 60., 75. und 80. Wiederkehr des Tages »der Errichtung« bzw. »der Gründung« der Republik Österreich – sie fanden stets am 12. November, nämlich 1968, 1978 und 1998, statt. Im Jahre 1968[592] hielt Nationalratspräsident Maleta zum 12. November 1918 fest, die Nationalversammlung habe »die Republik sowie die Übernahme aller öffentlicher Gewalten durch das Volk« proklamiert und verwies auch auf den 30. Oktober als Tag, an dem »eine provisorische Verfassung« erlassen wurde, während Bundespräsident Jonas lediglich den 12. November 1918 erwähnte: »Das war die Geburtsstunde unseres Staates!« Zehn Jahre danach, 1978[593], beschrieb Nationalratspräsident Benya kurz das Geschehen am 12. November 1918 als »Ausrufung der Republik«, betonte aber auch den 30. Oktober, und zwar damit, daß an diesem Tage »praktisch die Gründung eines selbständigen Staates« vollzogen worden sei, an diesem Tag »entstand ein neuer Staat«! Am 14. Dezember 1984, als Nationalrat und Bundesrat in gemeinsamer Festsitzung aus Anlaß des einhundertjährigen Bestandes des Parlamentsgebäudes[594] tagten, erwähnte Nationalratspräsident Benya allerdings nur die »Ausrufung der Republik« am 12. November 1918. Eine Festsitzung »70 Jahre Republik Österreich« hatte es 1988 nicht gegeben, allerdings 1993 eine solche »aus Anlaß des 75. Jahrestages der Gründung der Republik Österreich«. Alle Festredner sahen den 12. November 1918 als Geburtstag an: Bundesratspräsident Bieringer[595] sprach mehrmals vom »75. Jahrestag der Gründung« als der »Gründung der Republik am 12. November 1918«, Nationalratspräsident Fischer[596] vom »75. Geburtstag«, »vor 75 Jahren« habe der Staat »das Licht der Welt erblickt«, von der »Stunde Null der Republik«, Bundeskanzler Vranitzky[597] erwähnte den »75. Geburtstag« sogar besonders häufig als »75. Jahrestag« der »Gründung unserer Republik« und Bundespräsident Klestil[598] sprach sogar betont vom »75. Geburtstag«, von »der Geburtsstunde der Republik«, denn »unbestritten ist heute vor 75 Jahren die Republik Österreich geboren worden«! Allein Bundesratspräsident Bieringer[599] hatte neben dem 16. und dem 21. Oktober den 30. Oktober erwähnt, an dem »eine wenngleich noch sehr lückenhafte provisorische Verfassung« erlassen worden sei, lückenhaft deshalb, da just »aus der Sicht des 30. Oktober« »über die Frage der Staatsform«, nämlich »demokratische Monarchie oder Republik«, erst zu entscheiden war und man habe sich »am 12. November entschieden«. Auch Bundespräsident Klestil[600] relativierte sein »unbestritten(es)« Gründungsdatum ein wenig mit dem Hinweis, es sei »uns viel zu wenig bewußt, daß durch den freiwilligen Beitritt der einzelnen Bundesländer im November 1918 die Erste Republik ... entstanden« sei. Übrigens hatte sich am Vortag des 12. November 1993 auch der Salzburger Landtag in einer Festsitzung versammelt gehabt. Landtagspräsident Schreiner, ein habilitierter Historiker, sprach zu Beginn seiner Rede den 12. November gleich viermal als 75. Geburtstag an, dieses Wort verwendete auch Landeshauptmann Katschthaler, die übrigen Redner sprachen ähnlich von der »Republikgründung«, der »Ausrufung der Republik« und von »75 Jahre Republik«[601].

Am 12. November 1998 folgte eine weitere gemeinsame Festsitzung von Nationalrat und Bundesrat zum »80. Jahrestag der Gründung der Republik«. Am Nationalfeiertag zuvor, am 26. Oktober 1998, hatte Bundespräsident Klestil in einer Fernseherklärung[602] angekündigt: »Im November werden wir den 80. Geburtstag unserer Republik feiern.« Dem widersprach allerdings die Beilage »Parlament« zur Wiener Zeitung, die der Festsitzung von Nationalrat und Bundesrat am 12. November 1998 gewidmet war, wie auch die mit diesem Beitrag identische Festgabe, welche in dieser Sitzung im Abgeordnetenhaussitzungssaal des Parlamentsgebäudes auflag[603]. Hier wird[604] der 30. Oktober 1918 als Tag gewürdigt, an dem »die Gründung des Staates Deutschösterreich vollzogen worden ist«; festgehalten wird ferner, daß für den Nationalversammlungsbeschluß von diesem Tag »mit Recht die Bezeichnung ›Staatsgründungsbeschluß‹ geprägt worden ist«, sodaß der 12. November ausdrücklich als »›Geburtstag‹ nicht des österreichischen Staates und der parlamentarischen Regierungsform« gelten könne. Aber eine »wesentliche Frage« sei am 30. Oktober »noch offen geblieben«, nämlich »die Frage der Staatsform«, genauer: der Regierungsform, daher sei der 12. November auch »Geburtstag«, nicht des Staates zwar, »aber der republikanischen Staatsform«. Die offizielle Broschüre über diesen Festakt sah dies in ihrer Einleitung wieder anders: Nationalrat und Bundesrat hätten ausdrücklich an diesem »12. November 1998« »des 80. Jahrestages der Gründung der Republik Österreich« gedacht[605]. Dem entsprach[606], daß von keinem der Redner der 30. Oktober erwähnt wurde, der 12. November sehr wohl, aber nicht von allen. Bundeskanzler Klima erwähnte ihn mit keinem Wort und der erste Redner, Bundesratspräsident Gerstl, nur indirekt mit dem Hinweis auf die an diesem Tage beschlossene Anschlußbestimmung. Vizekanzler Schüssel nannte zwar das Datum, aber ganz allgemein, Bundespräsident Klestil charakterisierte es als Tag, »an dem die Erste Republik ausgerufen wurde«, lediglich Nationalratspräsident Fischer sprach dezidiert vom »80. Geburtstag dieser unserer Republik«, von ihrem abermaligen »runden Geburtstag«. Insgesamt aber standen bei allen Festrednern die weiteren Entwicklungen wesentlich mehr im Vordergrund als die Ereignisse von 1918 und der abermalige 12. November.

Betrachtet man die Äußerungen einiger Festredner dieser Jahre genauer, dann überrascht nahezu, daß sie anläßlich von Festsitzungen an einem 12. November doch der Staatsgründung am 30. Oktober gedachten wie besonders Nationalratspräsident Benya im Jahre 1978. Und ebenso verdient Beachtung, daß die am 12. November 1998 im alten Abgeordnetenhaussitzungssaal des Wiener Parlamentsgebäudes verteilte Festgabe von der Staatsgründung am 30. Oktober 1918 spricht.[607]

H. Politische Parteien

Lange dominierte der 12. November auch die Ausführungen politischer Parteien wie etwa aus Anlaß des Jubiläums »70-Jahre-Republik«: Im »Wiener (Niederösterreichischen usw.) Journal«, der Österreichischen Volkspartei nahestehend, begann die Republik für Manfried Welan »im November 1918«, für Albrecht K. Konecny stellte in der sozialistischen »Zukunft« der »70. Jahrestag der Ausrufung der ersten österreichischen Republik«, eben der »12. November 1918«, ausdrücklich »kein Jubiläumsfest« dar, und auch Kurt Piringer datierte in der freiheitlichen »Neuen Freien Zeitung« die »Schmerzgeburt Republik« auf den »12. November 1918«. Den 30. Oktober 1918 fand Konecny gar nicht erwähnenswert, Welan hielt zu diesem Tag die letzte Sitzung des Herrenhauses des Reichsrates fest, Piringer wies immerhin auf den »Beschluß über die grundlegenden Einrichtungen der Staatsgewalt« hin. Die Rückbesinnung auf den 30. Oktober setzte bei der Freiheitlichen Partei ein. Im Jahre 1993 hatte sie im Parlamentsgebäude noch am 12. November gefeiert, 1998 jedoch am 30. Oktober[608].

I. Die bewußte Pflege der 12. November-Tradition

1. Im Allgemeinen

Die 12. November-Tradition war natürlich mit der Schaffung des Staatsfeiertages schon nach einem Jahr, 1919, grundgelegt worden. Einen besonderen Schub erhielt sie auf der Zehnjahrfeier von 1928: Jubiläumsbroschüren wie die des Wiener Fortbildungsschulrates, die Errichtung des »Denkmals der Republik« in Wien, erstmals eine Sonderbriefmarke, erstmals auch Anordnung von Schulfeiern durch das Bundesministerium für Unterricht! Dieser Erlaß[609] betonte einleitend, der »12. November d. J. bedeutet für die Geschichte unseres Vaterlandes einen wichtigen Erinnerungstag: an diesem Tag sind zehn Jahre seit der Gründung der Republik Österreich vergangen«, und so wurden die Landesschulbehörden »eingeladen, nach eigenem Ermessen das Erforderliche zu veranlassen«, um den Schülern »auf die geeignet erscheinende Weise am 12. November« die »Bedeutung dieses Erinnerungstages« nahezubringen. Im Jahr darauf, im Herbst 1929, verfaßte Anton Wildgans seine berühmte »Rede über Österreich«, die er aus Anlaß der Wiederkehr des Gründungstages der Republik vor dem König von Schweden halten wollte, und zwar am 12. November 1929. Wegen seiner Erkrankung war sie dann jedoch erst am Neujahrstag 1930, von ihm selbst vorgelesen, im Rundfunk zu hören.

Allerdings begann die 12. November-Legende schon vor 1928 kräftigst zu wirken. Dies geschah aber nicht der bloßen Existenz des Staatsfeiertages wegen, sondern aufgrund seiner Feiern. Beispielsweise wurde die Erinnerung an den 12. November 1918 der formbaren Schuljugend schon vor dem Erlaß von 1928 vorexerziert. Als Beispiel dafür dient in der Folge eine einfache fünfklassige Volksschule, die »Valerie-Schule« in Baden bei Wien, und zwar aufgrund ihrer lückenlos geführten Schulchronik.[610] Hier heißt es schon zum Jahr 1919: »Am 12. November war ein Staatsfeiertag und schulfrei. In allen Klassen fand eine Schulfeier statt.« Nach einem bloß kurzen Hinweis für das Jahr 1920 lesen wir dann für 1921: »Schulfeier am 12. November. An diesem Tage wurde mit der 3., 4. und 5. Klasse eine gemeinsame Feier im Lesezimmer der 3. Klasse abgehalten … Diese Feier verlief durchaus ruhig und würdig.« Nahezu stereotyp wiederholt sich diese Eintragung für die Jahre bis einschließlich 1924, 1923 freilich fehlt ein Hinweis. Ab dem Jahr 1925 hören wir von Feiern zum »Staatsfeiertag«, gestaltet durch »Gedichte und Lieder«. Von 1929 an wird von einer »Republikfeier« gesprochen. Als Beispiel dafür sei das Programm von 1929 zitiert: »Republik-Feier am

11. November 1929. – 1. Deutsch sein – Gedicht – 4. Klasse; 2. Anrede; 3. Drei-Lilien – Lied – 4. Klasse; 4. Mein Österreich – Gedicht – 3. Klasse; 5. Sprache der Heimat – Gedicht – 4. Klasse; 6. Stimmt ein Lied an – Lied – 3.–4. Klasse; 7. Gruß an das Vaterland – Gedicht – 4. Klasse; 8. Ich habe mich ergeben – Lied – 3.–4. Klasse; 9. Deutscher Rat – Gedicht – 4. Klasse; 10. Bundeshymne – Lied – 4. Klasse.« Man sieht, die Feiern gestalteten sich reichlich aufwendig. Die letzte dieser »Republik-Feiern« fand 1932 mit einem ähnlichen wie dem eben beschriebenen Programm statt. Ab 1933 fehlen sie begreiflicherweise, der 12. November war nicht mehr Staatsfeiertag. Im Jahre 1933 gab es allerdings knapp vor dem 30. Oktober am 27. Oktober eine Türkenbefreiungsfeier in Erinnerung an die Türkenbelagerung Wiens von 1683. Weder hier noch sonst gedachte aber die Schule in der Zwischenkriegszeit des 30. Oktober. Selbst zum Herbst 1918 lesen wir in der Schulchronik lediglich: »Absetzung und Landesverweisung der Habsburger, Ausrufung der Republik in Österreich, Deutschland etc.« – aber alles ohne Datumsangabe.

Das Beispiel dieser einen Schule macht ganz deutlich, daß der Masse der Bevölkerung die Bedeutung des 30. Oktober völlig abhanden kommen mußte, während man ihr bis einschließlich 1932 immer wieder den 12. November in Erinnerung rief. Dabei war es gar nicht notwendig, ihn ausdrücklich als Staatsgründungstag zu bezeichnen – er wurde dies auch unausgesprochen dadurch, daß er als Beginn einer neuen Epoche erschien, zumal eben kein davor liegendes, republikanisches Datum gefeiert oder nachhaltig erwähnt wurde.

Am 12. November 1928 galt daher den Wiener Zeitungen dieses Datum nahezu ausnahmslos als »Geburtstag«, »Gründungstag«, sei es ausdrücklich[611] oder in der Sache[612], etwa auch durch die Verwendung des Wortes »Republik« wie etwa »Gründung der Republik«[613]. Neben dieser überwältigenden Fixierung auf den 12. November verblaßte das Erinnern an andere Tage. Daher überrascht die Arbeiter-Zeitung mit der freilich vereinzelten Feststellung, am 21. Oktober 1918 habe die »Stunde der Gründung des deutschösterreichischen Staates« geschlagen[614], verdeckt dies allerdings stark durch die Ausführungen zum 12. November. Die Wiener Neuesten Nachrichten bekannten offen, der »12. November ist aus parteipolitischen Gründen als Staatsfeiertag erklärt worden«; ginge es nämlich darum, »die Erinnerung an die deutschösterreichische Staatsgründung festzuhalten, so hätte nicht der 12. November, sondern der 21. Oktober, der Tag des Zusammentrittes der deutschösterreichischen Nationalversammlung, zum Staatsfeiertag erklärt werden müssen«[615]. Im Neuen Wiener Tagblatt erschien der 21. Oktober 1918 als Vorstufe zur Staatsgründung, als Tag, an dem »die Abgeordneten aus den deutschen Wahlbezirken Oesterreichs einen ›selbständigen deutsch-österreichischen Staat‹ zu bilden beschlossen« hatten[616]. Die Ereignisse dieses 21. Oktober 1918, den Zug der »deutschen Abgeordneten des alten Parlaments« vom Ringstraßengebäude in die Herrengasse, beschrieb ein anderes Blatt, Der Tag, sogar genau und versah dies mit dem Kommentar, man habe »nicht den Charakter eines altösterreichischen Rumpfparlaments der Welt bieten«, sondern vielmehr »ein neues Volkshaus aufbauen« wollen; er spricht schließlich von »jenem bedeutsamen 21. Oktober, da im niederösterreichischen Landtag Deutschösterreich entstand«[617], und würdigt mit dem Hinweis auf den »10. Jahrestag der Republik« daher wohl eher die Regierungsform und nicht die Staatsgründung.[618] Auch das kommunistische Blatt Die Rote Fahne erinnert, und zwar ohne ausdrückliche Erwähnung des 12. November, an den Oktober, denn am »21. Oktober 1918 hielten in trauter Gemeinschaft sozialdemokratische Burgfriedler und bürgerliche Kriegshetzer vom Balkon des Herrenhauses (sic!) an die in der Herrengasse demonstrierenden Wiener Arbeiter Ansprachen voll pazifistischer Phrasen und demokratischer Versprechungen«[619] – womit aber die Szene vom 30. Oktober 1918 beschrieben ist! Aber nur das Neuigkeits-Welt-Blatt ging auf diesen Tag ein, freilich ohne sein Datum zu nennen: Es sei »von den deutschen Abgeordneten des österreichischen Reichstages (sic!) bereits Ende Oktober eine Selbstverwaltung geschaffen worden« mit der Folgerung: »Die Ausrufung der Republik am 12. November war … nur die Konsequenz aus der sich überstürzenden Entwicklung der letzten 14 Tage gewesen«[620]: »14 Tage« zurückgerechnet ergibt den 30. Oktober, der aber, wie gesagt, doch nicht genannt ist. Daß zum 12. November – sogar gesperrt gedruckt – vermerkt ist, es habe »so kein revolutionärer Akt mehr« stattgefunden, verlagert das Revolutionäre auf den 30. Oktober!

2. Die Rolle der Sozialdemokratie

Einen wesentlichen Anteil an der Pflege der 12. November-Tradition kam der Sozialdemokratie zu. Bereits 1919 erschien mit dem Titel »12. November« eine Heftchenreihe, in der unter diesem Reihentitel und damit als Folge des 12. November 1918 folgende Themen pro Heft subsumiert waren: »Freiheit und Aufstieg« (ohne Autor), »Der Staatshaushalt der Republik« (Fritz Rager), »Die Sozialpolitik der Republik« (Julius Braunthal), »Schulreform und Volksbildung in der Republik« (Otto Glöckel), »Die Sozialisierungsaktion im ersten Jahre der Republik« (Otto Bauer). Otto Bauer hielt 1923[621] fest: Der 12. November 1918 sei der »Tag des Abschlusses der demokratisch-nationalen Revolution« gewesen, die »Arbeiterklasse« feiere diesen »Nationalfeiertag alljährlich als den Tag ihres Sieges. Darin drückt sich tiefer geschichtlicher Zusammenhang aus: als die nationale Politik der Bourgeoisie, deren Ziel die Aufrechterhaltung und Befestigung ihrer Herrschaft über die anderen Nationen gewesen war, zusammengebrochen war, hatte das Proletariat die Führung der Nation übernommen. Unter der geistigen Führung der Sozialdemokratie war der deutschösterreichische Staat begründet worden; unter dem Drucke der Arbeitermassen hatte er sich von dem habsburgischen Imperium gelöst«: Daher habe auch »die Bourgeoisie … den gesetzlichen Feiertag nie mitgefeiert: ihr ist er immer der Tag ihrer Kapitulation vor dem Proletariat geblieben«. Im Jubiläumsjahr 1928 betonte die Sozialdemokratie »ihre« Staatsgründung ganz besonders wie etwa mit dem schon erwähnten Denkmal. Aufschlußreich ist auch eine nur mit roten Fahnen geschmückte Broschüre »Zehn Jahre Republik«, zu der prominente Sozialdemokraten beisteuerten[622]. Otto Bauer grüßte hier »die demokratische Republik an ihrem zehnten Geburtstage«, den er aber nicht nannte, ebenso nicht Max Adler den »Zehnjahrestag der Republikerrichtung« und nicht Robert Danneberg den »Festtag der Republik«, denn die »Schöpfungstage« hatte eingangs sogleich – Karl Renner beschrieben: Er würdigte den 21. Oktober 1918 mit »der konstituierenden Sitzung der Nationalversammlung« sowie den 12. November, denn hier »faßte die Nationalversammlung den revolutionären Verfassungsbeschluß«, worauf er zusammenfassend lobte, in »dreiundzwanzig Tagen war die Verfassung des Staates im Grundriß vollzogen«, also vom 21. Oktober bis zum 12. November – in diesen Feststellungen fehlt der 30. Oktober, in dieser Berechnung scheint er nicht auf! Und das ist gerade bei Renner, was wir noch – buchstäblich – sehen werden, eine ganz eigenartige ungeheure Merkwürdigkeit. Jedenfalls wurde die Staatsgründung insgesamt von der Sozialdemokratie voll mit Beschlag belegt, und zwar dergestalt, daß sie als das Werk nahezu ausschließlich der Sozialdemokratie erschien. In der eben erwähnten Broschüre hielt Renner beispielsweise schon zum 21. Oktober fest: »Die Sozialdemokraten gaben den Anstoß«, »Sozialdemokraten entwarfen den denkwürdigen Beschluß dieser Versammlung«, dazu wie zum 12. November: »Jeder Tag ist ein Ruhmestag der österreichischen Sozialdemokratie« und angesichts der Oppositionsrolle der Sozialdemokraten im Jahre 1928 betonte er, »die Republik bleibt dennoch unser Werk«. Für Otto Bauer ist die »demokratische Republik ... das Ergebnis 30jähriger Kämpfe der Arbeiterklasse«, »entstanden durch den Willen der Arbeiterklasse«, »das Ergebnis 30jähriger Kämpfe der sozialdemokratischen Arbeiterschaft«, kurz: »Die Arbeiterklasse hat die Republik begründet«. Gerade deshalb blieb es für die Sozialdemokraten nicht nur beim Rückblick. Nach Otto Bauer sollte die »demokratische Republik ... zum Befreiungsapparat des Proletariats« werden, Adelheid Popp sprach vom »Glauben an die künftige sozialistische Republik«, Max Adler vom »Klassenkampf des Proletariats« mit dem »Ziel«, es könne die »Idee der Republik ... erst verwirklicht werden durch den Sozialismus«, und Robert Danneberg: »Der Tag kommt, an dem die roten Fahnen den Sieg verkünden. Dann wird der Festtag der Republik durch die Kraft der Partei der Festtag des Sozialismus.«[623] Im Augenblick aber würdigte die Sozialdemokratie die Staatsgründung als ihre eigene Schöpfung, und daher werde »die österreichische Arbeiterklasse den 12. November, den Tag der Republik, feiern für und für, feiern als ihren eigenen Ehrentag mit dem Stolz ruhmvoll vollbrachter Tat«[624]. Ganz im Sinne dieser Broschüre beschrieb auch die Arbeiter-Zeitung zum 12. November 1928 die Ereignisse vor 10 Jahren.[625] Schon der 21. Oktober wird für die Sozialdemokratie in Anspruch genommen, Christlichsozialen und Großdeutschen unterstellt, sie hätten sich für die konstitutionelle Monarchie und gegen die Republik ausgesprochen, aber »am 12. November kapitulierten sie vor der drohenden Forderung der Sozialdemokratie« und die »Sozialdemokraten übernahmen es, die Republik in ihre Entstehungszeit zu führen«, wonach übrigens auf das Republik-Denkmal im Detail eingegangen wird. Auch das sozialdemokratische Blatt Der Abend stieß in dieses Horn und schloß, ähnlich wie die Arbeiter-Zeitung, damit, es werde diese »Republik, die wir geschaffen haben«, sicherlich »einst wieder unsere Republik sein«[626].

Für die Sozialdemokraten war so der »12. November« zum Symbol – ihrem Symbol – geworden.[627] Dies trug überdies dann dazu bei, daß der 12. November, wie erwähnt, als Staatsfeiertag im christlichsozialen Ständestaat 1934 abgeschafft und gegen die christlichsoziale ÖVP-Regierungspartei nach 1945 nicht mehr durchgesetzt werden konnte[628]. Aber schon im Zehn-Jahres-Gedenken war die Einvernahme des 12. November durch die Sozialdemokratie auf teils heftigen Widerspruch gestoßen. Es hätten zwar, so schrieb die Freiheit[629], bislang »die Sozialdemokraten neunmal den 12. November als den Tag ihres Triumphes gefeiert«, doch sei er nicht ihr Werk, sondern das der alliierten Siegermächte, »des Abfalles der Nationalstaaten«, ihre Führer hätten »erst viel später den traurigen Mut aufgebracht, sich in die Sessel zu setzen, welche die letzten Minister des alten Oesterreich verlassen hatten«, und reklamierte das Verdienst, »zuerst die Lage erkannt zu haben«, für »jene deutschnationalen Studenten und Reserveoffiziere«, welche »am Tage des Friedensangebotes des Grafen Andrassy, im Oktober (!), vor das Parlament zogen, die schwarzgelbe Fahne herunterholten und die kaiserlichen Rosetten von ihren Uniformmützen rissen«. Gemäßigter stellten die Wiener

Neuesten Nachrichten fest, die Behauptungen der Sozialdemokraten bewiesen nicht »die alleinige Urheberschaft« an der Republikgründung, diese sei vielmehr seit der Ausrufung der Republik in Deutschland »eine nationale Notwendigkeit geworden«[630].

J. Zeitzeugen zwischen frühem Vergessen und spätem Bewahren

»Die erste Hälfte des Novembers 1918 sieht in meiner Erinnerung phantastisch aus«, schrieb ein Augenzeuge der Oktober-November-Ereignisse, der Journalist Richard A. Bermann, in den Jahren 1938/39 wie weiters: »An dem Tag, an dem das Rumpfparlament zusammentrat, um den neuen Staat Deutschösterreich zu begründen, ging ich wie immer ins Café Central. Es lag dem niederösterreichischen Ständehaus gerade gegenüber, in dem die Sitzung des Parlamentes stattfinden sollte« – Bermann nennt hier kein Datum, es handelt sich aber eindeutig um den 30. Oktober! So fährt er denn auch fort, es sei der Präsident der Nationalversammlung »auf den Balkon des Ständehauses getreten, um den neuen Staat öffentlich zu proklamieren« – was wir auf den oben beschriebenen Bildern zum 30. Oktober auch so sehen können. Trotz dieser präzisen Beschreibung des 30. Oktober steht in seiner Erinnerung aber der November ganz im Vordergrund. Zufolge der Verdrängung des 30. Oktober durch den 12. November hielten Seitz und Miklas den 12. November für den Gründungstag[631], ersterer schon 1919, dieser 1928, Reumann und Hanusch sahen sich zum 12. November am Republik-Denkmal als eine Art von Gründungsvätern verewigt, obwohl sie alle als Mitglieder der Provisorischen Nationalversammlung den 30. Oktober miterlebt hatten!

Über den allgemeinen Staatsfeiertag des 1. Mai und die beiden spezifischen staatlichen Feiertage 12. November bzw. 26. Oktober ist das mindestens ebenso denkwürdige Datum des 30. Oktober in Vergessenheit geraten – kurioserweise, denn es gäbe keinen 26. Oktober und keinen 12. November ohne diesen 30. Oktober. Während nämlich auf den 26. Oktober die abermalige Mündigkeit des republikanischen Österreich zufolge der Beendigung der Besatzung durch die vier Alliierten fällt, auf den 12. November seine, wie es Renner formulierte, »Taufe«, so auf den 30. Oktober doch nichts weniger als seine Geburt! Ganz in diesem Sinne war das Geschehen vom 30. Oktober für die Zeitzeugin Luise Kohl »ein erster Lichtstrahl, der noch oft flackerte«.

Den zum Teil schon sehr frühen Vorgängen des Vergessens steht also doch auch konkretes Erinnern gegenüber, das ein in einem speziellen Fall spätes Bewahren hervorrief. An den 30. Oktober 1918 erinnerte sich knapp dreißig Jahre später doch einer der Hauptakteure von 1918 – und übrigens auch 1945 –, nämlich der in diesen beiden Jahren als Staatskanzler fungierende Karl Renner. Nach 1945 hatte er die wahrhaft historische Szene in der Herrengasse und das grundlegende Datum des 30. Oktober in offenbar noch frischer Erinnerung, obwohl er es 1928, wie gezeigt, unterschlagen hatte. In seiner Eigenschaft als erster Bundespräsident der Zweiten Republik suchte er eine Lücke zu füllen, und zwar durch die Errichtung eines »Museums der Ersten und Zweiten Republik«[632]. Von den großen Historienbildern für dieses – der Öffentlichkeit niemals zugänglich gewordene – Museum wurde 1948 vorerst nur eines in Auftrag gegeben: 1918! Aus mehreren Skizzen wählte Renner schließlich jene von Max Frey aus – 1949 war das oben bereits beschriebene Ölbild[633] fertiggestellt. Ein weiteres Gemälde, von Rudolf Konopa, zeigte die bekannte Szene vom 12. November vor dem Parlamentsgebäude und auf dessen Rampe. Dieses dominierte den ersten Raum des Museums aber bei weitem nicht: Rund zehnmal so groß beherrschten ihn Ereignisse und Stimmungen auf Freys Bild – es trägt die Überschrift:

»Die Ausrufung der 1. Republik
am 30. Oktober 1918 vom Balkon des Landhauses in Wien.«

Anmerkungen

Zu I. Der 30. Oktober 1918

1 Das folgende bei Windischgraetz, Prinzen, 377, 386, 396, 402; Windisch-Graetz, Kaiser, 112, 117; Jedlicka, Ende, 57; Glaise-Horstenau, Erinnerungen, 512; Glaise-Horstenau, Katastrophe, 398; Fellner, Redlich, 311.

2 Werkmann, Deutschland, 304; Brook-Shepherd, Krone, 232.

3 Fellner, Redlich, 309.

4 Lernet-Holenia, Die Standarte, Kap. XII. Diese Erzählung gilt als Roman, »der detailliert und mit erheblicher Realitätstreue Alexander Lernets letzte Tage als Soldat des Kaisers widerspiegelt«: Rocek, Lernet-Holenia, 72, auch 73.

5 Werkmann, Deutschland, 325.

6 Windisch-Graetz, Kaiser, 113 f., 116.

7 StenProtAH 30. 10. 1918, 4697.

8 Fellner, Redlich, 310.

9 Zum Folgenden: Neck, Österreich, 92; Jedlicka, Ende, 57; Gall, Alma Mater, 188; Molisch, Geschichte, 254.

10 StenProtHH, 40. Sitzung 30. 10. 1918, 1269.

11 StenProtHH, 39. Sitzung 24. 10. 1918, 1268.

12 StenProtHH 38. Sitzung 23. 10. 1918, 1190.

13 Vgl. Fellner, Redlich, 310 f.

14 Windischgraetz, Prinzen, 395; Windisch-Graetz, Kaiser, 114; Bardolff, Soldat, 341 ff.; zu den Unruhen auch als Augenzeuge Werkmann, Deutschland, 325.

15 Glaise-Horstenau, Katastrophe, 396; Cramon, Bundesgenosse, 195. Die eine Hälfte des Buches, »darunter vor allem 1918«, stammt nach Glaise-Horstenau, Erinnerungen, 328, 490, von diesem!

16 Bauer, Revolution, 82 f.

17 Tagebucheintragung des Oberpolizeirates Dr. Franz Brandl: Neck, Österreich, 92 f.

18 Dazu im Detail noch Teil I, Kap. IV/C: *Das Ende der Realunion mit Ungarn.*

19 Zum Folgenden: Brauneder, Verfassungsgeschichte, 154 ff., 179 ff.; zeitgenössische knappe Darstellung: Ulbrich, Staatsrecht; für das Verständnis um 1918: Kelsen, Staatsrecht.

20 Dies allerdings auch nur indirekt, durch ein Handschreiben des Kaisers, in dem das Wappen beschrieben wurde: Ah. Handschreiben vom 11. Oktober 1915, kundgemacht am 3. November 1915, RGBl. 328/1915.

21 Die österreichisch/cisleithanische Ansicht, Kaiser, k. u. k. Minister sowie die sogenannten »Delegationen» beider Parlamente seien Organe eines

über Cisleithanien sowie Ungarn stehenden Oberstaates, hatte sich nicht durchgesetzt: Brauneder, Verfassungsgeschichte, 183 ff.

[22] Vgl. dazu: Polen; Kolmer, Parlament, 87, 379.

[23] Statuten der »Slovanska Jednota« bei Tezner, Volksvertretung, 510.

[24] Er umfaßte nicht alle deutschen Abgeordneten, aber gute 90%: Höbelt, Kornblume, 363.

[25] Zum Folgenden: Brügel, Sozialdemokratie V, 33 ff., insbes. 48, 108; Berchtold, Parteiprogramme, 27 ff., 138 ff.; Urban, Gesellschaft I, 820.

[26] Redlich, Lammasch, 163.

[27] Fellner, Redlich, 308.

[28] Im detaillierteren Überblick Teil I, Kap. IX/B: Staatsgründungen zwischen Eismeer, Ägäis und Atlantik.

[29] Zum Folgenden: u. a. Kelsen, Verfassungsgesetze I, 1.; Renner, Gründung, 13.

[30] Siehe detaillierter Teil I, Kap. III: *Das Staatsgebiet: Repräsentation und Ländererklärungen.*

[31] Rumpler, Völkermanifest, 37 ff.; allg. auch Kleinwächter, Schönbrunn, 62 ff.; Text nicht im RGBl.; Extra-Ausgabe der Wiener Zeitung Nr. 240, 17. 10. 1918; auch bei Rumpler, Völkermanifest, 88 ff.

[32] Vgl. Ministerpräsident Hussarek im Abgeordnetenhaus am 21. 10. 1918: StenProtAH 21. 10. 1918, 1177 ff., hier Zitat zu Ungarn 1178.

[33] Dies und das Folgende: Illustrierte Kronen-Zeitung 17. 10. 1918, 3.

Zu II. Die Staatsgründung

[34] Zu den folgenden verfassungsrechtlichen Ausführungen Brauneder, Verfassungsgeschichte, 187 ff.; Brauneder, Verhältnis, 29 ff.; Kelsen, Verfassungsgesetze I, 6; Kelsen, Staatsrecht, 77 f.; Neschwara, Entwicklung, 85 f.; zu den Ereignissen in den Ländern u. a. Köfner, Hunger; allgemein zum Herbst 1918 u. a. Kleinwächter, Schönbrunn, 57 ff.; Bihl, Zusammenbruch, 27 ff.; Stadler, Gründung, 55 ff.

[35] StenProtProvNV 21. 10. 1918, 3 ff., hieraus die folgenden Zitate; das Protokoll auszugsweise bei Neck, Österreich, 73 ff.

[36] Neue Freie Presse/Morgenblatt, 20. 10. 1918, 1 bzw. ebda 22. 10. 1918, 2.

[37] Das Folgende nach: StenProtProvNV 21. 10. 1918, 3 ff.

[38] Neue Freie Presse 22. 10. 1918, 2.

[39] Vgl. Reichspost/Morgenblatt 22. 10. 1918, 3; Neue Freie Presse 22. 10. 1918, 4.

[40] Vgl. auch Kelsen, Verfassungsgesetze I, 5; Renner, Gründung, 22.

[41] Brauneder, Renner, 178 f.; Text bei Schmitz, Briefe, 165 ff.

[42] Das Folgende insbes. nach Brauneder, Verfassungsgeschichte, 187 ff.; Neschwara, Entwicklung, 86, 89; Schefbeck, Verfassungsentwicklung, 59 ff., hier die Mandatsverteilung 57 FN 7.

[43] So die Protokolle; daher nicht richtig Kelsen, Verfassungsgesetze I, 20: »Tatsächlich« hätten die Präsidenten »allwöchentlich« gewechselt.

[44] Vgl. unten IV.
[45] Fellner, Redlich, 305, 316.
[46] Freundliche Auskunft des Archives der Universität Wien.
[47] Jedlicka, Ende, 57.
[48] Reichpost/Morgenblatt 23. 10. 1918, 2, beziehungweise ebda 26. 10. 1918, 2; »Ausschußlandtag« Teil I, Kap. II: *Neue Landesgewalten.*
[49] Das Folgende grundsätzlich nach StenProtProvNV 30. 10. 1918.
[50] Glaise, Katastrophe, 396.
[51] Cramon, Bundesgenosse, 195.
[52] Glaise, Katastrophe, 397; vgl. auch die Darstellung bei Neck, Österreich, 92f.
[53] Kelsen, Verfassungsgesetze I, 8.
[54] Goldinger, Staatsrat, 56 FN 8.
[55] ADÖ I, 75, 80; vgl. auch Note Otto Bauers von 25. 12. 1918: ebda 317.
[56] U. a. in: Arbeiter-Zeitung 31. 10. 1918.
[57] Ausgabe vom 7. 11. 1918.
[58] Vgl. Rechtsleben, 90.
[59] Zu diesem noch unten Anm. 633; vgl. Abb. 1.
[60] Nasko, Umsturz, 25.
[61] Nach: Arbeiter-Zeitung 2. 12. 1918, 1 ff.
[62] Windischgraetz, Prinzen, 410.
[63] Kelsen, Verfassungsgesetze I, 8, 32, 37.
[64] ADÖ I, 206 ff.
[65] Kelsen, Verfassungsgesetze II, 138.
[66] Renner, Deutschland, 11.
[67] ADÖ I, 79.
[68] ADÖ I, 87.
[69] Protokoll im Universitätsarchiv Innsbruck, Rektorat der Universität Innsbruck, Zl 102/2, dankenswerter Weise zur Verfügung gestellt von Universitätsarchivar Univ.-Prof. Dr. G. Oberkofler; Oberkofler – Goller, Geschichte, 297.
[70] StenProtProvNV 30.10.1918, 17f.; Reichspost/Morgenblatt 23.10.1918, 2.
[71] »Oberösterreich war infolge der Erkrankung des Landeshauptmanns Hauser nicht vertreten«: Reichspost/Morgenblatt 23. 10. 1918, 2.
[72] Zum Folgenden: Brauneder, Verfassungsgeschichte, 96 ff., 128 ff., 147 ff., 175 ff.
[73] Winkler, Schiffahrt, 14.
[74] Das Folgende nach Reichspost/Morgenblatt 23. 10. 1918, 2.
[75] Redlich, Lammasch, 175.
[76] So Staudinger, Ereignisse, 70.
[77] Zum Folgenden: Schmitz, Vorentwürfe, 18 f., 22; Zeitungen vom 26. 10. 1918: Arbeiter-Zeitung, 2; Reichspost/Morgenblatt, 2; Wiener Zeitung, 4.
[78] Anhang A II.
[79] Slapnicka, Oberösterreich, 28 f.
[80] Neues Wiener Tagblatt 30. 10. 1918, 7.
[81] Kelsen, Verfassungsgesetze III, 181, 203, 198; Deutschböhmen: Sten-

ProtProvNV 30. 10. 1918, 15 (nicht in Kelsen, Verfassungsgesetze III, 209).

[82] StenProtProvNV 30. 10. 1918, 35 (nicht in Kelsen, Verfassungsgesetze III, 219).

[83] Das folgende besonders nach: Köfner, Revolutionen, 135 ff.; Schmitz, Vorentwürfe, 16 ff.; Slapnicka, Oberösterreich, 25 ff., 34 ff.; Wutte, Freiheitskampf, 64 ff.: Hanisch, Republik, 1059 ff.; Beschlüsse; Schober, Geschichte, 358 ff.; Kathrein – Kienberger – Schober, Parlamentarismus, 42 ff.; eher überholt: Staudinger, Ereignisse, 62 ff. (oft unpräzise); Kelsen, Staatsrecht, 97 ff. (einseitig »zentralistisch«:siehe u. Teil II, Kap. I/A: *Zentralistisch-einheitsstaatliche Theorien*); Granichstaedten-Czerva, Stellung, 141 ff.; Granichstaedten-Czerva, Tirol (teilweise fehlinterpretierend); Pinzer, Tirol, 50 ff., 82 f.

[84] Dazu Slapnicka, Oberösterreich, 68 ff.

[85] Kelsen, Staatsrecht, 97.

[86] Siehe Teil I, Kap. III/D: *Die Staatsform: Ein dezentralisierter Einheitsstaat.*

[87] Siehe oben Anm. 80.

[88] Wie oben Anm. 70 ff.

[89] Lediglich Köfner, Revolutionen, 136; Schmitz, Vorentwürfe, 17.

[90] Glaser, Tagebuch, 260.

[91] U. a. Jedlicka, Ende, insbes. 62 ff.; Bauer, Revolution, 107.

[92] Vgl. Teil I, Kap. VII/F: *Die neue Staatsform.*

[93] Jedlicka, Ende, d. ö.; Krieg, 645, 650 f., 665 f.; Schmitz, Vorentwürfe, 17 f.

[94] Kelsen, Entwicklung, 149.

[95] Vgl. u. a. Berchtold, Parteiprogramme; Höbelt, Kornblume, 341 ff., 363.

[96] Redlich, Lammasch, 175.

[97] Kelsen, Verfassungsgesetze I, 5.

[98] Siehe Teil I, Kap. II/C: *Neue Landesgewalten.*

[99] Slapnicka, Oberösterreich, 34.

[100] Kelsen, Verfassungsgesetze III, 198.

[101] StenProtProvNV 30. 10. 1918, 15, 35.

Zu III. Deutschösterreich: »eine Neuerscheinung«

[102] Merkl, Verfassung, 2, 5 f.

[103] Zum Folgenden: Kleinwächter, Schönbrunn, 155 ff.; Loewenfeld-Russ, Kampf, 149 f.; Jäger-Sunstenau, Fahne, 134 ff.; Protokolle des Staatsrates/13. Sitzung vom 31. 10. 1918, 3 (Allgemeines Verwaltungsarchiv, Wien); StenProtKonstNV 8. 5. 1919 samt Beilagen 202 und 204.

[104] Entwurf einer provisorischen Verfassung § 4: Schmitz, Briefe, 166; Rekonstruktion bei Gall, Farben, 69; Cornaro, Darstellung, 221 ff.; Göbl, Staatswappen, 169 ff. Für die Überlassung der Vorlage zur Abb. 14 sei Herrn Dr. Andreas Cornaro (Wien) sehr herzlich gedankt. Sie findet sich schon in Cornaro, Darstellung, 221 und verdient ihrer Authentizität wegen den Vorrang vor der plumpen Rekonstruktion bei Gall.

[105] Staatsratsprotokoll, 11. 11. 1918.
[106] Protokoll des Verfassungsausschusses der verfassunggebenden Deutschen Nationalversammlung, 36. Sitzung, 3. Juni 1919: Aktenstücke, 404 f.
[107] Neck,Österreich, 92.
[108] Zum Folgenden: Steinbauer, Land, 23 ff., 186 ff.
[109] Loewenfeld-Russ, Kampf, 151.
[110] Merkl, Verfassung, 11 f.
[111] U. a. Kelsen, Verfassungsgesetze I, 37 ff., insbes. 39.
[112] Mit insbes. »bleiben«; allerdings späterhin nicht mehr, da nun Wendungen wie z. B. »bleiben … in Kraft« (etwa StGBl. 85/1919) auf das bereits rezipierte Recht zu beziehen sind.
[113] Staatserklärung vom 22. November 1918 über Umfang, Grenzen und Beziehungen des Staatsgebietes von Deutschösterreich, StGBl. 41.
[114] Kelsen, Verfassungsgesetze I, 28, 36 f.,V f.
[115] ADÖ I, 206 ff.
[116] ADÖ I, 318.
[117] Renner, Gründung, 18.
[118] Siehe Teil I, Kap. VII/C: *Der neue Staatsname: »Republik Österreich«.*
[119] StGBl. 1/1918, § 16.
[120] Kelsen, Entwicklung, 147 ff., insbes. 150.
[121] StenProtProvNV 30. 10. 1918, 46 (Renner), StenProtProvNV 12. 11. 1918, 67 f. (Miklas).
[122] StenProtProvNV 30. 10. 1918, 38 (Waber), 41 (Hummer), 45 (Zenker), 26 (Ellenbogen); vgl. auch oben Kap. II/B.
[123] StenProtProvNV 30. 10. 1918, 45 (Zenker), 26 (Ellenbogen); vgl. auch ADÖ I, 83.
[124] Renner, Geleitwort, IV.
[125] Kelsen, Verfassungsgesetze I, 32; III, 117.
[126] Glaise-Horstenau, Erinnerungen, 513.
[127] Bardolff, Soldat, 343.
[128] Bermann, Republik, 31 ff.
[129] Windischgraetz, Prinzen, 387; Glaise-Horstenau, Frage, 1.
[130] Bardolff, Soldat, 343.
[131] Werkmann, Deutschland, 315 f.
[132] Staudinger, Aspekte, 78; Slapnicka, Oberösterreich, 25.
[133] Bauer, Revolution, 100, auch 83.
[134] Fellner, Redlich, 311.
[135] Glaise-Horstenau, Katastrophe, 396.
[136] StenProtProvNV 30. 10. 1918, 44 (Zenker), 41 (Hummer).
[137] Arbeiter-Zeitung 2. 11. 1918.
[138] Berchtold, Parteiprogramme, 233.
[139] Schmitz, Vorentwürfe, 16, 20 f.
[140] Siehe Teil I, Kap. II/C: *Neue Landesgewalten.*
[141] 1930: Kelsen, Entwicklung, 148.
[142] Vgl. diverse Zeitungen vom 26. 10. wie Anm. 77.

[143] Unten Anhang A, II.
[144] Reichspost/Morgenausgabe 26. 10. 1918, 2.
[145] Brauneder, Verhältnis, 29 ff.; Kelsen, Entwicklung, 147 ff., insbes. 148 f. Zu abweichenden Meinungen bzw. zur Diskussion unten Teil II, Kap. I/A: *Theoriengruppen.*
[146] Ausdrücklich StGBl. 24/1918 § 12.
[147] Text: Kelsen, Verfassungsgesetze III, 210 ff., 219 ff.
[148] Text: Kelsen, Verfassungsgesetze III, 186 ff.
[149] Kelsen, Staatsrecht, 97.
[150] Bauer, Revolution, 107.
[151] 1930: Kelsen, Entwicklung, 148.
[152] Das Folgende nach oben wie Anm. 83.
[153] Vgl. Teil I, Kap. II/B: *Der Beschluß vom 30. Oktober 1918 – der Gründungsakt* in der Debatte um die Note an Präsident Wilson.
[154] Vgl. im Detail Teil I, Kap. VI/D: *Das Staatsgebiet im Detail.*
[155] Hörnigk, Österreich, 122 ff.
[156] Springer, Protokolle, 26.
[157] Wörterbuch, 35 f.
[158] May, Cordilleren, 240; May, Weihnacht, 150.
[159] Bauer, Revolution, 49.
[160] Kelsen, Verfassungsgesetze I, 2, 5.; Manifest: Illustrierte Kronen-Zeitung 17. 10. 1918, 3.
[161] Renner, Gründung, 25.
[162] Brauneder, Renner, 183.
[163] ADÖ I, 74 ff.; vgl. Teil I, Kap.II/B: *Der Beschluß vom 30. Oktober 1918 – der Gründungsakt.*
[164] Z. B. ADÖ I, 84 ff.
[165] StenProtProvNV 30. 10. 1918, 40.
[166] Arbeiter-Zeitung, 2. 11. 1918, 5.
[167] Texte bei Kelsen, Verfassungsgesetze III, 181 ff.
[168] Reichspost/Morgenausgabe 25. 9. 1919, 2.
[169] Granichstaedten-Czerva, Tirol, 16 f.
[170] So auch Schmitz, Verfassungsgespräche, 21 ff.
[171] Vgl. Teil I, Kap. II/B: *Der Beschluß vom 30. Oktober 1918 – der Gründungsakt.*
[172] StGBl. 7/1918, § 11.
[173] Vgl. Teil I, Kap. VI/D: *Das Staatsgebiet im Detail.*
[174] Kelsen, Verfassungsgesetze I., 76, hier (76 ff.) weitere Details zum Staatsbürgerrechtsgesetz.
[175] Angaben der Volkszählung 1921 nach Pesendorfer, Entwicklung, 95.
[176] Katus, Magyaren, 429.
[177] Der Große Brockhaus XIX, 15. Aufl., Leipzig 1934, 287, auch Tafel 70a (vor 289).
[178] Karte von Deutschösterreich und den Nationen in den Grenzlandschaften. Mit einer statistischen Übersicht über die Flächengröße und Bevölkerung Deutschösterreichs und den gesetzlichen Bestimmungen über

sein Staatsgebiet (= Flugblätter 12), Tabelle bzw. eigene Berechnungen nach dieser.

179 Vgl. Teil I, Kap. II/A: *Die Provisorische Nationalversammlung – das Gründungsorgan.*

180 Renner, Gründung, 23.

181 ADÖ I, 83.

182 Die folgenden Zitate: StenProtProvNV 30. 10. 1918, 39 (Waber), 36 (Stöckler).

183 ADÖ I, 75 ff.

184 Renner, Gründung, 21.

185 Renner, Gründung, 13.

186 Renner, Gründung, 23 f.

187 Brauneder, Renner, 184.

188 Arbeiter-Zeitung 2. 12. 1918, 1.

189 Renner, Gründung, 34 ff.

190 Renner, Gründung, 15 f.

191 Renner, Gründung, 14.

192 Siehe Teil I, Kap. IV/C/1: *Das Ende der Realunion mit Ungarn.*

193 StenProt ProvNV 30. 10. 1918, 54 ff., Kleinwächter, Schönbrunn, 189 ff.; Neck, Österreich, 159; zur Versorgungssituation: Köfner, Hunger, insbes. 233 ff.

194 Bauer, Revolution, 105; Cramon, Bundesgenosse, 184.

195 Loewenfeld-Russ, Kampf, 112.

196 Neue Freie Presse 13. 11. 1918, 7.

197 Loewenfeld-Russ, Kampf, 118; StenProtProvNV 30. 10. 1918, 56.

198 Loewenfeld-Russ, Kampf, 111.

199 Neue Freie Presse 13. 11. 1918, 1.

200 Brook-Shepherd, Slatin, 289.

201 Renner, Gründung, 33 f.

202 Loewenfeld-Russ, Kampf, 112 ff.; StenProtProvNV 30. 10. 1918, 54 ff.

203 Glaise-Horstenau, Katastrophe, 397; vgl. Teil I, Kap. II/B: *Der Beschluß vom 30. Oktober 1918 – der Gründungsakt.*

204 Präzise: Bauer, Revolution, 101 ff.

205 Lernet-Holenia, Standarte, Kap. V.

206 StenProtProvNV 21. 10. 1918, 3.

207 U. a. insbes. Loewenfeld-Russ, Kampf, 155 f.

208 Renner, Gründung, 31 f.; Kelsen, Verfassungsgesetze I, 33 f.

209 Renner, Gründung, 38 f.

210 Abgedruckt bei Brauneder, Rechtsbeziehungen, 305 ff.

Zu IV. Das Ende des »alten« Österreich

211 RGBl. 389 und 390/1918.

212 Windischgraetz, Prinzen, 374, 377, 395, Zitate 385 f.

213 Windischgraetz, Prinzen, 410.

214 Fellner, Redlich, 313 f.; unkritisch wiederholt bei Rauscher, Renner, 115,

mit Hinweis auf einen Protest des Herrenhaus-Präsidenten Alfred zu Windischgraetz.
[215] Loewenfeld-Russ, Kampf, 144; Flotow, November, 331.
[216] Loewenfeld-Russ, Kampf, 147.
[217] Vgl. Abb. 7.
[218] Kleinwächter, Schönbrunn, 88.
[219] Flotow, November, 325 f.
[220] Kleinwächter, Schönbrunn, 88.
[221] Goldinger, Staatsrat, 65 FN 36.
[222] Spitzer, Seitz, 61. Jedoch kam weder der gesamte 23köpfige Staatsrat, noch bloß Viktor Adler und Seitz: Fellner, Redlich, 313; Werkmann, Deutschland, 340, nennt Mayer, Roller, Urban, Dinghofer, Adler, Seitz.
[223] Fellner, Redlich, 313; Flotow, November, 329: irrig »Nationalversammlung«, die aber an diesem Tag nicht tagte.
[224] Kleinwächter, Schönbrunn, 55.
[225] Grussmann, Merkl, 25 f.
[226] Kleinwächter, Schönbrunn, 90.
[227] StGBl. 88 bzw. 48/1919; Kelsen, Verfassungsgesetze III, 81 ff., 87 ff.
[228] StGBl. 1/1918 § 3 bzw. StGBl. 5/1918 Art. 3; Kelsen, Verfassungsgesetze I, 91; so auch der Staatsrat selbst: Kelsen, Verfassungsgesetze III, 85.
[229] Spitzer, Seitz, 60.
[230] StGBl. 38/1918, §1: ebenso hinsichtlich Verfassungs- bzw. Verwaltungsgerichtshof: StGBl. 48 bzw. 88/1919 § 4 bzw. § 7.
[231] Olechowski, Einführung, 244.
[232] Drach, Protokoll, 108. Vgl. zu Drach u. a. Müller-Dietz, Kriminalprotokoll, 1344 ff.
[233] Windischgraetz, Prinzen, 386; Fellner, Redlich, 309 f.
[234] Werkmann, Deutschland, 326 f.
[235] Werkmann, Deutschland, 328.
[236] Oberpolizeirat Dr. Franz Brandl: Neck, Österreich, 93; bzw. Werkmann, Deutschland, 326.
[237] Bardolff, Soldat, 343; Fellner, Redlich, 311.
[238] Wiens Polizeipräsident Dr. Schober: Neck, Österreich, 94 f.
[239] Fellner, Redlich, 311.
[240] Windischgraetz, Prinzen, 410; Windisch-Graetz, Kaiser, 117.
[241] Neck, Österreich, 95.
[242] Glaise-Horstenau, Erinnerungen, 509, 512.
[243] Windischgraetz, Prinzen, 402, 410, 407; Windisch-Graetz, Kaiser, 117.
[244] Brook-Shepherd, Krone, 240 f., 243.
[245] Flotow, November, 323 f.
[246] Flotow, November, 326.
[247] Neck, Österreich, 94.
[248] Windischgraetz, Prinzen, 386, allerdings zum 30. Oktober: Windischgraetz' Darstellungen – siehe Literaturverzeichnis – sind sogar untereinander nicht frei von Widersprüchen; vgl. dazu unten bei und in Anm. 250.

[249] Siehe daher das Bild Windischgraetz' oben bei Anm. 233.
[250] Windisch-Graetz, Kaiser, 115 f.; nichts über eine Fahrt in die Hofburg etwa bei Fellner, Redlich, 310 f.
[251] Funder, Gestern, 590; Brook-Shepherd, Krone, 243; Fellner, Redlich, 313 f.
[252] Die folgenden Telegramme bei Flotow, November, 403 f. Anm 137.
[253] Windisch-Graetz, Kaiser, 104, 106.
[254] Siehe Teil I, Kap. III/B: *Formelle Diskontinuität bei materieller Kontinuität.*
[255] Die Presse, 9. 1. 1955, 4.
[256] Bauer, Revolution, 100.
[257] Brehm, Reitschul', Kap. 2.
[258] Zu Ungarn: Door, Geschichte, 22 ff.; Hoensch, Ungarn, 85 ff.; Hanak, Geschichte, 184 ff.; Broucek, Karl I., 211 ff.; detailliert Windischgraetz, Prinzen; Krieg, 654 ff., 784 ff.; Meldungen des Ungarischen Telegraphen-Korrespondenz-Bureaus, in: Wiener Zeitung, meist an dem den Ereignissen nachfolgenden Tag.
[259] Andrassy, Diplomatie, 278; Cramon, Bundesgenosse, 186 f.
[260] Windischgraetz, Prinzen, 329; Andrassy, Diplomatie, 281.
[261] Windischgraetz, Prinzen, 320.
[262] Andrassy, Diplomatie, 304.
[263] Zum Folgenden: Glaise-Horstenau, Katastrophe, 387 ff.; Werkmann, Deutschland, 302 ff., 329 ff.; Andrassy, Diplomatie, 310.
[264] U. a. Werkmann, Deutschland, 323.
[265] Der spätere Polizeipräsident Brandl: Neck, Österreich, 94, das Folgende: StenProtProvNV 30. 10. 1918, 25.
[266] Windischgraetz, Prinzen, 360, 395.
[267] Komjathy, Protokolle, 94; Glaise-Horstenau, Erinnerungen, 506; Glaise-Horstenau, Frage, 1 ff.; Bardolff, Soldat, 342 ff.
[268] Windischgraetz, Prinzen, 387.
[269] Bardolff, Soldat, 345.
[270] Windischgraetz, Prinzen, 397.
[271] Cramon, Bundesgenosse, 173.
[272] Jedlicka, Ende, 89 f.
[273] Glaise-Horstenau, Katastrophe, 446 ff.
[274] Andrassy, Diplomatie, 312 f.; auch Windischgraetz, Helden, 141 f. (eher ungenau).
[275] Bauer, Revolution, 88.
[276] Funder, Gestern, 587.
[277] Fellner, Redlich, 310.
[278] Cramon, Bundesgenosse, 193.
[279] Das Folgende: Glaise-Horstenau, Katastrophe, 406 ff.
[280] Glaise-Horstenau, Katastrophe, 424 ff.
[281] Czokor, November, ergänzt um Funktions- und Nationalitätenhinweise.
[282] Brehm, Reitschul', Kap. 2.

[283] Bericht des letzten Regimentskommandanten, in: Schachinger, Bosniaken, 259, 261; zum Folgenden: Aufzeichnungen von Luise Kohl, geb. Linhart (Privatbesitz).
[284] Windischgraetz, Helden, 159.
[285] Werkmann, Deutschland, 323: hier voller Wortlaut des Protokolls.
[286] Kollmann, Körner, 64 f.
[287] Glaise-Horstenau, Katastrophe, 409 f.; zum Folgenden: Aufzeichnungen von Luise Kohl, geb. Linhart (Privatbesitz); Hörbiger, Erinnerungen, 76.
[288] Glaise-Horstenau, Katastrophe, 377, 409.
[289] Goldinger – Binder, Geschichte, 41 ff., Jedlicka, Ende, 50 ff.
[290] Fellner, Redlich, 310, 313.
[291] Das Folgende Brook-Shepherd, Krone, 241 f.
[292] Vgl. dazu Glaise-Horstenau, Katastrophe, 437 ff., Brook-Shepherd, Krone, 250; Redlich, Lammasch, 177 f.
[293] Groener-Geyer, General, 102 ff.; weiters Willoweit, Verfassungsgeschichte, 285 f. (§ 37); Gusy, Reichsverfassung, 14 f.: Die förmliche Abdankung erfolgte erst am 28. November 1918; vgl. auch Teil I, Kap. IV/C/5: *Abdankung: Was ist das?*
[294] Fellner, Redlich, 315; das Folgende: Glaise-Horstenau, Katastrophe, 441 ff.
[295] Deutlich zufolge der Berichte etwa bei Werkmann, Deutschland, 291 ff., 333 ff.; Redlich, Lammasch, 165.
[296] Brook-Shepherd, Krone, 251.
[297] Wie oben Anm. 4.
[298] Lorenz, Kaiser, 554.
[299] Wiener Zeitung vom 11. 11. 1918: unten Anhang A, IV.
[300] Zum Folgenden: Fellner, Redlich, 316 ff.; Brook-Shepherd, Krone, 257.
[301] Fellner, Redlich, 320.
[302] Vgl. z. B. Flotow, November, 336, 403 Anm. 136. Das folgende ebda 336 f., 405, Anm. 141, Abb. 6; Matsch, Dienst, 165 ff.
[303] Heeresgeschichtliches Museum Wien, Saal 1918-1945: entsprechende Feldbluse eines k. u. k. Stabsoffiziers.
[304] Flotow, November, 337.
[305] Fellner, Redlich, 320.
[306] Fellner, Redlich, 315.
[307] Windischgraetz, Helden, 141.
[308] Wie Anm. 4, Schluß.
[309] So Flotow, November, 333.
[310] Brook-Shepherd, Krone, 259.
[311] Zum Folgenden: Werkmann, Deutschland, 326.
[312] Zum Folgenden: Glaise-Horstenau, Katastrophe, 449.
[313] Zum Folgenden: Ungarisches Telegraphen-Korrespondenzbüro wie Anm. 258; Krieg, 790.
[314] Brook-Shepherd, Krone, 263.
[315] Krieg, 790 (mit Verbesserung durch Frau Univ.-Ass. Dr. M. Szigeti, Budapest); geringfügig abweichende Übersetzungen: Broucek, Karl I., 212;

Brook-Shepherd, Krone, 263, Originaltext Tafel XXIV; vgl. unten Anhang A, VI.

316 Brook-Shepherd, Krone, 295 ff.; Broucek, Karl I., 217.

317 Vgl. auch Teil I, Kap. VIII/B: *»... denn ein Kaiser abdiziert doch nicht bloß zum Scheine!«*

318 Brook-Shepherd, Krone, 256.

319 Jedlicka, Ende, 58; StenProtAH 12. 11. 1918, 4701; Fellner, Redlich, 317.

320 Vgl. Lorenz, Kaiser, 561 ff., 573; Brook-Shepherd, Krone, 286 ff., Strutt: 292.

321 Dieses und das Folgende nach Hennings, Heimat, 82 f.

322 Willoweit, Verfassungsgeschichte, 206; Huber, Verfassungsgeschichte I, 71 f.; Wortlaut in Huber, Dokumente I, 37 f.

323 Revolution I, *75.; auch: Huber, Dokumente III, 18.

324 Revolution I, *134.

325 Am 13. November Verzicht des Großherzogs auf die Regierungsgewalt, aber keine Abdankung: Brandt – Rürup, Volksbewegung, 85.

326 Huber, Dokumente I, 509 f.

327 Huber, Verfassungsgeschichte V, 1038 f.; Revolution I, *116 f.

328 Revolution I, *75; Huber, Verfassungsgeschichte V, 1017.

329 Revolution I, *136.

330 Revolution I, *99.

331 Brückner, Verfassungsfrage, 222 f.

332 Huber, Dokumente III, 312.

333 Rosenthal, Entwicklung, 226 f.

334 Vgl. bei Anm. 255.

335 Kelsen, Verfassungsgesetze III, 117.

336 Mayer – Kraitschek, Lehrbuch, 123; bei Hoensch, Ungarn, 85, sowie bei Broucek, Karl I., 215, sogar als Zitat.

337 Jedlicka, Ende, 59; Hanisch, Schatten, 267: »mentale Reservation« mit nur vorübergehendem Verzicht.

338 Jedlicka, Heer, 8.

339 Funder, Gestern, 592.

340 Hoensch, Ungarn, 212.

341 StenProtAH 30. 10. 1918, 4697; vgl. Teil I, Kap. I/A: *Die Schauplätze.*

342 StenProtAH 12. 11. 1918, 4701.

343 So Funder, Gestern, 593.

344 Fellner, Redlich, 318.

345 Loewenfeld-Russ, Kampf, 142.

346 Roth, Kapuzinergruft, Kap. XXIII.

347 Schnitzler, Tagebuch, 54; Staudinger, Entscheidung, 171.

348 Beschlüsse, 27; Bauer, Revolution, 101; Glaise-Horstenau, Katastrophe, 440.

349 Cramon, Bundesgenosse, 163.

350 Hennings, Sommer, 130 f.

351 Steinbauer, Land, 186 f.

352 Wiener Zeitung vom 11. 11. 1918: Anhang A, IV.

353 Fellner, Redlich, 317; Redlich, Lammasch, 179 ff.; Spitzer, Seitz, 61; Flotow, November, 331; Staatsratsprotokoll 11. 11. 1918.
354 Glaise-Horstenau, Katastrophe, 441.
355 Das Folgende nach: Staatsratsprotokoll 11. 11. 1918.
356 Wiener Zeitung 12. 11. 1918, 3.

Zu V. Der 12. November 1918: ein »Verfassungsfest«

357 Vgl. Stollberg-Rilinger, Verfassung; zu republikanischen Verfassungsfeiern vgl. z. B. Stenzel, Republik, insbes. 136 ff.
358 Vgl. Glaise-Horstenau, Katastrophe, 444, 446; Neue Freie Presse/Morgenblatt 13. 11. 1918, 1 ff.; Flotow, November, 334.
359 Die folgenden Schilderungen, soweit nicht anders angegeben: Neue Freie Presse/Morgenblatt 13. 11. 1918, 1 ff.
360 Vgl. u. a. Andics, 50 Jahre, 27 ff.; Flotow, November, 330.
361 Jedlicka, Ende, 58; weitere Zitate Neue Freie Presse/Morgenblatt 13. 11. 1918, 2; der Ablauf ansonsten nach StenProtProvNV 12. 11. 1918, 63 ff.
362 Vgl. u. a. Spitzer, Seitz, 62 f.
363 Neue Freie Presse/Morgenblatt 13. 11. 1918, 3 f.
364 Neue Freie Presse/Morgenblatt 13. 11. 1918, 3.
365 Flotow, November, 334.
366 Zitiert nach Wagner, Schnitzler, 308 – offenbar aufgrund von dessen Tagebüchern.
367 So z. B. Kleinwächter, Schönbrunn, 95; Andics, 50 Jahre, 18; Parlament, 34 ff.; Hanisch, Schatten, 266.
368 Vgl. Teil I, Kap. II/B: *Der Beschluß vom 30. Oktober 1918 – der Gründungsakt.*
369 Staatsratsprotokoll 11. 11. 1918 bzw. Kelsen, Verfassungsgesetze I, IV.
370 Kelsen, Verfassungsgesetze I, 32.
371 Staatsratsprotokoll 11. 11. 1918; Funder, Gestern, 593; Kleinwächter, Schönbrunn, 93; Andics, 50 Jahre, 25 f. Zum Staatsrat vgl. Goldinger, Staatsrat, 55 ff.

Zu VI. Der weitere Staatsaufbau

372 Vgl. Teil I, Kap. II/B: *Der Beschluß vom 30. Oktober 1918 – der Gründungsakt*; bzw. Kelsen, Verfassungsgesetze II, 138.
373 Loewenfeld-Russ, Kampf, 141: Dank an Licht auch bei Kelsen, Verfassungsgesetze I, VI, für diese Ausgabe.
374 Kelsen, Verfassungsgesetze I, 138.
375 Wiener Zeitung 12. 11. 1918, 3.
376 Kelsen, Verfassungsgesetze I, 33 f.
377 Kelsen, Verfassungsgesetze I, 23.
378 StenProtProvNV 30. 10. 1918, 47 f.
379 Zum Folgenden: u. a. Kelsen, Staatsrecht, 87 ff.

[380] Kelsen, Verfassungsgesetze I, 24 f.
[381] Kelsen, Staatsrecht, 117 ff.
[382] Kegel, Privatrecht, 197.
[383] Salomon, Fragebogen, A/18.
[384] Glaise, Erinnerungen, 353.
[385] Kelsen, Verfassungsrecht III, 163 ff., vergißt diese letztere Möglichkeit.
[386] Kelsen, Verfassungsgesetze III, 164.
[387] Lernet-Holenia, Geheimnisse, Kap. Otto oder Das Gottesgnadentum/ Wie Otto heißt.
[388] Dazu und zum Folgenden: Kelsen, Verfassungsgesetze III, 165.
[389] Dies und das Folgende nach Cerwinka, Affäre, 127, 113 ff.; Broucek, Karl I., 17; vgl. ferner die Stammtafeln bei: Sokop, Stammtafeln.
[390] Brehm, Reitschul', Kap. 2; Kelsen, Verfassungsgesetze III, 176 f.
[391] Kelsen, Verfassungsgesetze III, 173.
[392] Schnitzler, Tagebuch, 207.
[393] Vgl. Anm. 456.
[394] Kelsen, Verfassungsgesetze I, 17.
[395] Kelsen Verfassungsgesetze I, 138.
[396] Kelsen, Verfassungsgesetze III, 80.
[397] Wort etwa bei Kelsen, Verfassungsgesetze I, 17; ebda. IV, 106; ebda. V, 53.
[398] Dazu Hasiba, Verfassungsnovelle; Berchtold, Verfassungsreform 1929. Zur vorhergehenden Novelle 1925 vgl. Berchtold, Verfassungsreform 1925; Brauneder, Verfassungsgeschichte, 281.
[399] Vgl. auch Kelsen, Verfassungsgesetze III, 116.
[400] Vgl. ähnlich Kelsen, Verfassungsgesetze III, 116 f.
[401] Vgl. Teil I, Kap. I/A/1: *Wien* und Kap. I/B: *Zur Vorgeschichte.*
[402] RGBl. 17/1907, Anhang.
[403] RGBl. 175/1918 mit insbes. Anhang, 176/1918; vgl. Birke, Weltkrieg, 325.
[404] Vgl. Teil I, Kap. III/E: *Das Staatsgebiet: Repräsentation und Ländererklärungen.*
[405] Das ostmährisch-schlesische Industriegebiet: Eine selbständige, neutrale Republik! (= Flugblätter 22), insbes. 16.
[406] Vgl. Teil I, Kap. VII/A: *Die unvollständige Konstituierende Nationalversammlung.*
[407] Zum Folgenden: Liechtenstein, Weg, 5 ff.; Schaedler, Tätigkeit, 38 ff.; Vogt, Landtag, 128 f.; allgemein Raton, Liechtenstein; die »Legende« in: Krieg 797.

Zu VII. Das Konzept bricht zusammen

[408] Kelsen, Verfassungsgesetze II, 2.
[409] Zum Folgenden: Schefbeck, Verfassungsentwicklung, 80 f.; Kelsen, Staatsrecht, 114 f.
[410] Goldinger – Binder, Geschichte, 28 f.
[411] Kelsen, Verfassungsgesetze III, 120.
[412] Schefbeck, Verfassungsentwicklung, 80 f.

[413] Vgl. Teil I, Kap. VII/D: *Der Abschied von Ländern, Kreisen und Gauen.*

[414] Schefbeck, Verfassungsentwicklung, 81, 87 f.; Kelsen, Verfassungsgesetze IV, 105 ff.

[415] Andics, 50 Jahre, 62.

[416] Dazu: Zöllner, Geschichte, 492 ff.; Jedlicka, Ende, 106 ff.; Goldinger – Binder, Geschichte, 41 ff.; Ender, Schweizer-Anschluß-Bewegung, 24 ff.; Brauneder, Verfassungsgeschichte, 194 f.

[417] Das Folgende nach: StenProtKonstNV I, 655 ff. (Protokoll der Sitzung vom 26. Juli 1919), 755 ff. (Protokoll der Sitzung vom 6. September 1919), 839 ff. (Protokoll der Sitzung vom 17. Oktober 1919); Neschwara, Entwicklung, 97.

[418] StenProtKonstNV I, 798.

[419] StenProtKonstNV I, 792.

[420] Dr. Weiskirchner: StenProtKonstNV I, 843 f.

[421] Zum Folgenden: Lockhart, Diplomat, 53 f., 217.

[422] Schefbeck, Verfassungsentwicklung, 86; Kelsen, Staatsrecht, 146 f.

[423] Kelsen, Verfassungsentwicklung IV, 10, 13.

[424] Vgl. Teil I, Kap. III/E: *Das Staatsgebiet: Repräsentation und Ländererklärungen.*

[425] Der falsche Zusammenhang z. B. im Lehrbuch Göhring – Hasenmayer, Zeitgeschichte, Nr. 24.

[426] StenProtKonstNV I, 766 f.; Slapnicka, Oberösterreich, 79.

[427] Michel, Briefmarkenkatalog/Europa, Österreich.

[428] Steinbauer, Land, 34, auch 188.

[429] Renner, Deutschland d. ö., Zitat 16.

[430] Zuletzt Band 58, Wien 1925.

[431] Steinbauer, Land, 34, auch 188.

[432] Kleindel, Österreich, 318; Beiträge; Otto Bauer beklagte am 7. Juni 1919 in der Konstituierenden Nationalversammlung, es würden durch den Vertrag von St. Germain über 4 von 10 Millionen Menschen abgetrennt, das seien 2/5tel also 40 %: Ermacora, Friede, 42.

[433] Das Folgende bei Meissner, Straßburg, 281, 295 f.

[434] Ermacora, Friede, 154 ff.; das Folgende nach Reichspost/Morgenblatt 25. 9. 1919, 1 f.;vgl. Abb. 13.

[435] StenProtKonstNV, 6. 9. 1919, 787, 798; Niederlegungen: ebda 18. 11. 1919, 1039, bzw. 10. 12. 1919, 1251.

[436] Entsprechendes Gutachten von 1927, die Urfassung in: Brauneder, Rechtsbeziehungen, 315 ff., Zitat 317; Druckfassung in: Zeitschrift für Öffentliches Recht 1927, 329 ff.

[437] Kelsen, Staatsrecht, 238.

[438] Seipel, Kampf, 74 ff.

[439] Zum Folgenden: Granichstaedten-Czerva, Tirol, 31 f.; Schober, Geschichte, 358 ff.

[440] Kleinwächter, Schönbrunn, 169, ohne nähere Angaben; Briefmarken: Michel, Briefmarkenkatalog/Europa, Österreich/Lokal-Ausgaben.

[441] Zum Folgenden grundsätzlich: Granichstaedten-Czerva, Tirol, 20 ff.

[442] Granichstaedten-Czerva, Tirol, 111 ff.
[443] Deutsches Konsulat Innsbruck, Bericht vom 24. 2. 1919: Politisches Archiv des Auswärtigen Amtes (Bonn), I A, AZ Österreich Nr. 103, Bd. R 9134; ferner Liebmann, Papst.
[444] Zum Folgenden: Goldinger – Binder, Geschichte, 47 ff.
[445] Das Folgende nach Ender, Anschluß-Bewegung, 6 ff.; ferner detailliert Witzig, Frage.
[446] Zum Folgenden im Detail z. B. Neschwara, Entwicklung, 96 ff.; Schefbeck, Verfassungsentwicklung, 95 ff.; aus persönlicher Sicht eines Beteiligten Kelsen, Staatsrecht, 160 ff.
[447] Zum Folgenden: Schmitz, Vorentwürfe; Ermacora, Quellen; Ermacora – Wirth, Bundesverfassung; Ermacora, Entstehung I-V.
[448] Ermacora, Quellen, 21; zum Folgenden: Brauneder, Verfassungsgeschichte, 209 ff.; Brauneder, Gesetzgebungsgeschichte, 306 ff.; Brauneder, Entwicklung, 22 ff.

Zu VIII. Würdigung der Staatsgründung

[449] StGBl 5/1945: insbes. §§ 4, 15, 33: »Provisorische Bezirksvertretungen«.
[450] Willoweit, Verfassungsgeschichte, 345 ff., insbes. 349 f.; Sachs, Einführung, Rz 13 ff.
[451] Kelsen, Verfassungsgesetze I, 69 ff.
[452] Lernet-Holenia, Geheimnisse, wie Anm. 387.
[453] Vgl. Teil I, Kap. IV/C/4: *Über Elisabeth – Rudolf – Gisela ins Schweizer Exil.*
[454] Vgl. Teil I, Kap. IV/C/3: *Die Erklärungen des Kaisers vom 11. und 13. November 1918;* ferner Glaise-Horstenau, Katastrophe, 452; Door, Geschichte, 58; Hanak, Geschichte, 196 f.; Brook-Shepherd, Krone, 304 ff.
[455] Flotow, November, 332.
[456] Für Renners ausgeprägtes juristisches Denken auch in historischen Dimensionen spricht seine – richtige – Feststellung von 1922: »Die ganze österreichische Reichsgeschichte, wie sie an unseren österreichischen Rechtsfakultäten gelehrt wird und in allen unseren Lehrbüchern noch immer steht, ist nach 1918 sinnlos geworden«: Renner, Deutschland, 10 f.; ähnlich 1976 Brauneder, Verfassungsgeschichte, 4: »Aus dem Vorwort der 1. Aufl.«
[457] Biographien vieler Beteiligter finden sich etwa bei Brauneder, Juristen.
[458] Brauneder, Renner, 183.
[459] So etwa Ermacora, Quellen, 21; Brauneder, Verfassungsgeschichte, 211.
[460] § 15 des »Entwurfs einer provisorischen Verfassung«: Schmitz, Briefe, 169.
[461] Willoweit, Verfassungsgeschichte, 350 f. und 353 f.

Zu IX. Modelle und Umfeld

462 Zur allgemeinen Entwicklung Menger, Verfassungsgeschichte, 117 ff.; Willoweit, Verfassungsgeschichte, 217 ff.; zu Österreich generell Brauneder, Verfassungsgeschichte, 112 ff.

463 Zum Folgenden vgl. Schubert, Verfassungsurkunden I, 327 ff., und II, 44 ff., 396 ff.; Huber, Verfassungsgeschichte I, 656 f., und III, 667.

464 Brauneder, Verfassungsgeschichte, 117; Huber, Verfassungsgeschichte II, 767 ff. insbes. 791 ff.

465 Schubert, Verfassungsurkunden II, 312 ff.; Petri, Belgien, 946 ff.

466 Jutikkala, Finnland, 1080 ff.; Jutikkala – Pirinen, Geschichte, 254 ff., 344 ff.; Zetterberg, Finnland, 16 ff.; Erich, Entwicklung, 103 ff.: Alle mit z. T. leicht abweichenden Angaben. Die folgende Darstellung folgt Sihvonen, Throne, sowie Originalquellen aus dem Finnischen Nationalarchiv, der Bibliothek des Reichstags und dem Archiv des Außenministeriums, wofür diesen Stellen sehr herzlich gedankt sei.

467 Schneider, Principle, 35 ff.; Rauch, Geschichte, 35 ff.; Taube, Estland, 1107 ff.; Uustalu, Staatsgründung, 275 ff.; Csekey, Verfassungsentwicklung, 168 ff.; Berendts, Verfassungsentwicklung, 191 ff.

468 Hinsichtlich der hier und in der Folge genannten Gouvernements Rußlands vgl. Galletti, Weltkunde, 606 ff., insbes. 608 (Karte) bzw. in: Hehn – Rimscha – Weiss, Provinzen II, die Karte »*Die baltischen Lande vor dem Ersten Weltkrieg – Das Entstehen der Staaten Estland und Lettland nach dem Ersten Weltkrieg*«, nach 447.

469 Rauch, Geschichte, 35 ff.; Taube, Estland, 1107 ff.; Kalnins, Staatsgründung, 293 ff.

470 Rauch, Geschichte, 35 ff.; Rhode, Litauen, 1062 ff., insbes. 1065 ff.; Hellmann, Grundzüge, 134 ff.; zum speziellen Aspekt des Verhältnisses Litauens zum deutschen Reich Bienhold, Entstehung.

471 Roos, Geschichte, 21 ff.; Rhode, Polen, 978 ff.; Meyer, Grundzüge, 95 ff.

472 Roos, Geschichte, 27 f.; Rhode, Polen, 987; nach Meyer, Grundzüge, 97, erst am 17. 1. 1917.

473 Birke, Weltkrieg, 237 ff.; Slapnicka, Länder, 3 ff.; Hoensch, Tschechoslowakei, 20 ff.; Schranil – Janka, Verfassungsgesetze, 42 ff.; Adler, Grundriß, 5 ff.; Quellen in: Epstein, Verfassungsgesetze.

474 Text bei Epstein, Verfassungsgesetze, 21 f.

475 Text bei Epstein, Verfassungsgesetze, 117 ff.

476 Text bei Epstein, Verfassungsgesetze, 130 ff.

477 Zahlen zur Verteilung der einzelnen Nationalitäten entsprechend den Angaben der Volkszählung 1921 bei Pesendorfer, Entwicklung, 95.

478 Sundhaussen, Geschichte, 336 ff.; Zolger, Verfassung, 182 ff. (eine besonders juristische Analyse der Staatsgründung).

479 Toran, Werden, 31 ff.; Tarih, Geschichte, 169 ff.; Duda, Kalifat, 139 ff.; Khalifa, in: Bosworth – Lewis – Pellat, Encyclopaedia IV, 1978.

480 Elvert, Freistaat; Haigh, Great Britain, 307 ff.

Zu I. Verschiedene Gründungsvorgänge

481 StenProtProvNV, 30. 10. 1918, 31.

482 Symposion der Österreichischen Forschungsgemeinschaft, Graz 1979: Demokratisierung und Landesverfassungen in Österreich 1918-1920; Symposion anläßlich der 60-Jahr-Feier der österreichischen Bundesverfassung, Salzburg 1980; Symposion der Österreichischen Forschungsgemeinschaft, Schallaburg/Melk 1980: Die Bundesländer und die Bundesverfassung in Österreich 1918-1925; Tagung der Wissenschaftlichen Kommission des Theodor-Körner-Stiftungsfonds und des Leopold-Kunschak-Preises zur Erforschung der österreichischen Geschichte der Jahre 1927-1938: Föderalismus in Österreich 1918-1938.

483 Vgl. die Werke von Ermacora, Föderalismus, 1976; und Pernthaler, Staatsgründungsakte, beide erschienen in der »Schriftenreihe des Institutes für Föderalismusforschung«.

484 Ermacora, Föderalismus, 45, 50.

485 Pernthaler, Staatsgründungsakte, 27.

486 Kelsen, Verfassungsgesetze I, 107.

487 Kelsen, Entwicklung, 148.

488 Merkl, Verfassung; Merkl, Organisation, 11.

489 Adamovich, Handbuch, 16; Werner, Bundesverfassungsgesetze, 12.

490 Hellbling, Verfassungs- und Verwaltungsgeschichte, 404 ff., 409.

491 Walter, Verfassungs- und Verwaltungsgeschichte, 262 f.

492 Kelsen, Staatsrecht, 97.

493 Walter – Mayer, Grundriß, 21 ff.

494 Baltl – Kocher, Österreichische Rechtsgeschichte, 246 f.

495 Kleinwächter, Schönbrunn, 84; ferner etwa Slapnicka, Oberösterreich, 83; Staudinger, Aspekte, 63.

496 Seipel, Kampf, 74.

497 S. Teil I, Kap. II/A: *Die Provisorische Nationalversammlung – das Gründungsorgan.*

498 Kelsen, Stellung, 99; Kelsen, Staatsrecht, 27; Merkl, Verfassung, 158 ff.

499 Vgl. Adomeit, Methode, 218.

500 So schon Kelsen, Staatsrecht, 82 ff.; Merkl, Verfassung, 39; später u. a. Hellbling, Verfassungs- und Verwaltungsgeschichte^2, 403 ff.

501 Vgl. Kelsen, Stellung, 99; Pernthaler, Staatsgründungsakte, 23; Köfner, Revolutionen, 141; Stolz, Geschichte, 710; Staudinger, Ereignisse, 62 ff.

502 In bezug auf die Steiermark: Mell, Grundriß, 666; für Tirol: Granichstaedten-Czerva, Stellung, 144 f.; ders., Tirol, 7. Vgl. auch Witzig, Frage, 5, der in den Beitrittserklärungen der Länder wie selbstverständlich einen Ersatz für die Pragmatische Sanktion sieht.

503 Kelsen, Verfassungsgesetze III, Anhang 225.

504 Ender, Schweizer-Anschluß-Bewegung, 9.

505 Mell, Grundriß, 666.

506 Ermacora, Föderalismus; schon in: Föderalismus, 9 ff.

507 Ermacora, Föderalismus, 41.
508 Ermacora, Verfassungslehre I, 29.
509 Ermacora, Föderalismus, 41.
510 Ermacora, Föderalismus, 41.
511 Ermacora, Föderalismus, 45.
512 Ermacora, Föderalismus, 45.
513 Pernthaler, Staatsgründungsakte, 22 ff.; vgl. schon zuvor: Pernthaler, Bundesstaat, 361 ff.; Pernthaler, Konstituierung, 725 ff.; Pernthaler – Esterbauer, Entstehung, 128 ff.; Pernthaler, Entwicklungen, 789 ff.
514 Grundsätzlich ist es verfehlt, den Begriff »souveräner Staat« auf die anders gelagerten Verhältnisse bis etwa 1800 rückzuprojizieren: vgl. Brunner, Land, 111 ff. – »Souveränität« haben die habsburgischen Länder – Ungarn vielleicht ausgenommen – vor der Pragmatischen Sanktion jedenfalls nicht besessen, und zwar zufolge ihres Zusammenschlusses zu diversen Länderverbindungen und z. T. durch ihre Zugehörigkeit zum Hl. Röm. Reich: Brauneder, Verfassungsgeschichte, 69 ff., 76 f.; Brunner, Land, 443.
515 S. Teil I, Kap. II/C: *Die neuen Landesgewalten.*
516 Brauneder, Sanktion, insbes. 111 ff.
517 Öhlinger, Entstehung, 42; Brauneder, Verfassungsgeschichte, 202.
518 Brauneder, Verfassungsgeschichte, 147 ff.
519 Vgl. Teil I, Kap. IV/C/7: *Die »Abdankung« des Parlaments: endgültige Beendigung der Staatsgewalt.*
520 Brauneder – Lachmayer, Verfassungsgeschichte, 192.
521 Brauneder – Lachmayer, Verfassungsgeschichte, 189; Merkl, Verfassung, 39; Renner, Geleitwort.
522 Brauneder, Verfassungsgeschichte, 193.
523 Vgl. Teil I, Kap. III/E: *Das Staatsgebiet: Repräsentation und Ländererklärungen.*
524 Merkl, Verfassung, 35 ff.; Merkl, Organisation, 22; Kelsen, Staatsrecht, 99 ff.
525 Kelsen, Entwicklung, 148.
526 Owerdieck, Verfassungsbeschluß, 78.
527 Vgl. Teil I, Kap. II/C: *Die neuen Landesgewalten.*
528 Brauneder, Verfassungsgeschichte, 202, 206 f.; Brauneder, Diskussionsbeitrag, in: FS 60 Jahre Bundesverfassung 1981, 50 f.
529 Köfner, Revolutionen; Köfner, Hunger.
530 Öhlinger, Rezension, 113 ff.; Öhlinger, Entstehung.
531 Vgl. zusammenfassend insbes. Schmitz, Vorentwürfe, 16 ff. – So auch Teil I, Kap. III/D: *Die Staatsform: dezentralisierter Einheitsstaat.*
532 Vgl. in bezug auf unser Thema Brunner, Land, 441 ff.
533 Im Überblick etwa Menger, Verfassungsgeschichte, 144 f., 203 f., 209 f.; Staatsrecht DDR, 45 ff.
534 Vgl. Menger, Verfassungsgeschichte, 167 ff.
535 Willoweit, Verfassungsgeschichte, 293; Gusy, Reichsverfassung, 28 ff., 224 ff.

536 Vgl. Teil I, Kap. III/B: *Formelle Diskontinuität bei materieller Kontinuität*; insbes. die Kritik vom Standpunkt der Diskontinuität aus: Kelsen, Verfassungsgesetze I, 28, in den Erläuterungen zu § 16 Staatsgründungsbeschluß.

537 Kelsen, Staatsrecht, 238.

Zu II. Verschiedene Gründungstage

538 Funder, Gestern, 589.

539 Das Interessante Blatt, 28. 11. 1918, 2 f.

540 Schranil – Janka, Verfassungsgesetze, 56.

541 Voegelin, Staat, 94 bzw. 90.

542 Schuschnigg, Österreich, 55, 59.

543 Lorenz, Staat, 14, 186, 188.

544 Hantsch, Geschichte II, 541 f.

545 Zöllner, Geschichte, 491 f.

546 Goldinger, Ablauf, 41 ff. bzw. 26 ff.; Goldinger, Geschichte, 9 ff.

547 Goldinger, Geschichte, 9 ff.

548 Andics, 50 Jahre, 18.

549 Schulz, Revolutionen, 134.

550 Bihl, Zusammenbruch, 48; Stadler, Gründung, 55.

551 Hanisch, Schatten, 266 f.

552 Jedlicka, Ende, 56 ff.

553 Vgl. diese Szene oben bei Anm. 9.

554 Ackerl – Neck, Österreich.

555 So der Untertitel von Owerdieck, Parteien: dazu ausführlich Brauneder, Rezension.

556 Ermacora, Friede, 155 f.

557 Wiltschegg, Österreich, 66.

558 Stolz, Grundriß, 48.

559 Hellbling, Verfassungs- und Verwaltungsgeschichte[1], 402; Brauneder – Lachmayer, Verfassungsgeschichte, 188.

560 Berchtold, Verfassungsgeschichte, 22 bzw. VI.

561 Pernthaler, Staatsgründungsakte, 22.

562 Walter – Mayer, Grundriß, 23 f.; Adamovich – Funk – Holzinger, Staatsrecht I, 73.

563 Ermacora – Baumgartner – Strejcek, Verfassungslehre, 51.

564 Z. B. Sinwel – Eichler, Lehrbuch, 235; Fiedler – Hummel, Lehrbuch, 186.

565 Z. B. Mayer – Kraitschek, Lehrbuch, 123; Czerwenka – Bohmann, Lehrbuch, 99; Schier, Lehrbuch VII, 145.

566 Z. B. Czerwenka – Landwehr-Pragenau – Pollack, Lehr- und Lesebuch, 171.

567 So Rusch – Herdegen – Tiechl, Lehrbuch, 140 ff.

568 Schuh, Zeekes Lehrbuch, 80; Kende, Lehrbuch[2], 70; Kende, Lehrbuch[3], 76.

[569] Z. B. Montzka, Woynars Lehrbuch IV, 96; Montzka, Woynars Lehrbuch III, 158: »Novemberumsturz«; Schier, Lehrbuch IV, 144.
[570] Marboe, Österreichbuch, 410; das Folgende: Österreich, 9.
[571] Lalics, Österreich, 79.
[572] Mikoletzky, Geschichte, 674.
[573] Schüssel, Werden, 234 f.
[574] Stöger, Geschichte, 70, auch 45.
[575] Dusek, Zeitgeschichte, 11.
[576] Achs – Scheuch – Tesar, Geschichte, 92; auch Scheucher – Wald – Lein – Staudinger, Zeitbilder, 97.
[577] Vienna, 55.
[578] Zum Folgenden: Perger, Straßen, 36 f., Wiener Stadt- und Landesarchiv: Verkehrsflächenbenennungskarte.
[579] ÖBL IX, 96 (Reumann); ÖBL II, 185 (Hanusch).
[580] Seethaler – Melischek, Demokratie, 86 ff.
[581] Czeike, Lexikon II, 14; Czeike, Stadt, 134 f.
[582] Vgl. z. B. Michel, Briefmarkenkatalog/Europa, Österreich.
[583] StenProtKonstNV, Nr. 158 der Beilagen; vgl. StenProtKonstNV I, 271 ff. Zum Folgenden: BGBl. 249/1934.
[584] Enderle-Burcel, Protokolle VIII/7, 86.
[585] Erlaß Zl 72.851-IV/15/55 vom 26. Juli 1955, VOBl/BMU vom 1. Oktober 1955; BGBl. 298/1965; vgl. Kolbabek, Nationalfeiertag, 276 ff.
[586] StenProt über die Festsitzung des Nationalrates und des Bundesrates der Republik Österreich aus Anlaß der 950-Jahr-Feier Österreichs, 30. Oktober 1946, in: StenProtNR 1945/46, nach 812.
[587] StenProtNR 30. 10. 1953, 595.
[588] StenProtNR 28. 10. 1955, 2568.
[589] StenProtKonstNV 12. 11. 1919, 1022.
[590] StenProtNR 10. 11. 1920, 4.
[591] StenProtNR 12. 11. 1928, 1963 ff.
[592] 50 Jahre Österreich, 1, 3 (Maleta), 5 (Jonas).
[593] 60 Jahre Republik, 3.
[594] Parlamentsgebäude, 9.
[595] 75. Jahrestag, 4 ff.
[596] 75. Jahrestag, 8 ff.
[597] 75. Jahrestag, 12 ff.
[598] 75. Jahrestag, 17 ff.
[599] 75. Jahrestag, 4, 5, 6.
[600] 75. Jahrestag, 18.
[601] In: Floimair, 75 Jahre, 65 (Schreiner), 71 (Katschthaler), 85, 77 und 93, 89.
[602] Präsidentschaftskanzlei/Presse: »TV-Erklärung von Bundespräsident Dr. Thomas Klestil anläßlich des Nationalfeiertages 1998 am Montag, dem 26. Oktober 1998«.
[603] Schefbeck, 80 Jahre; Schefbeck, Anmerkungen; der Autor Günther Schefbeck ist Archivar des Parlaments.

[604] Schefbeck, 80 Jahre, 4 f.
[605] 80. Jahrestag, 3: abgesehen von dieser Einleitung ein Abdruck des stenographischen Protokolls.
[606] Vgl. 80. Jahrestag, 16 ff. (Klima), 4 (Gerstl), 8 (Schüssel), 20 (Klestil), 13 f. (Fischer).
[607] In der dieser Festsitzung voraufgehenden Präsidialkonferenz des Nationalrates hatte der Verfasser, der ihr damals u. a. neben Präsidenten Fischer und II. Präsidenten Neisser als III. Präsident angehörte, auf den 30. Oktober 1918 verwiesen.
[608] 1993: Brauneder, 12. November, 24 ff. (mit Hinweisen auf den 30. Oktober 1918); 1998: Brauneder, 30. Oktober.
[609] Erlaß vom 13. Oktober 1928, Z. 29942, in: Volkserziehung, veröffentlicht im XIX. Stück am 1. November 1928; zur Wildgans-Rede u. a. Wiltschegg, Österreich, 237.
[610] Frau Direktor Elfriede Trappel gebührt besonderer Dank für die Erlaubnis, die Bände der handschriftlich verfaßten Schulchronik benützen zu dürfen; es sind dies »Schul-Chronik Valerie-Volksschule Weikersdorf« (nun Baden) bis 1925; »Chronik der Valerie-Schule Baden ab 1925 bis 1987«.
[611] Seethaler – Melischek, Demokratie: Illustrierte Kronen-Zeitung (75: »geboren«), Kleine Volks-Zeitung (76), Der Abend (95), Neues Wiener Journal (96), Volks-Zeitung (100 ff.), Der Tag (119), Reichspost (123), Die Stunde (147).
[612] Seethaler – Melischek, Demokratie: Neue Freie Presse (108), Neues Wiener Tagblatt (110), Die Neue Zeitung (138), Freiheit! (156).
[613] Seethaler – Melischek, Demokratie: Arbeiter-Zeitung (86), ähnlich weiters: Das Kleine Blatt (80), Illustriertes Wiener Extrablatt (134), Wiener Allgemeine Zeitung (155), Deutschösterreichische Tages-Zeitung (165), Die Welt am Morgen (172).
[614] Arbeiter-Zeitung: Seethaler – Melischek, Demokratie, 85.
[615] Wiener Neueste Nachrichten: Seethaler – Melischek, Demokratie, 159.
[616] Neues Wiener Tagblatt: Seethaler – Melischek, Demokratie, 112.
[617] Der Tag: Seethaler – Melischek, Demokratie, 116, 118.
[618] Der Tag: Seethaler – Melischek, Demokratie, 119.
[619] Die Rote Fahne: Seethaler – Melischek, Demokratie, 139.
[620] Neuigkeits-Welt-Blatt: Seethaler – Melischek, Demokratie, 126.
[621] Bauer, Revolution, 104.
[622] Das Folgende: Republik, 4 ff. (Bauer), 17 f. (Adler), 19 (Danneberg), 2 f., 4 (Renner), 14 (Popp).
[623] Republik, 19.
[624] Republik, 4. – Im Kontrast dazu beschrieb übrigens Karl Leuthner die »Habsburger Legende« in einer nahezu abstoßenden Weise, etwa Kaiser Franz Joseph mit dem »Merkmal völliger untermenschlicher Fühllosigkeit« sowie »skrupelloser Treulosigkeit«: Republik, 11 f.
[625] Seethaler – Melischek, Demokratie, 85 ff.
[626] Seethaler – Melischek, Demokratie, 95 ff.

[627] Zum Selbstverständnis der Sozialdemokratie hinsichtlich der Staatsgründung: Kostelka, Kampf, 217 ff.

[628] Vgl. Kolbabek, Nationalfeiertag, 283.

[629] Seethaler – Melischek, Demokratie, 157.

[630] Seethaler – Melischek, Demokratie, 161.

[631] Siehe bei Anm. 589 bzw. Anm. 591.

[632] E. M. Auer, »Ein Museum der Ersten und Zweiten Republik Österreichs«, in: Wiener Geschichtsblätter 1983, 53 ff. (mit Fotos des ersten Museumsraumes); Bausteine, 26; vgl. Parlament, 38.

[633] Erwähnt bei Skalnik, Suche, 11. Das Bild befindet sich nun im Heeresgeschichtlichen Museum zu Wien im Saal »Republik und Diktatur (1918–1945)«, und zwar seit dessen Eröffnung am 29. September 1998, vgl. Parlament, 38.

Anhang A

Quellen

I. Kaiserliches Manifest vom 16. Oktober 1918: Ankündigung einer geplanten Verfassungsänderung im Sinne des Selbstbestimmungsrechts der Völker durch Umwandlung Österreich/Cisleithaniens in einen Bundesstaat bestehend aus nationalen Einzelstaaten unter Mitwirkung von Nationalräten, gebildet aus den Reichsratsabgeordneten jeder Nation

Extra-Ausgabe der Wiener Zeitung, 17. Oktober 1918.

An Meine getreuen österreichischen Völker!
Seitdem Ich den Thron bestiegen habe, ist es Mein unentwegtes Bestreben, allen Meinen Völkern den ersehnten Frieden zu erringen sowie den Völkern Österreichs die Bahnen zu weisen, auf denen sie die Kraft ihres Volkstums, unbehindert durch Hemmnisse und Reibungen, zur segensreichen Entfaltung bringen und für ihre geistige und wirtschaftliche Wohlfahrt erfolgreich verwerten können.
Das furchtbare Ringen des Weltkrieges hat das Friedenswerk bisher gehemmt. Heldenmut und Treue – opferwilliges Ertragen von Not und Entbehrungen haben in dieser schweren Zeit das Vaterland ruhmvoll verteidigt. Die harten Opfer des Krieges mußten uns den ehrenvollen Frieden sichern, an dessen Schwelle wir heute mit Gottes Hilfe stehen.
Nunmehr muß ohne Säumnis der Neuaufbau des Vaterlandes auf seinen natürlichen und daher zuverlässigsten Grundlagen in Angriff genommen werden. Die Wünsche der österreichischen Völker sind hiebei sorgfältig miteinander in Einklang zu bringen und der Erfüllung zuzuführen. Ich bin entschlossen, dieses Werk unter freier Mitwirkung Meiner Völker im Geiste jener Grundsätze durchzuführen, die sich die verbündeten Monarchen in ihrem Friedensangebote zu eigen gemacht haben. Österreich soll, dem Willen seiner Völker gemäß, zu einem Bundesstaate werden, in dem jeder Volksstamm auf seinem Siedlungsgebiete sein eigenes staatliches Gemeinwesen bildet. Der Vereinigung der polnischen Gebiete Österreichs mit dem unabhängigen polnischen Staate wird hiedurch in keiner Weise vorgegriffen. Die Stadt Triest samt ihrem Gebiete erhält, den Wünschen ihrer Bevölkerung entsprechend, eine Sonderstellung.
Diese Neugestaltung, durch die die Integrität der Länder der ungarischen heiligen Krone in keiner Weise berührt wird, soll jedem nationalen Einzelstaate seine Selbständigkeit gewährleisten; sie wird aber auch gemeinsame Interessen wirksam schützen und überall dort zur Geltung bringen, wo die Gemeinsamkeit ein Lebensbedürfnis der einzelnen Staatswesen ist. Insbe-

sondere wird die Vereinigung aller Kräfte geboten sein, um die großen Aufgaben, die sich aus den Rückwirkungen des Krieges ergeben, nach Recht und Billigkeit erfolgreich zu lösen.
Bis diese Umgestaltung auf gesetzlichem Wege vollendet ist, bleiben die bestehenden Einrichtungen zur Wahrung der allgemeinen Interessen unverändert aufrecht. Meine Regierung ist beauftragt, zum Neuaufbaue Österreichs ohne Verzug alle Arbeiten vorzubereiten. An die Völker, auf deren Selbstbestimmung das neue Reich sich gründen wird, ergeht Mein Ruf, an dem großen Werke durch Nationalräte mitzuwirken, die – gebildet aus den Reichsratsabgeordneten jeder Nation – die Interessen der Völker zueinander sowie im Verkehr mit Meiner Regierung zur Geltung bringen sollen.
So möge unser Vaterland, gefestigt durch die Eintracht der Nationen, die es umschließt, als Bund freier Völker aus den Stürmen des Krieges hervorgehen. Der Segen des Allmächtigen sei über unserer Arbeit, damit das große Friedenswerk, das wir errichten, das Glück aller Meiner Völker bedeute.
Wien, am 16. Oktober 1918.
Karl m.p.

Hussarek m.p.

II. Beschluss des Vollzugsausschusses der Provisorischen Nationalversammlung betreffend die Verwaltungsorganisation in den Ländern vom 25. Oktober 1918

Arbeiter-Zeitung, 26. Oktober 1918

In Erwägung, daß die bisherige Zusammensetzung der Landtage und der Landesausschüsse den Bedürfnissen des deutschösterreichischen Volkes nicht entspricht, in weiterer Erwägung, daß die Länder in der gegenwärtigen Staatskrise einer provisorischen Vertretung bedürfen, beschließt der Vollzugsausschuß der Nationalversammlung folgenden Antrag vorzulegen:
Die Nationalversammlung wolle beschließen:
Bis zur endgültigen Festsetzung der deutschösterreichischen Verwaltungsorganisation werden zur Vertretung der Länder provisorische Landesversammlungen und Landesausschüsse berufen.
Die deutschen politischen Parteien jedes Landes haben zu vereinbaren, in welcher Weise die provisorische Landesversammlung zusammengesetzt werden soll, wie in jenen Ländern, wo Landesausschüsse nicht bestehen, solche zu bilden, und in jenen Ländern, wo nicht alle Parteien im Landesausschusse vertreten sind, Berufungen in die Landesausschüsse erfolgen sollen. Von der Konstituierung der provisorischen Landesversammlungen und Landesausschüsse ist der Vollzugsausschuß zu verständigen.

III. Beschluss der Provisorischen Nationalversammlung für Deutschösterreich vom 30. Oktober 1918 über die grundlegenden Einrichtungen der Staatsgewalt

StGBl. 1/1918

§ 1. Vorbehaltlich der Beschlüsse der konstituierenden Nationalversammlung wird einstweilen die oberste Gewalt des Staates Deutschösterreich durch die auf Grund des gleichen Wahlrechtes aller Bürger gewählte Provisorische Nationalversammlung ausgeübt.

§ 2. Die gesetzgebende Gewalt wird von der Provisorischen Nationalversammlung selbst ausgeübt.

§ 3. Mit der Regierungs- und Vollzugsgewalt betraut die Provisorische Nationalversammlung einen Vollzugsausschuß, den sie aus ihrer Mitte bestellt. Der Vollzugsausschuß führt den Titel »Deutschösterreichischer Staatsrat«.

§ 4. Der Staatsrat besteht nebst den drei Präsidenten der Nationalversammlung, die ihm kraft dieses Amtes angehören, aus weiteren zwanzig Mitgliedern und ebensovielen Ersatzmännern, die verhältnismäßig aus dem Hause gewählt werden.

Der Staatsrat ist ständig. Er bleibt im Amt, bis die neugewählte Nationalversammlung den neuen Staatsrat eingesetzt hat.

§ 5. Der Staatsrat konstituiert sich unter dem Vorsitze der Präsidenten, bestellt aus seiner Mitte den Leiter seiner Kanzlei, der für die Führung der Staatsratsprotokolle verantwortlich ist, und den Notar des Staatsrates, der die Ausfertigungen des Staatsrates beurkundet.

Die drei Präsidenten, der Leiter der Kanzlei und der Notar bilden das geschäftsführende Staatsratsdirektorium.

§ 6. Die Präsidenten vertreten den Staatsrat nach außen, somit vor den Staatsbürgern wie vor den Vertretern anderer Staaten und Nationen.

Ausfertigungen des Staatsrates sind ungültig, wenn sie nicht von einem der Präsidenten gefertigt und vom Leiter der Kanzlei und dem Notar des Staatsrates mitgezeichnet sind.

§ 7. Der Staatsrat berät die Vorlagen an die Nationalversammlung vor, beurkundet deren Beschlüsse, macht sie kund und erläßt die nötigen Vollzugsanweisungen.

§ 8. Der Staatsrat führt die Geschäfte der Staatsverwaltung nicht unmittelbar, sondern durch Beauftragte.

Diese Beauftragten bilden in ihrer Gesamtheit die Staatsregierung.

§ 9. Die Beauftragten sind jeder einzeln und alle vereint für die Befolgung der Beschlüsse der Nationalversammlung, die Erfüllung der Aufträge und die Einhaltung der Vollmachten, die ihnen der Staatsrat erteilt, dem Staatsrat und der Nationalversammlung verantwortlich.

Das Gesetz vom 25. Juli 1867, RGBl. 101, über die Verantwortlichkeit der Minister der im Reichsrate vertretenen Königreiche und Länder findet auf die Staatsbeauftragten sinngemäß mit der vorläufigen Maßgabe Anwendung, daß an die Stelle des Staatsgerichtshofes ein 20gliedriger Ausschuß der Provisorischen Nationalversammlung tritt.

§ 10. Die Beauftragten bestellt der Staatsrat, er setzt dabei im Rahmen der Beschlüsse der Nationalversammlung (§ 12) den Umfang der erteilten Aufträge und Vollmachten fest. Die Beauftragung ist jederzeit durch Beschluß des Staatsrates widerruflich.
§ 11. Jedem Beauftragten ist ein besonderes Amt mit allen nötigen persönlichen und sachlichen Erfordernissen unterstellt. Ein solches Amt trägt die Bezeichnung »Staatsamt«. Der Beauftragte führt als Vorsteher dieses Amtes den Titel »Staatssekretär« unter Beifügung des Zusatzes (§ 13), der das unterstellte Amt bezeichnet.
§ 12. Die allgemeinen ständigen Aufträge und Vollmachten der Staatsämter werden durch Beschluß der Nationalversammlung festgestellt und abgegrenzt.
Bis auf weiteres, bis die Nationalversammlung die Zahl der Staatsämter verringert und deren Aufträge und Vollmachten neu regelt, wird Auftrag und Vollmacht jedes Staatssekretärs und Staatsamts vorläufig – vorbehaltlich der im § 13 getroffenen Änderungen – nach Umfang und Grenzen ebenso festgestellt, wie die derzeitige Zuständigkeit der für die im Reichsrat vertretenen Königreiche und Länder bestehenden Ministerien.
§ 13. Demnach werden einstweilen eingerichtet:
ein Staatsamt des Äußern mit der Zuständigkeit des bisherigen k. u. k. Ministeriums des Äußern und mit Auftrag und Vollmacht, auch die auswärtigen Beziehungen zu den auf dem Boden der bisherigen österreichisch-ungarischen Monarchie entstehenden souveränen Nationalstaaten zu regeln und zu pflegen;
ein Staatsamt für Heerwesen, das in sich die Aufträge und Vollmachten des k. u. k. Kriegsministeriums einschließlich der Marinesektion und des k. k. Ministeriums für Landesverteidigung vereinigt;
ein Staatsamt des Innern;
ein Staatsamt für Unterricht;
ein Staatsamt für Justiz;
ein Staatsamt der Finanzen;
ein Staatsamt für Landwirtschaft, entsprechend dem k. k. Ackerbauministerium;
ein Staatsamt für Gewerbe, Industrie und Handel, entsprechend dem k. k. Handelsministerium;
ein Staatsamt für öffentliche Arbeiten;
ein Staatsamt für Verkehrswesen, entsprechend dem k. k. Eisenbahnministerium;
ein Staatsamt für Volksernährung, entsprechend dem k. k. Amte für Volksernährung;
ein Staatsamt für soziale Fürsorge;
ein Staatsamt für Volksgesundheit;
ein Staatsamt für Kriegs- und Übergangswirtschaft mit Auftrag und Vollmacht, die planmäßige, rasche und stetige Zusammenarbeit der volkswirtschaftlichen und sozialen Ämter während der Kriegs- und Übergangszeit zu sichern.

§ 14. Der Staatsrat kann auch für verwandte Staatsämter gemeinsam einen Staatssekretär bestellen und bei Bedarf die gemeinsame Beauftragung wieder teilen.
§ 15. Der Staatsrat betraut einen der Staatssekretäre mit dem Vorsitz in der Staatsregierung.
§ 16. Insoweit Gesetze und Einrichtungen, die in den im Reichsrate vertretenen Königreichen und Ländern in Kraft stehen, durch diesen Beschluß nicht aufgehoben oder abgeändert sind, bleiben sie bis auf weiteres in vorläufiger Geltung.
§ 17. Mit dem Vollzug dieses Beschlusses der Provisorischen Nationalversammlung ist der Deutschösterreichische Staatsrat betraut.

IV. Erklärung Kaiser Karls von Österreich vom 11. November 1918: insbesondere Verzicht auf jeden Anteil an den Staatsgeschäften und Amtsenthebung der österreichisch/cisleithanischen Regierung sowie Anerkennung der künftigen Regierungsform Deutschösterreichs

Extra-Ausgabe der Wiener Zeitung, 11. November 1918

Seit Meiner Thronbesteigung war ich unablässig bemüht, Meine Völker aus den Schrecknissen des Krieges herauszuführen, an dessen Ausbruch Ich keinerlei Schuld trage.
Ich habe nicht gezögert, das verfassungsmäßige Leben wieder herzustellen, und habe den Völkern den Weg zu ihrer selbständigen staatlichen Entwicklung eröffnet.
Nach wie vor von unwandelbarer Liebe für alle Meine Völker erfüllt, will Ich ihrer freien Entfaltung Meine Person nicht als Hindernis entgegenstellen.
Im voraus erkenne Ich die Entscheidung an, die Deutschösterreich über seine künftige Staatsform trifft.
Das Volk hat durch seine Vertreter die Regierung übernommen. Ich verzichte auf jeden Anteil an den Staatsgeschäften.
Gleichzeitig enthebe Ich Meine österreichische Regierung ihres Amtes.
Möge das Volk von Deutschösterreich in Eintracht und Versöhnlichkeit die Neuordnung schaffen und befestigen. Das Glück Meiner Völker war von Anbeginn das Ziel Meiner heißesten Wünsche.
Nur der innere Friede kann die Wunden dieses Krieges heilen.

Karl m.p.

Lammasch m.p.

V. Gesetz vom 12. November 1918 über die Staats- und Regierungsform von Deutschösterreich

StGBl. 5/1918

Kraft Beschlusses der Provisorischen Nationalversammlung verordnet der Staatsrat, wie folgt:

Artikel 1. Deutschösterreich ist eine demokratische Republik. Alle öffentlichen Gewalten werden vom Volke eingesetzt.

Artikel 2. Deutschösterreich ist ein Bestandteil der Deutschen Republik. Besondere Gesetze regeln die Teilnahme Deutschösterreichs an der Gesetzgebung und Verwaltung der Deutschen Republik sowie die Ausdehnung des Geltungsbereiches von Gesetzen und Einrichtungen der Deutschen Republik auf Deutschösterreich.

Artikel 3. Alle Rechte, welche nach der Verfassung der im Reichsrate vertretenen Königreiche und Länder dem Kaiser zustanden, gehen einstweilen, bis die konstituierende Nationalversammlung die endgültige Verfassung festgesetzt hat, auf den deutschösterreichischen Staatsrat über.

Artikel 4. Die k. u. k. Ministerien und die k. k. Ministerien werden aufgelöst. Ihre Aufträge und Vollmachten auf dem Staatsgebiete von Deutschösterreich gehen unter ausdrücklicher Ablehnung jeder Rechtsnachfolge auf die deutschösterreichischen Staatsämter über. Den andern Nationalstaaten, die auf dem Boden der österreichisch-ungarischen Monarchie entstanden sind, bleiben ihre Ansprüche an die erwähnten Ministerien wie auf das von diesen verwaltete Staatsvermögen gewahrt.

Die Liquidierung dieser Ansprüche ist völkerrechtlichen Vereinbarungen durch Kommissionen vorbehalten, die aus Bevollmächtigten aller beteiligten Nationalregierungen zu bilden sind.

Bis zum Zusammentreten dieser Kommissionen haben die deutschösterreichischen Staatsämter das Gemeinschaftsgut, soweit es sich auf dem Staatsgebiet der Republik Deutschösterreich vorfindet, als Treuhänder aller beteiligten Nationen zu verwalten.

Artikel 5. Alle Gesetze und Gesetzesbestimmungen, durch die dem Kaiser und den Mitgliedern des kaiserlichen Hauses Vorrechte zugestanden werden, sind aufgehoben.

Artikel 6. Die Beamten, Offiziere und Soldaten sind des dem Kaiser geleisteten Treueides entbunden.

Artikel 7. Die Übernahme der Krongüter wird durch ein Gesetz durchgeführt.

Artikel 8. Alle politischen Vorrechte sind aufgehoben. Die Delegationen, das Herrenhaus und die bisherigen Landtage sind abgeschafft.

Artikel 9. Die konstituierende Nationalversammlung wird im Jänner 1919 gewählt. Die Wahlordnung wird noch von der Provisorischen Nationalversammlung beschlossen, sie beruht auf der Verhältniswahl und auf dem allgemeinen, gleichen, direkten und geheimen Stimmrecht aller Staatsbürger ohne Unterschied des Geschlechts.

Artikel 10. Nach den gleichen Grundsätzen ist das Wahlrecht und das Wahlverfahren der Landes-, Kreis-, Bezirks- und Gemeindevertretungen zu ordnen.
Die Gemeindewahlordnung wird noch durch die Provisorische Nationalversammlung festgesetzt, die Neuwahl der Gemeindevertretungen erfolgt binnen drei Monaten. Bis zur Neuwahl sind die bestehenden Gemeindevertretungen nach den Anweisungen des Staatsrates durch eine angemessene Zahl von Vertretern der Arbeiterschaft zu ergänzen.
Artikel 11. Dieses Gesetz tritt mit dem Tage seiner Kundmachung in Kraft.

VI. Erklärung König Karls von Ungarn vom 13. November 1918: insbesondere Verzicht auf alle Teilnahme an den Staatsgeschäften und Anerkennung der künftigen Regierungsform Ungarns

Ungarisches Telegraphen-Korrespondenz-Bureau, in: Wiener Zeitung, 15. November 1918 (mit Verbesserung von Frau Univ.-Ass. Dr. M. Szigeti, Budapest)

Seit meiner Thronbesteigung war ich stets bestrebt, Meine Völker ehebaldigst von den Schrecknissen des Krieges zu befreien, an dessen Entstehen ich keinen Anteil hatte. Ich will nicht, daß Meine Person der Entwicklung der ungarischen Nation im Wege stehe, für welche Ich von unabänderlicher Liebe durchdrungen bin. Infolgedessen verzichte Ich auf jeden Anteil an der Führung der Staatsgeschäfte [besser: auf alle Teilnahme an den Staatsgeschäften] und erkenne schon im voraus jene Entwicklung, mit welcher Ungarn seine zukünftige Staatsform feststellen wird.
Gegeben zu Eckartsau, am 13. November 1918.

Karl m.p.

VII. Gesetz vom 22. November 1918 über Umfang, Grenzen und Beziehungen des Staatsgebietes von Deutschösterreich

StGBl. 40/1918

Die Provisorische Nationalversammlung des Staates Deutschösterreich hat beschlossen:
§ 1. Die Republik Deutschösterreich übt die Gebietshoheit über das geschlossene Siedlungsgebiet der Deutschen innerhalb der bisher im Reichsrate vertretenen Königreiche und Länder aus.
Die Republik umfaßt:
Die Länder Österreich unter der Enns einschließlich des Kreises Deutsch-Südmähren und des deutschen Gebietes um Neubistritz, Österreich ob der Enns einschließlich des Kreises Deutsch-Südböhmen, Salzburg, Steiermark und Kärnten mit Ausschluß der geschlossenen jugoslawischen Siedlungsgebiete, die Grafschaft Tirol mit Ausschluß des geschlossenen italienischen

Siedlungsgebietes, Vorarlberg, Deutschböhmen und Sudetenland, sowie die deutschen Siedlungsgebiete von Brünn, Iglau und Olmütz.

§ 2. Kraft dieser Gebietshoheit unterstehen alle Personen, die im Staatsgebiete weilen, und alle beweglichen und unbeweglichen Sachen, die sich im Staatsgebiete vorfinden, den Gesetzen und Behörden von Deutschösterreich. Welche Gebäude und Liegenschaften als exterritorial zu behandeln sind, verordnet der Staatsrat nach völkerrechtlichen Grundsätzen.

§ 3. Die Gerichtsbezirke, Gemeinden und Ortschaften, die das Staatsgebiet bilden, werden durch den Staatsrat bestimmt und kundgemacht.

VIII. Beschluss der provisorischen Landesversammlung für Vorarlberg vom 3. November 1918 über die gesetzgebende und vollziehende Gewalt des Landes sowie seine staatliche Zugehörigkeit

Stenographische Berichte der provisorischen Vorarlberger Landesversammlung, 3. November 1918 (nach: Kelsen, Verfassungsgesetze III, 229 f.)

Erklärung

Die Vorarlberger Landesversammlung erklärt sich als die gesetzgebende Körperschaft für das Land Vorarlberg. Ihre Mitglieder wurden von den politischen Parteien entsendet und vertreten das Land an Stelle des früheren Landtages, bis eine aus Neuwahlen hervorgegangene Vertretung bestellt ist. Die Vorarlberger Landesversammlung führt durch einen aus ihrer Mitte gewählten Landesrat die Verwaltung des Landes. Wie in anderen Kronländern wurde die Führung der politischen und autonomen Verwaltung in einer Hand vereinigt; damit hat sich das Land Vorarlberg jene Selbständigkeit gegeben, die es schon lange einmütig erstrebte. Vorarlberg bildet von nun an nicht mehr ein gemeinsames Verwaltungsgebiet mit Tirol, sondern erklärt sich auf Grund des Selbstbestimmungsrechtes als eigenes, selbständiges Land im Rahmen des Deutschösterreichischen Staates. Der Landesrat tritt daher an die Stelle des bisherigen Landesausschusses und übernimmt überdies die Führung der bis jetzt der k. k. Statthalterei zugewiesenen Geschäfte.

Die Vorarlberger Landesversammlung stellt sich als dringendste Aufgabe, das Volk Vorarlbergs in dieser Zeit schwerster wirtschaftlicher Not und raschester politischer Entwicklung in Ordnung und Ruhe in eine bessere Zeit des Friedens hinüberzuleiten. Sie will insbesondere alle Kräfte zusammenfassen, um die Ernährung unseres Volkes zu sichern.

Anhang B

Zu den Personen

Die folgenden Angaben betreffen im Text erwähnte Personen mit politisch-staatlichen Funktionen in den Jahren 1918/1919, zu deren besserer Einschätzung die wichtigsten von derartigen Funktionen oder auch andere vor und nach diesen Jahren angegeben sind.

ADLER FRIEDRICH, Dr. phil. (1879–1960); *1918/1919:* Mitglied der Konst. Nationalversammlung (SdP); *vorher:* Privatdozent für Physik 1907–1911 an der Universität Zürich, Sekretär der SdP 1911–1914, erschoß 1916 den Ministerpräsidenten Graf Stürgkh (Todesurteil, Begnadigung zu Kerkerstrafe, Amnestie 1918); *danach:* Abgeordneter zum Nationalrat 1920–1923, Generalsekretär der Sozialistischen Internationale 1923–1940

ADLER MAX, Dr. iur., Universitätsprofessor (1873–1937); Soziologe und Theoretiker des Austromarxismus; Abgeordneter zum Niederösterreichischen Landtag 1919–1921

ADLER VIKTOR, Dr. med. (1852–1918); *1918/1919:* Mitglied der Prov. Nationalversammlung (SdP), Staatssekretär für Äußeres 30. 10.–11. 11. 1918; *vorher:* Abgeordneter zum Niederösterreichischen Landtag 1905, Reichsratsabgeordneter 1905–1918

BARDOLFF KARL, Dr., Freiherr von (1865–1953); *1918/1919:* Sektionschef im k. u. k. Kriegsministerium ab 3. 9. 1918; *vorher:* Offizier, u. a. Vorstand der Militärkanzlei des Thronfolgers Ehz. Franz Ferdinand

BAUER OTTO, Dr. iur. (1881–1938); *1918/1919:* Mitglied der Konst. Nationalversammlung (SdP), Unterstaatssekretär für Äußeres 31. 10.–21. 11. 1918, Staatssekretär für Äußeres 21. 11. 1918–26. 7. 1919, Parteivorsitzender der SdP 1918; *vorher:* Sekretär des Klubs sozialdemokratischer Abgeordneter im Reichsrat 1907; *danach:* Abgeordneter zum Nationalrat 1920–1934

BRANDL FRANZ, Dr. iur. (1875–1953); *1918/1919:* Leiter der Staatspolizei; *vorher:* ab 1898 im Polizeidienst; *danach:* Polizeipräsident von Wien 1932–1933

CLESSIN HEINRICH, abs. iur. (1880–1950); *1918/1919:* Mitglied der Konst. Nationalversammlung (GdP); *vorher:* Obermagistratsrat der Stadt Salzburg; *danach:* Abgeordneter zum Nationalrat 1920–1930

DANNEBERG ROBERT, Dr. iur. (1885–1942); *1918/1919:* Mitglied der Konst. Nationalversammlung (SdP); *vorher:* Sekretär der Sozialistischen Jugendinternationale 1907–1915; *danach:* Mitglied des Gemeinderates der Stadt Wien 1918–1927, Abgeordneter zum Nationalrat 1920–1934, Amtsführender Stadtrat von Wien 1932–1934

Deutsch Julius, Dr. iur. (1884–1968); *1918/1919:* Mitglied der Konst. Nationalversammlung (SdP), Unterstaatssekretär für Heerwesen 13. 12. 1918–15. 3. 1919, Staatssekretär für Heerwesen 15. 3. 1919–22. 10. 1920; *vorher:* Parteisekretär der SdP 1909; *danach:* Abgeordneter zum Nationalrat 1920–1934, Obmann des Republikanischen Schutzbundes 1923–1934

Dinghofer Franz, Dr. iur. (1873–1956); *1918/1919:* Präsident der Prov. Nationalversammlung (DnP), Dritter Präsident der Konst. Nationalversammlung (GdP); *vorher:* Bürgermeister der Stadt Linz 1907–1918, Abgeordneter zum Oberösterreichischen Landtag 1914–1918, Reichsratsabgeordneter 1911–1918; *danach:* Abgeordneter zum Nationalrat 1920–1928 (Dritter Präsident 1920–1926), Vizekanzler 1926–1927, Bundesminister im Bundeskanzleramt und für Justiz 1927–1928, Präsident des Obersten Gerichtshofes 1928–1938

Ellenbogen Wilhelm, Dr. med. (1863–1951); *1918/1919:* Mitglied der Prov. und der Konst. Nationalversammlung (SdP), Unterstaatssekretär für Handel und Gewerbe, Industrie und Bauten 15. 3. 1919–22. 10. 1920 (Leiter 24. 6.–7. 7. 1920); *vorher:* Reichsratsabgeordneter 1901–1918; *danach:* Abgeordneter zum Nationalrat 1920–1934

Ender Otto, Dr. iur. (1875–1960); *1918/1919:* 1918–1930 Landeshauptmann von Vorarlberg (CSP); *vorher:* Abgeordneter zum Vorarlberger Landtag; *danach:* Mitglied des Bundesrats 1920–1934 (Vorsitzender 1924, 1928/1929, 1933), Bundeskanzler 1930–1931, Bundesminister im Bundeskanzleramt 1933–1934, Präsident des Rechnungshofs 1934–1938

Fink Jodok, Dr. h.c. (1853–1929); *1918/19:* Mitglied der Prov. und der Konst. Nationalversammlung (CSP, Präsident der Prov. Nationalversammlung 21. 10.–30. 10. 1918), Vizekanzler 1919–1920; *vorher:* Abgeordneter zum Vorarlberger Landtag, Reichsratsabgeordneter 1897–1918; *danach:* Abgeordneter zum Nationalrat 1920–1929

Freissler Robert, Dr. iur. (1877–1950); *1918/1919:* Mitglied der Prov. Nationalversammlung (DnP); *vorher:* Reichsratsabgeordneter 1911–1918

Glaise von Horstenau Edmund, Dr. h.c. (1882–1946); *1918/1919:* Leiter des Pressereferats des Armee-Oberkommandos (Verfasser der Kriegsberichte); *vorher:* Offizier, Generalstab 1910; *danach:* Direktor des Kriegsarchivs 1925–1938, Mitglied des Staatsrats 1934, Bundesminister ohne Geschäftsbereich bzw. für Inneres 1936–1938, Vizekanzler 11.–13. 3. 1938

Glöckel Otto (1874–1935); *1918/1919:* Mitglied der Prov. und der Konst. Nationalversammlung (SdP), Unterstaatssekretär für Inneres 5. 11. 1918–15. 3. 1919, Unterstaatssekretär für Unterricht 15. 3. 1919–22. 10. 1920; *vorher:* Reichsratsabgeordneter 1907–1918; *danach:* Abgeordneter zum Nationalrat 1920–1934, Geschäftsführender Präsident des Wiener Stadtschulrates 1922

Gross Gustav, Dr. iur., Universitätsprofessor (1856–1935); *1918/1919:* Mitglied der Prov. Nationalversammlung (DnP); *vorher:* Reichsratsabgeordneter 1889–1918 (Präsident des Abgeordnetenhauses 1917–1918)

HANUSCH FERDINAND (1866–1923); *1918/1919:* Mitglied der Prov. und der Konst. Nationalversammlung (SdP), Staatssekretär für soziale Fürsorge 30. 10. 1918–15. 3. 1919, Staatssekretär für soziale Verwaltung 15. 3. 1919–22. 10. 1920; *vorher:* Reichsratsabgeordneter 1907–1918; *danach:* Vizekanzler 1920, Abgeordneter zum Nationalrat 1920–1923

HARTMANN LUDO (LUDWIG) MORITZ, Dr. phil., Universitätsprofessor (1865–1924); *1918/1919:* Mitglied der Konst. Nationalversammlung (SdP), erster Gesandter der Republik (Deutsch-)Österreich in Berlin 1918–1920; *danach:* Mitglied des Bundesrates 1920–1924

HAUSER JOHANN NEPOMUK, Prälat (1866–1927); *1918/1919:* Mitglied der Prov. und der Konst. Nationalversammlung (CSP, Präsident der Prov. Nationalversammlung, Zweiter Präsident der Konst. Nationalversammlung); *vorher:* Abgeordneter zum Oberösterreichischen Landtag 1899–1927, Landeshauptmann von Oberösterreich 1908–1927, Reichsratsabgeordneter 1908–1918; *danach:* Abgeordneter zum Nationalrat 1920–1927, zu Oberösterreich vgl. zuvor

HEILINGER ALOIS, Dr. iur. (1859–1921); *1918/1919:* Mitglied der Prov. Nationalversammlung (DnP); *vorher:* Abgeordneter zum Niederösterreichischen Landtag, Reichsratsabgeordneter 1901–1918

HUMMER GUSTAV, Mag. pharm. (1877–1959); *1918/1919:* Mitglied der Prov. Nationalversammlung (DnP); *vorher:* Reichsratsabgeordneter 1911–1918

JUKEL CARL, Ing. (1865–1931); *1918/1919:* Mitglied der Prov. Nationalversammlung (CSP), Staatssekretär für Verkehrswesen 30. 10. 1918–15. 3. 1919; *vorher:* Bürgermeister von Schönau 1906–1918, Reichsratsabgeordneter 1907–1918 (Vizepräsident des Abgeordnetenhauses 1911–1918); *danach:* Mitglied des Bundesrates 1920–1927, Abgeordneter zum Niederösterreichischen Landtag 1921–1931

KELSEN HANS, Dr. iur., Universitätsprofessor (1881–1973); *1918/1919:* Konsulent der Staatskanzlei 1918–1919 (Mitgestalter der Bundesverfassung)

KLEIN FRANZ, Dr. iur., Universitätsprofessor (1854–1926); *1918/1919:* Mitglied und stellvertretender Delegationsleiter der deutschösterreichischen Delegation in St. Germain 1919; *vorher:* Leiter des österreichisch/cisleithanischen Justizministeriums 1905, Mitglied des Herrenhauses 1905–1918, österreichisch/cisleithanischer Justizminister 1906–1908, 1916.

KÖRNER THEODOR, Dr. h.c. (1873–1957); *1918/1919:* Leiter der Präsidialabteilung des Staatsamtes für Heerwesen; *vorher:* Generalstabschef der 1. Isonzo-Armee; *danach:* 1924 als General pensioniert, Mitglied der Zentralleitung des Republikanischen Schutzbundes, Mitglied des Bundesrats 1924–1934 (Vorsitzender 1933/1934), Bürgermeister von Wien 1945–1951, Abgeordneter zum Nationalrat 1945–1951, Bundespräsident 1951–1957

LAMMASCH HEINRICH, Dr. iur., Universitätsprofessor (1853–1920); *1918/1919:* letzter österreichisch/cisleithanischer Ministerpräsident 27. 10.–11. 11. 1918, Mitglied der deutschösterreichischen Delegation in St. Germain 1919; *vorher:* Mitglied des Herrenhauses 1899–1918, Mitglied und zeitweise Präsident des Internationalen Gerichtshofes in Den Haag

LICHT STEFAN, EDLER VON, Dr. iur. (1860–1932); *1918/1919:* Mitglied der Prov. Nationalversammlung (DnP); *vorher:* Reichsratsabgeordneter 1901–1918

LODGMAN VON AUEN RUDOLF, Dr. iur. (1877–1962); *1918/1919:* Mitglied der Prov. Nationalversammlung (DnP), Landeshauptmann von Deutschböhmen, Mitglied der deutschösterreichischen Delegation in St. Germain 1919; *vorher:* politischer Verwaltungsdienst in Böhmen, Reichsratsabgeordneter 1911–1918, Abgeordeter zum böhmischen Landtag 1912/13; *danach:* Abgeordneter zum tschechoslowakischen Abgeordnetenhaus 1920, sudetendeutscher Politiker

LÖWENFELD-RUSS HANS, Dr. iur. (1873–1945); *1918/1919:* Staatssekretär für Volksernährung 30. 10. 1918–7. 7. 1920; *vorher:* Beamter im österreichisch/cisleithanischen Handelsministerium, Amt für Volksernährung beim Ministerratspräsidium 1916

LUKSCH JOSEF (1862–1936); *1918/1919:* Mitglied der Prov. Nationalversammlung (DnP); *vorher:* Bürgermeister von Lodenitz (Mähren), Abgeordneter zum mährischen Landtag ab 1893, Reichsratsabgeordneter 1900–1918; *danach:* Mitglied des tschechoslowakischen Senats 1920–1925

MALIK VINZENZ (1854–1924); *1918/1919:* Mitglied der Prov. Nationalversammlung (DnP); *vorher:* Reichsratsabgeordneter 1901–1918

MANNLICHER EGBERT, Dr. iur. (1882–1973); *1918/1919:* Beamter der Staatskanzlei ab 21. 11. 1918; *vorher:* Verwaltungsdienst; *danach:* Beamter im Bundeskanzleramt 1920–1930, Senatspräsident am VwGH 1930–1934, leitender Senatspräsident am VwGH bzw. am Reichsverwaltungsgericht (Außensenat Wien) 1938–1945, Rechtsanwalt nach 1945

MATAJA HEINRICH, Dr. iur. (1877–1937); *1918/1919:* Mitglied der Prov. und der Konst. Nationalversammlung (CSP), Staatssekretär des Innern 30. 10. 1918–15. 3. 1919; *vorher:* Mitglied des Wiener Gemeinderates 1910, Reichsratsabgeordneter 1913–1918; *danach:* Abgeordneter zum Nationalrat 1920–1930, Bundesminister im Bundeskanzleramt 1924–1926

MAYER JOSEF (1877–1938); *1918/1919:* Mitglied der Prov. Nationalversammlung (DnP), Staatssekretär für Heerwesen 30. 10. 1918–15. 3. 1919; *vorher:* Abgeordneter zum Böhmischen Landtag ab 1908, Reichsratsabgeordneter 1910–1918; *danach:* Abgeordneter zum tschechoslowakischen Abgeordnetenhaus 1920–1928

MERKL ADOLF, Dr. iur., Universitätsprofessor (1890–1970); *1918/1919:* Staatsrechtliches Bureau des Ministerratspräsidiums, Dienstzuteilung an Verfassungsdienst der Staatskanzlei mit 2. 11. 1918 (Mitgestalter der Bundesverfassung); *vorher:* Beamter im österreichisch/cisleithanischen Handelsministerium

MIKLAS WILHELM (1872–1956); *1918/1919:* Mitglied der Prov. und der Konst. Nationalversammlung (CSP), Unterstaatssekretär für Kultus 15. 3. 1919–20. 11. 1920; *vorher:* Abgeordneter zum Niederösterreichischen Landtag 1908–1918, Reichsratsabgeordneter 1907–1918; *danach:* Abgeordneter zum Nationalrat 1920–1928 (Präsident 1923–1928), Bundespräsident 1928–1938

Müller Hermann (1876–1931); *1918/1919:* Mitglied der Dt. Konst. Nationalversammlung 1919, Außenminister des Deutschen Reiches 1919–1920; *vorher:* Mitglied des Dt. Reichstages 1916–1918; *danach:* Reichskanzler 1920, Mitglied des Dt. Reichstages 1920–1931, Reichskanzler 1928–1930

Ofner Julius, Dr. iur. (1845–1924); *1918/1919:* Mitglied der Prov. Nationalversammlung (DnP); *vorher:* Reichsratsabgeordneter 1901–1918

Pantz Ferdinand, Freiherr von, abs. iur. (1868–1933); *1918/1919:* Mitglied der Prov. Nationalversammlung (DnP); *vorher:* Reichsratsabgeordneter 1907–1918

Popp Adelheid (1869–1939); *1918/1919:* Mitglied der Konst. Nationalversammlung (SdP); *vorher:* Mitglied des Parteivorstands der SdP 1903–1933; *danach:* Mitglied des Wiener Gemeinderates 1918–1923, Abgeordnete zum Nationalrat 1920–1934

Redlich Josef, Dr. iur., Universitätsprofessor (1869–1936); *1918/1919:* österreichisch/cisleithanischer Minister für Finanzen 27. 10.–11. 11. 1918, Mitglied der Prov. Nationalversammlung (DnP); *vorher:* Abgeordneter zum Mährischen Landtag 1906, Reichsratsabgeordneter 1907–1918; *danach:* Bundesminister für Finanzen 1931

Renner Karl, Dr. iur. (1870–1950); *1918/1919:* Mitglied der Prov. und der Konst. Nationalversammlung (SdP), Staatskanzler 30. 10. 1918–7. 7. 1920, Leiter des Staatsamtes für Inneres und Unterricht 15. 3.–9. 5. 1919, Leiter des Staatsamtes für Äußeres 26. 7.–17. 10. 1919, Staatssekretär für Äußeres 17. 10. 1919–22. 10. 1920, Leiter der deutschösterreichischen Delegation in St. Germain 1919; *vorher:* Abgeordneter zum Niederösterreichischen Landtag 1909–1922, Reichsratsabgeordneter 1907–1918; *danach:* Abgeordneter zum Nationalrat 1920–1934 (Präsident 1931–1933), Staatskanzler 1945, Abgeordneter zum Nationalrat 1945, Bundespräsident 1945–1950

Reumann Jakob (1853–1925); *1918/1919:* Mitglied der Prov. Nationalversammlung (SdP), Vizebürgermeister von Wien 1918; *vorher:* Reichsratsabgeordneter 1907–1918; *danach:* Bürgermeister von Wien 1919–1923, Mitglied des Bundesrates 1920–1925 (Vorsitzender 1920/1921 und 1924/1925)

Reut-Nicolussi Eduard, Dr. iur., Universitätsprofessor (1888–1958); *1918/1919:* Mitglied der Konst. Nationalversammlung (CSP)

Rieger Eduard (1865–1938); *1918/1919:* Mitglied der Prov. und der Konst. Nationalversammlung (SdP); *vorher:* Reichsratsabgeordneter 1897–1918; *danach:* Abgeordneter zum Nationalrat 1920–1934

Schober Johannes, abs. iur. DDDr. h.c (1874–1932); *1918/1919:* Polizeipräsident von Wien; *danach:* Polizeipräsident von Wien bis 1921 und 1922–1932, Bundeskanzler 1921–1922 und 1929–1930, Vizekanzler 1930–1932, Abgeordneter zum Nationalrat 1930–1932

Seipel Ignaz, Dr. theol., Prälat, Universitätsprofessor (1876–1932); *1918/1919:* Mitglied der Konst. Nationalversammlung (CSP), österreichisch/cisleithanischer Minister für soziale Fürsorge 27. 10.–11. 11.

1918; *danach:* Bundeskanzler 1922–1924 und 1926–1929, Bundesminister für Äußeres 1930

SEITZ KARL (1869–1950); *1918/1919:* Vizepräsident des Abgeordnetenhauses 1918, Präsident der Prov. und der Konst. Nationalversammlung (SdP); *vorher:* Reichsratsabgeordneter 1901–1918, Abgeordneter zum Niederösterreichischen Landtag 1902; *danach:* Abgeordneter zum Nationalrat 1920–1923 (Zweiter Präsident), Bürgermeister von Wien 1923–1934

SPITZMÜLLER ALEXANDER, FREIHERR VON, Dr. iur. (1862–1953); *1918/1919:* k. u. k. (gemeinsamer) Finanzminister 11. 9.–4. 11. 1918; *vorher:* österreichisch/cisleithanischer Handelsminister 1915–1916, österreichisch/cisleithanischer Finanzminister 1916–1917; *danach:* Gouverneur der österreichisch-ungarischen Bank 1919–1923

STEINWENDER OTTO, Dr. phil. (1847–1921); *1918/1919:* Mitglied der Prov. Nationalversammlung (DnP), Staatssekretär für Finanzen 30. 10. 1918–15. 3. 1919; *vorher:* Abgeordneter zum Kärntner Landtag, Reichsratsabgeordneter 1885–1918 (Vizepräsident des Abgeordnetenhauses 1909–1911); *danach:* Mitglied des Bundesrates 1920–1921

STÖCKLER JOSEF (1866–1936); *1918/1919:* Mitglied der Prov. und der Konst. Nationalversammlung (CSP), Staatssekretär für Landwirtschaft 30. 10. 1918–15. 3. 1919, Staatssekretär für Land- und Forstwirtschaft 15. 3.–17. 10. 1919; *vorher:* Bürgermeister von St. Valentin, Abgeordneter zum Niederösterreichischen Landtag, Reichsratsabgeordneter 1907–1918; *danach:* Abgeordneter zum Nationalrat 1920–1927, Mitglied des Bundesrates 1927–1934 (Vorsitzender 1930/1931)

SYLVESTER JULIUS, Dr. iur. (1854–1944); *1918/1919:* Mitglied der Prov. Nationalversammlung (DnP), Staatsnotar 30. 10. 1918–15. 3. 1919; *vorher:* Reichsratsabgeordneter 1897–1918 (Präsident des Abgeordnetenhauses 1911–1917)

TEUFEL OSKAR (1880–1946); *1918/1919:* Mitglied der Prov. Nationalversammlung (DnP); *vorher:* Reichsratsabgeordneter 1911–1918

URBAN KARL, Dr. iur. (1855–1940); *1918/1919:* Mitglied der Prov. Nationalversammlung (DnP), Staatssekretär für Gewerbe, Industrie und Handel, Kriegs- und Übergangswirtschaft 30. 10. 1918–15. 3. 1919; *vorher:* Abgeordneter zum Böhmischen Landtag, Reichsratsabgeordneter 1900–1918, österreichisch/cisleithanischer Minister für Handel 1916–1918

WABER LEOPOLD, Dr. iur. (1875–1945); *1918/1919:* Mitglied der Prov. und der Konst. Nationalversammlung (DnP bzw. GdP), Unterstaatssekretär für Äußeres 5. 11. 1918–15. 3. 1919; *vorher:* Reichsratsabgeordneter 1911–1918; *danach:* Abgeordneter zum Nationalrat 1920–1930 (Dritter Präsident 1926–1930), Bundesminister für Inneres und Unterricht 1921–1922, Bundesminister für Justiz 1922–1923, Vizekanzler 1924–1926

WALDNER VIKTOR, Dr. phil., Universitätsprofessor (1852–1924); *1918/1919:* Mitglied der Prov. Nationalversammlung (DnP); *vorher:* Abgeordneter zum Kärntner Landtag, Reichsratsabgeordneter 1907–1918

WEISKIRCHNER RICHARD, Dr. iur. et Dr. techn. h.c. (1861–1926); *1918/1919:* Mitglied der Konst. Nationalversammlung (CSP), Bürgermeister von

Wien; *vorher:* Magistratsdirektor der Stadt Wien 1909, Abgeordneter zum Niederösterreichischen Landtag, Reichsratsabgeordneter 1897–1911 (Präsident des Abgeordnetenhauses 1907–1909), österreichisch/cisleithanischer Handelsminister 1909–1911, Bürgermeister von Wien 1912–1919; *danach:* Abgeordneter zum Nationalrat 1920–1923 (Präsident, als solcher Vorsitzender der 1. Bundesversammlung 8.–9. 12. 1920)

WINDISCHGRAETZ ALFRED, FÜRST (1851–1927); *1918/1919:* Präsident des Herrenhauses 1918; *vorher:* Mitglied des Herrenhauses 1879–1918 (Präsident 1897–1918), österreichisch/cisleithanischer Ministerpräsident 1893–1895

WINDISCHGRAETZ LUDWIG, PRINZ ZU (1882–1968); *1918/1919:* Minister ohne Portefeuille, politischer Sektionschef extra statum im k. u. k. Ministerium des Äußeren 25. 10. 1918; *vorher:* Mitglied des ungarischen Abgeordnetenhauses; *danach:* Abgeordneter 1920

WOLF KARL HERMANN, (1862–1941); *1918/1919:* Mitglied der Prov. Nationalversammlung (DnP); *vorher:* Abgeordneter zum Böhmischen Landtag, Reichsratsabgeordneter 1897–1918

ZENKER ERNST VIKTOR, abs. iur. (1865–?); *1918/1919:* Mitglied der Prov. Nationalversammlung (DnP); *vorher:* Reichsratsabgeordneter 1911–1918

Biographische Angaben nach:

Neue Deutsche Biographie, hrsg. von der Historischen Kommission bei der Bayerischen Akademie der Wissenschaften, Berlin 1952 ff.

Österreichisches Biographisches Lexikon, hrsg. von der Österreichischen Akademie der Wissenschaften, Wien 1957 ff.

Oswald Knauer, Österreichs Männer des öffentlichen Lebens von 1848 bis heute, Wien 1960.

Oswald Knauer, Das österreichische Parlament von 1848–1966 (= Österreich-Reihe 358/359-360/61), Wien 1969.

Heribert Sturm (†), weitergeführt von *Ferdinand Seibt – Hans Lemberg – Helmut Slapnicka* (Hrsg.), Biographisches Lexikon zur Geschichte der böhmischen Länder, 3 Bde., München(-Wien) 1979 ff.

Wilhelm Brauneder (Hrsg.), Juristen in Österreich, Wien 1987.

Isabella Ackerl – Friedrich Weissensteiner, Österreichisches Personenlexikon [der 1. und 2. Republik], Wien 1992.

Felix Czeike (Hrsg.), Historisches Lexikon Wien, 5 Bde., Wien 1992–1997.

Biographisches Handbuch der österreichischen Parlamentarier 1918–1998, hrsg. von der Parlamentsdirektion, Wien 1998.

Abkürzungen

CSP	Christlichsoziale Partei
DnP	Deutschnationale Parteien
GdP	Großdeutsche Vereinigung (später: Gd. Volkspartei)
SdP	Sozialdemokratische Partei

Quellen- und Literaturverzeichnis

Ungedruckte Quellen

Archiv der Valerie-Schule Baden:
Schul-Chronik Valerie-Volksschule Weikersdorf bis 1925.
Chronik der Valerie-Schule Baden ab 1925 bis 1987.

Nationalarchiv Finnland:
Archiv des Außenministeriums: 1 A, Independence of Finland, background; Actions of the Finnish Diet.

Österreichisches Staatsarchiv/Allgemeines Verwaltungsarchiv Wien:
Protokolle des Staatsrates/13. Sitzung vom 31. 10. 1918.

Parlamentsarchiv Wien:
Staatsratsprotokolle: Staatsrat/29. Sitzung, »Protokoll der Vormittagssitzung vom 11. XI. 18«.

Politisches Archiv des Auswärtigen Amtes (Bonn):
I A, AZ Österreich Nr. 103, Bd. R 9134: Bericht des Deutschen Konsulats Innsbruck vom 24. 2. 1919.

Präsidentschaftskanzlei Wien:
»TV-Erklärung von Bundespräsident Dr. Thomas Klestil anläßlich des Nationalfeiertages 1998 am Montag, dem 26. Oktober 1998«.

Privatbesitz Dr. G. Kohl, Wien:
Aufzeichnungen von Luise Kohl geb. Linhart.

Universitätsarchiv Innsbruck:
Protokoll, Rektorat der Universität Innsbruck, Zl 102/2, dankenswerter Weise zur Verfügung gestellt von Universitätsarchivar Univ.-Prof. Dr. G. Oberkofler.

Literatur und gedruckte Quellen

50 Jahre Österreich: 50 Jahre Österreich, Wien 1968.
60 Jahre Republik: 60 Jahre Republik Österreich 1918–1978, Wien 1978.
75. Jahrestag: 75. Jahrestag der Gründung der Republik Österreich. Ge-

meinsame Festsitzung des Nationalrates und des Bundesrates aus Anlaß des 75. Jahrestages der Republik Österreich, in: StenProtNR 12. 11. 1993.

80. Jahrestag: 80. Jahrestag der Gründung der Republik, o. O. o. J. (Wien 1998).

Achs – Scheuch – Tesar, Geschichte: O. Achs – M. Scheuch – E. Tesar, Aus Geschichte lernen/7. Klasse, 2. Aufl. Wien 1996.

Ackerl – Neck, Österreich: I. Ackerl – R. Neck (Hrsg.), Österreich November 1918 (= Veröffentlichungen der Wissenschaftlichen Kommission zur Erforschung der Geschichte der Republik Österreich 9), Wien 1986.

Adamovich – Funk – Holzinger, Staatsrecht: L. K. Adamovich – B.-Ch. Funk – G. Holzinger, Österreichisches Staatsrecht I, Wien-New York 1997.

Adamovich, Handbuch: L. Adamovich, Handbuch des österreichischen Verfassungsrechts, 6. Aufl. Wien 1971.

Adler, Grundriß: F. Adler, Grundriß des tschechoslowakischen Staatsrechtes, Reichenberg 1930.

ADÖ: Außenpolitische Dokumente der Republik Österreich 1918–1938 I, Wien-München 1993.

Adomeit, Methode: K. Adomeit, Juristische Methode, in: A. Görlitz (Hrsg.), Handlexikon zur Rechtswissenschaft I, Reinbek/Hamburg 1974.

Aktenstücke: Aktenstücke der verfassunggebenden Deutschen Nationalversammlung I, Berlin 1919.

Andics, 50 Jahre: H. Andics, 50 Jahre unseres Lebens. Österreichs Schicksal seit 1918. Wien-München-Zürich 1968.

Andrassy, Diplomatie: J. Andrassy, Diplomatie und Weltkrieg, Berlin-Wien 1920.

Arbeiter-Zeitung: Arbeiter-Zeitung. Zentralorgan der Deutschen Sozialdemokratie in Österreich, Wien 1918.

Aretin, Monarchie: K. O. v. Aretin, Konstitutionelle Monarchie, in: Handwörterbuch zur deutschen Rechtsgeschichte II, Berlin 1978, Sp. 1122 ff.

Baltl – Kocher, Österreichische Rechtsgeschichte: H. Baltl – G. Kocher, Österreichische Rechtsgeschichte, 7. Aufl., Graz 1993.

Bardolff, Soldat: C. v. Bardolff, Soldat im alten Österreich, Jena 1938.

Bauer, Revolution: O. Bauer, Die österreichische Revolution, Wien 1923.

Bausteine: Bausteine der Republik Österreich (= Ausstellungskatalog des Museums österreichischer Kultur), Eisenstadt 1988.

Beiträge: Beiträge zur Österreichischen Statistik, Heft 630/1, Wien 1982.

Berchtold, Parteiprogramme: K. Berchtold (Hrsg.), Österreichische Parteiprogramme 1868–1966, Wien 1967.

Berchtold, Verfassungsgeschichte: K. Berchtold, Verfassungsgeschichte der Republik Österreich I: 1918–1933, Wien-New York 1998.

Berchtold, Verfassungsreform 1925: K. Berchtold (Hrsg.), Die Verfassungsreform von 1925 (Österreichische Schriftenreihe für Rechts- und Politikwissenschaften 10), Wien 1992.

Berchtold, Verfassungsreform 1929: K. Berchtold (Hrsg.), Die Verfassungsreform von 1929. Dokumente und Materialien zur Bundes-Verfassungsgesetz-Novelle von 1929 I und II (Österreichische Schriftenreihe für Rechts- und Politikwissenschaften 3/I und II), Wien 1979.

Berendts, Verfassungsentwicklung: E. Berendts, Die Verfassungsentwicklung Estlands, in: Jahrbuch des öffentlichen Rechts der Gegenwart XII/1924.

Bermann, Republik: R. A. Bermann, Es lebe die Republik!, in: Wiener bzw. Niederösterreichisches Journal, März 1991.

Beschlüsse: Beschlüsse des Tiroler Nationalrates vom 26. Oktober 1918 zum 16. Dezember 1918, Innsbruck o. J.

BGBl.: Bundesgesetzblatt

Bienhold, Entstehung: M. Bienhold, Die Entstehung des litauischen Staates in den Jahren 1918–1919 im Spiegel deutscher Akten, Bochum 1976.

Bihl, Zusammenbruch: W. Bihl, Der Weg zum Zusammenbruch. Österreich-Ungarn unter Karl I. (IV.), in: E. Weinzierl – K. Skalnik (Hrsg.), Österreich 1918–1938. Geschichte der Ersten Republik I, Graz-Wien-Köln 1983.

Birke, Weltkrieg: E. Birke, Der Erste Weltkrieg und die Gründung der Tschechoslowakei 1914–1919, in: K. Bosl (Hrsg.), Handbuch der Geschichte der böhmischen Länder III, Stuttgart 1968.

Bosworth – Lewis – Pellat, Islam: C. E. Bosworth – E. Lewis – Ch. Pellat (Hrsg.), The Encyclopaedia of Islam IV, Leiden 1978.

Brandt – Rürup, Volksbewegung: P. Brandt – R. Rürup, Volksbewegung und demokratische Neuordnung in Baden 1918/19. Zur Vorgeschichte und Geschichte der Revolution, Sigmaringen 1991.

Brauneder – Lachmayer, Verfassungsgeschichte: W. Brauneder – F. Lachmayer, Österreichische Verfassungsgeschichte, 1. Aufl., Wien 1976.

Brauneder, Entwicklung: W. Brauneder, Die historische Entwicklung der modernen Grundrechte in Österreich (Politische Bildung 54), Wien 1987.

Brauneder, Gesetzgebungsgeschichte: W. Brauneder, Die Gesetzgebungsgeschichte der österreichischen Grundrechte, in: R. Machacek – W. Pahr – G. Stadler (Hrsg.), 70 Jahre Republik. Grund- und Menschenrechte in Österreich, Kehl etc. 1991.

Brauneder, Juristen: W. Brauneder (Hrsg.), Juristen in Österreich, Wien 1987.

Brauneder, Rechtsbeziehungen: W. Brauneder (Hrsg.), Österreichisch-deutsche Rechtsbeziehungen I. (= Rechts- und Sozialwissenschaftliche Reihe 12), Frankfurt/Main 1996.

Brauneder, Renner: W. Brauneder, Karl Renners »Entwurf einer provisorischen Verfassung«, in: W. Brauneder; Studien I: Entwicklung des Öffentlichen Rechts, Frankfurt/Main etc. 1994.

Brauneder, Rezension: W. Brauneder, Rezension von R. Owerdieck, Parteien und Verfassungsfrage in Österreich, Wien-München 1987, in: Der Staat 1989.

Brauneder, Sanktion: W. Brauneder, Die Pragmatische Sanktion als Grundgesetz der Monarchia Austriaca von 1713 bis 1918, in: W. Brauneder, Studien I: Entwicklung des Öffentlichen Rechts, Frankfurt/Main 1994.

Brauneder, Verfassungsgeschichte: W. Brauneder, Österreichische Verfassungsgeschichte, 7. Aufl. Wien 1998.
Brauneder, Verhältnis: W. Brauneder, Das Verhältnis Gesamtstaat – Länder und die Entstehung der Republik Deutschösterreich. Ein Forschungsbericht, in: A. Ableitinger (Hrsg.), Studien zur Zeitgeschichte der österreichischen Länder I: Demokratisierung und Verfassung in den Ländern 1918–1920, St. Pölten-Wien 1983.
Brehm, Reitschul': B. Brehm, Aus der Reitschul'! Ein autobiographischer Roman, 1951.
Brockhaus: Der Große Brockhaus XIX, 15. Aufl., Leipzig 1934.
Brook-Shepherd, Slatin: G. Brook-Shepherd, Slatin Pascha, Wien-München-Zürich 1972.
Brook-Shepherd, Krone: G. Brook-Shepherd, Um Krone und Reich. Die Tragödie des letzten Habsburgerkaisers, Wien-München-Zürich 1968.
Broucek, Karl I.: P. Broucek, Karl I. (IV.). Der politische Weg des letzten Herrschers der Donaumonarchie, Wien-Köln-Weimar 1997.
Brückner, Verfassungsfrage: Brückner, Die mecklenburgische Verfassungsfrage seit 1913, in: Jahrbuch des öffentlichen Rechts IX/1920.
Brügel, Sozialdemokratie: L. Brügel, Geschichte der österreichischen Sozialdemokratie V, Wien 1925.
Brunner, Land: O. Brunner, Land und Herrschaft, 5. Aufl., Wien 1965.
Cerwinka, Affäre: G. Cerwinka, Die Don Alfonso-Affäre und die Auflösung der Grazer Studentenkorporationen im Jahre 1875, in: Historisches Jahrbuch der Stadt Graz 1979/1980.
Cornaro, Darstellung: A. Cornaro, Eine Darstellung des österreichischen Staatswappens vom 31. X. 1918, in: Adler. Zeitschrift für Genealogie und Heraldik 1992.
Cramon, Bundesgenosse: A. v. Cramon, Unser Österreichisch-Ungarischer Bundesgenosse im Weltkriege, Berlin 1925.
Csekey, Verfassungsentwicklung: S. v. Csekey, Die Verfassungsentwicklung Estlands 1918–1928, in: Jahrbuch des öffentlichen Rechts der Gegenwart XVI/1928.
Czeike, Lexikon: F. Czeike, Historisches Lexikon Wien II, Wien 1993.
Czeike, Stadt: F. Czeike, Innere Stadt (= Wiener Bezirkskulturführer I), Wien-München 1983.
Czerwenka – Bohmann, Lehrbuch: K. Czerwenka – A. Bohmann, Lehrbuch der Geschichte … IV, Wien-Leipzig 1931.
Czerwenka – Landwehr-Pragenau – Pollack, Lehr- und Lesebuch: K. Czerwenka – M. Landwehr-Pragenau – V. Pollack, Lehr- und Lesebuch der Geschichte … III, 2. Aufl. Wien 1925.
Czokor, November: F. Th. Czokor, 3. November 1918, 1936.
Door, Geschichte: R. Door, Neueste Geschichte Ungarns, (Ost-) Berlin 1981.
Drach, Protokoll: A. Drach, Das große Protokoll gegen Zwetschkenbaum, München 1964.

Duda, Kalifat: H. W. Duda, Vom Kalifat zur Republik. Die Türkei im 19. und 20. Jahrhundert, Wien 1948.

Dusek, Zeitgeschichte: P. Dusek, Zeitgeschichte im Aufriß, in: P. Dusek – E. Weinzierl – P. Pelinka (Hrsg.), Zeitgeschichte im Aufriß, 3. Aufl. Wien 1988.

Elvert, Freistaat: J. Elvert, Vom Freistaat zur Republik (= Arbeitskreis Deutsche England-Forschung, Veröffentlichung 12), Bochum 1989.

Ender, Schweizer-Anschluß-Bewegung: O. Ender, Vorarlbergs Schweizer-Anschluß-Bewegung (= Schriften zur Vorarlberger Landeskunde 5), Dornbirn 1952.

Enderle-Burcel, Protokolle: G. Enderle-Burcel (Hrsg.), Protokolle des Ministerrats der Ersten Republik VIII/7, Wien 1986.

Epstein, Verfassungsgesetze: L. Epstein, Studien-Ausgabe der Verfassungsgesetze der Tschechoslowakischen Republik, Reichenberg 1932.

Erich, Entwicklung: R. Erich, Die Entwicklung des öffentlichen Rechts in Finnland, in: Jahrbuch des öffentlichen Rechts der Gegenwart XI/1922.

Ermacora – Baumgartner – Strejcek, Verfassungslehre: F. Ermacora – G. Baumgartner – G. Strejcek, Österreichische Verfassungslehre, Wien 1998.

Ermacora – Wirth, Bundesverfassung: F. Ermacora – Chr. Wirth (Hrsg.), Die österreichische Bundesverfassung und Hans Kelsen (= Österreichische Schriftenreihe für Rechts- und Politikwissenschaft 4), Wien 1982.

Ermacora, Entstehung: F. Ermacora, Die Entstehung der Bundesverfassung 1920 I-V (= Österreichische Schriftenreihe für Rechts- und Politikwissenschaft 9/I-V), Wien 1989–1993.

Ermacora, Föderalismus: F. Ermacora, Österreichischer Föderalismus, Vom patrimonialen zum kooperativen Bundesstaat (= Schriftenreihe des Institutes für Föderalismusforschung 3), Innsbruck 1976.

Ermacora, Friede: F. Ermacora, Der unbewältigte Friede, Wien 1989.

Ermacora, Quellen: F. Ermacora, Quellen zum österreichischen Verfassungsrecht 1920 (= Mitteilungen des österreichischen Staatsarchivs, Ergänzungsband 8), Wien 1967.

Ermacora, Verfassungslehre: F. Ermacora, Österreichische Verfassungslehre I, Wien 1970.

Fellner, Redlich: F. Fellner (Hrsg.), Schicksalsjahre Österreichs 1908–1919. Das politische Tagebuch Josef Redlichs 1908–1919 II (1915–1919) (= Veröffentlichungen der Kommission für Neuere Geschichte Österreichs 40), Graz-Köln 1954.

Fiedler – Hummel, Lehrbuch: R. Fiedler – W. Hummel, Lehrbuch der Geschichte ... III, Wien 1923.

Floimair, 75 Jahre: R. Floimair (Hrsg.), 75 Jahre Republik Österreich (= Salzburg Diskussionen 20), Salzburg 1994.

Flotow, November: Ludwig Freiherr von Flotow, November 1918 auf dem Ballhausplatz. Erinnerungen Ludwig Freiherrn von Flotows, des letzten Chefs des österreichisch-ungarischen auswärtigen Dienstes 1895–1920. Bearbeitet von Erwin Matsch, Wien 1982.

Flugblätter: A. Wotawa (Hrsg.), Flugblätter für Deutschösterreichs Recht 1–40, Wien 1919.

Föderalismus: Föderalismus in Österreich (= Föderative Ordnung 2), Salzburg 1970.

Funder, Gestern: F. Funder, Vom Gestern ins Heute. Aus dem Kaiserreich in die Republik, 2. Aufl., Wien-München 1953.

Galantai, Dualismus: J. Galantai, Der österreichisch-ungarische Dualismus 1867–1918, Budapest-Wien 1985.

Gall, Alma Mater: F. Gall, Alma Mater Rudolphina 1365–1965. Die Wiener Universität und ihre Studenten, Wien 1965.

Gall, Farben: F. Gall, Farben, Wappen und Siegel der Republik Österreich, in: Adler. Zeitschrift für Genealogie und Heraldik 1968.

Galletti, Weltkunde: J. G. A. Galletti, Allgemeine Weltkunde, 11. Auflage Pest-Wien-Leipzig 1854.

Glaise-Horstenau, Erinnerungen: P. Broucek (Hrsg.), Ein General im Zwielicht. Die Erinnerungen Edmund Glaises von Horstenau I, Wien-Köln-Graz 1980.

Glaise-Horstenau, Frage: E. v. Glaise-Horstenau, Zur Frage des Soldateneides, in: Österreichische Wehrzeitung 1920, Nr. 28, 1 ff.

Glaise-Horstenau, Katastrophe: E. v. Glaise-Horstenau, Die Katastrophe. Die Zertrümmerung Österreich-Ungarns und das Werden der Nachfolgestaaten, Zürich-Leipzig-Wien 1929.

Glaser, Tagebuch: H. Glaser, Aus dem Tagebuch eines Kriegszivilisten, Salzburg 1930 (zitiert nach P. Peternell [Hrsg.], Salzburg Chronik, Salzburg-Stuttgart 1960).

Göbl, Staatswappen: M. Göbl, Das österreichische Staatswappen von 1918 – Eine Spurensuche, in: Adler. Zeitschrift für Genealogie und Heraldik 1994.

Göhring – Hasenmayer, Zeitgeschichte: W. Göhring – H. Hasenmayer, Zeitgeschichte, Wien 1972.

Goldinger – Binder, Geschichte: W. Goldinger – D. Binder, Geschichte der Republik Österreich 1918–1938, Wien-München 1992.

Goldinger, Ablauf: W. Goldinger, Der geschichtliche Ablauf der Ereignisse in Österreich 1918–1945, in: H. Benedikt (Hrsg.), Geschichte der Republik Österreich, Wien 1954.

Goldinger, Geschichte: W. Goldinger, Geschichte der Republik Österreich, 1. Aufl., Wien 1962.

Goldinger, Staatsrat: W. Goldinger, Der Staatsrat 1918/19, in: I. Ackerl – R. Neck (Hrsg.), Österreich November 1918 (= Veröffentlichungen der Wissenschaftlichen Kommmission zur Erforschung der Geschichte der Republik Österreich 9), Wien 1986.

Granichstaedten-Czerva, Stellung: R. Granichstaedten-Czerva, Die staatsrechtliche Stellung Tirols, Innsbruck 1919.

Granichstaedten-Czerva, Tirol: R. Granichstaedten-Czerva, Tirol und die Revolution, Innsbruck 1920.

Groener-Geyer, General: D. Groener-Geyer, General Groener, Frankfurt/Main 1955.

Grussmann, Merkl: W.-D. Grussmann, Adolf Julius Merkl. Leben und Werk (= Schriftenreihe des Hans Kelsen-Instituts 13), Wien 1989.
Gusy, Reichsverfassung: Ch. Gusy, Die Weimarer Reichsverfassung, Tübingen 1997.
Haigh, Great Britain: Ch. Haigh (Hrsg.), The Cambridge Historical Encyclopaedia of Great Britain and Ireland, Cambridge 1995.
Hanak, Geschichte: P. Hanak (Hrsg.), Die Geschichte Ungarns, 2. Aufl. Budapest 1991.
Hanisch, Republik: E. Hanisch, Die Erste Republik, in: H. Dopsch – H. Spatzenegger (Hrsg.), Geschichte Salzburgs II/2, Salzburg 1988.
Hanisch, Schatten: E. Hanisch, Der lange Schatten des Staates. Österreichische Gesellschaftsgeschichte im 20. Jahrhundert, Wien 1994.
Hantsch, Geschichte: H. Hantsch, Die Geschichte Österreichs II, 3. Aufl. Graz-Wien-Köln 1962.
Hasiba, Verfassungsnovelle: G. D. Hasiba, Die Zweite Bundes-Verfassungsnovelle von 1929. Ihr Werdegang und wesentliche verfassungspolitische Ereignisse seit 1918, Wien-Köln-Graz 1976.
Hehn – Rimscha – Weiss, Provinzen I: J. v. Hehn – H. v. Rimscha – H. Weiss, Von den baltischen Provinzen zu den baltischen Staaten I. Beiträge zur Entstehungsgeschichte der Republiken Estland und Lettland 1917–1918, Marburg/Lahn 1971.
Hehn – Rimscha – Weiss, Provinzen II: J. v. Hehn – H. v. Rimscha – H. Weiss, Von den baltischen Provinzen zu den baltischen Staaten II. Beiträge zur Entstehungsgeschichte der Republiken Estland und Lettland 1918–1920, Marburg/Lahn 1977.
Hellbling, Verfassungs- und Verwaltungsgeschichte: E. C. Hellbling, Österreichische Verfassungs- und Verwaltungsgeschichte, 1. Aufl. Wien-New York 1956; 2. Aufl. Wien-New York 1974.
Hellmann, Grundzüge: M. Hellmann, Grundzüge der Geschichte Litauens und des litauischen Volkes, Darmstadt 1966.
Hennings, Heimat: F. Hennings, Heimat Burgtheater I, Wien-München 1972.
Hennings, Sommer: F. Hennings, So lange er lebt V.: Der heiße Sommer, Wien-München 1971.
Höbelt, Kornblume: L. Höbelt, Kornblume und Kaiseradler, Wien-München 1993.
Hoensch, Tschechoslowakei: J. K. Hoensch, Geschichte der Tschechoslowakischen Republik 1918–1978, 2. Aufl. Stuttgart 1978.
Hoensch, Ungarn: J. K. Hoensch, Geschichte Ungarns 1867–1983, Stuttgart etc. 1984.
Hörbiger, Erinnerungen: P. Hörbiger, Ich hab für euch gespielt. Erinnerungen, 3. Aufl. München 1994.
Hörnigk, Österreich: P. W. v. Hörnigk, Österreich über alles, wenn es nur will, o. O. 1684, hrsg. von G. Otruba, Wien 1964.
Huber, Dokumente: E. R. Huber, Dokumente zur deutschen Verfassungsgeschichte III, 3. Aufl. Stuttgart 1990.

Huber, Verfassungsgeschichte: E. R. Huber, Deutsche Verfassungsgeschichte seit 1789 I, 2. Aufl. Stuttgart 1975; II, 3. Aufl. Stuttgart 1988; III, 3. Aufl. Stuttgart 1988; V, Stuttgart 1978.

Jäger-Sunstenau, Fahne: H. Jäger-Sunstenau, Die österreichische Fahne, in: Österreich in Geschichte und Literatur 1960.

Jedlicka, Ende: L. Jedlicka, Ende und Anfang, Österreich 1918/19, Salzburg 1969.

Jedlicka, Heer: L. Jedlicka, Ein Heer im Schatten der Parteien, Graz-Köln 1955.

Jutikkala – Pirinen, Geschichte: E. Jutikkala – K. Pirinen, Geschichte Finnlands, 2. Aufl. Stuttgart 1976.

Jutikkala, Finnland: E. Jutikkala, Finnland von der Erringung der Selbständigkeit bis zur Neuorientierung nach dem II. Weltkrieg, in: T. Schieder (Hrsg.), Handbuch der europäischen Geschichte VII/2, Stuttgart 1979.

Kalnins, Staatsgründung: B. Kalnins, Die Staatsgründung Lettlands, in: Hehn – Rimscha – Weiss, Provinzen I.

Kathrein – Kienberger – Schober, Parlamentarismus: I. Kathrein – H. Kienberger – R. Schober, Parlamentarismus in Tirol, Innsbruck 1988.

Katus, Magyaren: L. Katus, Die Magyaren, in: A. Wandruszka – P. Urbanitsch (Hrsg.), Die Habsburgermonarchie 1848–1918, III/1, Wien 1980.

Kegel, Privatrecht: G. Kegel, Internationales Privatrecht, München-Berlin 1960.

Kelsen, Entwicklung: H. Kelsen, Die Entwicklung des Staatsrechts in Österreich seit dem Jahre 1918, in: G. Anschütz – R. Thoma, Handbuch des Deutschen Staatsrechts (= Das öffentliche Recht der Gegenwart 28), Tübingen 1930.

Kelsen, Staatsrecht: H. Kelsen, Österreichisches Staatsrecht, Tübingen 1923.

Kelsen, Stellung: H. Kelsen, Die Stellung der Länder in der künftigen Verfassung Deutschösterreichs, in: Zeitschrift für öffentliches Recht 1919/20.

Kelsen, Verfassungsgesetze: H. Kelsen (Hrsg.), Die Verfassungsgesetze der Republik Deutschösterreich I-V, Wien-Leipzig 1919/20.

Kende, Lehrbuch: O. Kende, Lehrbuch der Geschichte IV, 2. Aufl. Wien 1931; 3. Aufl. Wien 1934.

Kleindel, Österreich: W. Kleindel, Österreich – Daten zur Geschichte und Kultur, Wien 1978.

Kleinwächter, Schönbrunn: F. Kleinwächter, Von Schönbrunn bis St. Germain. Die Entstehung der Republik Österreich, Graz-Wien-Köln 1964.

Köfner, Hunger: G. Köfner, Hunger, Not und Korruption. Der Übergang Österreichs von der Monarchie zur Republik am Beispiel Salzburgs, Salzburg 1980.

Köfner, Revolutionen: G. Köfner, Eine oder wie viele Revolutionen? Das Verhältnis zwischen Staat und Ländern in Deutschösterreich im Oktober und November 1918, in: Jahrbuch für Zeitgeschichte 1979.

Kolbabek, Nationalfeiertag: A. Kolbabek, Vom Tag der österreichischen Fahne zum österreichischen Nationalfeiertag, in: Schulwirklichkeit und

Schulerneuerung in Österreich (= Festschrift für Ludwig Lang), Wien 1977.

Kollmann, Körner: E. C. Kollmann, Theodor Körner, Wien 1973.

Kolmer, Parlament: G. Kolmer, Parlament und Verfassung in Österreich II, Wien-Leipzig 1903.

Komjathy, Protokolle: M. Komjathy (Hrsg.), Protokolle des Gemeinsamen Ministerrates der Österreichisch-Ungarischen Monarchie (1914–1918), Budapest 1966.

Kostelka, Kampf: P. Kostelka, Der Kampf um die Demokratie, in: M. Matzka (Hrsg.), Sozialdemokratie und Verfassung, Wien-München-Zürich 1985.

Lalics, Österreich: P. Lalics (Hrsg.), Österreich, unser Vaterland. Jungbürgerbuch, 2. Aufl. Wien 1959.

Lernet-Holenia, Geheimnisse: Alexander Lernet-Holenia, Die Geheimnisse des Hauses Österreich, 1971.

Lernet-Holenia, Standarte: A. Lernet-Holenia, Die Standarte, 1934.

Liebmann, Papst: M. Liebmann, Der Papst – Fürst von Liechtenstein, in: Jahrbuch des Historischen Vereins für das Fürstentum Liechtenstein 85/1985.

Liechtenstein, Weg: E. Prinz von und zu Liechtenstein, Liechtensteins Weg von Österreich zur Schweiz, Vaduz o. J.

Lockhart, Diplomat: R. H. D. Lockhart, Als Diplomat, Bankmann und Journalist im Nachkriegseuropa, Stuttgart-Berlin 1935.

Loewenfeld-Russ, Kampf: H. Loewenfeld-Russ, Im Kampf gegen den Hunger. Hrsg. von I. Ackerl (= Studien und Quellen zur österreichischen Zeitgeschichte 6), Wien 1986.

Lorenz, Kaiser: R. Lorenz, Kaiser Karl und der Untergang der Donaumonarchie, Graz-Wien-Köln 1959.

Lorenz, Staat: R. Lorenz, Der Staat wider Willen, Berlin 1940.

Marboe, Österreichbuch: E. Marboe, Das Österreichbuch, 1. Aufl. Wien 1948.

Matsch, Dienst: E. Matsch, Der Auswärtige Dienst von Österreich (-Ungarn) 1720–1920, Wien-Köln-Graz 1986.

May, Cordilleren: K. May, In den Cordilleren, Freiburg 1894.

May, Weihnacht: K. May, Weihnacht, Freiburg 1897.

Mayer – Kraitschek, Lehrbuch: F. M. Mayer – G. Kraitschek, Lehrbuch der Geschichte … III, 8. Aufl. Wien 1925.

Meissner, Straßburg: H.-O. Meissner, Straßburg, o Straßburg, Esslingen-München 1986.

Mell, Grundriß: A. Mell, Grundriß der Verfassungs- und Verwaltungsgeschichte des Landes Steiermark, Graz 1929.

Menger, Verfassungsgeschichte: Chr.-F. Menger, Deutsche Verfassungsgeschichte der Neuzeit (= UTB 930), 8. Aufl. Heidelberg 1993.

Merkl, Organisation: A. Merkl, Die Organisation der Gesetzgebung in der Deutschösterreichischen Republik, in: Zeitschrift für öffentliches Recht 1919/20.

Merkl, Verfassung: A. Merkl, Die Verfassung der Republik Deutschösterreich, Ein kritisch-systematischer Grundriß, Wien-Leipzig 1919.
Meyer, Grundzüge: E. Meyer, Grundzüge der Geschichte Polens, Darmstadt 1969.
Michel: Michel, Briefmarkenkatalog/Europa.
Mikoletzky, Geschichte: H. L. Mikoletzky (Hrsg.), Geschichte lebt, Wien-Heidelberg 1957.
Montzka, Woynars Lehrbuch: H. Montzka, Woynars Lehrbuch der Geschichte ... III, 6. Aufl. Wien 1938; IV, 6. Aufl. Wien 1931.
Müller-Dietz, Kriminalprotokoll: H. Müller-Dietz, Vom Kriminalprotokoll zum literarischen Protokoll, in: Neue Juristische Wochenschrift 1998, 1344 ff.
Nasko, Umsturz: S. Nasko, Zum Umsturz vor 80 Jahren: Herbst 1918 in St. Pölten, in: St. Pöltner Regenbogen '98, St. Pölten 1998.
Neck, Österreich: R. Neck (Hrsg.), Österreich im Jahre 1918. Berichte und Dokumente, Wien 1968.
Neschwara, Entwicklung: Chr. Neschwara, Zur Entwicklung des Verfassungsrechts nach 1918, in: H. Schambeck (Hrsg.), Parlamentarismus und öffentliches Recht in Österreich. Entwicklung und Gegenwartsprobleme I, Berlin 1993.
Oberkofler – Goller, Geschichte: G. Oberkofler – P. Goller, Geschichte der Universität Innsbruck (Rechts- und sozialwissenschaftliche Reihe 14), 2. Aufl. Frankfurt/Main 1996.
ÖBL: Österreichisches biographisches Lexikon II, Wien 1954; IX, Wien 1988.
Öhlinger, Entstehung: Th. Öhlinger, Die Entstehung des Bundesstaates und ihre juristische Bedeutung, in: H. Schäffer (Red.), Salzburger Symposion zum Jubiläum 60 Jahre Bundesverfassung (= Schriftenreihe des Landespressebüros, Serie Sonderpublikationen 31), Salzburg 1980.
Öhlinger, Rezension: Th. Öhlinger, Rezension von Pernthaler, Die Staatsgründungsakte der österreichischen Bundesländer (Schriftenreihe des Institutes für Föderalismusforschung 14), Innsbruck 1979, in: Zeitschrift für Neuere Rechtsgeschichte 1980.
Olechowski, Einführung: T. Olechowski, Die Einführung der Verwaltungsgerichtsbarkeit in Österreich (= Österreichische Rechtswissenschaftliche Studien 52), Wien 1999.
Österreich: Unser Österreich 1945–1955, o. O. o. J. (1955).
Owerdieck, Parteien: R. Owerdieck, Parteien und Verfassungsfrage in Österreich, Wien-München 1987.
Owerdieck, Verfassungsbeschluß: R. Owerdieck, Der Verfassungsbeschluß der Provisorischen Nationalversammlung Deutschösterreichs vom 30. Oktober 1918, in: Die österreichische Verfassung von 1918 bis 1938 (= Veröffentlichungen der Wissenschaftlichen Kommission des Theodor-Körner-Stiftungsfonds und des Leopold-Kunschak-Preises zur Erforschung der österreichischen Geschichte der Jahre 1918 bis 1938 VI), Wien 1980.

Parlament: Parlamentsdirektion (Hrsg,), Das österreichische Parlament, Wien 1992.
Parlamentsgebäude: Hundert Jahre Parlamentsgebäude 1884–1984, Wien 1984.
Perger, Straßen: R. Perger, Straßen, Türme und Basteien (= Forschungen und Beiträge zur Wiener Stadtgeschichte 22), Wien 1991.
Pernthaler – Esterbauer, Entstehung: P. Pernthaler – F. Esterbauer, Die Entstehung des österreichischen Bundesstaats als geschichtlicher Vorgang und staatstheoretisches Problem, Montfort 1973.
Pernthaler, Bundesstaat: P. Pernthaler, Der österreichische Bundesstaat im Spannungsfeld von Föderalismus und formalem Rechtspositivismus, in: Zeitschrift für öffentliches Recht 1969.
Pernthaler, Entwicklungen: P. Pernthaler, Entwicklungen der Landesverfassungen, in: E. Weinzierl – O. Rathkolb – R. G. Ardelt – S. Mattl (Hrsg.) Justiz und Zeitgeschichte, Wien 1995.
Pernthaler, Konstituierung: P. Pernthaler, Die Konstituierung des Bundesstaates »Republik Österreich« aus der Sicht der selbständigen Länder Tirol und Vorarlberg, in: FS Nikolaus Grass I, Innsbruck 1974.
Pernthaler, Staatsgründungsakte: P. Pernthaler, Die Staatsgründungsakte der österreichischen Bundesländer (= Schriftenreihe des Institutes für Föderalismusforschung 14), Innsbruck 1979.
Pesendorfer, Entwicklung: D. Pesendorfer, Die Entwicklung des Nationalitätenrechtes in Mittel- und Osteuropa nach dem 1. Weltkrieg, jur. Diss. Wien 1992.
Petri, Belgien: F. Petri, Belgien, Niederlande, Luxemburg von der Französischen Zeit bis zum Beginn der Deutschen Einigung 1794–1865, in: Th. Schieder (Hrsg.), Handbuch der europäischen Geschichte V, Stuttgart 1981.
Pinzer, Tirol: E. Pinzer, Tirol von innen am Ende des Ersten Weltkrieges, in: A. Pelinka – A. Maislinger (Hrsg.), Zeitgeschichte 1 (= Handbuch zur neueren Geschichte Tirols II/1), Innsbruck 1993.
Polen: Polacy w austriakim parlamencil/Die Polen im österreichischen Parlament. Zum 130. Jahrestag des Parlamentsclubs, Lublin 1997.
Raton, Liechtenstein: P. Raton, Liechtenstein, Vaduz 1969.
Rauch, Geschichte: G. v. Rauch, Geschichte der baltischen Staaten, 2. Aufl. München 1977.
Rauscher, Renner: W. Rauscher, Karl Renner, Wien 1995.
Rechtsleben: 200 Jahre Rechtsleben in Wien (= Katalog des Historischen Museums der Stadt Wien zur 96. Sonderausstellung), Wien 1985.
Redlich, Lammasch: J. Redlich, Heinrich Lammasch als Ministerpräsident, in: M. Lammasch – H. Sperl (Hrsg.), Heinrich Lammasch, Wien-Leipzig 1922.
Regenten: Regenten und Regierungen der Welt II/3: Neuere Zeit 1492–1918, Würzburg 1962.
Renner, Deutschland: K. Renner, Deutschland, Österreich und die Völker des Ostens, Wien 1922.

Renner, Geleitwort: K. Renner, Geleitwort, in: Kelsen, Verfassungsgesetze I.
Renner, Gründung: K. Renner, Die Gründung der Republik Deutschösterreich, der Anschluß und die Sudetendeutschen, 2. Aufl. Wien 1991.
Republik: Zehn Jahre Republik (Verantwortung: Josef Luitpold Stern), Wien 1928.
Revolution I: Die deutsche Revolution I. (= F. Purlitz, Deutscher Geschichtskalender: Der Europäische Krieg/Ergänzungsband), Leipzig o. J. (1919).
RGBl.: Reichsgesetzblatt, österreichisch/cisleithanisches
Rhode, Litauen: G. Rhode, Litauen vom Kampf um seine Unabhängigkeit bis zur Gründung der Sowjetrepublik 1917–1944, in: T. Schieder (Hrsg.), Handbuch der europäischen Geschichte VII/2, Stuttgart 1979.
Rhode, Polen: G. Rhode, Polen von der Wiederherstellung der Unabhängigkeit bis zur Ära der Volksrepublik 1918–1970, in: T. Schieder (Hrsg.), Handbuch der europäischen Geschichte VII/2, Stuttgart 1979.
Rocek, Lernet-Holenia: R. Rocek, Die neun Leben des Alexander Lernet-Holenia, Wien-Köln-Weimar 1997.
Roos, Geschichte: H. Roos, Geschichte der Polnischen Nation 1918–1985. Von der Staatsgründung im Ersten Weltkrieg bis zur Gegenwart, 4. Aufl. (fortgeführt von M. Alexander) Stuttgart 1986.
Rosenthal, Entwicklung: Eduard Rosenthal, Die Entwicklung des Verfassungsrechts in den thüringischen Staaten seit November 1918 und die Bestrebungen zur Bildung eines Staates Thüringen, in: Jahrbuch des öffentlichen Rechts der Gegenwart IX/1920.
Roth, Kapuzinergruft: J. Roth, Die Kapuzinergruft, 1938.
Rumpler, Völkermanifest: H. Rumpler, Das Völkermanifest Kaiser Karls vom 16. Oktober 1918. Letzter Versuch zur Rettung des Habsburgerreiches, Wien 1966.
Rusch-Herdegen-Tiechl, Lehrbuch: Rusch-Herdegen-Tiechl, Lehrbuch der Geschichte für Bürgerschulen II, Wien 1924.
Sachs, Einführung: M. Sachs, Einführung, in: M. Sachs: Grundgesetz-Kommentar, München 1996.
Salomon, Fragebogen: E. v. Salomon, Der Fragebogen, 1951.
Schachinger, Bosniaken: W. Schachinger, Die Bosniaken kommen!, 2. Aufl. Graz-Stuttgart 1994.
Schaedler, Tätigkeit: A. Schaedler, Die Tätigkeit des liechtensteinischen Landtages in der Periode 1912–1919, in: Jahrbuch des Historischen Vereins für das Fürstentum Liechtenstein 21, Feldkirch 1921.
Schefbeck, 80 Jahre: G. Schefbeck, 80 Jahre Republik. Die gemeinsame Festsitzung des Nationalrates und des Bundesrates am 12. November 1998, in: Parlament 45/November 1998 (Beilage zur Wiener Zeitung), 1998.
Schefbeck, Anmerkungen: G. Schefbeck, Anmerkungen zum Anlaß und zur Gestaltung der Gemeinsamen Festsitzung des Nationalrates und des Bundesrates am 12. November 1998.

Schefbeck, Verfassungsentwicklung: G. Schefbeck, Verfassungsentwicklung 1918–1920, in: Österreichische Parlamentarische Gesellschaft (Hrsg.), 75 Jahre Bundesverfassung, Wien 1995.

Scheucher – Wald – Lein – Staudinger, Zeitbilder: Scheucher – Wald – Lein – Staudinger, Zeitbilder. Geschichte und Sozialkunde VII, Wien 1995.

Schier, Lehrbuch IV: W. Schier, Lehrbuch der Geschichte ... IV, 2. Aufl. Wien 1937.

Schier, Lehrbuch VII: W. Schier, Lehrbuch der Geschichte ... VII, Wien 1937.

Schmitz, Briefe: G. Schmitz, Karl Renners Briefe aus St. Germain und ihre rechtspolitischen Folgen (Schriftenreihe des Hans Kelsen-Instituts 16), Wien 1991.

Schmitz, Verfassungsgespräche: G. Schmitz, Die Verfassungsgespräche mit den österreichischen Ländern 1919/1920. Aus der Entstehungsgeschichte der österreichischen Bundesverfassung, in: Zeitschrift für Neuere Rechtsgeschichte 1979.

Schmitz, Vorentwürfe: G. Schmitz, Die Vorentwürfe Hans Kelsens für die österreichische Bundesverfassung (Schriftenreihe des Hans Kelsen-Instituts 6), Wien 1981.

Schneider, Principle: H. Schneider, The Principle of Separate and Balanced Powers in Estonian Constitutions, in: Juridica International. Law Review II, University of Tartu o. J.

Schnitzler, Tagebuch: A. Schnitzler, Tagebuch 1917–1919, Wien 1985.

Schober, Geschichte: R. Schober, Geschichte des Tiroler Landtages im 19. und 20. Jahrhundert, Innsbruck 1984.

Schranil – Janka, Verfassungsgesetze: R. Schranil – F. Janka, Die Verfassungsgesetze (= Das öffentliche Recht der Tschechoslowakischen Republik I/1), Prag 1934.

Schubert, Verfassungsurkunden: F. W. Schubert, Die Verfassungsurkunden und Grundgesetze der Staaten Europas, der Nordamerikanischen Freistaaten und Brasiliens I, Königsberg 1848, II, Königsberg 1850.

Schuh, Zeekes Lehrbuch: A. Schuh, A(ndreas) Zeekes Lehrbuch der Geschichte ... IV, 7. Aufl. Wien 1930.

Schulz, Revolutionen: G. Schulz, Revolutionen und Friedensschlüsse 1917–1920 (= dtv-Weltgeschichte des 20. Jahrhunderts 2), München 1967.

Schuschnigg, Österreich: K. Schuschnigg, Dreimal Österreich, 3. Aufl. Wien 1938.

Schüssel, Werden: Th. Schüssel, Das Werden Österreichs, Wien 1964.

Seethaler – Melischek, Demokratie: J. Seethaler – G. Melischek, Demokratie und Identität, Wien 1993.

Seipel, Kampf: I. Seipel, Der Kampf um die österreichische Verfassung, Wien-Leipzig 1930.

Sihvonen, Throne: R. Sihvonen, The Vacant Throne. The Question of System Authority in Finnland 1917–1919, Helsinki 1997.

Sinwel – Eichler, Lehrbuch: R. Sinwel – F. Eichler, Lehrbuch der Geschichte ... IV, 2. Aufl. Wien 1920.

Skalnik, Suche: K. Skalnik, Auf der Suche nach der Identität, in: E. Weinzierl – K. Skalnik (Hrsg.), Österreich 1918–1938. Geschichte der Ersten Republik I, Graz-Wien-Köln 1983.

Slapnicka, Länder: H. Slapnicka, Die böhmischen Länder und die Slowakei 1919–1945, in: K. Bosl (Hrsg.), Handbuch der Geschichte der böhmischen Länder IV, Stuttgart 1970.

Slapnicka, Oberösterreich: H. Slapnicka, Oberösterreich von der Monarchie zur Republik, Linz 1975.

Sokop, Stammtafeln: B. Sokop, Stammtafeln europäischer Herrscherhäuser, Wien-Köln-Graz 1976.

Spitzer, Seitz: R. Spitzer, Karl Seitz. Waisenknabe – Staatspräsident – Bürgermeister von Wien. Zum 125. Geburtstag (= Forschungen und Beiträge zur Wiener Stadtgeschichte 25), Wien 1995.

Springer, Protokolle: A. Springer, Protokolle des Verfassungs-Ausschusses 1848–1849, Leipzig 1885.

Staatsrecht DDR: Akademie für Staats- und Rechtswissenschaft der DDR (Hrsg.), Staatsrecht der DDR, 2. Aufl. (Ost-)Berlin 1984.

Stadler, Gründung: K. R. Stadler, Die Gründung der Republik, in: E. Weinzierl – K. Skalnik (Hrsg.), Österreich 1918–1938. Geschichte der Ersten Republik I, Graz-Wien-Köln 1983.

Staudinger, Aspekte: A. Staudinger, Aspekte christlichsozialer Föderalisierungspolitik 1918–1920, in: Die österreichische Verfassung von 1918–1938 (= Veröffentlichungen der Wissenschaftlichen Kommission des Theodor-Körner-Stiftungsfonds und des Leopold-Kunschak-Preises zur Erforschung der österreichischen Geschichte der Jahre 1918 bis 1938 VI), Wien 1980.

Staudinger, Entscheidung: A. Staudinger, Zur Entscheidung der christlichsozialen Abgeordneten für die Republik, in: I. Ackerl – R. Neck (Hrsg.), Österreich November 1918 (= Veröffentlichungen der Wissenschaftlichen Kommmission zur Erforschung der Geschichte der Republik Österreich 9), Wien 1986.

Staudinger, Ereignisse: A. Staudinger, Die Ereignisse in den Ländern Deutschösterreichs im Herbst 1918, in: Jedlicka, Ende.

Steinbauer, Land: J. Steinbauer, Land der Hymnen. Eine Geschichte der Bundeshymnen Österreichs, Wien 1997.

StenProtAH: Stenographisches Protokoll, Haus der Abgeordneten.

StenProtHH: Stenographisches Protokoll, Herrenhaus.

StenProtKonstNV: Stenographische Protokolle über die Sitzungen der Konstituierenden Nationalversammlung der Republik Österreich, Wien 1919/20.

StenProtProvNV: Stenographische Protokolle über die Sitzungen der Provisorischen Nationalversammlung für Deutschösterreich, Wien 1918/19.

Stenzel, Republik: B. Stenzel, Die Republik feiert in Thüringen. Deutsche Schriftsteller und die Verfassungsfeiern von 1919 bis 1932, in: Thüringer Landtag (Hrsg.), 80 Jahre Weimarer Reichsverfassung 1919–1999

(= Schriften zur Geschichte des Parlamentarismus in Thüringen 14) Weimar 1998.
StGBl.: Staatsgesetzblatt.
Stöger, Geschichte: L. G. Stöger, Geschichte in Tafelbildern und Zusammenfassungen IV, 8. Aufl. Wels o. J. (1957).
Stollberg-Rilinger, Verfassung: B. Stollberg-Rilinger, Verfassung und Fest. Überlegungen zur festlichen Inszenierung vormoderner und moderner Verfassungen, in: Interdependenzen zwischen Verfassung und Kultur. Tagung der Vereinigung für Verfassungsgeschichte in Hofgeismar 1999 (= Der Staat/Beiheft; im Erscheinen).
Stolz, Geschichte: O. Stolz, Geschichte des Landes Tirol I. (einziger) Band, Innsbruck-Wien-München 1955.
Stolz, Grundriß: O. Stolz, Grundriß der Österreichischen Verfassungs- und Verwaltungsgeschichte, Innsbruck-Wien 1951.
Sundhaussen, Geschichte: H. Sundhaussen, Geschichte Jugoslawiens 1918–1980, Stuttgart etc. 1982.
Tarih, Geschichte: Tarih, Geschichte der türkischen Republik, verfaßt von der Gesellschaft zur Erforschung der türkischen Geschichte (Istanbul), Istanbul 1935.
Taube, Estland: A. Frhr. v. Taube, Estland und Lettland als selbständige Republiken und als Unionsrepubliken der UdSSR 1918–1970, in: T. Schieder (Hrsg.), Handbuch der europäischen Geschichte VII/2, Stuttgart 1979.
Tezner, Volksvertretung: F. Tezner, Die Volksvertretung, Wien 1912.
Toran, Werden: B. Toran, Das Werden einer neuen Nation unter Kemal Atatürk. Der Untergang des Osmanischen Reiches und der Aufbau der modernen Türkei, phil. Diplomarbeit, Wien 1993.
Ulbrich, Staatsrecht: J. Ulbrich, Das Staatsrecht der österreichisch-ungarischen Monarchie (= Handbuch des öffentlichen Rechts IV/1/1), Freiburg i. B.-Tübingen 1884.
Urban, Gesellschaft: O. Urban, Die tschechische Gesellschaft 1848–1918 I, Wien-Köln-Weimar 1994.
Uustalu, Staatsgründung: E. Uustalu, Die Staatsgründung Estlands, in: Hehn – Rimscha – Weiss, Provinzen I.
Vienna: Vienna, Ballhausplatz 2. A Building and its History, Wien 1995.
VOBl/BMU: Verordnungsblatt des Bundesministeriums für Unterricht vom 1. Oktober 1955.
Voegelin, Staat: E. Voegelin, Der autoritäre Staat, 1936; hier zitiert nach Neudruck Wien 1997 (= Forschungen aus Staat und Recht 119).
Vogt, Landtag: P. Vogt, 125 Jahre Landtag, Vaduz 1987.
Volkserziehung: Volkserziehung. Nachrichten des Bundesministeriums für Unterricht, amtlicher Teil, 74/1928.
Wagner, Schnitzler: R. Wagner, Arthur Schnitzler. Eine Biographie, Wien-München-Zürich-New York 1981.
Walter – Mayer, Grundriß: R. Walter – H. Mayer, Grundriß des österreichischen Bundesverfassungsrechts, 8. Aufl. Wien 1996.

Walter, Verfassungs- und Verwaltungsgeschichte: F. Walter, Österreichische Verfassungs- und Verwaltungsgeschichte von 1500 bis 1955, Wien-Köln-Graz 1972.
Weissensteiner, Staat: F. Weissensteiner, Der ungeliebte Staat. Österreich zwischen 1918 und 1938, Wien 1990.
Werkmann, Deutschland: K. v. Werkmann, Deutschland als Verbündeter, Berlin 1931.
Werkmann, Madeira: K. Werkmann, Der Tote auf Madeira, München 1923.
Werner, Bundesverfassungsgesetze: L. Werner, Die österreichischen Bundesverfassungsgesetze, 2. Aufl. Wien 1963.
Willoweit, Verfassungsgeschichte: D. Willoweit, Deutsche Verfassungsgeschichte, 3. Aufl. München 1997.
Wiltschegg, Österreich: W. Wiltschegg, Österreich der »Zweite deutsche Staat«?, Graz-Stuttgart 1992.
Windisch-Graetz, Kaiser: L. Windisch-Graetz, Ein Kaiser kämpft für die Freiheit. So begann Ungarns Leidensweg, Wien-München 1957.
Windischgraetz, Helden: L. Windischgraetz, Helden und Halunken, Wien-München-Zürich 1965.
Windischgraetz, Prinzen: L. Windischgraetz, Vom roten zum schwarzen Prinzen, Berlin-Wien 1920.
Winkler, Schiffahrt: H. Winkler, Die Schiffahrt auf dem Attersee, Mondsee, Wolfgangsee (= Marine – Gestern, Heute/Sonderpublikation 13), Wien [1980?].
Witzig, Frage: D. Witzig, Die Vorarlberger Frage, 2. Aufl. Basel-Stuttgart 1974.
Wörterbuch: Politisches Wörterbuch für die Deutschen in Österreich, Wien 1885.
Wutte, Freiheitskampf: M. Wutte, Kärntens Freiheitskampf 1918–1920, verb. Neudruck der 2. Aufl. (1943), Klagenfurt 1985.
Zetterberg, Finnland: S. Zetterberg, Finnland ab 1917, Keuruu/Helsinki 1991.
Zolger, Verfassung: I. Zolger, Die Verfassung Jugoslaviens, in: Jahrbuch des öffentlichen Rechts der Gegenwart XI/1922.
Zöllner, Geschichte: E. Zöllner, Geschichte Österreichs, 8. Aufl. Wien 1990.

In die Darstellung sind folgende Arbeiten des Verfassers eingearbeitet:

Diskussionsbeitrag, in: H. Schäffer (Red.), Salzburger Symposion zum Jubiläum 60 Jahre Bundesverfassung (= Schriftenreihe des Landespressebüros, Serie Sonderpublikationen 31), Salzburg 1980.
Der vergessene Schicksalstag. Schon am 30. Oktober 1918 wurde die Republik Deutschösterreich ausgerufen, in: »Die Presse«, 20. 10. 1984, Beilage »Spectrum«.
Der 12. November 1918, in: Freie Argumente 6/1993.
Die Gründung der Republik Deutschösterreich, in: W. Brauneder, Studien I: Entwicklung des Öffentlichen Rechts, Frankfurt/Main etc. 1994.

Verdrängter Gründungstag, in: »Zur Zeit« 1/97, 23. Oktober 1997.
Der 30. Oktober 1918: eine Staatsgründung, in: J. Berchtold – F. Simhandl (Hrsg.), 80 Jahre Republik (= Historisch-politische Dokumentationen 1/ Freie Argumente, Wien 1999.
Staatsgründungsakte um 1918: Österreich im Vergleich, in: W. Brauneder – N. Leser (Hrsg.) Staatsgründungen 1918, Frankfurt/Main 1999.
Provisorische und Konstituierende Nationalversammlung 1918–1920 (im Erscheinen).

Register

Sternchen (°) verweisen auf zusätzliche Kurzbiographien (342ff.)
Autorennamen wurden nur ausnahmsweise aufgenommen.

Republik
DEUTSCH-ÖSTERREICH
Grenzen
nach dem 2. Entwurf der
Friedensbedingungen
von St. Germain
(vom 20. Juli 1919)
0 10 50 Km.
Spätere Grenzbestimmung nach stattgefundener Volksabstimmung (Kärnten!)
Von Deutschösterreich abgetrennte Gebiete mit zumeist reindeutscher oder überwiegend deutscher Bevölkerung
B A Y E R N
Böhme
Boden See
Bregenz
Dornbirn
Feldkirch
VORARLBERG
S C H W E I Z
Nassereith
Imst
Landeck
Innsbruck
Igls
Matrei
Steinach
Brenner
Kufstein
Wörgl
Jenbach
Schwaz
Mairhofen
Salzbg.
Hallein
Bischof
S A L Z B U R G
Heiligenblut
Ob. Ve
Lienz
Ob. Drauburg
K
T I R O L
St. Johann
Sand
Sterzing
Gossensass
Mühlbach
Franzensfeste
Bruneck
Brixen
Welsberg
Toblach
Innichen
Sillian
Sexten
Mals
Lans
Schlanders
Meran
Klausen
Waidbruck
St. Gertraud
Bozen
Deutsch-Süd-Tirol
Kaltern
Auer
Neumarkt
Salurn
Dolomiten
Trient
I T A L I E N